짜릿짜릿 전자회로 DIY 플러스
Make: More Electronics

Making
Insight

Make: More Electronics
by Charles Platt

Authorized Korean translation of the English edition of Make: More Electronics (ISBN 9781449344047) © 2014 Helpful Corporation, published by Maker Media, Inc.

Korean-language edition copyright © 2016 Insight Press

This translation is published and sold by permission of O'Reilly Media, Inc., which owns or controls all rights to sell the same.

짜릿짜릿 전자회로 DIY 플러스 : 뜯고 태우고 맛보고, 몸으로 배우는

초판 1쇄 발행 2016년 11월 30일 **초판 2쇄 발행** 2020년 12월 10일 **지은이** 찰스 플랫 **옮긴이** 김현규 **펴낸이** 한기성 **펴낸곳** 인사이트 **편집** 조은별·김민희 **본문 디자인** 윤영준 **제작·관리** 신승준, 박미경 **용지** 월드페이퍼 **출력·인쇄** 현문인쇄 **제본** 자현 제책 **등록번호** 제2002-000049호 **등록일자** 2002년 2월 19일 **주소** 서울시 마포구 연남로5길 19-5 **전화** 02-322-5143 **팩스** 02-3143-5579 **블로그** http://blog.insightbook.co.kr **이메일** insight@insightbook.co.kr **ISBN** 978-89-6626-188-8 책값은 뒤 표지에 있습니다. 잘못 만들어진 책은 바꾸어 드립니다. 이 책의 정오표는 http://blog.insightbook.co.kr에서 확인하실 수 있습니다. 이 도서의 국립중앙도서관 출판예정도서목록(CIP)은 서지정보유통지원시스템 홈페이지(http://seoji.nl.go.kr)와 국가자료종합목록 구축시스템(http://kolis-net.nl.go.kr)에서 이용하실 수 있습니다.(CIP제어번호: CIP2016027245)

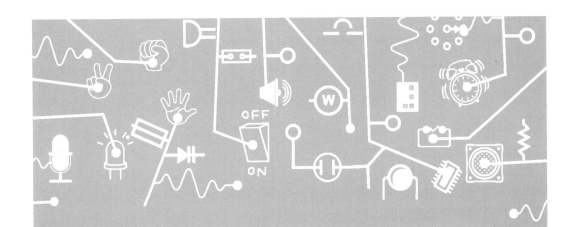

짜릿짜릿
전자회로 DIY
플러스

찰스 플랫 지음 | 김헌규 옮김

차례

22 실험 22 **논리 신호 들어보기** 199

23 실험 23 **퍼즐 프로젝트** 203

24 실험 24 **더해 보자** 211

옮긴이의 글

벌써 『짜릿짜릿 전자회로 DIY』라는 책을 번역한 지 몇 년이 지났습니다. 그동안 많은 것들이 변했다고 느낄 수 있는 것 중 하나는, 처음 『Make』라는 책들을 접했을 때와는 비교할 수 없을 정도로 많은 사람들이 만드는 즐거움을 느끼고 있다는 부분일 것 같습니다.

제 주변을 봐도 아두이노나 라즈베리 파이 등을 이용해서 이런저런 것을 만드는 사람들을 쉽게 발견할 수 있습니다. 아마도 한동안 잊고 있었던 '만들고 동작시키면서 느끼는 재미'를 다시 알게 되었기 때문일 것이라 생각합니다.

이 책은 『짜릿짜릿 전자회로 DIY』의 속편으로, 저자가 전자회로를 만들 때 필요하다고 생각했지만 이전 책에 담지 못했던 부분을 모두 포함시켰습니다. 이 책은 전과 마찬가지로 일단 하나씩 조립하면서 동작을 살펴보고, 동작의 이유를 찾아보는 형태의 '발견을 통해서 배워 나가는' 방식을 유지하고 있습니다. 물론, 조금 복잡해진 부분이 있기 때문에 쉽게 실수할 수 있는 부분은 실수를 방지하기 위해서 미리 약간의 설명을 곁들이는 경우가 있지만, 전반적으로는 일단 동작시켜 보고 그 원인을 찾아보는 방식입니다. 사실

만들기에서 가장 중요한 건 '일단 만드는 것'이니까요. 치명적인 사고만 나지 않는다면, 온갖 실패를 해도 상관없다고 생각합니다. 사실 실패하는 것도 즐거운 과정 중의 일부라 볼 수 있으니까요. 물론, 칩이나 부품은 조금 더 충분히 구입해 두셔야 하겠습니다만, 다행히 몇 가지를 제외하면 비싸지 않습니다.

이전 책에서는 주로 기본적인 전자회로의 부품들과 아주 간단한 칩들을 다뤘다면, 이번에는 만들기에서 가장 재미있는 부분이라 할 수 있는 각종 센서들과 논리회로를 적극적으로 활용하고 있습니다. 많은 분들이 공감하시겠지만, 센서와 논리회로를 엮어서 전자회로와 사람 혹은 환경과의 상호 작용을 만들어 내는 부분은 어찌 보면 전자회로를 접할 때 가장 재미있는 부분입니다. 많은 사람들이 뭔가를 만드는 계기로는 회로를 만들어 어떤 것에 반응하도록 하고 싶은 경우가 상당히 많기 때문입니다.

이 책은 논리회로에 대해서 많은 부분을 할애하고 있는데, 여러 경우에 대해서 판단하고 다양한 반응을 만드는 방법을 통해서 간단하게 풀어내고 있습니다. 물론, 최근에는 마이크로컨트롤

러를 이용하는 경우가 더 많습니다만, 별도로 논리회로를 구성하는 것이 동작을 이해하는 데 도움을 줄 뿐 아니라 간단한 논리회로의 경우에는 마이크로컨트롤러를 사용하는 것보다 쉬운 경우도 많습니다. 특히 책에서는 논리회로를 스위치로 바꾸는 작업을 많이 진행하는데, 사실 논리회로를 스위치로 바꿔서 설계가 가능하다는 것은 이론적으로 알고 있었지만 이렇게 적극적으로 사용하면서 복잡한 부분을 간단하게(물론 간단하지 않은 부분도 있습니다) 만들었던 예는 없었던 것 같습니다. 제 경우는 이 부분을 읽고 나서 관습적으로 마이크로컨트롤러나 논리 칩을 사용하던 것에서 벗어나 설계할 때 생각의 폭이 넓어지고 조금 더 유연하게 된 것 같습니다.

물론 디지털 회로 설계를 업으로 삼고 있는 입장에서는 조금 더 최적화된 방법(책에서는 경험적인 최적화만 나오니까요)과 설계의 더 재미있는 부분을 다루어 주었으면 좋겠다는 생각도 있었지만, 너무 복잡할 땐 CPLD/FPGA나 마이크로컨트롤러를 쓰는 것이 더 효과적일 테니 아주 적절한 정도로 프로젝트를 만들었다고 봅니다. 혹시 논리회로를 이용한 설계에 대해서 조금 더 알고 싶은 분은 다른 논리회로 관련 책(최근에 Make 시리즈 중 『Make: FPGAs』라는 책도 나왔습니다)을 보시면 될 것 같습니다. 마이크로컨트롤러에 대해서는 언급이 필요 없을 정도로 많은 책이 나와 있으니 사용하시는 컨트롤러에 알맞은 책을 참고하시면 될 것 같습니다.

책을 번역하는 동안에 편하게 읽을 수 있길 바라는 마음으로 번역을 했지만, 창피하게도 읽어 볼 때마다 어색한 부분이나 잘못된 부분이 나오곤 합니다. 읽으면서 잘못된 부분을 발견하면 인사이트 출판사로 보내 주시면 제가 확인해서 바로 알려드리겠습니다.

책이 나오기까지 오래 걸렸습니다. 중간중간 바쁜 일이 생기면서 지연되었는데, 인내해 주신 인사이트 출판사의 한기성 사장님께 감사드립니다. 또한 가끔 보내는 메일을 받으시면서 참고 기다려 주신 조은별 편집자님과 『짜릿짜릿 전자회로 DIY』에서부터 이 책의 편집까지 도와주시고 꼼꼼하게 조언해 주신 김민희 편집자님께 감사드립니다. 그리고 이 책의 지면을 원판과 비교해도 부족하지 않게 꾸며 주신 디자이너분께도 감사드립니다.

『짜릿짜릿 전자회로 DIY』를 번역할 때는 작은 아이였지만, 지금은 벌써 부쩍 커서 한글을 읽게 되면서 누구보다도 제 글을 먼저 읽어 주고, 이상한 부분을 제일 먼저 지적하면서 즐거워하고, 장난처럼 준 브레드보드를 받고 "브레드보드 재밌어~!"를 연발하는 우리 딸 민혜에게 항상 고마워하고 있고, 사랑한다고 전해 주고 싶습니다. 그리고 책을 번역하고 오랜 시간 검토하면서 제대로 사람 구실을 못해도 참아 준 은경에게 정말 고맙고 사랑한다는 말을 전하고 싶습니다.

이전 책을 보면서 간단한 회로를 만드는 재미를 알게 된 분들이라면, 이번 책을 통해서 더욱 더 즐거운 경험을 하게 될 것이라 확신합니다. 드디어 전자회로를 구성할 때 필요한 기본적인 부분들을 빠짐없이 다루었으며, 적극적으로 상호 작용을 사용할 수 있게 되었기 때문입니다.

이제 여러분이 상상했던 것을 실제로 만들어 나가는 시작점이 되기에 부족함이 없을 것이라 생각합니다. 저자가 책의 마지막에 적어 둔 "나에게는 여기가 마지막 부분이지만, 여러분에게는 시작이길 바란다"는 이야기가 현실이 되길 바랍니다.

감사의 글

십대 시절에 고등학교 친구들과 같이 전자회로라는 것을 알게 되었습니다. 당시에는 너드(nerd)라는 말이 생기기 전이지만 우리는 너드였다고 할 수 있습니다. 패트릭 패그(Patrick Fagg), 휴 레빈슨(Hugh Levinson), 그레이엄 로저스(Graham Rogers), 존 위티(John Witty)는 나에게 이런저런 가능성을 보여 주었으며, 그레이엄은 50년이 지난 지금까지 친절하게도 이 책의 회로도를 만드는 데 많은 도움을 주었습니다.

그 이후로 수십 년이 지난 후 마크 프라운필더(Mark Frauenfelder)는 뭔가를 만드는 취미로 저를 인도해 주었습니다. 가레스 브랜윈(Gareth Branwyn)은 『Make: electronics』(국내 번역서 『짜릿짜릿 전자회로 DIY』[1])를 만드는 데 많은 도움을 주었으며, 브라이언 젭슨(Brian Jepson)은 그 속편이 있을 수 있을 수 있도록 해 주었습니다. 이 세 분은 제가 알고 있는 최고의 편집자들이며, 제가 가장 좋아하는 사람들이기도 합니다. 대부분의 저자들은 저처럼 큰 행운을 가지지는 못할 것입니다.

이전에 상상하지 못할 정도로 중요한 작업을 시작할 수 있도록 해 주었으며, 참여할 수 있도록 반겨 준 데일 도허티(Dale Dougherty)에게도 깊은 감사를 드리고 싶습니다.

프레드릭 얀센(Fredrik Jansson)은 이 프로젝트를 작업하는 동안에 많은 조언을 주고, 오류를 고쳐 주었습니다. 프레드릭의 인내와 훌륭한 유머가 저에게는 아주 소중했습니다.

필립 마렉(Philipp Marek) 역시 내용을 같이 확인해 주었습니다. 만일 책에 오류가 있더라도 필립이나 프레드릭을 비난하지는 말았으면 합니다. 오류가 생기는 것이 다른 사람들이 그 오류를 찾는 것보다 훨씬 쉽게 일어나는 일이라는 점을 기억해야 합니다.

회로들은 프랭크 탱(Frank Teng)과 고린(A. Golin)이 만들어서 확인해 주었습니다. 이들의 도움에 감사 드립니다. 생산 부서의 카라 이브라힘(Kara Ebrahim)과 크리스틴 브라운(Kristen Brown), 교정을 해준 아만다 커시(Amanda Kersey)의 충실한 호의에도 깊은 감사를 드립니다.

---

1 (옮긴이) 이후에는 번역서 이름을 사용

들어가는 글

이 책은 필자가 이전에 쓴 입문서인 『짜릿짜릿 전자회로 DIY』가 끝난 부분부터 다시 시작한다. 이 책에서는 이전에 자세히 살펴보지 않았던 부분과 이전에 지면 관계로 전혀 다루지 않았던 내용을 주제로 다루고 있다. 또한 약간 더 전문적으로 들어가서 개념에 대해서 좀 더 깊이 이해할 수 있도록 했다. 동시에 할 수 있는 한 가장 즐겁게 '발견을 통해서 배우는 것'이 이루어질 수 있도록 노력했다.

몇몇 아이디어는 『Make』 매거진에서 상당히 다른 형태로 이미 다뤘던 것이다. 필자는 『Make』 매거진에 글을 쓰는 것을 항상 즐거워하지만, 잡지의 형식은 분량이나 그림의 수에 아주 많은 제약이 있다. 이 책에서는 훨씬 포괄적인 내용을 제공할 것이다.

마이크로컨트롤러의 설치나 프로그래밍 언어를 제대로 설명하려면 훨씬 많은 공간이 필요하기 때문에 이 책에서는 마이크로컨트롤러에 대해서 깊이 있게 다루지 않았다. 이미 다른 책들에서 다양한 마이크로컨트롤러 칩 패밀리에 대해서 설명하고 있다. 책에서 마이크로컨트롤러를 이용해서 프로젝트를 다시 만들거나 간단하게 만들 수 있는 방법을 제시하기는 했지만, 이 부분은 해 보는 것은 여러분의 몫으로 두었다.

여러분에게 필요한 것

미리 알아야 하는 부분

이전 책 『짜릿짜릿 전자회로 DIY(Make: electronics)』에서 다뤘던 주제들에 대해서는 기초적인 이해를 가지고 있어야 한다. 이 내용으로는 전압, 전류, 저항과 옴의 법칙, 커패시터, 스위치, 트랜지스터, 타이머, 납땜과 브레드보드 사용법, 논리 게이트에 대한 기본적인 이해 등이 포함된다. 물론 다른 입문서들을 통해서 이 내용을 알게 되었을 수도 있다. 『짜릿짜릿 전자회로 DIY』 혹은 이 정도 수준의 입문서에서 읽은 부분 중에서 자세한 부분은 잊었다고 해도 일반적인 내용은 기억하고 있을 것이라는 가정하에 이 책을 썼다. 따라서, 이 책에서는 일반적인 원칙들은 반복하지 않고 중요한 부분은 빠르게 기억을 되살릴 수 있도록 포함시켰다.

도구들

여러분이 『짜릿짜릿 전자회로 DIY』에서 이야기 했던 아래와 같은 장비들은 이미 가지고 있다고 가정했다.

- 계측기
- 24게이지의 다양한 색을 가진 연결선(각 색마다 7m 정도는 있어야 하며, 적어도 4가지 색은 있어야 한다.)
- 와이어 스트리퍼
- 펜치(Plier)
- 납땜 인두와 납땜용 납
- 브레드보드(이 책에서 선호하는 형태는 뒤에서 좀 더 다룬다.)
- 9V 전지 혹은 1A 정도의 9VDC에서 12VDC 전압을 출력할 수 있는 AC 어댑터

부품들

부록 B 부분에 프로젝트에 필요한 부품들의 목록을 정리해 두었다. 이 부분에는 우편으로 주문할 수 있는 곳도 같이 적어 두었다.

데이터시트

데이터시트(Datasheet)에 대해서는 『짜릿짜릿 전자회로 DIY』에서도 다뤘지만, 이 부분이 얼마나 중요한지는 다시 한번 강조해도 부족하지 않다.

처음 사용하는 부품이라면, 부품을 사용하기 전에는 데이터시트를 확인하는 습관을 기르는 것이 아주 중요하다.

일반적인 검색 엔진으로 부품 번호를 검색하면, 데이터시트를 볼 수 있는 사이트를 많이 찾을 수 있을 것이다. 이 사이트들은 여러분에게 편의를 제공하기 위한 목적보다는, 이익을 얻기 위해 만들어진 사이트들이다. 따라서, 사이트를 만든 사람들은 최대한 광고를 많이 보게 만들기 위해서 데이터시트를 한 장씩 클릭하면서 보도록 만든 경우가 많다.

일반적인 검색 엔진보다는 http://www.mouser.com과 같은 부품 사이트를 들어가서 부품 번호를 검색하면, 데이터시트 전체가 담긴 여러 장으로 구성된 PDF 문서를 열 수 있는 아이콘을 클릭할 수 있다. 이 방식이 보거나 인쇄하기에 편하다.

이 책을 어떻게 이용할 것인가.

이 책은 전작인 『짜릿짜릿 전자회로 DIY』와 몇 가지 다른 형식과 구성을 사용하고 있다. 또한, 여기서 필자가 사용한 수학적 표현 방식을 어떻게 읽는지 알 필요가 있다.

회로도

『짜릿짜릿 전자회로 DIY』의 회로도는 어떤 전선이 다른 전선과 연결되지 않고 넘어가는 것을 표시하기 위해 반원형으로 뛰어나가는 형태의 약간 오래된 표시 방식을 사용했다. 독자들이 회로를 잘못 이해해서 발생하는 오류의 위험을 줄이고 싶었기 때문에 이런 형식을 취한 것이다. 독자들이 이미 회로도를 읽는 데 충분한 연습이 되었기 때문에, 이 책에서는 일반적으로 좀 더 많이 사용되는 현대적인 형태를 따라가는 것이

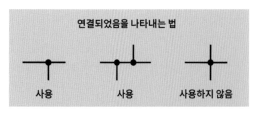

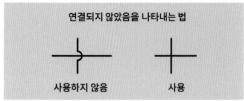

그림 P-1 윗부분: 이 책에 있는 모든 회로도에서는 검정색 점으로 전선이 전기적으로 연결된 것을 이용해서 표시한다. 하지만, 오른쪽에 있는 형태는 연결이 없이 전선이 교차하는 것과 아주 비슷하기 때문에 여기서는 사용하지 않도록 한다. 아랫부분: 전선이 다른 전선과 연결 없이 교차할 때의 기호이며, 왼쪽이 『짜릿짜릿 전자회로 DIY』에서 사용한 방식이다. 오른쪽이 좀 더 일반적인 방식이며 이 책에서는 이 방식을 사용한다.

좀 더 중요하다고 생각했다. 그림 P-1은 이 부분을 명확하게 보여준다.

또한 『짜릿짜릿 전자회로 DIY』에서는 부품의 값을 적을 때 소수점을 사용하지 않기 위해서, 3.3K와 4.7K를 각각 3K3와 4K7 같은 형식으로 적는 유럽식 표기법을 사용했었다. 사실 깔끔하게 출력되지 않은 회로도에서는 소수점을 확인하기 쉽지 않기 때문에 이런 표기법이 좋지만, 일부 독자들이 유럽식 표기법 때문에 혼동이 된다고 이야기해 주었으므로 이 책에서는 더 이상 사용하지 않기로 한다.

크기

집적회로 칩(과 다른 많은 부품들)은 모두 회로

기판에 있는 구멍에 끼울 수 있는 다리 형태의 전선(정확히는 단자(lead)라 불림)을 가지고 있다. 쓰루홀(through-hole) 형식을 가지는 부품의 단자는 0.1″ 간격으로 배치되어 있으며, 부품들은 검지와 엄지 손가락만 이용해서 아주 쉽게 잡아서 끼울 수 있다.

사람을 기준으로 봤을 때 얼추 다 맞아들어가는 아름다운 광경은 미터법이 채택되면서 더 이상 존재하지 않는다. 일부 제조사의 경우 핀 사이의 간격을 2.54mm(즉, 0.1″) 대신 2mm로 표준화해서 사용한 경우가 있기 때문에 0.1″짜리 구멍을 가진 만능 기판을 사용할 때 크게 당황할 수 있다. 다른 곳에서는 몇 밀리미터 정도 튀어나오기도 한다. 어디서나 찾을 수 있는 부품으로 한 가지 예를 들어보자. 패널에 붙이는 LED는 보통 5mm 직경을 가지고 있다. 이 LED는 3/16″(대략 4.8mm)짜리 구멍에는 너무 크지만, 13/64″(대략 5.16mm) 구멍에는 빡빡하게 끼울 수 있을만큼 크지 않다.

이 책은 원래 미국에서 집필되고, 출판된 것이기 때문에 인치 단위를 자주 사용할 것이다.[1] 『짜릿짜릿 전자회로 DIY』에서 밀리미터와 분수 단위의 인치를 변환하는 표를 찾을 수 있다.

훨씬 더 중요한 문제는 전자 산업계가 점차 표면 증착(surface-mount) 형식으로 이동하고 있다는 것이다. 이 경우에는 0.1″의 핀 사이의 거리를 표현할 필요도 없이, 핀 자체가 없기 때문에 모든 부품들이 더 이상 0.1″보다 커야 할 필요

---

1 (옮긴이) 번역서에서는 검색이 편하도록 부품에 대해서는 인치를 되도록 유지했으며, 그 이외의 것은 보통 밀리미터 단위로 바꾸었다.

가 없다. 이런 부품들로 회로를 만들 때는 핀셋, 현미경과 특별한 납땜 인두가 반드시 있어야 한다. 이 방식을 사용할 수도 있지만 개인적으로는 별로 즐길 수 없는 작업이라, 이 책에서는 표면 증착형 부품을 사용한 프로젝트를 찾을 수 없을 것이다.

수학

여기서 수학을 많이 발견할 수는 없겠지만, 포함된 간단한 연산 정도는 이해할 수 있어야 한다.

이 책에서는 일반적인 프로그래밍 언어에서 사용하는 형식을 사용했다. 즉, 곱셈을 표시하기 위해서 *(별표: asterisk)를 사용했으며, 나눗셈 기호로는 /(슬래시)를 사용했다. 괄호 안에 있는 부분은 먼저 처리해야 하며, 괄호 안에 괄호가 있는 경우에는 가장 안쪽 괄호에 있는 것을 가장 먼저 처리해야 한다. 따라서, 아래와 같은 예에서는 4 곱하기 2를 가장 먼저 처리해서 8을 얻고, 거기에 7을 더해서 15를 얻은 다음에 이 값으로 30을 나눠서 최종적인 A의 값 2를 얻게 된다.

$$A = 30 / (7 + (4 * 2))$$

구성

휴대 장치의 경우 책의 내용이 이쪽저쪽에 나뉘어 있거나, 두 페이지에 걸쳐 있는 경우에 읽기 힘들기 때문에, 이전 책과는 다르게 이 책은 휴대 장비에서도 좀 더 쉽게 읽을 수 있도록 순차적으로 내용을 담는 구조를 가져갔다. 이쪽저쪽을 뒤적거리지 않고도 처음부터 끝까지 책을 진행해 나갈 수 있기를 바란다.

첫 번째 프로젝트는 두 번째 프로젝트에서 사용할 개념들을 익히게 만들며, 두 번째 프로젝트는 세 번째 프로젝트의 기반이 된다. 만일 이 흐름을 따라가지 않는다면 약간 문제를 겪을 수도 있다.

다음과 같이 다섯 가지 갈래로 책을 구성했다.

실험

실습이 이 책의 주된 내용이다.

몇 가지 사실

새로운 개념을 소개한 후, 나중에 쉽게 다시 참조할 수 있도록 단원 정리처럼 내용을 간략하게 요약하는 것이다.

배경 지식

이 부분에서는 주제에서 약간 벗어나서 실제 프로젝트를 구성할 때 반드시 필요하지는 않지만, 여러분이 흥미로워 할 수 있거나, 유용할 것이라 생각되는 부분에 대한 추가적인 정보를 짧게 제공하는 부분이다. 짧은 설명 이후에 해당 주제를 계속 볼 것인지는 여러분의 몫으로 둘 것이다.

조금 더 만들어 보자

프로젝트들을 만드는 동안 만들 수 있는 모든 것을 설명하기에는 공간이 충분하지 않기 때문에, 고려했던 다른 부분들을 짧게 요약해 두었다.

주의 사항

사용하는 부품을 보호하거나, 불필요한 오류를 피하거나, 혹은 여러분의 안전을 위해서 피해야 하는 부분에 대해서 필요할 때마다 언급할 것이다.

만일 동작하지 않는 경우

회로를 제대로 동작시키는 방법은 보통 한 가지인 반면, 제대로 동작하지 않게 만드는 실수들이 발생할 수 있는 경우는 수백 가지다. 따라서 조심스럽고 꼼꼼하게 진행하지 않으면, 확률상 여러분에게 불리하다. 부품들이 아무런 동작도 하지 않을 때 얼마나 큰 좌절감을 느끼는지 알지만, 문제가 있다면 다음 절차를 따라서 자주 일어나는 오류를 찾을 수 있을 것이다.

1. 계측기의 검정색 단자를 전원의 음극 부분과 연결한 다음에 계측기를 전압(실험에서 따로 제시되지 않은 경우는 항상 DC 전압) 측정으로 설정한다. 반드시 회로의 전원 스위치는 켜 있어야 한다. 이제 연결된 회로의 다양한 위치로 계측기의 빨간색 탐침을 이동시키면서 이상한 전압이 나타나거나, 전압이 나타나지 않는 곳을 찾아본다.
2. 모든 연결선과 부품의 단자들이 브레드보드에 정확히 끼워 있는지 확인한다.

브레드보드를 구성할 때 아주 빈번하게 발생하는 두 가지 종류의 오류는 1) 연결 선을 윗 줄이나 아랫 줄 부분과 연결하는 경우와 2) 브레드보드 안쪽에 도체가 있기 때문에 같은 줄에 있는

것들이 서로 연결된다는 점을 잊고, 두 부품이나 연결을 같은 줄의 바로 옆에 끼우는 것이다. 그림 P-2는 이런 일상적인 문제를 보여 준다. 이 사진을 보고 문제를 정확하게 이해하고 있는지 확인해 보자.

그림 P-2 위의 사진은 브레드보드를 구성할 때 가장 빈번하게 발생하는 두 가지 오류를 나타낸 것이며, 아래의 사진은 이 오류들이 수정된 것이다.

위의 사진에서 전해 커패시터의 두 단자가 브레드보드의 13번째 줄과 15번째 줄에 각각 끼워져 있는데, 어디에 연결되었는지 제대로 보기 쉽지 않기 때문에 실수로 파란색 연결선의 끝을 14번째 줄에 끼워 두었다. 왼쪽을 보면 칩의 5번 핀을 세라믹 커패시터를 통해 접지와 연결할 생각이었지만, 같은 줄에 있는 모든 구멍이 내부적으로는 연결되어 있으므로 커패시터는 단선(short) 상태이며, 결과적으로는 칩이 접지에 직접적으

로 연결되어 있는 것이다. 아래의 사진은 이런 오류들이 수정되어 있는 것이다.

만일 회로에 전원이 정상적으로 공급되며, 모든 부품이나 전선이 브레드보드에 제대로 연결된 경우에도 다음 5가지 가능성을 염두에 둬야 한다.

부품의 방향
집적회로 칩은 눌러서 보드에 완전히 끼워지도록 해야 하며, 핀이 휘어져 칩의 밑으로 숨어버린 경우가 없는지도 확인해야 한다. 다이오드와 커패시터는 극성이 있으므로 반드시 바른 방향으로 끼워야 한다.

연결이 잘못됨
가끔 브레드보드 내부에서 부품과의 연결이 좋지 않을 수 있다(자주 일어나지는 않지만 일어날 수 있다). 만일 간헐적으로 설명할 수 없는 오류가 발생하거나 전압이 나타나지 않는 경우에는 부품을 다른 곳에 끼워 보자. 필자의 경험으로는 너무 저렴한 브레드보드를 구입하는 경우 이런 문제가 발생하는 경우가 있었다. 또한 24게이지보다 낮은 지름 값을 가진 전선을 사용했을 때도 발생하는 경우가 있었다. (높은 게이지의 숫자는 더 얇은 전선을 의미한다는 점을 기억하자.)

부품의 값
모든 저항과 커패시터의 값이 정확한지 확인해야 한다. 필자의 경우는 항상 부품을 끼우기 전에 계측기로 값을 확인하는 것이 습관화되어 있

다. 시간이 걸리는 일이지만, 결과적으로는 시간을 아끼는 것이 된다. 책의 다음 부분에서는 이 부분에 대해서 조금 더 이야기할 예정이다.

손상
집적회로와 트랜지스터는 전압을 잘못 사용하거나, 극성을 틀리거나, 정전기 등에 의해서 손상을 입을 수 있다. 언제든지 바꿔서 쓸 수 있도록 여분을 가지고 있어야 한다.

사람의 피로
모든 방법이 실패하는 경우에는 잠시 쉬자! 아주 오랜 시간 동안 과도하게 작업하는 경우에는 시야가 좁아지면서 어떤 부분이 틀렸는지 확인하는 것이 어려워지는 경우가 있다. 잠시 관심을 다른 쪽으로 돌렸다가 다시 문제로 돌아오면, 갑자기 해답이 명확하게 나타날 수 있다.

저자와 독자 사이의 소통
여러분 피드백(feedback)을 받거나, 여러분이 필자에게 피드백을 얻고 싶은 경우로는 3가지 정도의 상황이 있을 수 있다.

- 만일 책에 오류가 있어서 프로젝트를 성공적으로 만들지 못하게 되는 경우에는 여러분에게 이 부분을 이야기해야 할 것이다. 또한, 책과 연관된 부품 키드에 문제가 있는 경우에도 여러분에게 이야기해야 할 것이다. 당연히 어떤 문제가 발견되면, 그 문제를 어떻게 해결해야 하는지도 이야기할 것이다. 이것들이 저

자가 독자에게 알리는 피드백이다.

- 책이나 부품 키트에서 오류를 발견한 경우에 필자에게 알리고 싶을 것이다. 이것이 독자가 저자에게 알리는 피드백이다.
- 어떤 작업을 하면서 문제가 발생했으며, 이게 책에 있는 오류인지 작업 과정의 오류인지를 알지 못하는 경우에는 도움이 받기를 바랄 수 있다. 이 경우는 독자가 필자에게 문의하는 피드백이다.

이제 이런 각각의 상황에서 어떻게 행동해야 하는지 설명하겠다.

저자가 독자에게 알리는 경우

여러분의 연락처가 없다면, 이 책이나 부품 키트에 오류가 있는 경우에 알려 줄 수 없다. 따라서, 이 목적을 위해서 여러분의 이메일 주소를 보내 줄 수 있는지 알고 싶다. 여러분의 이메일 주소는 다른 목적에 이용되거나 악용되지 않을 것이다.

- 이 책이나 이전 책인 『짜릿짜릿 전자회로 DIY』에 중대한 오류가 있는 경우에 알려 줄 것이며, 문제를 회피하는 방법도 제공할 것이다.
- 이 책이나 『짜릿짜릿 전자회로 DIY』에 연관해서 판매하고 있는 부품 키트에 오류나 문제가 있는 경우 알리려 한다.
- 이 책이나 『짜릿짜릿 전자회로 DIY』 혹은 필자의 다른 책인 『전자 부품 백과사전』 등의 새로운 판이 출간되면 알릴 예정이다. 책의 새로운 판은 기껏해야 몇 년에 한 번씩 있기

때문에, 이런 알림은 별로 없을 것이다.

행운 추첨에 참가할 수 있는 보증서를 본 적이 있을 것이다. 여기서는 조금 더 좋은 제안을 하려고 한다. 위의 세 가지 목적에서 사용할 수 있도록 이메일 주소를 보내주면, 출판되지 않은 전자회로 프로젝트에 대하여 조립 계획이 포함된 내용들을 몇 장의 PDF 파일 형태로 보낼 예정이다. 재미있고, 독특하며 비교적 쉬운 프로젝트일 것이며, 이 PDF는 다른 방법으로는 얻을 수 없을 것이다.

여기에 참가하라고 독려하는 이유는 만일 오류가 발견되더라도 여러분에게 알려 줄 수 있는 방법이 없게 되는 경우에, 여러분이 나중에 오류를 직접 발견해서 여러분이 불만을 가지는 상황을 피하고 싶기 때문이다. 이 경우 필자의 평판이나, 작업에 대한 평판을 떨어트릴 수 있다. 필자는 여러분이 불평하는 상황을 피하는 방법에 상당한 관심을 가지고 있다.

- 이메일을 등록하려면, 별다른 내용 없이(원한다면 어떤 내용을 적어줘도 된다) 제목에 REGISTER라는 부분을 포함시켜, make.electronics@gmail.com에 빈 메일로 보내면 된다.

독자가 저자에게 알리는 경우

여러분이 발견한 오류를 필자에게 알리려는 경우, 출판사에서 운영하는 정오표(errata) 시스템을 이용하는 것이 좋다. 출판사는 책을 갱신할 때 오류를 고치기 위해서 정오표 정보를 이용한다.

만일 오류를 발견했다고 생각하면, 다음 페이지를 방문하자.

http://oreil.ly/1jJr6DH

이 웹페이지에 가보면 어떤 방식으로 오류 내용을 보낼 수 있는지 알 수 있다.

독자가 저자에게 문의하기

저자의 시간은 제한되어 있으므로, 여러분이 보내는 문제를 부득이하게 해결하지 못할 수 있다. 하지만, 동작하지 않는 프로젝트의 사진을 보내주면, 가능한 경우 제안을 해 줄 수도 있을 것이다. 사진은 반드시 필요하다. 보지도 않고 어떤 부분이 왜 동작하지 않는지 이해하는 것은 거의 불가능하다.

문의를 위해서 make.electronics@gmail.com를 이용해도 된다. 이때는 제목에 HELP라는 단어를 넣어 주길 바란다.

메일을 쓰기 전에

오류를 알려주려고 하거나 동작하지 않는 부분을 알려고 메일을 보내기 전에, 필자가 몇 가지 요청할 것이 있다.

• 적어도 한 번은 회로를 다시 만들어 보자. 모든 프로젝트는 책으로 내기 전에 필자와 최소한 한 명 이상이 직접 만들어 보았기 때문에, 확인하지 않고 회로에 오류가 있다고 이야기하는 것은 별로 좋은 생각이 아니며, 대부분의 문제는 배선 오류에 기인한다.

필자의 경우도 이 책에 있는 프로젝트들을 만드는 동안 최소한 수십 번의 치명적인 배선 오류를 겪었다는 점을 염두에 두자. 오류로 인해서 한 번은 칩 두 개를 태워 먹었으며, 다른 한 번은 브레드보드의 일부가 녹아 버리기도 했다. 필자에게도, 여러분에게도 오류는 언제든 일어난다.

• 독자가 가진 힘을 인식하고, 정당하게 이 힘을 활용해 주길 바란다. 부정적인 리뷰는 여러분이 생각하는 것보다 더 큰 파급 효과를 만들어 낸다. 부정적인 리뷰 하나는 대여섯 개의 긍정적인 리뷰보다 훨씬 중요하게 받아들여 진다. 『짜릿짜릿 전자회로 DIY』에 대한 리뷰는 대부분 긍정적이었지만, 몇몇 경우에는 필자가 제안한 부품을 찾지 못하는 등의 사소한 문제들로 짜증이 난 사람들도 있다. 사실 그 부품들은 구할 수 있는 것이었으며 구할 수 있는 곳을 찾아서 알려 주었지만, 기다리지 못하고 이미 부정적인 리뷰를 쓴 경우도 있었다.

필자는 아마존에 있는 리뷰들을 읽으며, 필요하다면 항상 대답을 하려고 한다.

당연히 필자가 적은 책의 내용이 마음에 들지 않는다면, 그렇게 이야기하는 것은 여러분의 자유다.

조금 더 나아가기

이 책에 있는 내용을 모두 진행하고 나면, 전자

회로에 대해서 중급 정도의 이해를 가지는 과정에 있다고 생각할 수 있다. 필자는 상급 내용의 지침서를 쓸 만한 능력이 없으므로, 결과적으로 『짜릿짜릿 전자회로 DIY 플러스 플러스』(Make Even More Electronics)같은 제목의 세 번째 책을 낼 생각은 가지고 있지 않다.

만일 더 많은 것을 알고 싶다면, 여기서 언급하지 않고 지나간 전자회로 이론, 회로 설계, 회로 검사 등의 분야들을 확인해 볼 수 있다. 직접 회로를 만들고 싶다면, 회로에서 어떤 일이 일어날지 이해하고, 예측해서 만든 다음에 어떻게 동작할지 알아낼 수 있을 정도로 충분한 이론을 알고 있어야 한다. 또한 이 부분을 다루려면 오실로스코프(oscilloscope)와 회로 시뮬레이션(simulation) 소프트웨어[2]가 있어야 한다. 위키피디아에서 무료 소프트웨어 목록을 찾을 수 있을 것이다. 일부 시뮬레이션 소프트웨어는 디지털 회로의 성능을 보여 주며, 일부는 아날로그 회로에 특화되어 있으며, 일부는 둘 다 처리할 수 있다. 하지만, 이 주제는 일반적인 책의 범위를 넘어서며, 직업이 아닌 취미로 전자회로를 다루는 사람들이 알아야 할 범위도 넘어간다고 생각된다.

전자회로 이론에 대해서 좀 더 알고 싶다면, 폴 쉘즈(Paul Scherz)의 『발명가를 위한 실용 전자회로(Practical Electronics for Inventors)』(McGraw-Hill, 2013)라는 책을 추천해 줄 수 있을 것 같다. 유용한 것을 찾기 위해서 발명가가 될 필요까지는 없다. 필자는 언제나 참고 서적으로 부품에 대한 백과사전이 있어야 한다고 생각했다. 그리고 왜 이런 종류의 책이 없는지 궁금했으므로, 직접 이런 책을 쓰기로 결심했다.

필자가 쓴 『전자부품 백과사전』은 서점에서 구할 수 있다. 이 책은 모두 3권까지 작성될 예정이다. 『짜릿짜릿 전자회로 DIY 플러스』를 실습용 책으로 사용하는 동안에, 백과사전은 빠르게 필요한 정보를 찾아볼 수 있도록 만들었다. 이 책은 약간 더 기술적이고, 약간 더 불친절하게 적혀 있지만, 요점에 바로 도달할 수 있도록 만들어져 있다. 개인적으로 『전자부품 백과사전』은 여러분이 사용할 수 있는 모든 부품의 속성과 응용 분야에 대한 기억을 되살리는 데 귀중한 자료가 될 것이다.

Make에 관한 정보

Make는 뒷마당, 지하실, 차고 등에서 자신만의 멋진 프로젝트를 만들고 있는 재능 있는 사람들의 모임을 통합시키고, 서로 일깨우고, 정보를 주고 즐겁게 만든다. Make는 여러분이 하려는 기술을 향상시키고, 깊게 파고 들고, 집중할 권리를 세상에 알린다. Make 지지자들은 우리 자신을, 우리의 환경을, 우리의 교육 시스템을, 우리의 세상을 더 좋게 만들려는 문화와 모임을 키우는 작업을 지속할 것이다. 한 명의 지지자가 아닌, 선도적인 전 세계적인 운동으로 우리는 이것을 Maker 운동이라 부른다.

Make에 대한 정보를 더 찾아보려면 아래 사이트를 참조하자.

· Make magazine: http://makezine.com/magazine/
· Maker Faire: http://makerfaire.com
· Makezine.com: http://makezine.com
· Maker Shed: http://makershed.com/

이 책에 대한 수정 사항과 예제, 추가적인 정보는 http://bit.ly/more-electronics로 접속하면 확인할 수 있다.

2 (옮긴이) 컴퓨터를 이용한 모의 실험

준비하기

이전 책 『짜릿짜릿 전자회로 DIY』에서 작업 공간, 부품 보관 등 기본적인 부분에 대해 제안을 했었는데, 이런 제안 중 몇 가지는 갱신하고 나머지 부분은 다시 사용하거나 조금 다듬어서 활용하겠다.

전원

이 책에 있는 대부분의 회로들은 9V 전지에서 전원을 공급받을 수 있는데, 이 전지는 저렴하며 전압이 튀거나 극적으로 변하는 경우 없이 안정적으로 전류를 공급할 수 있다는 장점이 있다. 반면에 전지를 사용하다보면 전압이 어느 순간 급격하게 떨어지기도 하며, 전류를 많이 끌어쓸 때는 매 순간 전압이 바뀌기도 한다.

0VDC에서 20VDC(혹은 그 이상)를 제공할 수 있는 가변 전원 공급기가 있다면 가장 좋겠지만 여러분이 생각하는 것보다 비싸다. 합리적인 대안은 이전 책에서 제안했던 것처럼 벽 전원에 직접 끼워서 사용하는, 전압을 바꿀 수 있는 형태의 AC 어댑터를 구입하는 것이다.

다른 옵션으로는 전압을 한 가지만 출력할 수 있는 노트북용 어댑터를 사는 것이다. 대부분의 노트북용 어댑터는 12VDC를 공급하는데, 전압 조정기를 이용해서 대부분의 실험에서 필요한 5VDC나 9VDC 전압을 얻을 수 있다. 전압 조정기는 천원 정도밖에 하지 않으며 노트북용 어댑터는 대략 만원 정도로 살 수 있기 때문에 상당히 매력적인 옵션이다. 전원 공급기는 1A (1,000mA)를 공급할 수 있어야 한다.

더 이상 사용하지 않는 휴대전화를 충전할 때 사용했던 충전기를 사용하면 어떨까 하는 유혹이 있을 수 있다. 하지만 대부분의 휴대전화 충전기는 5VDC만 제공하기 때문에 이후에 설명할 9VDC 전압을 사용하는 프로젝트들이 정상적으로 동작하지 않는다. 또한 이런 충전기는 충전지를 충전하는 용도로 만들어졌기 때문에 부하에 따라서 출력 전압이 떨어질 수도 있다.

최소한의 선택: 예산이 별로 없으며 프로젝트를 오래 유지할 생각이 없다면 9V 전지를 사용하면 된다. 그렇지 않으면 예산에 맞는 12VDC 어댑터를 찾아보자.

전압 안정화

많은 실험에서 전압이 안정화된 5VDC 전원이

필요하다. 다음과 같은 부품이 필요할 것이다.

- LM7805 전압 안정기
- 세라믹 커패시터: 0.33µF, 0.1µF
- 저항: 2.2K
- 브레드보드의 구멍에 끼워질 수 있는 단자를 가진 PC 부착형 SPST 혹은 SPDT 스위치
- 일반적인 LED

그림 S-1을 보면 브레드보드 윗부분의 몇 줄을 이용해서 이 부품들을 배치했는지 볼 수 있다. 참고로, 이 책에 나오는 대부분의 실험에서 왼쪽에는 양극 전원 버스를, 오른쪽에는 음극 전원 버스를 배치했다. 사진에서는 9V 전지를 사용했지만 당연히 AC 어댑터를 사용해도 된다. 어댑터의 경우 DC 출력이 최소한 7VDC는 되어야 한다. 불필요하게 너무 많은 열이 발생하지 않도록 어댑터에서 12VDC 이상의 전압을 공급하면 안 된다.

그림 **S-1** 정류된 5VDC 전원을 공급하기 위한 부품의 배치.

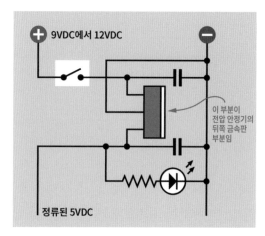

그림 **S-2** 정류된 5VDC 전원의 회로도.

스위치와 LED를 포함시키는 것이 아주 편리하기 때문에 이 부분을 포함시킨 형태로 만들었다. 회로가 동작하지 않는 이유 중에 보드로 전원이 들어가고 있는지 확인할 때 LED가 켜있는지 보면 도움이 된다. 스위치로 전원을 끌 수 있게 만들어두면 회로를 바꾸기 위해서 배선을 다시 할 때 귀찮은 일들이 줄어든다. 전지를 사용할 때 전원을 보존하기 위해서 상대적으로 높은 2.2K 저항을 LED의 직렬 저항으로 사용했다.

브레드보드 구성하기

『짜릿짜릿 전자회로 DIY』에서는 양쪽 끝 모두에 두 개의 길다란 버스가 있는 형태의 브레드보드를 사용했기 때문에 보드의 양쪽 끝 모두에 전원의 양극과 음극을 가지고 있었다. 이 책에서는 그림 S-3에 있는 것처럼 양쪽 끝에 하나의 버스가 있는 좀 더 간단한 형태의 브레드보드를 사용하기로 결정했다.

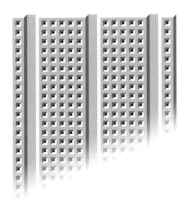

그림 S-3 양쪽에 각각 버스를 한 줄씩 가지고 있는 형태의 브레드보드 외관. 이 책에 있는 모든 회로는 이런 형태의 보드에 맞게 만들었다.

이렇게 바꾼 데는 몇 가지 이유가 있다.

- 이런 형태의 보드는 이베이(eBay)에서 아시아에서 만들어진 것을 구입하면 비교적 저렴하게 구입할 수 있다. 이때 'herofengstore'나 'kunkunh'처럼 이름이 불명확한 판매상을 골라서 불안해 하는 경우가 없도록 하자. 해외 배송 관계로 10일 이상 기다리는 것이 문제가 안 된다면 이 책을 작성했을 때는 브레드보드를 대략 2000원 정도에 구할 수 있었다. 부품을 구입할 수 있는 곳에 대한 조언을 보고 싶다면 부록 B를 확인하자.

  만일 브레드보드를 몇 개 샀다면 이전에 만든 회로를 그대로 두고 새로운 회로를 만들때마다 새 보드를 사용할 수도 있다.

- 만일 회로기판에 부품을 납땜해서 회로를 계속 사용하고 싶다면 가장 간단한 것은 브레드보드 형태를 가진 회로기판을 사용하는 것이다. 이런 형태의 회로기판은 보통 양쪽에 하나씩의 버스만 있다. 예를 들어, 라디오섹(RadioShack)의 276-170 같은 것이 그렇다.

  만일 배치가 같다면 브레드보드에서 부품을 옮겨오는 것은 훨씬 쉬울 것이다.

- 양쪽에 양극과 음극 전원 버스가 모두 있는 브레드보드에서 실수가 더 많이 발생한다고 독자들이 피드백을 보내주었다. 극성이 뒤바뀌는 경우에 손상을 받기 쉬운 부품의 경우에는 이런 실수로 인해 추가적인 비용이 생길뿐 아니라 불편하기도 하다.

브레드보드 내부에 있는 금속 도체의 배치를 항상 염두에 두어야 하기 때문에 여기서는 이전 책에서 봤던 그림을 다시 포함시켰다. 그림 S-4는 단면도를 보여준다.

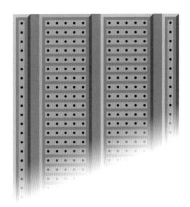

그림 S-4 브레드보드 내부에 있는 도체들을 보여주기 위한 단면도.

많은 브레드보드들은 다른 전원을 사용할 수 있도록 전원 버스를 끊어주는 부분이 1~2개 정도 있기 때문에 보드의 몇 부분으로 나눠서 사용할 수도 있다. 여기서는 이런 기능을 사용하지 않을 것이기 때문에 새로운 브레드보드를 사용할 때는 계측기를 이용해서 각 버스가 처음에서 끝까지 연결되어 있는지 확인해 봐야 한다. 그렇지 않은 경우에는 연결선을 이용해서 그 간격을 연결해 줘야 한다. 이 작업을 잊는 경우에는 회로를 만들어도 동작하지 않는 수가 있다.

배선

가끔 독자들이 브레드보드 회로의 사진을 보내면서 필자에게 동작하지 않는 이유를 물어보는 경우가 있다. 만일 독자가 끝부분에 작은 플러그가 달린 연선 형태의 연결선을 사용하는 경우에 필자의 답은 항상 같다. 조언할 것이 없다는 것이다. 만일 그 회로를 필자 앞으로 보내준다 하더라도, 모든 전선을 뽑은 다음 다시 시작하라는 이야기 외에는 다른 조언을 줄 수 없다.

브레드보드용 연결선은 빠르고 간단하게 설치할 수 있다. 이 유혹에 넘어가서 이 연결선을 몇 번 사용했지만 오류가 발생했을 때는 꼬여있는 전선들 가운데에서 오류를 찾아내기가 엄청나게 힘들기 때문에 후회했던 경험이 자주 있다.

이 책에 있는 대부분의 사진에서 플러그 형태의 연선 연결선은 브레드보드 밖에 있는 장치를 연결할 때만 사용했다는 것을 알 수 있다. 브레드보드에서는 짧은 단심선 조각의 양쪽 끝에서 피복을 벗겨서 사용했다. 이런 형태가 문제를 해결해 나갈 때 훨씬 더 쉽게 처리할 수 있다.

만일 단심선을 미리 잘라둔 키트를 구입했다면 길이에 따라서 색이 칠해져 있는 경우도 있다. 브레드보드의 전선이 기능에 따라 색이 구분

되길 바라기 때문에 이건 별로 도움이 되지 않는다. 예를 들어, 브레드보드의 양극 버스에 연결되는 부분은 길이에 관계없이 빨간색을 써야 한다. 바로 옆으로 같이 지나가는 같은 길이의 두 전선을 혼동하지 않고 구분하기 위해서는 색깔로 구분해야 한다. 브레드보드를 봤을 때 기능을 빠르게 확인할 수 있다면 잘못 연결된 것들을 좀 더 쉽게 찾아낼 수 있을 것이다.

아마도 색으로 구분된 전선들을 직접 잘라서 준비하는 것이 아주 귀찮다고 생각할 수 있다. 만일 그렇다면, 그림 S-5에서 브레드보드를 이용한 이 책의 모든 프로젝트에서 사용한 방법을 참고하자.

첫 단계로 피복을 대충(대략 5cm 정도) 벗겨서 버린다. 그 이후에 브레드보드에서 연결선을 어느 정도 길이로 사용할지 짐작해 본다. 이 길이는 X라 부르도록 하겠다. 두 번째 단계에 있는

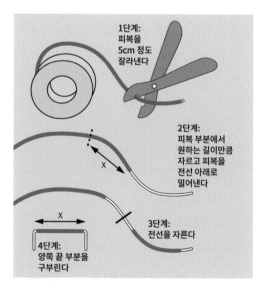

그림 S-5 브레드보드의 연결선을 간단하게 만드는 방법.

것처럼 남은 피복 부분의 길이를 측정한 다음, 점선 부분으로 표시된 위치에 스트리퍼(wire strippers)를 사용해서 피복만 끊어준다. 세 번째 단계에 있는 것처럼 피복을 끝부분에서 1cm 정도 남을 때까지 전선 아래쪽으로 밀어낸다. 이제 단심선을 잘라낸 다음 끝부분을 구부리면 끝난다.

전선을 잘라 연결선을 만든 다음, 연결선을 정렬하고 보관하기 위해 직접 전선 길이 계측기를 만들 수 있다. 이 도구는 전선의 끝을 원하는 길이로 구부리는 데도 유용하다. 그림 S-6과 S-7에 있는 것처럼 삼각형 모양을 가진 플라스틱 혹은 합판 조각의 가장자리를 톱니 모양으로 여러 단계 잘라준다. 전선의 두께 역시도 연결선의 길이에 약간 영향을 주기 때문에 계측기의 각 단계를 만들 때는 표시된 길이보다 대략 1.5mm 정도 짧게 만들어야 한다.

연결선의 길이를 확인하는 다른 방법으로는 구멍의 간격이 0.1″인 만능 기판과 비교해서 확인하는 것이다.

브레드보드의 구멍들은 수직, 수평 방향으로 0.1″ 간격을 지니고 있으며 브레드보드 가운데 있는 홈은 0.3″ 넓이를 가지고 있다.

브레드보드를 만드는 경우에는 24게이지 두께의 전선을 사용하는 것이 최선이다. 만일 26게이지를 사용하는 경우에는 구멍에 끼울 때 너무 쉽게 비틀어지고 끼워졌을 때도 너무 헐거운 경우가 많다. 그 반대로 22게이지 전선은 너무 빡빡하게 들어맞는다.

이베이나 다른 부품 판매상에서 'Bulk Wire'라는 이름으로 남는 전선들을 모아서 판매하는

그림 S-6 직접 만든 브레드보드 연결선용 전선 길이 계측기.

그림 S-7 직접 만든 전선 길이 계측기로 1.1″ 길이의 연결선을 확인하고 있다.

것을 쉽게 발견할 수 있다. 개인적으로는 10가지 색의 전선을 가지고 있다. 만일 여러분도 계획성 있게 구성하고 싶다면 브레드보드에서 각각의 목적에 따라 전선의 색을 다르게 하면 생활이 좀 더 편해질 수 있다.

마지막으로 가장 많이 발생하는 두 가지 브레드보드 배선 오류를 기억하기 위해서 그림 P-2를 다시 한번 보자. 여러분은 이렇게 자명한 실수를 할 리 없다고 생각하겠지만 필자도 피곤하거나 급하게 작업을 할 때 이런 실수를 했던 적이 있다.

움켜잡기

『짜릿짜릿 전자회로 DIY』에서 계측기 탐침의 끝에 붙인 다음 눌러서 사용할 수 있는 소형 집게(minigrabbers)를 언급했었다. 비교적 찾기 어려웠지만, 라디오섹 같은 곳에서 바로 구입할 수 있다. (라디오섹의 카탈로그 부품 번호 270-0334, '소형 테스트 클립 어댑터(Mini Test Clip Adapters)'로 설명되어 있음.) 그림 S-8를 보면 검은색 집게는 계측기 탐침에 끼워져 있으며 빨간색 집게는 연결되지 않은 상태이다. 이런 식으로 구성하는 것이 유용하다고 생각한다. 검은색 집게는 접지에 물려둔 상태에서 빨간색 탐침을 회로의 여러 부분으로 이동시키면서 전압을 측정할 수 있다. 이 집게는 눌러서 끼울 수 있으며 1~2옴 정도의 저항만 추가된다.

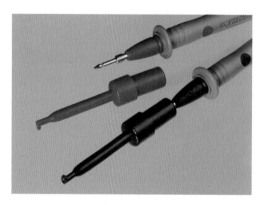

그림 S-8 소형 집게를 이용하면 계측기의 탐침이 전선을 붙잡고 있도록 만들 수 있으므로 어떤 위치에 탐침을 놓기 위해서 손으로 붙들고 있지 않아도 된다.

집게의 동작 방식은 그림 S-9에 있는 것처럼 집게 안쪽의 스프링을 늘려서 열린 상태로 만든다. 그림 S-10은 스프링이 제자리로 돌아오면서 저항 단자를 잡는 모습을 보여준다.

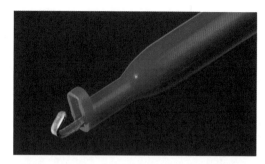

그림 S-9 소형 집게 안에 있는 스프링을 늘려서 안쪽에 있는 집게 클립이 튀어나오게 했다.

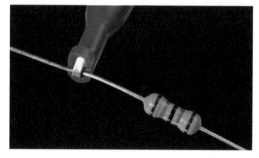

그림 S-10 스프링이 제자리로 돌아오면서 집게가 저항 단자 같은 얇은 물체를 단단하게 잡아준다.

그림 S-11에 있는 것처럼 양쪽 끝에 악어 클립이 달려있는 연결선에서 한쪽 끝을 계측기의 단자에 물리고, 반대쪽 단자를 회로의 원하는 위치에 고정시키는 방식으로 대신 사용할 수도 있다. 이 책에서 손으로 탐침을 전선으로 눌러 고정시키지 않고 손을 자유롭게 사용해야 하는 경우에 이 내용을 확인할 수 있을 것이다. 개인적으로는 집게가 더 좋다고 생각하지만 탐침에 뭔가를 끼워두고 싶지 않은 경우에는 대신 양쪽에 악어 클립이 달린 연결선을 사용할 수 있다.

마지막으로 양쪽 끝부분에 그림 S-12에 있는 것처럼 초소형 집게(micro grabber)가 달린 연결선을 구입할 수도 있다. 이것도 라디오섹에서 부품 번호 278-0016으로 구입할 수 있으며 '소형 집게 연결선(Mini-Clip Jumper Wires)'이라는 이름으로 판매되고 있다. 이런 연결선은 소형 집게보다도 작은 초소형 집게가 달려있기 때문에 악어 클립을 사용할 때는 옆에 있는 전선을 밀어내면서 합선시킬 가능성이 있는 작은 부품들을 잡을 때 사용할 수 있다.

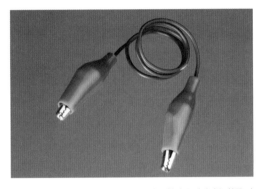

그림 S-11 양쪽 끝부분에 악어 클립이 있는 형태의 연결선은 한쪽 악어 클립으로 계측기의 탐침 끝부분을 잡고 다른 쪽은 회로에서 확인해 보려는 부분과 연결하는 방식으로 '집게 대용'으로 사용할 수 있다.

그림 S-12 양쪽 끝부분에 초소형 집게를 가진 연결선은 크기가 비교적 큰 악어 클립을 사용하면 옆으로 부품을 밀면서 다른 도체를 건드릴 수도 있는 지점에 사용할 수 있다.

부품 저장

커패시터를 저장하는 방식에 있어서, 다층 세라믹 커패시터는 아주 작기 때문에 이전에 『짜릿짜릿 전자회로 DIY』에서 제안했던 방식이 쓸모없어졌다. 작은 부품들은 작은 용기에 보관하는

것이 좋은데, 취미용 보석 공예 용기가 사용하기에 아주 적합하다.

공예점에서 구슬 공예를 위한 멋진 용기 시스템을 찾을 수 있을 것이다. 그림 S-13에서처럼 이제 다층 세라믹 커패시터를 저장하기 위해서 구슬 공예용 용기를 사용한다. 세라믹 커패시터를 저장하기에는 돌려서 여는 뚜껑을 가진 직경이 2.5cm 정도인 용기도 상당히 좋다. 따라서, 대략 16.5×14cm 정도 크기의 상자 안에 0.01μF(10nF)부터 시작하는 모든 범위의 기본적인 값을 가진 커패시터들을 보관할 수 있다. 게다가 돌려서 여는 방식의 뚜껑이라 실수로 상자를 바닥으로 떨어트리더라도 커패시터가 흩어져버리는 것이 아니라 그 자리에 남아있게 된다. 커패시터는 거의 비슷해서 섞였을 때 정전 용량에 따라서 다시 구분하는 것이 아주 끔찍하기 때문에 이 부분은 아주 중요하다.

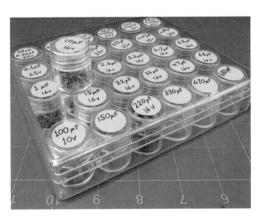

그림 S-13 최신 다층 세라믹 커패시터는 아주 작기 때문에 구슬 공예를 위해서 만들어진 용기에 보관하는 것이 가장 적합하다.

저항의 경우도 작은 용기에 들어갈 수 있도록 단자를 잘라주는 것이 좋다. 저항에서 자르지 않은

길이의 단자가 필요한 경우는 거의 없으며 가끔 필요한 경우에도 브레드보드에 피복이 있는 전선 조각을 추가하면 된다. 그림 S-14는 가장 많이 사용되는 값의 저항 30개를 저장한 모습이다. 커패시터를 보관했을 때와 마찬가지로 이런 형태의 것을 사용하면 상자를 떨어트리더라도 부품이 흩어지지 않는다. 각각의 용기에는 적어도 50개씩의 저항을 저장할 수 있다. (그림 S-15)

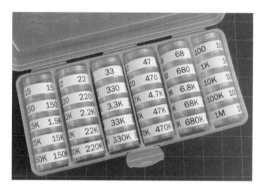

그림 S-14 약간 큰 보석 보관함은 단자를 약간 잘라 둔 저항을 보관하기 좋다

그림 S-15 여기 있는 작은 보관함 하나에 저항을 대략 50개쯤 보관할 수 있다.

검사

회로를 만들 때 각 저항과 커패시터를 브레드보드에 위치시키기 전에 값을 확인해야 한다는 규칙이 있다. 10μF 세라믹 커패시터는 0.1μF짜리 세라믹 커패시터와 거의 비슷하게 생겼고 1K와 1M 저항 값은 색 띠 중 하나만 다르다. 만일 부품의 값이 섞여버리는 경우에는 상당히 혼란스러운 문제에 직면하게 된다.

저항을 확인하는 과정을 간단하게 만들기 위해서 그림 S-16에 있는 것처럼, 자동 범위 판단 상태로 둔 계측기의 탐침에 연결된 연결선으로 구성된 작은 브레드보드를 사용했다. 이제 남은 일은 브레드보드에 저항의 단자를 끼워 넣고 값을 확인하는 데 필요한 5초 정도만 있으면 된다. 브레드보드의 소켓도 약간의 저항이 있지만 몇 옴에 불과하고 특별히 정확한 값을 확인하려는 것도 아니기 때문에 별로 신경 쓰지 않는다. 단지 특별한 오류를 만들지 않을 정도면 된다. 같은 이유로 이 작업에는 가장 저렴한 계측기를 사용해도 된다.

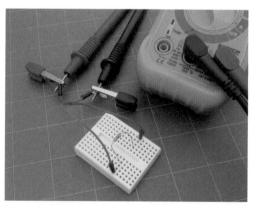

그림 S-16 프로젝트에서 사용되기 이전에 저항의 값을 빠르게 확인할 수 있는 간단한 시스템.

서론이 너무 길었다. 이제 더 많은 전자회로를 만들자.

전자 공학이란 것은 항상 어느 정도 재미를 동반해야 한다고 생각한다. 그런 의미에서 간단한 장난감을 만드는 것부터 시작하자.

이 실험에서는 접착제와 골판지를 사용할 예정이다. 일반적으로 전자제품을 만드는 책에서 자주 사용되지 않는다는 것은 알지만, 굳이 사용하는 이유는 세 가지이다. 첫 번째로 전자제품이 전선과 보드만으로 이루어지는 것이 아니라는 사실을 일깨우기 위함이다. 두 번째로 이 실험을 통해서 가장 기초적이고 필수적인 구성 요소인 쌍극성 트랜지스터(바이폴라 트랜지스터, bipolar transistor)에 대해서 좀 더 깊게 이해할 수 있을 것이다. 세 번째로 이 실험을 통해 이온, 저항, 고유 저항에 대한 일반적인 이야기를 풀어볼 것이다.

만일 이미 『짜릿짜릿 전자회로 DIY』를 읽었다면 트랜지스터에 대한 기본적인 부분을 배웠겠지만, 여기서는 약간의 요약을 반복해서 본 다음에 기초를 넘어서는 부분을 볼 것이다.

각 실험에서 사용되는 부품들은 책의 뒷부분에 정리되어 있다. 부록 B를 참고하자.

접착제로 만든 증폭기

전반적인 계획이 그림 1-1에 있다. 회로의 바닥으로 골판지를 사용하므로 이 프로젝트에서는 브레드보드를 사용할 필요가 없다.

2N2222는 작은 금속 뚜껑으로 되어 있는 형태와 검정색 플라스틱으로 된 형태가 있다. 만일 금속 뚜껑을 가진 형태를 사용하고 있다면, 그림과 같은 위치에서 보았을 때 금속 뚜껑 왼쪽에 약간 튀어나온 탭[1]이 있을 것이다. 검정 플라스틱 형태의 2N2222 또는 PN2222는 오른쪽에 평평한 면이 있지만, P2N2222 계열의 변종들을(부품 사이트에서 위의 부품 번호로 검색했을 때 종종 '등가품' 영어로는 'equivalent'이라고 같이 뜨는 경우가 있다) 구입하면 평평한 부분이 왼쪽에 있다. 따라서, 돋보기를 이용해서 부품 번호를 확인하고, 이 부분이 명확하지 않은 경우에는 3~4페이지의 '기호' 부분을 확인해 보자.

그림처럼 부품들을 연결하자. LED의 긴 쪽 단자(lead)[2]는 오른쪽에 있으며 짧은 쪽 단자는 왼쪽에 있다. 긴 쪽 단자에는 470Ω짜리 저항이 연

---

1 (옮긴이) 짧은 금속 조각.
2 (옮긴이) 소자에 달려있는 연결선. 보통 '다리'라고도 부른다.

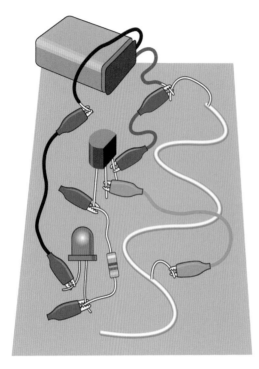

그림 1-1 첫 번째 실험: 트랜지스터, 220Ω 저항, 9볼트 건전지, 연결선, 전선, 약간의 목공용 접착제와 골판지가 필요하다.

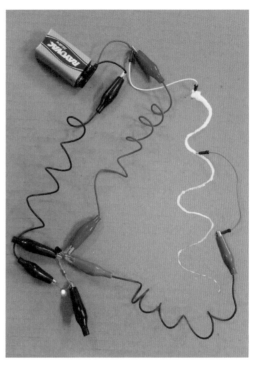

그림 1-2 실제 실험 모습. 아직까지는 어떻게 동작하는지 궁금할 것이다.

결된다. 트랜지스터 단자에 집게 달린 전선을 연결할 때는 집게들이 서로 닿지 않도록 주의해야 한다. 이제 목공용 접착제[3]를 대략 3mm 이하의 두께로 30cm 정도 지그재그 형태로 짜 준다.

접착제를 짤 때 그림 1-2에서처럼 아래쪽을 좀 더 뾰족하게 만들 수 있다면 더욱 좋다. 아래쪽의 얇은 부분에서 접착제가 끊어져서는 안 된다.

목공용 접착제를 쓰라고 추천한 이유는 비교적 구입하기 쉽기도 하고, 원하는 전기적 특성을 지니고 있기 때문이다. 다시 말해, 절연체도 아

니고 그렇다고 아주 좋은 도체도 아니다.

이번 작업은 접착제가 굳기 전에 재빨리 해야만 한다. 트랜지스터의 가운데 단자에 연결된 녹색 전선을 잡고, 흘려 둔 접착제의 중간 부분을 건드려 보자. LED가 상당히 밝게 켜질 것이다. 이제 접착제의 아랫부분을 건드리면, LED가 방금 전보다 약간 덜 밝게 켜질 것이다.

『짜릿짜릿 전자회로 DIY』를 읽었다면 이미 그 이유를 알겠지만 읽지 못한 독자를 위해 다시 한 번 알아보자.

---

3 (옮긴이) PVA 계열의 접착제를 사용하면 되는데, 많은 경우 흰색 목공용 접착제가 PVA 계통의 접착제이다. 목공용 본드 중에는 폴리우레탄 계통의 본드도 있으므로 주의한다.

무슨 일이 일어난 걸까

골판지 위에 짜 놓은 접착제는 위에서 밑에까지 대략 2.5cm당 10K옴을 가지므로, 전체적으로 대략 1메가옴 정도의 저항을 가지게 된다. 계측기를 이용해서 저항을 측정하려는 경우에는 계측기의 탐침(Probe; 프루브)에 접착제가 묻지 않도록 탐침 끝에 전선을 연결한 다음 확인하자.

트랜지스터는 증폭기로 동작한다. 베이스(base; 가운데 단자)로 흘러 들어오는 전류를 증폭해 주는 것이다. 증폭된 출력은 이미터(emitter; 그림 1-1에서 왼쪽) 부분으로 나온다. 이 실험에서는 저항값이 높은 접착제를 통해 전류가 흐르게 함으로써, 트랜지스터의 베이스로 흘러

들어가는 전류를 제한했다. LED는 전류에 반응해서 밝기가 변화하기 때문에 어떤 일이 일어났는지 확인할 수 있었다.

효과적으로 트랜지스터의 기능을 눈으로 관찰하고 싶다면, 그림 1-3처럼 회로에서 트랜지스터를 제거하면 된다. 이제 녹색 집게가 LED와 연결된 직렬 저항에 직접 연결될 테지만, LED는 켜지지 않을 것이다. 접착제의 저항이 너무 높기 때문에 LED를 밝힐 정도의 전류가 흘러가지 않는다. 만일 접착제에서 전원의 양극과 연결된 부분과, 녹색 집게가 연결된 부분의 거리가 5mm보다 가깝게 되는 경우 LED는 어둡게 켜질 수 있다.

기호

NPN 트랜지스터의 기호와 실제 부품의 핀출력이 제대로 생각나지 않는 경우에 기억을 돕기 위해서 그림 1-4를 넣었다. 금속 뚜껑 형태의 트랜지스터는 그림에서와 같이 어떤 방향으로든 금속 부분이 약간 튀어나온 부분이 있는데, 튀어나온 부분이 항상 이미터 단자에 가깝게 배치된다. 회로도 기호에서 화살표가 안쪽으로 오는 경우가 없으므로(Never Points iN), NPN 트랜지스터를 나타냄을 알 수 있다.

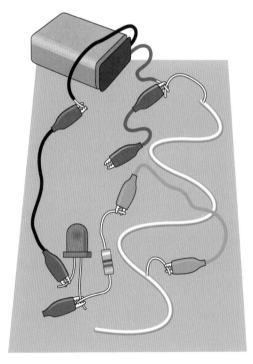

그림 1-3 트랜지스터가 LED로 가는 전류를 증폭시키지 않는 경우 접착제의 저항이 너무 커서 LED를 켤 수 있을 만큼의 전류가 공급되지 않는다.

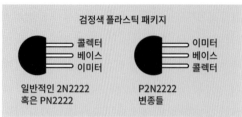

검정색 플라스틱 패키지

콜렉터
베이스
이미터

일반적인 2N2222
혹은 PN2222

이미터
베이스
콜렉터

P2N2222
변종들

금속 뚜껑 패키지

콜렉터
베이스
이미터

콜렉터
베이스
이미터

그림 1-4 위에서부터 NPN 트랜지스터의 회로도 기호와 간략하게 그린 부품의 형태다. P2N2222의 경우 단자 순서가 반대라는 점에 대한 중요한 경고 사항을 본문에서 살펴보자.

주의: 표준화되지 않은 단자

플라스틱으로 된 2N2222 트랜지스터를 위쪽에서 보고 평평한 부분을 오른쪽에 놓았을 때 단자는 항상 위에서부터 컬렉터, 베이스, 이미터의 순서가 된다는 것을 기억하기만 하면 된다. 몇몇 제조사는 이 트랜지스터를 PN2222이라 부르기도 하지만, 핀 배치는 같다.

약간 불명확한 부분이 남아 있는 부분은 2010년즈음부터 온 세미컨덕터(On Seminconductor), 모토로라(Motorola)를 비롯한 여러 제조사들에서 P2N2222이란 부품번호로 만든 다양한 변종들이다. 이 트랜지스터는 기능적으로 2N2222와 PN2222와 같은 기능을 하지만, 단자의 순서는 반대이다.

2N2222를 인터넷 부품 사이트에서 검색하는 경우를 가정해 보자. 트랜지스터의 가장 일반적인 부품 번호가 2N2222이므로 상당히 그럴듯한 일이다. 이 경우 P2N2222에도 검색어가 포함되므로, P2N2222도 함께 검색될 가능성이 있다. 사양이 같은 것처럼 보인다고 생각하고 이 트랜지스터를 구입하는 경우에는 부품을 거꾸로 잘못 끼우는 경우가 생길 수 있다.

문제가 겹쳐서 트랜지스터를 반대 방향으로 끼우는 경우에도, 비록 약간의 성능 저하가 있더라도 어느 정도까지는 동작한다. 따라서, 회로에서 P2N2222를 잘못 사용하는 경우에도, 원하는 것과 완전히 맞아떨어지는 것은 아니더라도 어느 정도 결과를 얻을 수 있다. 이후에 잘못되었다는 것을 알아채고, P2N2222 트랜지스터를 제대로 된 방향으로 바꿔 끼우더라도 이미 잘못된 극성을 사용하면서 생긴 손상으로 인해서 제대로 된 결과를 얻지 못할 가능성이 크다.

부품을 온라인에서 구입하는 경우에는 부품 번호에 주의해야 하고, 그림 1-4에 있는 구성에 대해서 주의를 기울여야 한다. 항상 데이터시트를 꼼꼼히 확인하자.

배경 지식: 도체와 절연체

접착제가 굳을 때까지 기다려 보면, 이 실험에서 약간 더 배울 수 있다. 접착제가 굳으면서 LED의 반응이 점점 약해진다. 왜 그럴까? 접착제에 있는 수분 중 일부는 증발하고, 일부는 골판지로 흡수되면서 일어나는 일이다.

『짜릿짜릿 전기회로 DIY』의 기억을 더듬어

보자면, 전류란 전자의 흐름이다. 잉여 전자 혹은 전공을 가진 원자 혹은 분자를 이온(ion)이라 부른다. 목공용 접착제가 어떤 것으로 만들어진 것인지 몰라도, 분명 이온 전달이 가능한 화학 물질들을 가지고 있을 것이고, 수분을 따라 이온이 움직이므로 접착제에 있는 수분이 이온 전달을 돕는다.

물 자체는 좋은 도체가 아니다. 이것을 확인해 보기 위해서는 순수한 정제수가 약간 필요한데, 수도 꼭지에서 나오는 물은 광물 성분의 불순물이 있으므로 사용할 수 없다. 정제수는 물을 끓일 때 발생하는 증기(이 과정에서 불순물이 제거된다)를 모아서 만들 수 있기 때문에 증류수라고도 부른다. 여전히 증류수를 만드는 경우도 있지만, 증류 과정은 에너지 측면에서 효율이 좋지 않기 때문에 사용하는 빈도는 줄어들고 있다. 그 대신 역삼투압 과정을 이용해서 탈이온화한 초순수(De-Ionized Water, 初純水)를 만들 수 있다. 탈이온화했다는 말 그대로 이온이 없다는 뜻이다. 따라서, 이런 순수한 물은 전자를 잘 흘릴 수 없는 것이 당연해 보인다.

증류수 혹은 초순수가 담긴 컵에 측정기의 탐침을 몇 인치 정도 거리를 두고 넣는다. 1메가 옴 이상의 저항이 측정될 것이다. 이제 물에 약간의 소금을 녹이면, 소금이 이온의 공급원이 되어 저항이 급격히 떨어진다.

도체와 절연체를 나누는 기준이 어떻게 되는지 궁금할 수 있다. 이 질문에 답하려면 저항성을 어떻게 측정하는지 알 필요가 있다. 아주 간단하다. 만일 R을 옴 단위로 나타낸 물질의 저항, A를 제곱 미터 단위의 면적, L을 미터 단위의 길이라 하는 경우 아래와 같은 수식을 이용할 수 있다.

$$저항성 = (R * A) / L$$

저항성은 옴-미터 단위로 측정된다. 알루미늄과 같이 매우 좋은 도체는 대략 0.00000003 옴-미터의 저항성을 가지며, 이 값은 3을 1억으로 나눈 값이다. 반대로 유리처럼 아주 좋은 절연체는 대략 1,000,000,000,000(1조) 옴-미터의 저항성을 지니고 있다.

그 중간 정도 지점에 반도체가 있다. 예를 들어, 실리콘은 대략 640 옴-미터의 저항성을 지니지만, 실리콘에 불순물을 주입하고(doping: 도핑) 전자가 잘 흐를 수 있도록 약간의 전위를 걸어 주는 방법으로 저항성을 낮출 수 있다.

목공용 접착제의 저항성은 얼마일까? 직접 계측기의 도움을 얻어서 계산해 보길 바란다. 골판지의 저항성은 얼마일까? 저항성이 매우 높을 텐데 어떻게 측정해야 할까? 방법이 있을지 생각해 보자.

조금 더 만들어 보자

만일 실험 1을 반복하면서, 접착제의 두께를 원래보다 2~3배 두껍게 하면 어떤 일이 일어날까? 만일 LED를 직렬 혹은 병렬로 두 개를 놓으면 어떤 일이 일어날까?

아마도 어떤 결과가 나올지 알겠다고 생각할지 모르겠다. 하지만 가정한 것을 확인하기 위해서 항상 실험을 해 보는 것이 좋다.

앞에서 이야기한 것처럼 트랜지스터를 잘못 끼운 경우에도 어느 정도는 동작한다. 베이스와 이미터 사이에 약간의 역전압(보통 6V 이하)이 걸리더라도 견딜 수 있지만, 9V 전지를 사용하는 경우에는 일부분 손상되었을 가능성이 있다. 실제로는 어떤 일이 벌어졌을까? 만일 그렇다면 이유는? 이 부분에 대해 좀 더 많은 정보를 찾아보면 트랜지스터에서 각각의 층이 어떤 식으로 구성되어 있는지, 전하가 각 부분을 어떻게 이동하는지 알아볼 수 있을 것이다. 이런 것은 알아두면 좋다.

회로에서 트랜지스터를 거꾸로 끼워서 지속적으로 손상을 입은 경우 다른 회로에서는 사용할 수 없을 것이다. 하지만 다음 실험에서 설명한 것처럼 이 트랜지스터를 검사하고, 잘못 사용된 적이 없는 새로운 트랜지스터와의 성능 차이를 비교해 볼 수 있을 것이다.

숫자를 얻어 보자

계획은 다음과 같다. 다음 실험을 위해서, 우선 『짜릿짜릿 전자회로 DIY』에 포함되지 않았던 부품들을 보여 줄 것이다. 세 가지 부품을 보자.

- 광트랜지스터(Phototransistor)
- 비교기
- OP 앰프

이 장치들이 실험 3부터 실험 14까지 여러분을 흥미롭고 즐겁게 만들 것이다. 이 과정에서 회로 설계, 특히 아날로그 부품들을 이용한 설계 등을 주제로 다룬다. 그 이후에는 다음과 같은 디지털 칩을 사용할 것이다.

- 논리 게이트
- 디코더, 인코더, 멀티플렉서
- 카운터와 시프트 레지스터

그 다음에는 무작위성과 센서에 대해 다룬다. 하지만 일단 여기서는 기본적인 개념을 모두 똑같이 이해할 수 있도록 만들어 보겠다. 이런 개념에 익숙하다고 생각하더라도 알고 있는 부분에

차이가 있을 수 있으므로 이 부분을 읽는 데 약간의 시간을 투자하는 것이 좋다. 뒤에서 나올 부분을 이해하기 위해서도 이 부분의 정보가 필요하다.

필요한 것들

각 실험에서 필요한 부품은 부록 B에 정리되어 있다는 점을 잊지 말자.

앞의 그림 S-2에서 이미 정류된 5VDC 전원은 가지고 있다고 가정했다. 이후로 회로도에서 "정류"라는 문구가 있으면, LM7805와 두 개의 커패시터로 이루어진 기본적인 형태의 정류된 전원 공급 장치가 필요하다는 의미이다. 이 실험에서는 측정을 정확하게 해야 하므로, 정확하게 제어된 공급 전압이 필요하다.

트랜지스터의 동작

전자 분야에서 숫자는 피할 수 없다. 사실 이 숫자들이 실제 회로의 동작 상태를 알려 줄 것이므로, 친구처럼 친숙해질 것이다. 만일 측정이 정

확히 이루어지지 않은 경우, 잘못된 측정치로 인해 상태를 잘못 이해하게 되며 결과로 나온 숫자가 쓸모 없어지기 때문에 정확하게 측정하는 방법을 반드시 익혀야 한다. 따라서, 이번에는 실험 1에서 사용한 목공용 본드를 짜서 사용하는 대신 미세 조정 가변 저항을 사용할 것이며 LED 대신 계측기를 사용해서 회로의 성능을 측정한다. (이 실험은 『짜릿짜릿 전자회로 DIY』의 실험 10과 비슷하지만, 여기서는 증폭기에 대해서 더욱 깊이 알아볼 것이다.)

정확하게 측정하는 데 익숙한가? 이제 알아볼 시간이 되었다.

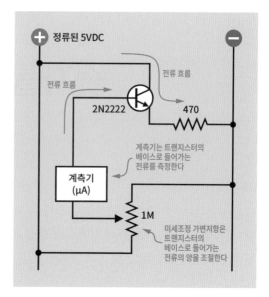

그림 2-1 계측기를 이용해서 트랜지스터의 베이스로 들어가는 전류를 측정할 것이다.

1 단계

계측기를 마이크로 암페어 단위의 직류 전류 (DC) 측정용으로 설정하자. 사용하고 있는 계측기의 종류에 따라 다르겠지만, 전류 측정용 소켓에 빨간색 단자를 끼우고 조정기를 돌려서 암페어 쪽으로 맞추면 된다. 만일 범위 자동 조정 기능을 지원하지 않는 경우에는 조정기를 조절해서 마이크로 암페어 단위로 설정하면 된다. 어떤 방식이든 AC가 아닌 DC를 측정하는 것을 잊으면 안되고, 빨간색 단자가 전류 측정용 소켓에 끼워져 있어야 한다.

그림 2-1의 회로에서 계측기를 사용한다.

회로를 해석하는 것이 어렵다면 그림 2-2를 보자. 이 그림은 수동 범위 조정 형식의 계측기를 미세조정 가변저항의 가운데 단자와 2N2222 트랜지스터의 베이스 단자 사이를 집게 달린 연결선으로 연결해서 마이크로 암페어를 측정하는

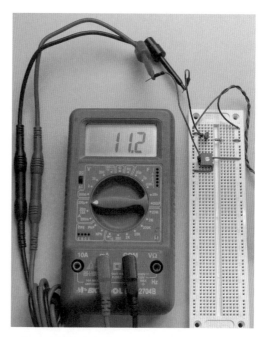

그림 2-2 미세조정 가변저항의 가운데 단자에서 2N2222 트랜지스터의 베이스로 흘러가는 마이크로 암페어 단위의 전류를 측정하기 위한 배치. 자세한 것은 본문을 살펴보자.

모습이다. 그림의 오른쪽으로 들어오는 검은색과 빨간색이 꼬여있는 전선은 브레드보드로 정류된 5V 전원을 공급해 준다. 계측기에서 임의의 값을 읽을 수 있을 것이다.

그림 2-3는 같은 브레드보드를 좀 더 확대한 것이다. 왼쪽에서 들어오는 검은색과 빨간색 전선은 끝부분에 둥근 플러그가 있어서 브레드보드에 끼워져 있으며, 이 전선은 계측기에 연결된다. 미세조정 가변저항은 회로도와 같은 방향으로 끼워져 있으며 각 단자가 브레드보드에서 서로 다른 줄에 연결된다. 만일 미세조정 가변저항이 90도 돌아가 있다면 두 개의 단자가 브레드보드의 같은 줄에 끼워지므로 제대로 동작하지 않을 것이다.

그림 2-3 이전 사진에서 브레드보드 부분을 확대한 사진.

계측기의 값이 5µA가 될 때까지 미세조정 가변저항을 조정하자. 이 값이 베이스 전류로써 왼쪽의 미세조정 가변저항을 통해서 트랜지스터의 베이스 쪽으로 흘러 들어가는 전류를 의미한다.

2단계

베이스 전류를 적어두자. 실험 노트를 하나 만들어 두는 것도 좋은 생각이며 지금부터 시작해도 좋다. 각 실험 단계마다 기록해 두면 나중에 기억을 되살리는 데 도움이 된다.

Maker's Notebook[1]과 같은 노트는 여러모로 편리하며, 없다면 모눈 종이로 된 노트를 쓰는 것도 도움이 된다.

3단계

브레드보드에서 계측기의 탐침들을 제거하고 연결선으로 바꾸자. 자동범위 조정식 계측기가 아닌 경우 계측기의 측정 범위를 밀리 암페어 단위로 바꾼 후 위치를 그림 2-4에서와 같이 변경한다. 그림 2-5는 이런 구성의 사진을 보여준다. 계측기와 연결된 전선이 있던 자리에는 노란색 연결선이 끼워져 있으며, 이제 계측기는 브레드보드에서 전원의 양극이 있는 버스 부분과 트랜지스터의 컬렉터에 연결된다.

---

1 (편집자) 국내에는 정식 발매되지 않았지만 영문판은 아마존에서 판매하고 있-다.

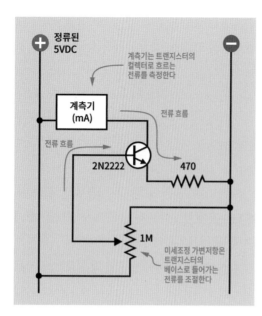

그림 2-4 계측기는 이제 트랜지스터의 컬렉터로 들어가는 전류를 측정한다.

4단계

베이스 전류를 적어 둔 곳의 옆에 계측기에서 읽은 값을 적자. 이 값은 컬렉터 전류이다.

5단계

1단계로 돌아간 후, 미세조정 가변저항을 조절해서 베이스 전류를 5µA 더 증가시킨다. (이때, 필요하다면 계측기의 범위를 마이크로 암페어 단위로 바꿔야 한다는 점을 잊지 말자.)

표를 만들기 위해서 베이스 전류를 5µA에서 40µA까지 5µA 단위로 증가시키며 1단계에서 5단계까지의 과정을 반복해 실험해서, 각 경우에 대한 컬렉터 전류를 기록한다. 총 8번의 작업을 해야 하는데, 계측기를 앞뒤로 옮겨야 한다는 귀찮음이 있지만 그렇게 많은 작업은 아니다. 결과는 그림 2-6의 처음 두 열과 비슷한 형태가 될 것이다. 그림의 값은 필자가 직접 측정한 값이다. 여러분도 비슷한가?

베이스로 들어가는 전류 (uA 단위)	컬렉터로 들어가는 전류 (mA 단위)	컬렉터로 들어가는 전류 (uA 단위)	I_C/I_B 베타값	이미터와 접지간의 전압
5	1.0	1000	200	0.45
10	2.1	2100	210	0.98
15	3.2	3200	213	1.52
20	4.3	4300	215	2.02
25	5.3	5300	212	2.52
30	6.4	6400	213	3.03
35	8.5	7500	214	3.51
40	8.6	8600	215	3.96

그림 2-5 왼쪽의 계측기와 연결된 빨간색과 검은색 전선은 이제 트랜지스터의 컬렉터로 흘러가는 전류를 측정한다.

그림 2-6 NPN 트랜지스터에서의 베이스 전류와 컬렉터 전류의 비교.

이제 두 전류값을 나눌 수 있도록 같은 단위로 바꾸기 위해서, 컬렉터 전류값을 밀리 암페어 단위에서 마이크로 암페어 단위로 바꿔준다. 1000 마이크로 암페어가 1밀리 암페어가 되므로, 컬렉터 전류값에 1000을 곱하면 마이크로 암페어 단위의 값을 얻을 수 있다. 그림 2-6에 있는 표의 3번째 열에서 저자가 측정한 값을 마이크로 암페어 단위로 바꾼 값이 있다.

마지막으로 계산기로 표의 각 줄마다 마이크로 암페어 단위의 컬렉터 전류를 마이크로 암페어 단위의 베이스 전류로 나눠서 그 값을 적어보자. 처음 1~2개를 계산하고 나면, 그 비율이 거의 고정된 값에 가깝다는 것을 알 수 있다. 이 값이 표의 4번째 열에 적혀 있는 값이다.

> 컬렉터로 들어가는 전류를 베이스로 들어가는 전류로 나눈 값은 트랜지스터의 증폭 능력을 보여 준다.

주의: 계측기가 위험하다!

전류를 측정할 때는 주의해야 한다. 전류가 용량을 초과하면 계측기의 퓨즈가 끊어질 수 있으므로, 여분의 퓨즈를 준비하는 것이 좋다. 또한 전류 측정을 마치고 계측기를 보관할 때 빨간색 단자를 전압 측정용 소켓에 끼우는 것을 잊었을 수도 있다. 일반적으로 전압 측정용 소켓에 있을 때 계측기가 손상을 덜 입기 때문에 사용하지 않을 때는 습관적으로 전압 측정용 소켓에 끼우는 것이 좋다.

약어와 데이터시트

그림 2-6에 I_B와 I_C라는 약어(Abbreviations)가 있었다. 일반적으로 I라는 약어는 전류를 의미한다는 것을 기억하자. 만일 I_B를 보고 베이스로 가는 전류를, I_C를 보고 컬렉터로 가는 전류를 생각했다면 제대로 생각한 것이다.

이런 약어들은 대부분의 트랜지스터 데이터시트에서 찾을 수 있으며, 사용할 때 허용되는 최댓값을 알려 줄 것이다. 이 값들은 아주 유용한 정보다. 만일 직접 프로젝트를 하나 계획하는 경우에 베이스와 컬렉터 전류의 최대값을 확인해서 과부하가 걸리지 않는 적절한 트랜지스터를 고를 수 있다.

이제 I_E가 어떤 뜻이라 생각하는가? 이미터로 나가는 전류를 나타내는 것이라 생각하고 있다면, 다시 한번 정답이다. 이 약자는 아주 많이 사용되지는 않는다. 그 이유는 I_E의 경우 I_B와 I_C를 조합해서 만들 수 있기 때문이다. 베이스와 컬렉터로 흘러 들어가는 전류는 이미터로만 나갈 수 있으므로 다음과 같은 식이 성립한다.

$$I_E = I_B + I_C$$

다음은 NPN 트랜지스터에서 일반적으로 사용하는 약자다.

- V_{CC}는 공급 전압으로 "공통 컬렉터에 걸리는 전압(Voltage at Common Collector)"를 나타내지만, 보통은 회로에서 쌍극성 트랜지스터

(bipolar transistor)를 사용하고 있지 않은 경우에도 공급 전압을 표시하기 위해 사용된다.

- V~CE~는 컬렉터와 이미터 간의 전압 차이를 의미한다.
- V~CB~는 컬렉터와 베이스 간의 전압 차이를 의미한다.
- V~BE~는 베이스와 이미터 간의 전압 차이를 의미한다.

데이터시트에는 트랜지스터의 "베타 값(beta value)"을 보통 그리스 문자인 β를 써서 나타내기도 한다. 이 표시는 베이스 전류를 얼마나 증폭할 수 있는지 나타내는 것으로 앞의 5단계에서 I_C와 I_B를 나눠서 얻었던 값이다. 표에서 4번째 열이 베타 값이라 적혀 있던 것을 확인해 보자.

베타 값과 그림 2-6의 표에 있는 4번째 열의 값이 일치한다는 것은 이 트랜지스터가 선형적(linear)[2] 장치라는 것을 나타낸다. 다른 말로 하면, 베이스와 컬렉터의 전류를 가지고 그래프를 그리면 그림 2-7처럼 직선을 얻을 수 있다.

여러분이 직접 얻은 값으로 엑셀 같은 프로그램이나 모눈 종이에 그래프를 그릴 수 있다. 앞에 이야기한 Make's Notebook도 모눈 형태로 되어 있다. 필요하다면 PDF 파일을 인터넷에서 받아서 프린트해서 쓸 수도 있다. 인터넷에서 "모눈 종이" 혹은 "print graph paper"로 검색하자.

그렇다면, 각 단계마다 여러분이 측정한 베타

---

2 (옮긴이) 선형성(linearity)을 지니고 있다는 의미로, 입력과 출력의 관계를 그래프로 그렸을 때 직선 형태가 됨을 의미한다.

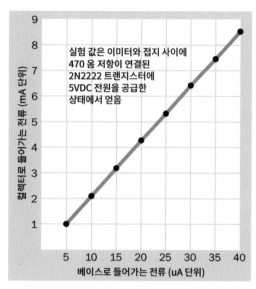

그림 2-7 앞의 표에서 처음 두 열의 값을 이용해서 그래프를 그렸다.

값들이 정확히 일치하지 않는 이유는 무엇일까? 계측기가 완벽하게 정확하지 않을 뿐 아니라(마이크로 암페어 단위의 매우 적은 전류를 측정할 때 더욱 그렇다) 트랜지스터 역시 완벽하게 제작될 수는 없다. 증폭 비율은 비교적 충분히 안정적이므로 음향 신호처럼 외율에 민감한 신호를 증폭시키는 데도 사용할 수 있다. (트랜지스터를 스위치로 사용할 때는 이 부분에 대해서는 별로 신경 쓸 필요가 없다.)

여러분이 측정한 값이 이 책에서 저자가 측정한 값과 정확히 일치하지 않는 이유는 뭘까? 몇 가지 제어할 수 없는 변수들이 있기 때문이다. 여러분의 계측기와 저자의 계측기는 분명 다른 제조사에서 만들었을 것이며, 여러분의 전압 조정기 역시 저자의 것과는 다를 것이다. 계측기에 사용되는 탐침의 연결이 좋지 않을 수 있으며, 트랜지스터의 온도 역시 작은 차이를 만들어 낸다. 실제 환경은 제어 불가능한 변수들로 가득 차 있으며, 우리가 이 변수들을 제거할 수는 없다.

게다가, 트랜지스터의 제조사도 다를 것이다. 데이터시트에서는 같은 부품에서 얻을 수 있는 베타 값의 범위를 나타내고 있는데, 측정 장비가 매우 정밀한 경우에도 차이가 난다는 의미다.

소프트웨어를 작성하는 사람들은 완전히 정확한 값을 사용하길 바랄 것이지만 실제 하드웨어에서의 최선은 주위 상황에 따른 합리적인 범위의 결과를 비교적 일관되게 만들어 낼 수 있는 회로를 만드는 것이다. 하드웨어가 원래 다 그렇다.

전압은 어떨까?

『짜릿짜릿 전자회로 DIY』에서 트랜지스터는 전류 증폭기라고 이야기했다. 입문서에서는 항상 이런 언급이 있으며, 베타 값 역시 전류 증폭 비를 측정한 것이다. 하지만, 다른 요소들(예를 들어 트랜지스터의 부하)이 변하지 않는 이상 NPN 트랜지스터에서 베이스 전류가 바뀜에 따라 전압 역시 변한다는 것을 별로 이야기하지 않는다.

그림 2-8은 이를 확인해 줄 회로다. 회로에서 관심 있는 부분과 전원의 음극 사이의 전압을 측정해야 하기 때문에 회로에서 470Ω 저항과 계측기를 직렬로 놓지 말아야 한다는 점을 기억해야 한다. 또한, 계측기는 전압 측정 모드여야 하고 빨간색 단자는 필요한 경우에 적절한 소켓에 끼워져 있어야 한다는 점도 잊으면 안 된다.

그림 2-6에서, 5번째 열은 필자가 직접 측정

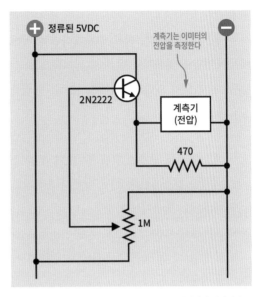

그림 2-8 이런 구성에서 계측기는 트랜지스터의 이미터와 전원의 음극 사이의 전압을 측정할 것이다. (계측기를 전압 측정 모드로 바꿔야 한다는 것을 기억하고 있어야 한다.)

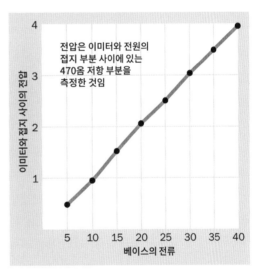

그림 2-9 2N2222 트랜지스터에서 이미터의 전압은 베이스 전류에 대해서 거의 선형적으로 변한다. 이 그래프는 앞의 표에 있는 값을 이용해서 그린 것이다.

한 전압을 나타낸다. 이 전압을 베이스 전류와 비교해서 그리면 그림 2-9와 같이 되며, 역시 직선 형태이다.

만일 트랜지스터가 전류 증폭기라면 이미터에서의 전압이 전류처럼 변한 것은 어떻게 된 것일까? 이제 실제 트랜지스터에서 일어난 일들을 생각해 보자.

- 베이스 전류의 증가는 트랜지스터의 내부 유효 저항을 감소시킨다. 이로 인해서 트랜지스터에 흐르는 전류가 증가한다.
- 하지만 트랜지스터는 470Ω 저항과 직렬로 연결되어 있으므로 두 부품은 일종의 전압 분배기를 만든다.

『짜릿짜릿 전자회로 DIY』에서 두 개의 저항을 직렬 연결하는 경우 각 저항의 비율에 따라서 두 저항의 사이에서 전압 저하가 분배된다는 것을 배웠다. 만일 첫 번째 저항이 상대적으로 낮은 값을 가지고 있으면 전압을 많이 막아주지 못하므로 두 번째 저항이 더 많은 전압 저하를 일으키며, 그 반대의 경우도 마찬가지다.

그림 2-10을 보자. 이 회로에서는 470Ω 저항과 연결했던 트랜지스터 대신 다양한 값을 가진 저항을 연결했다. A, B, C, D 지점에서의 전압을 예상해 볼 수 있을까? 빠르게 직접 실험을 해 볼 수도 있다. 이론적인 정답은 이 장의 끝부분에 있다.

두 저항 간의 중간 부분에 걸리는 전압을 계산하는 공식을 쓰려고 한다. 식에 있는 약어의 의미는 다음과 같다.

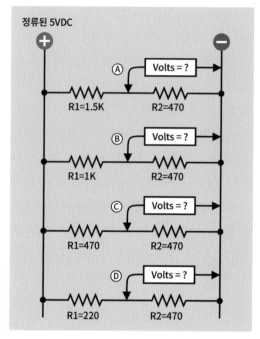

그림 2-10 전압 분배기의 개념은 전자회로의 기본적인 부분이므로 정확히 이해하도록 하자.

- V_M은 중간 지점의 전압이다.
- V_{CC}는 공급 전압이다.
- R1은 양극 쪽에 있는 (Ω 단위) 저항 값이다.
- R2는 그림 2-10에서와 같이 음극 쪽에 있는 (Ω 단위) 저항 값이다.

다음과 같은 관계가 성립한다.

$$V_M = V_{CC} * (R2 / (R1 + R2))$$

아마 지금쯤 그림 2-8의 회로에 있는 트랜지스터에서 베이스 전류가 증가했을 때 이미터에서 출력되는 전압이 증가한 이유를 알 수 있을 것이다. 베이스 전류는 트랜지스터의 내부 유효 저항을 감소시키므로, 이미터(여러분이 전압을 측정하는 곳)와 전원의 양극 사이의 유효 저항이 낮아지게 된다. 결과적으로 전압이 증가되는 것이 측정된다. 그림 2-11은 이 부분을 보여 준다.

이미터의 전압은 전원의 전압을 넘어갈 수 없다. 또한, 트랜지스터의 베이스로 가해지는 전압 역시 0V에서 공급 전압 사이의 값을 가진다. 왜 그럴까? 베이스 전압은 1M 가변 저항에서 가져오는데, 이 저항은 전원의 양극과 음극 사이에 있는 일종의 전압 분배기이기 때문이다. 이미터의 전압은 베이스의 전압을 넘을 수 없기 때문에 쌍극성 트랜지스터는 전압을 증폭할 수 없다고 결론지을 수 있다. 하지만, 실험 3에서 광트랜지스터를 사용하기 시작할 때쯤이면 이미터 전압이 변하는 것도 쓸모가 있다는 것을 알 수 있다.

전압에 대한 몇 가지 사실

지금까지 전압에 대해서 정확히 정의하지 않고 다음 몇 가지 가정을 만들었었다.

- 회로의 양극 전압은 정해진 값을 가진다.
- 회로에서 전원의 음극과 직접 연결된 모든 부분은 0V 값을 가진다.
- 전압 분배기의 동작은 간단한 수식으로 정의할 수 있다.
- 회로에 개입하지 않으면서 어디서든 원하는 곳에서 전압 혹은 전류를 측정할 수 있다.

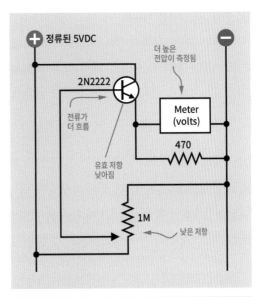

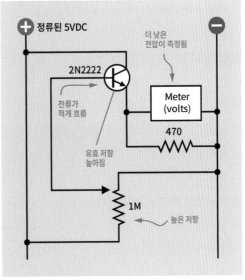

그림 2-11 NPN 트랜지스터의 베이스로 많은 전류(윗쪽 회로도)와 적은 전류(아래 회로도)가 흘렀을 때 결과.

현실에서 이런 가정은 진실과 거리가 좀 있다.

V$_{CC}$는 V$_{CC}$보다 낮을 것이다

어떤 전원이라도 한계가 있다. 저항이 낮은 부품으로 부하를 많이 거는 경우에는 전압이 낮아질 수 있다. LM7805 정류기의 경우 이런 현상에 비교적 잘 대응하지만 완벽한 것은 아니다.

0이 0보다 크다

보통 접지는 0V를 유지하고 있다고 생각하지만, 다양한 부품들이 전류를 접지 부분으로 흘려보내고, 전원으로 돌아가는 전선도 약간의 저항을 가지고 있다. 어느 부분에서 접지와 연결된 전선을 만들었는지에 따라 측정된 접지의 전위가 전원 음극 부분과 비교해서 정확히 0이 아닐 수 있다.

전압 분배기는 완전하지 않다

전압 분배기에 비교적 낮은 저항을 가진 부품을 붙이는 경우에는 이 부분으로 전류가 빠져나가거나 전류를 끌어오게 되므로 중간 지점의 전압이 비교적 많이 떨어진다.

측정 자체도 측정 결과에 영향을 준다

계측기 자체도 내부 저항을 지니고 있기 때문에 전압(혹은 전류)를 측정하는 과정 역시도 측정 값에 영향을 줄 수 있다. 전압을 측정할 때 사용되는 내부 저항이 매우 높기는 하지만 무한대 값은 아니며 전류를 측정할 때 사용되는 내부 저항이 아주 낮은 값이기는 하지만 역시 0보다는 큰 값이다. 만일 계측기의 내부 저항에 차이가 있다면 계측기마다 측정 값이 정확히 일치할 수 없을 것이다.

조금 더 만들어 보자: 구식 계측기

지금부터는 필자처럼 작은 장치들을 좋아하는 사람이 가능한 한 가장 즐겁게 실험 2를 다시 한 번 할 수 있는 방식을 살펴볼 것이다.

다범위, 다기능 계측기가 개발되기 전에는 한 가지 기능만 할 수 있는 아날로그식 계측기를 구입할 수 있었다. 이 계측기로는 고정된 범위의 볼드, 밀리볼트, 암페어, 밀리 암페어 중 한 가지를 측정할 수 있었다. 사실 이런 종류의 계측기는 아직도 구입할 수 있으므로, 한 쌍을 사서 트랜지스터 점검 회로에 붙여두면 이전처럼 계측기를 앞뒤로 옮길 필요가 없다.

필자는 이베이(eBay)를 통해 홍콩에서 작고 쓸만한 계측기를 개당 $5 정도에 주문할 수 있었다. 1~50 마이크로 암페어를 측정할 수 있는 것과 0~10 마이크로 암페어를 측정할 수 있는 것을 하나씩 구입했다. 이 정도가 이 실험에서 필요한 범위이다. 그림 2-12의 형태로 계측기를 설치한 다음에는 계측기를 앞뒤로 움직일 필요 없이, 미세조정 가변저항을 변경할 때마다의 측정 값을 바로 확인할 수 있다. 아마도 이 실험이

그림 2-12 두 개의 아날로그 계측기는 2N2222 쌍극성 트랜지스터의 기본적인 전류 증폭 기능을 즉시 보여 줄 수 있다. 앞부분에 있는 푸른색의 사각형 부품은 돌려서 조정 가능한 미세조정 가변저항이다.

토요일 밤(혹은 월요일 밤이더라도)에 모두가 즐길 만한 취미는 아니더라도 괜찮은 데모를 만든 것이다.

트랜지스터에 대한 몇 가지 사실

몇몇 사람들은 숫자 다루기를 즐기지만 일부는 그렇지 않다. 필자의 경우도 몇몇 부품들을 끼워 맞추고 어떤 일이 일어나는지 확인하는 것(예를 들어 목공용 풀을 사용했다가 사용하지 않기도 하는 등)을 훨씬 즐긴다. 하지만 전자회로에 대해 좀 더 깊게 들어가기 위해서는 실제 어떤 일이 벌어지고 있는지 이해하는 것이 더 중요하고 이를 위해서는 약간의 계산이 필요하다. 직류 회로에서는 곱셈이나 나눗셈보다 어려운 계산을 하는 경우가 거의 없으므로 아주 부담되는 수준은 아니다. 교류 회로의 경우 제대로 된 수학이 좀 필요하지만 다행히도 이 책의 범위를 벗어난다.

이제 간단했던 이번 실험에서 기억해 둘 만한 내용들을 정리해 보자.

- 쌍극성 트랜지스터는 선형성을 가졌으므로 베이스로 들어가는 전류와 컬렉터로 들어가는 전류의 비율은 거의 상수가 되며 두 변수를 이용해서 그래프를 그리면 거의 정확하게 직선의 형태가 된다.
- 트랜지스터의 베타 값은 증폭 계수를 나타내며 베이스로 흘러가는 전류와 컬렉터로 들어가는 전류의 비율을 나타낸다.
- NPN 쌍극성 트랜지스터에서 이미터에 고정된 부하가 걸려 있는 한 이미터의 전압은 전

류에 따라 달라진다.
- 이미터의 전압은 베이스의 전압을 넘을 수 없으므로 쌍극성 트랜지스터는 전압 증폭기가 아니다.

몇 가지 사실을 더 알아보자.

- NPN 트랜지스터에 순방향 바이어스(forward bias)를 가하려면 베이스로 이미터의 전압보다 상대적으로 높은 전압이 가해져야 한다. 역방향 바이어스(negative bias)는 베이스가 이미터보다 낮은 전압을 가진 경우다. 이런 상황은 트랜지스터에 손상을 줄 수 있으므로 되도록 피해야 한다.
- VBE가 순방향 바이어스로 대략 0.6V 이하인 경우 차단 영역(cutoff region)이라 한다. 이 영역에서는 트랜지스터 내부의 전하가 움직이기에 충분하지 않으므로 아무 일도 일어나지 않는다. 순방향 바이어스가 부족한 경우 누설 전류(leakage current)라 부르는 매우 미량의 전류만 부품을 통과한다. 이런 현상으로 인해서 트랜지스터는 스위치로 사용될 수 있다.
- 쌍극성 트랜지스터가 전류 증폭기처럼 동작하는 구간을 활성 영역(active region)이라 한다. 이 영역의 위쪽 한계 부분에서는 컬렉터와 이미터 사이의 유효 내부 저항이 너무 낮아져서 전류가 흐르는 데 제한이 없는 것처럼 보인다. 이 부분을 포화 영역(saturation region)이라 하며, 열이 과도하게 발생한다.

물론 활성 영역에서도 전류를 제한하지 않는 경우 트랜지스터는 과열된다. 따라서, 트랜지스터를 사용할 때는 저항(저항이든, 저항을 가진 부품이든)을 사용하도록 하고, 컬렉터와 이미터 양쪽에 전원을 직접 연결해서는 안 된다.

데이터시트는 $V_{CE(SAT)}$와 같은 용어를 사용해서 포화 한계가 어디인지 나타낸다. 데이터시트의 경우 용어의 정의를 기억하지 못할 때나, 일반적으로 어떻게 사용되는지를 알려주는 회로도 등이 생략되어 있다는 점 때문에 살펴보기 당황스러울 수 있다. 그러나 직접 뭔가를 만들거나 회로를 수정하려고 할 때는 데이터시트가 필수이다. 어떤 부품을 처음 사용해 보는 경우에는, 인터넷에서 데이터시트를 찾아서 나중에 참고하기 위해서 프린트해 두는 것이 좋다.

전압 분배기 예의 정답

A. 5 * (470 / 1970) = 대략 1.2V

B. 5 * (470 / 1470) = 대략 1.6V

C. 5 * (470 / 940) = 2.5V

D. 5 * (470 / 690) = 대략 3.4V

숫자를 너무 많이 다룬 것 같다. 이제 빛을 가지고 놀 시간이다.

빛에서 소리로 **03**

이번 실험에서는 광트랜지스터를 다뤄 볼 것이다. 그림 3-1에 있는 광트랜지스터의 기호는 쌍극성 NPN 트랜지스터와 아주 비슷한 모양이다. 사실 컬렉터와 이미터의 동작은 광트랜지스터에서도 트랜지스터와 같다. 가장 큰 차이는 들어오는 빛에 의해서 베이스가 활성화된다는 점이며 이 부분을 나타내기 위해서 앞쪽에 1~2개의 화살표를 표시해 둔다.

간혹 기호를 둘러싸고 있는 원은 생략되기도 하며, 두 개의 직선 화살표 대신 하나의 지그재그 형태의 화살표가 사용되기도 한다. 이런 차이가 실제 동작의 차이를 나타내는 것은 아니다. 그러나 베이스에서 선이 튀어나온 경우에는 베이스에 연결된 단자가 빛의 입력으로 만들어지는 효과를 보조할 수 있다는 것을 의미한다. 이 부분은 나중에 이런 모양의 기호를 봤을 때 의미를 알 수 있도록 이야기한 것이며 이 책에서는 이런 형식의 광트랜지스터를 사용하지는 않을 것이다.

광트랜지스터와 광저항을 혼동하지 말자. 광저항은 일반적으로 광전지라 불리며, 『짜릿짜릿 전자회로 DIY』에서도 사용했었다. 이것은 별도의 전원이 필요하지 않으므로 자주 사용되며 빛

그림 3-1 광트랜지스터를 나타내는 회로도 기호들. 왼쪽과 가운데 기호는 기능적으로 같다. 베이스와 연결이 있는 오른쪽 기호는 빛에 의해서 유도되는 전압을 보조할 수 있다.

에 따라서 저항값이 변하는 특성을 가지고 있다. 광트랜지스터는 가로등을 켜고 끄는 용도로부터 TV 리모컨의 버튼을 눌렀을 때 나오는 적외선 신호를 감지하는 데까지 폭넓게 사용되고 있다.

빛의 밝기에 따라 음의 높이가 변하는 장치

각 실험에서 사용되는 부품의 목록은 부록 B에 있다는 것을 잊지 말자.

그림 3-2의 회로를 조립하는 것부터 시작하자. 보여 주기 위한 회로인 데모(demo)를 만드는 데 항상 도움이 되므로 555 타이머를 사용할 것이다. 쌍극성 형태로 구성된 초기 버전 555 타이머의 출력은 LED나 릴레이, 그리고 이번 예제처럼

스피커를 구동시킬 수 있다. 비교적 최근에 나온 CMOS 버전들(보통 7555라는 부품 번호를 사용)은 출력 전력을 그렇게 많이 공급하지 못한다.

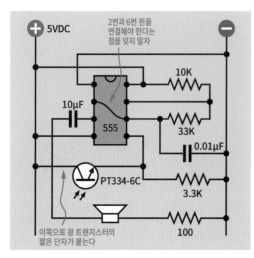

그림 3-2 이 데모에서는 광트랜지스터의 동작을 소리로 들어 볼 수 있도록 만든다.

광트랜지스터를 설치할 때는 방향에 주의해야 한다. 규칙을 알아보자.

> 광트랜지스터의 짧은 단자로 양극 전류가 들어가서 긴 단자 방향으로 나간다.

따라서, 이 회로도에서 짧은 단자는 왼쪽에 있어야 한다.

LED의 경우 광트랜지스터와 거의 비슷하게 생겼음에도, 긴 단자 부분에 짧은 단자보다 상대적으로 양극인 전압이 위치해야 한다는 것 때문에 혼동될 수 있다. 광트랜지스터의 경우 그 반대다. 광트랜지스터는 빛을 내는 대신 받아들이는 역할을 하므로, LED와 반대되는 동작을 한다고 생각

할 수도 있으며, 결과적으로 연결도 반대다.

LED와 광트랜지스터는 실질적으로 같은 모양이기 때문에 다음과 같이 지켜야 할 다른 규칙도 있다.

> 광트랜지스터를 보관할 때는 LED와 섞이지 않도록 이름표를 잘 달아두는 것이 좋다.

그림 3-3에는 이 회로의 사진이 있다. 이 사진을 보면, 스피커와 직렬로 연결돼야 하는 100Ω 저항이 생략되어 있는데, 사용된 스피커 자체가 63Ω 임피던스(impedance)를 가진 것을 사용했기 때문이다. 회로의 다른 부분은 모두 같다.

그림 3-3 브레드보드를 이용해서 꾸민 555 타이머를 이용한 광트랜지스터 테스트 회로. 광트랜지스터는 가운데의 노란 전선 근처에 있는 투명한 물체다. 오른쪽에는 스피커의 일부가 보인다.

555 타이머의 2번 핀과 6번 핀을 연결하는 연결선이 있다는 것을 잊지 말자. 이 연결선은 사진에서 초록색 전선이며, 회로도에서는 칩을 가로지르는 형태이다. 연결이 제대로 되었다는 확신

이 들면 전원을 켠 다음, 광트랜지스터로 들어가는 빛이 바뀔 때마다 스피커에서 어떤 소리가 나는지 확인해 보자.

그림 3-4는 555 타이머의 핀 구성을 나타낸다. 기능에 대한 자세한 사항은 다음 실험에서 설명할 예정이다.

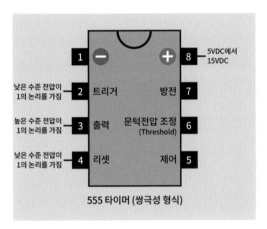

그림 3-4 555 타이머의 핀과 기능. 공급 전원의 범위는 초기의 TTL 쌍극성 형식에서만 해당한다.

10K에서 33K까지 저항값을 바꾸면서 실험해보자. 또는 0.01μF보다 조금 크거나 작은 값의 커패시터를 사용해 보자. 자유롭게 동작하는(free running) 타이머의 주파수를 결정하는 수식을 기억하고 있는가? 다음 실험에서 기본적인 정보들이 기억날 수 있도록 할 것이다. 여기서 중요한 부분은 5번 핀(칩의 오른쪽 아래 있는 핀)이 제어 핀이라는 것이다. 이 핀에 가해지는 전압을 조정해서 타이머 사용자가 언제 '켜짐' 주기를 끝내고 '꺼짐' 주기로 들어갈지 결정할 수 있다. 결과적으로 제어 핀은 타이머가 가청 주파수 내의 주파수를 만들 때 음의 높이를 조정하는 역할을 한다.

광트랜지스터와 3.3K 저항은 13페이지의 '전압은 어떨까?'에서 이야기한 것처럼 전압 분배기처럼 동작한다. 광트랜지스터로 빛을 비추면 내부 저항이 떨어지면서 타이머의 5번 핀으로 들어가는 전압이 바뀐다. 하지만 전압이 얼마나 떨어졌는지 어떻게 알 수 있을까? 함께 찾아 보자.

빛을 측정하기 04

각 실험에서 사용되는 부품의 목록은 부록 B
에 있다는 것을 잊지 말자.

그림 4-1에 있는 아주 간단한 회로도를 확인해
보자. 아마도 그림 2-8의 회로와 아주 비슷하게
보일 것이다. 실험 3에서 만들었던 회로를 브레
드보드에 그대로 둔 상태에서 별도의 회로를 꾸
미는 것도 가능하다. 광트랜지스터와 저항만 브
레드보드의 아래쪽으로 옮기면 된다.

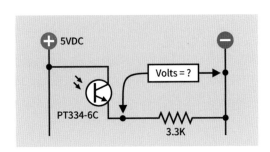

그림 4-1 광트랜지스터 점검 회로.

저항으로는 3.3K 저항을 선택했다. 광트랜지스
터의 이미터에 되도록 넓은 범위의 전압이 걸리
도록 저항의 범위를 정하는 것이 좋은데, 3.3K가
적당했기 때문이다.

이제 광트랜지스터에 약간의 빛을 비추고 이
미터에 걸리는 전압을 측정해 보자. 스탠드, 백
열등, 플래시, 색이 있는 LED 등으로도 실험해
보자. 들어온 빛은 광트랜지스터의 베이스 쪽으
로 아주 적은 전류를 만들고 이는 컬렉터에서 이
미터로 많은 전류가 흐르도록 만든다.

빛이 밝아지면 내부 유효 저항이 줄어든다.
빛이 저항을 날려버린다고 기억해도 된다.

실험 2의 끝부분 중 전압 배분기에 관한 내용을
기억한다면 그림 4-1에서 광트랜지스터의 내부
유효 저항이 낮아져서 측정 전압이 증가되는 이
유를 알 수 있을 것이다. 이 경우에 광트랜지스
터는 전원의 양극과 측정 지점 사이에 더 낮은
장벽을 만든다. 이 회로에서는 다음과 같이 이야
기 할 수 있다.

밝은 빛은 이미터에서의 전압을 증가시킨다.

그림 4-1처럼 부품을 연결한 경우에는 위의 이야
기가 맞다.

이제 그림 4-2처럼 부품들의 위치를 바꿔 보자. 이번에는 밝은 빛이 들어오면 측정되는 전압이 낮아지는데, 광트랜지스터가 측정 지점과 음극 사이의 전압을 낮추기 때문이다.

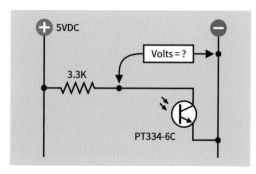

그림 4-2 만일 광트랜지스터와 저항의 위치를 바꾸면 빛이 밝아짐에 따라 두 지점의 전압은 낮아진다.

광트랜지스터 사용하기

다양한 광트랜지스터들이 있다. 여기서 사용한 광트랜지스터는 폭넓은 주파수의 광원을 감지할 수 있으므로 어떤 색의 빛을 비추더라도 반응을 얻을 수 있다. 많은 광트랜지스터들이 적외선 LED에 의해서만 동작할 수 있도록 만들어졌으므로 적외선 주파수만 감지할 수 있다. LED와 광트랜지스터 모두가 좁은 범위의 주파수에 대해서만 반응한다면 잡음이나 신호에 오류가 많이 들어갈 여지가 적다.

계측기는 높은 저항을 가지고 있다는 것을 명심해야 한다. 측정기를 제거한 다음에 비교적 낮은 저항을 가진 부품으로 바꾸면 광트랜지스터에서 나오는 전류를 서로 끌어오기 위해서 3.3K 저항과 경쟁하게 된다. 다행히 논리칩이나 마이크로컨트롤러를 비롯한 다른 디지털 장비들은

비교적 높은 입력 임피던스를 가지고 있으므로 적절한 전원(일반적으로 5VDC)를 사용하고 있는 경우 광트랜지스터의 출력에 직접 연결할 수 있다.

만일 트랜지스터나 광트랜지스터와 같은 아날로그 장치의 출력을 이용해서 디지털 칩의 입력을 구동시킬 때는 이후에 있을 모든 상황에서도 칩으로 들어가는 실제 전압이 디지털 칩에서 받아들일 수 있는 범위에 있도록 만드는 것이 중요하다.

부록 B의 그림 B-4를 참고하자.

광트랜지스터에 대한 몇 가지 사실

- 광트랜지스터는 감지할 수 있는 빛의 파장을 나노미터(짧게 nm) 단위로 측정해서 분류한다.
- 인간의 눈은 대략 380nm에서 750nm 사이 파장의 빛을 인지할 수 있다.
- 적외선은 750nm보다 긴 파장을 지니며, 자외선은 380nm보다 짧은 파장을 지닌다. 자외선에 반응하는 광트랜지스터도 있지만 상당히 드물다.
- 적외선 광트랜지스터는 보통 검은색으로 보인다.

배경지식: 광자와 전자

빛은 에너지의 근원이며 광트랜지스터는 이 에너지를, 전자를 흐르게 하는 데 사용한다. 빛을 변환하는 부품에는 몇 가지 종류가 있다.

- 광다이오드는 광자(photon, 빛의 입자)가 침

투할 수 있는 반도체를 포함하고 있다. 광자는 인접한 n형 반도체 층의 경계로 일부 전자가 넘어가게 만들면서 전위를 생성시킨다.

- 광다이오드는 빛에 대해서 선형적인 응답 특성을 가지기 때문에 광 측정기를 만들 때 사용하기 좋다.
- 태양전지(Solar cell)는 매우 큰 표면적을 가지고 있는 광다이오드다.
- 광트랜지스터는 외부의 직류 전원을 이용해서 전자의 흐름을 기본적으로 광다이오드와 같은 원리로 동작한다.
- 광달링턴(photodarlington)은 달링턴 트랜지스터처럼 2단 증폭기 기능을 하는 광트랜지스터다. 따라서, 일반적인 광트랜지스터보다 빛에 대한 민감도가 훨씬 높은 대신 응답시간이 느리다.
- 광저항은 보통 광전지(photocell)이라 이야기하며, 빛에 반응하여 저항을 낮춘다.

555에 대한 몇 가지 사실

『짜릿짜릿 전자회로 DIY』에서는 555 타이머에 대해서 많은 지면을 할애해서 다뤘으므로 이번에는 기억을 되살리는 의미로 중요한 부분 몇 가지만 짚고 넘어가도록 한다.

핀 기능들

부품들을 점검하기 위해 한 개 혹은 여러 개의 연속된 펄스가 필요한 경우 크게 고민할 필요 없이 555 타이머를 선택하는 것이 유용하다. 555 타이머의 핀 이름을 확인하기 위해 앞으로 돌아가서 그림 3-4를 보자.

단안정 회로

그림 4-3은 타이머의 단안정 방식 혹은 원샷(one-shot) 방식이라 불리는 기본적인 동작을 기억하는 데 도움을 줄 것이다. 트리거 핀으로 들어가는 전압이 낮은 전압 수준이 될 때 출력 핀으로 높은 전압 수준의 펄스가 출력된다. 펄스의 주기는 저항이 커패시터를 충전시키는 시간에 영향을 받으므로 실질적으로 R1 저항과 C1 커패시터의 값에 의하여 결정된다. 만일 타이머의 리셋 핀을 사용하지 않는 경우에는 의도치 않게 실수로 리셋되는 일이 없도록 전원의 양극 쪽과 연결해야 한다.

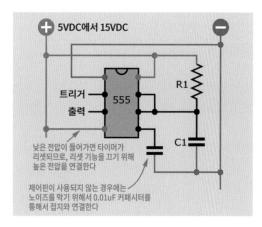

그림 4-3 위의 간단한 회로도는 단안정 방식으로 사용되는 555 타이머의 일반적인 연결이다.

단안정 펄스 주기

그림 4-4의 표는 타이머를 단안정 방식에서 다양한 값의 저항 R1과 커패시터 C1를 사용할 때의 펄스 주기를 초 단위로 나타낸 것이다. 좀 더 상

세한 표는 『짜릿짜릿 전자회로 DIY』나 제조사의 데이터시트를 참고하자.

커패시터 C1	R1의 값에 따른 단안정 펄스 주기				
	10K	33K	100K	330K	1M
0.01μF	0.00011	0.00036	0.0011	0.0036	0.011
0.1μF	0.0011	0.0036	0.011	0.036	0.11
1μF	0.011	0.036	0.11	0.36	1.1
10μF	0.11	0.36	1.1	3.6	11
100μF	1.1	3.6	11	36	110

그림 4-4 단안정 모드로 동작하는 555 타이머의 초 단위 펄스 주기.

비안정 방식

그림 4-5는 지속적으로 펄스를 만들어내는 비안정 방식 혹은 자유 구동 방식으로 타이머가 동작할 때의 기본적인 연결을 보여준다. 이 형태에서는 (a) 전원이 공급되고, (b) 리셋 핀에 낮은 전압 수준이 인가되지 않는 이상 자동적으로 동작을 시작한 후 끊임없이 동작한다.

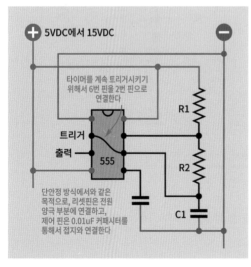

그림 4-5 비안정 방식으로 동작하는 555 타이머의 기능을 보여주는 간단한 회로.

기본적인 비안정 방식의 원칙

그림 4-6은 비안정 방식에서 R1과 R2를 통해서 커패시터가 충전되고, R2를 통해서 칩으로 방전되는 기본적인 동작 원리를 보여준다. 이 그림은 "켜짐" 출력 주기가 "꺼짐" 출력 주기보다 항상 더 길어지는 이유도 설명하고 있다.

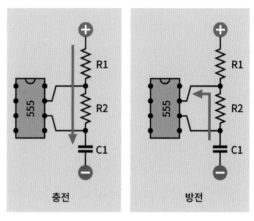

그림 4-6 타이머가 비안정 방식으로 동작할 때의 원리. 커패시터 C1은 R1+R2를 통해서 충전되고, R2를 통해서 방전된다.

비안정 주파수

그림 4-7은 R1의 저항 값을 10K로 가정하고, C1와 R2를 다양한 값으로 바꾸면서 타이머를 비안정 방식으로 동작시키는 경우에 출력 주파수를 Hz 단위로 빠르게 확인해 볼 수 있는 표다. (더 낮은 값의 저항을 R1에 사용해도 되지만 칩에서 더 많은 전력을 소모한다.)

커패시터 C1	R2의 저항 값(R1은 10K)에 따른 비안정 주파수				
	10K	33K	100K	330K	1M
0.001μF	48,000	19,000	6,900	2,200	720
0.01μF	4,800	1,900	690	220	72
0.1μF	480	190	69	22	7.2
1μF	48	19	6.9	2.2	0.72
10μF	4.8	1.9	0.69	0.22	0.072
100μF	0.48	0.19	0.069	0.022	0.0072

그림 4-7 R1을 10K의 고정 값으로 두고, R2와 C1의 값을 바꾸는 경우 비안정 방식으로 동작하는 555 타이머의 출력.

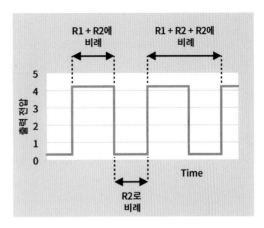

그림 4-8 5VDC 전원을 사용해서 비안정 방식으로 동작하는 555 타이머의 '켜짐'과 '꺼짐' 구간을 그림으로 나타낸 것으로 한 주기의 시작에서 다음 주기의 시작까지의 전체 시간이 R1+R2+R2에 비례하는 이유를 보여준다.

전체 주기 시간

비안정 방식으로 동작하는 타이머의 전체 사이클은 하나의 "켜짐" 펄스와 다음 펄스와의 간격의 합이기 때문에, 전체 주기 시간(Total cycle time)은 R1+R2+R2의 값에 비례한다. 그림 4-8은 이 내용을 그림으로 보여준다.

주파수 계산

만일 R1과 R2를 킬로옴 단위로 측정하고 C1을 마이크로 패럿 단위로 측정했다면, 비안정 방식으로 동작하는 타이머의 Hz 단위의 주파수 F를 다음 수식을 이용해서 구할 수 있다. 식에서 R은 R1+R2+R2이다.

$$F = 1440 / (R * C1)$$

큰 커패시터

매우 높은 커패시터 값(앞에서 이야기한 470μF처럼)은 누설 전류가 많이 발생하므로 신뢰할 수 없는 결과를 만든다. 이 부분은 커패시터(특히 전해 커패시터)의 불완전성으로 인해서 전하를 잃는 현상이므로 별로 바라지 않는 부분이라 할 수 있다. 만일 높은 저항을 통해서 충전하려고 하는 경우에는 큰 커패시터에서 발생하는 누설 전류가, 입력되는 전류와 비슷할 정도가 된다.

속도 측정

타이머가 얼마나 빨리 동작하는지 알고는 싶은데, 스톱워치로 측정하기 어려울 정도로 빠르고 오실로스코프도 없다면 어떻게 해야 할까. 커패시터를 기존에 사용하던 값보다 10배 혹은 100배 정도 큰 것으로 바꾸면 타이머의 주기 역시 이에 비례해서 증가한다. 물론 커패시터의 오차 범위가 상당히 큰 편이고 앞에서 이야기한 누설 전류 문제 때문에 결과는 대략적인 근사값일 수밖에 없다.

전원

555 타이머를 위한 전원은 펄스율(pulse rate)[1]에 영향을 주지 않고도 낮게는 5VDC에서 높게는 15VDC까지 사용할 수 있다.

출력 전압

555의 높은 상태 출력 전압은 공급 전압보다 약간 낮다. 만일 타이머의 출력을 논리칩에서 높은 수준의 전압인지 낮은 수준의 전압인지 제대로 알아내지 못한다면 측정기가 반응할 수 있도록 555 타이머를 매우 느리게 동작(예를 들어 5초짜리 펄스같이)시킨 다음 555 타이머의 출력 전압을 측정해 보자.

아직까지도 명확하지 않은 부분이 남아 있다면,『짜릿짜릿 전자회로 DIY』혹은 다른 입문서들, 제조사의 데이터시트를 확인해서 명확하게 해야 한다.

CMOS와 쌍극성 트랜지스터 차이에 대한 몇 가지 사실

초기 형식의 555 타이머(아직도 만들어지고 있다)는 쌍극성 트랜지스터를 내장하고 있다. 이런 종류를 TTL 칩이라 이야기하며 다음과 같은 특성을 가지고 있다.

- 정전기에 아주 약하지는 않다.
- 넓은 범위의 전원을 받아들인다.
- 200mA의 전류까지 공급하거나 받아들일 수 있다.

- 켜거나 끄는 스위칭 동작에서 스파이크 잡음(spikes of noise)[2]이 생긴다.
- 비교적 많은 전력을 사용한다.

조금 더 최근에 나온 CMOS 버전의 경우 다른 특성을 가지고 있다.

- 정전기에 약하다.
- 받을 수 있는 전압의 범위가 좁다.
- 많은 전류를 공급하거나 받아들일 수 없다. (전류량은 제조사에 따라 달라진다.)
- 스위칭에 의해서 전압의 스파이크가 발생하지 않는다.
- 매우 적은 전력을 소모한다.

약간 혼란스럽게 CMOS와 쌍극성 트랜지스터 버전 모두 "555 타이머"라는 이름을 사용하며, 부품 번호 역시 매우 비슷하다. 예를 들어 텍사스 인스트루먼트에서 나온 칩의 경우 CMOS 버전은 TLC555-Q1, 쌍극성 트랜지스터 버전은 NE555P라는 부품 번호를 가진다. 좀 더 혼동되는 부분은 일부 CMOS 버전의 경우 5VDC를, 다른 일부는 3.3VDC를 사용하는 반면 다른 쪽의 경우는 좀 더 넓은 범위의 전압을 받아들인다.

만일 부품을 직접 구입할 때는 데이터시트를 주의해서 읽어야 한다. CMOS 타이머의 경우는 이 실험에서처럼 스피커를 구동시키지 못한다.

---

1 (옮긴이) 펄스의 시간 비율.

2 (옮긴이) 켜거나 끄는 순간에 전압 혹은 전류가 잠깐 동안 급격히 증가해서 발생하는 노이즈.

555 타이머의 제어 핀에 걸리는 전압을 바꾸기 위해 광트랜지스터를 사용하는 대신, 훨씬 느린 속도로 동작하는 두 번째 타이머의 출력을 이용할 수 있다. 이렇게 하면 자동적으로 음의 주파수가 오르락내리락 하도록 만들 수 있다.

그림 5-1을 보면 이전의 회로도가 아래쪽으로 확장된 것을 확인할 수 있다. (브레드보드에 만든 사진은 그림 5-2에 있다.) 두 번째 타이머의 출력은 47μF 커플링 커패시터를 통해서 첫 번째 타이머의 제어 핀에 연결된다. 커플링 커패시터를 사용한 이유는 뭘까? 바로 "야단법석" 소리를 만들기 위해서다. 어떤 뜻인지는 실제 소리를 들어보면 알게 될 것이다.

두 번째 타이머는 1μF 혹은 10μF 타이밍 커패시터[1]를 충전하기 위해서 150K 저항을 사용한다. 일단 10μF 커패시터부터 시도해 보자. 이 경우 대략 한 사이클당 1초 정도로 타이머가 동작한다. 초기에는 첫 번째 타이머에 아무런 영향을 주지 않지만, 두 번째 타이머의 출력이 천천히 47μF 커플링 커패시터를 충전시키면서 첫 번째 타이머에서 출력되는 음 높이가 점점 올라간다.

1 (옮긴이) 타이머의 주기를 조정하기 위해서 사용되는 커패시터.

이후에 아래쪽 타이머의 "켜짐" 사이클이 끝나고 "꺼짐" 사이클이 된다. 이때부터 커플링 커패시터는 방전되고 위쪽 타이머의 주파수가 다시 떨어진다.

이런 형태의 회로가 『짜릿짜릿 전자회로 DIY』의 실험 17에도 있지만 만들어지는 소리는 다르다. 그 회로도를 아래의 회로도와 비교해서 왜 그런지 확인해 보자.

그림 5-1에서 10μF 타이밍 커패시터를 1μF 짜리로 바꾸면 모든 것이 10배 빠르게 진행되면서 방범 경보와 비슷한 독특한 소리가 난다. (이것을 야단법석 소리라 이야기한 것이다.) 타이밍 레지스터와 커패시터, 커플링 커패시터의 값을 바꿔서 가장 짜증나고 신경질 나는 소리를 만들 수 있다.

광트랜지스터를 사용하면 다양한 것을 할 수 있다. 광트랜지스터에 비추는 빛을 바꾸면서 어떤 일이 일어나는지 확인해 보고 광트랜지스터 위에서 손가락을 흔들어서 빛이 굉장히 빠르게 변화하도록 만들어 보자.

두 타이머의 제어 핀에 걸리는 전압을 모두 광트랜지스터로 변하게 만들면 어떻게 될까?

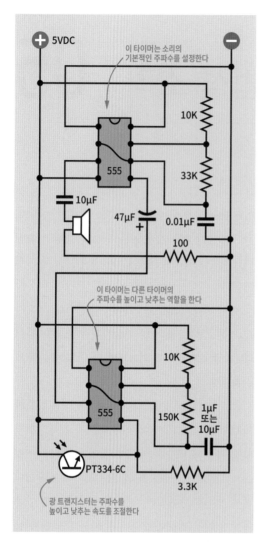

그림 5-1 두 번째 555 타이머를 첫 번째 타이머에 있는 제어 핀의 전압을 조정하는 데 사용함으로써 정말 짜증나는 "야단법석" 소리를 낼 수 있다.

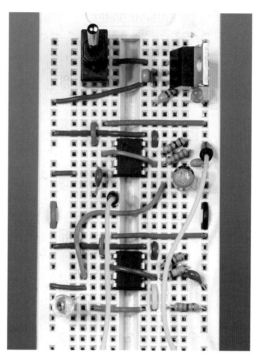

그림 5-2 두 개의 타이머를 사용한 회로도를 브레드보드에 구현한 사진.

조금 더 만들어 보자

앞의 실험의 마지막 부분에서 열거했던 555 타이머의 제약 사항을 피할 수 있는 여러 가지 대안도 있다.

- 75555의 경우 핀의 위치는 같지만 적은 전류를 사용하고 2VDC의 낮은 전압에서도 동작하며 회로에 잡음을 적게 만든다. 최대 공급 전압과 최대 공급 전류는 제조사에 따라 달라진다.

- 4047B는 몇 가지 기능을 더 가지고 있어서 좀 더 유연하게 사용할 수 있다. 트리거 핀 중 하나는 양극에서 음극으로 바뀌는 변화에 반응

하며 다른 트리거 핀은 음극에서 양극으로 바뀌는 변화에 반응한다. 이 외에 한 핀의 값이 높은 전압 수준이 될 때 다른 핀의 값은 낮은 전압 수준이 되는 두 개의 상보 출력(complementary outputs)을 가진다. 타이머는 다른 핀의 설정에 따라 한 번 증가하는 방식 또는 비안정 다중 진동 방식으로 동작할 수 있다. 전원의 범위는 이전의 쌍극성 트랜지스터를 사용하는 555 타이머와 같다.

- 74HC221에는 두 개의 단안정 타이머가 들어 있다. 다른 말로, 한 번 증가하는 방식(one-shot)의 타이머 두 개가 들어있다고 할 수 있다. 서로 트리거시킬 수 있도록 연결해 두면, 펄스 출력에서 낮은 전압 주기와 높은 전압 주기를 독립적으로 제어할 수 있다. 최대 공급 전압은 7VDC이지만 5VDC 장치에서 사용되도록 만들어진 것이다.

- 4528B는 두 개의 단안정 타이머를 가지고 있어서 개념적으로는 74HC221와 같지만 구식 CMOS 장치와는 다르게 15VDC까지의 넓은 공급 전압 범위를 가진다.

- 두 개의 단안정 타이머를 가진 것으로는 74HC123, 74HC423, 74HC4538, 4098B 등이 있으며 기본적으로는 같은 기능을 하지만 사양이 약간씩 다르다.

- 556은 두 개의 555가 한 칩에 있는 형태다. 타이머를 서로 트리거시키는 데 사용할 수 있지만 원래의 555가 가진 제약 사항들을 모두 가진다. 556 칩은 널리 쓰이지 않으므로 구하기 어려울 수도 있으며 한 개의 타이머가 들어있는 것이 회로 보드에 배치하기 쉽기 때문에 이 책에서는 사용하지 않는다.

- 마지막으로 24단 카운터가 들어있는 74HC5555가 있다. 원하는 경우에 클럭 주파수를 대략 1600만 정도 나눠서(느리게 해서) 며칠 정도 지속되는 주기를 만들 수 있다. 저항-커패시터를 조합해서 사용하는 대신 정밀도를 높이기 위해서 외부의 수정 진동자를 사용할 수 있지만 보통 수정 진동자는 속도가 빠르기 때문에 몇 단에 걸쳐서 한 타이머가 다른 타이머를 동작시키도록 연결하지 않는 이상, 타이머에서 나오는 펄스의 최대 주기가 상당히 짧아진다.

많은 선택 사항들이 있고 555 타이머에 별다른 기능이 따로 없음에도 오래된 쌍극성 555 타이머가 여전히 많이 사용되는 이유는 뭘까? 아마도 친숙하기 때문일 것이다. QWERTY 자판이 아주 좋은 것이 아님에도 많이 사용하는 것도 누구나 사용하는 방법을 알기 때문일 것이다. 게다가 오래된 쓰루홀(through-hole)[2] 형태의 쌍극성 타이머는 그 이후의 칩들보다 더 많은 전류를 제공할 수 있다는 점도 중요하다. 따라서 빠르고 간단한 회로를 만들기가 편하다.

게다가 싸다!

위에 있는 다양한 변종들을 고려할 수도 있다.

---

2 (옮긴이) 다리를 회로 기판에 있는 구멍에 끼운 다음 납땜할 수 있는 형태.

개인적으로는 타이머로 여러 가지를 만들 수 있으므로 타이머를 가지고 노는 것을 지겨워 해 본 적이 없다. 그래도 이제 새로운 부품으로 시선을 돌릴 때가 되었다. 비교기(comparator)다.

쉽게 켜고 끈다

앞의 두 실험에서 광트랜지스터의 출력이 빛의 양에 비례해서 서서히 변하는 것을 확인했다. 이 기능은 생각처럼 딱 떨어지게 좋은 것은 아니지만 쓸 만한 속성이다. 실제로 빛에 반응하는 장치를 이용할 때는 대부분 켜지거나 꺼지는 두 가지 명확한 상태만 가지길 바란다. 예를 들어, 침입 경보의 경우 누군가 광선을 막았을 때 신호가 명확하게 켜져야 하며 경보가 서서히 켜지거나 간헐적으로 켜지면 안 된다.

광트랜지스터에서 나오는 완만한 출력을 정확히 정의된 신호로 바꿀 방법이 있을까? 당연히 있다. 비교기는 바로 이런 작업을 할 때 사용된다.

비교하게 만들기

그림 6-1에 있는 회로도를 조립하자. 브레드보드에 끼울 수 있는 형태를 가진 미세조정이 가능한 500K짜리 가변저항이다. 이전처럼 3.3K 저항과 직렬로 연결된 광트랜지스터를 사용하지만 이미터의 출력이 100K 저항을 통해서 LM339 칩의 입력으로 들어간다는 부분은 다르다. 이 칩은 4개의 비교기를 포함하고 있으나 지금은 그중 하나만 사용할 것이다. 데모를 진행하는 동안 사용

하지 않는 비교기는 연결하지 않고 그대로 두면 된다.

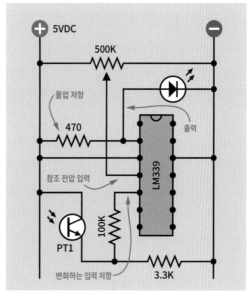

그림 6-1 광트랜지스터로 들어오는 빛에 반응해서 LED를 켜기 위해 비교기를 사용하는 초기 형태의 회로.

가변저항을 가능한 범위의 중간 정도에 두고, 광트랜지스터에 빛이 들어오지 않도록 완전히 가린 상태에서 시작하자. 이제 빛이 들어오게 만들면 LED가 켜진다. 다시 빛을 어둡게 만들면 LED가 꺼진다.

500K 가변저항은 비교기로 입력되는 참조 전압을 설정한다. 가변저항은 전원의 양극 전압과 접지 전압 사이에서 전압 분배기로 동작하기 때문에 가변저항의 접촉자(wiper)를 대략 중간 정도에 두는 경우의 참조 전압은 대략 2.5V 정도가 된다.

빛이 어두워지는 경우 광트랜지스터의 이미터에서 나오는 전압이 2.5V보다 낮아지므로 비교기가 응답하지 않는다. 빛이 밝아지면 광트랜지스터의 이미터에서 나오는 전압이 2.5V보다 높아진다(왜 그런지는 기억하고 있을 것이다). 비교기는 이 차이를 감지해서 출력을 변화시킨다. (비교기의 입력 임피던스는 매우 높기 때문에 웬만한 저항은 이 칩에서 감지되는 입력 전압에 거의 영향을 줄 수 없으므로, 다음 단계에서 다른 부품이 추가되는 경우 100K 저항이 필요할 수 있다.)

이제 광트랜지스터로 들어가는 빛을 중간 정도의 광량으로 고정시키고 가변저항을 조정해보자. 사용하는 비교기의 참조 전압이 바뀜에 따라 LED는 켜지거나 꺼질 것이다.

비교기에 대한 몇 가지 사실

비교기는 변화하는 입력 전압과 다른 입력으로 들어오는 고정된 참조 전압을 비교한다.

참조 전압을 설정하기 위해서 가변저항을 사용할 수 있다.

지금까지는 괜찮았다. 하지만 광트랜지스터에 들어오는 빛이 LED가 켜지거나 꺼지는 변화를 만드는 지점 근처에서 아주 약간만 변하는 경우에는 문제가 일어날 수 있다. 이 현상을 보기 위해서 광트랜지스터를 가린 상태에서 시작해서 LED가 켜질 때까지 빛을 증가시킨다. 빛을 아주 약간 줄이면 LED가 깜빡일 것이다. 그림 6-2는 이 내용을 나타낸 것이다. 깜빡임은 비교기의 헌팅(hunting) 현상이라 하며 비교기가 출력을 켜짐으로 해야 할지, 꺼짐으로 해야 할지 결정하지 못하고 입력 값을 따라서 앞뒤로 정확한 값을 찾아다닌다고 해서 붙여진 이름이다.

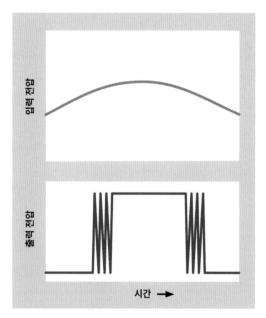

그림 6-2 비교기가 느리게 변하는 입력(위의 그래프)을 받는 경우 출력은 예측 불가능할 정도로 '켜짐'과 '꺼짐' 사이를 반복하는 형태(아래 그래프)가 된다.

어떻게 이런 현상을 막을 수 있을까? 답은 포지티브 피드백(positive feedback)[1]이라 불리는 아주 강력한 기법을 사용하는 것이다.

피드백

그림 6-3은 앞에서와 같은 회로지만, 오른쪽에 가변 저항 하나를 추가했다. 그림 6-4는 브레드보드상에 만든 회로를 보여준다.

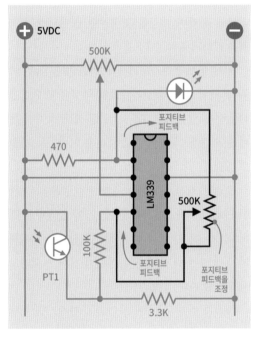

그림 6-3 출력을 깔끔하게 만들기 위해서 기본적인 비교기 회로에 포지티브 피드백을 추가했다. 이전 연결은 회색으로 표현되어 있다.

그림 6-4 브레드보드에 구현된 포지티브 피드백 비교기 회로. 2개의 미세 조정 가변 저항과 왼쪽 하단에 광트랜지스터 한 개, 그리고 출력을 보여주기 위한 LED가 있다.

그림 6-5는 이 회로의 기본적인 개념을 보여준다. 비교기 칩의 2번 핀은 5번 핀과 연결되어 있다. 2번 핀은 출력(이 핀이 LED를 제어한다는 걸 잊지 말자)이며, 5번 핀은 100K 저항을 통해서 광트랜지스터와 연결된 가변 입력이다. 따라서

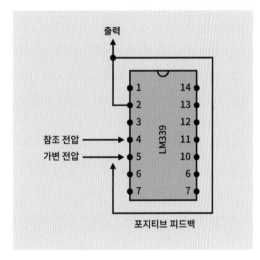

그림 6-5 포지티브 피드백의 기본적인 개념.

---

1 (옮긴이) 정되먹임, 양의 되먹임, 양환류, 정궤환, 양의 피드백 혹은 포지티브 피드백 등 다양하게 불린다. 책에서는 구글 검색에 가장 많이 사용되는 포지티브 피드백을 사용하겠다. 마찬가지로 negative feedback 역시 네거티브 피드백으로 적는다.

그림 6-3에 있는 두 번째 가변저항은 출력 핀에서 약간의 전압을 빼앗아 입력으로 되돌려 보내는데, 이를 포지티브 피드백(positive feedback)이라 한다.

두 개의 미세조정 가변저항 모두 눈금의 중간 정도에 위치시키고 이전처럼 광트랜지스터로 들어가는 빛을 약간 조정해 보면 LED가 더 이상 깜빡거리지 않는 것을 확인할 수 있을 것이다. 즉, "켜짐" 혹은 "꺼짐" 중 한 가지가 될 것이다.

포지티브 피드백은 다음과 같이 작동한다.

• 출력 전압이 양극으로 조금 더 바뀌면 피드백 루프를 통해서 순환하여 입력에 추가된다.
• 입력이 증가함에 따라 출력도 증폭된다.
• 높은 출력이 되돌아가서 입력 전압이 조금 더 커진다.

위의 모든 과정은 아주 빠르게 일어나기 때문에 LED에 불이 들어온 이후에는 켜진 상태를 유지한다. 만일 광트랜지스터에 들어가는 빛이 줄어들면 처음에는 충분한 피드백이 입력으로 공급되고 있으므로 아무런 일이 발생하지 않지만 점점 어두워지면서 아래와 같은 일이 발생한다.

• 낮은 입력 전압은 낮은 출력을 만든다.
• 출력에서 나오는 피드백이 입력에 더 이상 입력에 보탬이 되지 못한다.
• 포지티브 피드백이 줄어들면서 입력 전압이 갑자기 떨어지게 되고 비교기는 낮은 전압 수준의 출력을 내보낸다.

이 모든 일이 아주 빠르게 일어나기 때문에 LED는 깜빡이거나 서서히 빛이 줄어드는 대신 바로 꺼진다.

이력 현상

회로의 저항을 줄이는 방향으로 오른쪽에 있는 미세조정 가변 저항을 조정하면, 포지티브 피드백을 강화시켜서 좀 더 쉽게 현상을 보이게 한다.

이제 광트랜지스터에 들어가는 빛을 아주 아주 천천히 조정해 보자. 만일 탁상용 스탠드를 이용하고 있었다면 전구에 손을 접근시키면 흐릿한 경계를 가진 아주 부드러운 그림자를 만들 수 있다.

LED가 켜진 이후에는 들어오는 빛을 약간 줄여도 LED가 계속 켜져 있다는 것을 발견했을 것이다. 비교기가 켜진 이후에는 그 상태를 유지하려는 속성이 있기 때문에 이런 현상이 생겼다고 생각해도 된다.

LED가 꺼진 후에 빛을 약간 증가시키면 이번에는 비교기가 꺼짐 상태를 유지하려는 경향이 있다는 것도 확인할 수 있다. 그림 6-6은 이 부분을 보여준다.

이 현상을 이력 현상(Hysteresis)[2]이라 하는데, 상당히 쓸모있는 현상이다. 광트랜지스터를 사용해서 해가 질 때 전등을 켜는 상황을 생각해

2 (옮긴이) 결과가 당시의 조건만으로 결정되지 않고, 이전의 상태 변화에 의존하는 현상.

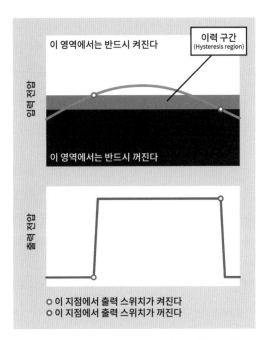

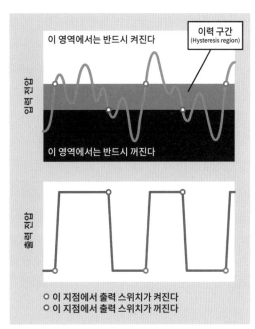

그림 6-6 포지티브 피드백을 이용하면 비교기의 출력이 높은 혹은 낮은 상태를 유지하려는 경향을 가지게 된다. 값을 유지하는 구간을 이력 구간이라 한다.

그림 6-7 비교기 회로에서 포지티브 피드백을 증가시키면 이력 현상이 더 많이 생기면서, 일정하지 않은 신호에서 발생하는 상당한 변화까지 무시할 수 있다.

보자. 저물어가는 해 앞으로 구름이 지날 때 빛의 밝기가 약간 변하게 되는데, 빛이 약간씩 변할 때마다 전등이 켜졌다 꺼졌다 하는 것을 바라진 않을 것이다. 즉, 한번 켜지고 나면 빛이 약간 변하더라도 계속 켜지는 것을 원할 것이다.

히터를 제어하기 위한 온도 조절기가 있다고 가정해보자. 방의 온도가 21도 이하로 떨어졌을 때 히터를 동작시키려 한다면 히터가 켜진 후 온도 조절기 쪽으로 누군가 걸어갈 때 약간 따뜻한 공기가 흐르면서 히터가 바로 꺼지길 바라진 않을 것이다. 적절한 온도(예를 들어 대략 22도)에 도달하기 전에 일어나는 작은 변화 정도는 히터에서 무시하도록 되어야 할 것이고, 이후에 히터가 한번 꺼지면 21도 이하로 떨어질 때까지 계속

꺼져 있어야 할 것이다. 이런 경우 이력 구간을 21도에서 22도 정도까지로 확장해야 한다.

이력 구간의 양은 비교기로 들어가는 포지티브 피드백의 양을 증가 혹은 감소시킴으로 조정할 수 있다. 낮은 저항을 사용하면 더 많이 피드백되기 때문에 입력에 변화가 더 많이 있더라도 무시해서 출력을 좀 더 단순하게 만든다. 그림 6-7에 이 부분을 나타냈다.

그림의 아랫부분은 희망하는 비교기의 출력으로, 비교기의 입력값이 조금씩 흔들리더라도 이를 무시하고 안정적으로 출력이 나타나는 형태를 보여준다. 기본적으로 비교기는 회색 영역에 있는 모든 변화를 무시함으로써 신호가 회색 영역을 벗어나서 반드시 켜져야 하는 구간 혹은

반드시 꺼져야 하는 구간에 도달했을 때만 상태가 변한다.

일반적으로 이력 현상은 보통 그림 6-8의 그래프 형태로 표현된다는 점을 알아야 한다. 이 그래프는 대부분의 전자회로 책에서 볼 수 있지만 이해하기는 약간 어렵다. 그래프의 오른쪽 곡선은 입력 전압이 점차 증가했을 때(수평 축의 왼쪽에서 오른쪽으로), 비교기의 출력(세로축으로 측정된 값)을 보여준다. 즉, 비교기는 출력을 내보내기 전에 약간 기다린다. 만일 켜진 이후에 입력 전압이 천천히 감소하는 경우에는 왼쪽 곡선의 형태처럼 비교기가 출력을 끄기 전에 약간 기다린다.

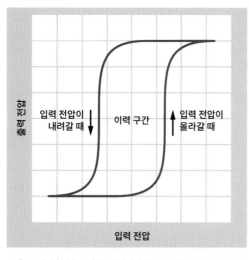

그림 6-8 이력 현상을 표시하는 일반적인 방법. 자세한 것은 본문을 보자.

기호

이제 비교기에 대해 좀 더 자세히 알아보자. 우선 그림 6-9에 비교기 기호가 있다. 비교기는 다른 논리칩과 마찬가지로 전원이 필요하다. 여기서는 +/- 표시를 이용해서 전원을 나타냈지만 회로도에서 비교기로 들어가는 전원 표시는 대부분 생략된다. 누구나 전원이 있다는 것을 알고 있으므로 회로도를 그릴 때 귀찮게 다시 그리고 싶지는 않기 때문이다.

회로의 참조 전압은 비교기의 인버팅 입력(Inverting Input)[3] 부분으로 들어가고 광트랜지스터에서 출력된 변화하는 전압은 논인버팅(Noninverting Input) 입력 부분에 연결하면 된다. 입력의 이름에 대해서는 잠시 후에 이야기할 예정이다. 회로도 기호의 두 입력 부분에는 +/- 기호가 붙어 있기 때문에 양전압 혹은 음전압을 가해야 하는 것으로 혼동할 여지가 많다.

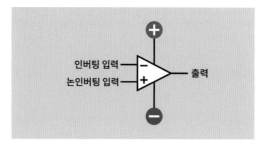

그림 6-9 비교기의 회로도 기호. 전원은 항상 필요하지만 회로도에 언제나 표시되는 것은 아니다.

+/- 에 대한 몇 가지 사실

- 비교기는 + 입력 부분의 전압이 - 입력에 걸린 전압보다 상대적으로 양극이 된 경우 켜진다. + 입력을 논인버팅 입력이라 한다.
- 비슷하게, 비교기는 - 입력 부분의 값이 + 입력에 걸린 전압보다 상대적으로 전압이 낮은 경우 켜진다. - 입력을 인버팅 입력이라 부른다.

3 (옮긴이) (-) 입력 혹은 부입력이라고 불리기도 한다.

출력

그동안 비교기의 출력에 대해서 이야기했지만 사실 대부분의 비교기는 단순히 높은 수준 혹은 낮은 수준의 전압만을 출력하지는 않는다. 비교기는 다음의 그림 6-10에서처럼 오픈 컬렉터 출력을 가진다.

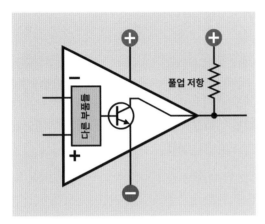

그림 6-10 비교기의 내부 동작을 간략히 보여준다. 전원이 같은 접지를 공유하는 한, 두 양극 전압이 같을 필요는 없다.

실제 비교기에는 다양한 부품이 들어가지만 여기서 관심을 끄는 것은 보통 쌍극성 형식을 가지는 출력 트랜지스터다. 트랜지스터가 켜지면 전류를 흘릴 수 있는 상태가 되면서 외부 풀업 저항과 비교기 출력에 연결된 모든 부품들에서 전류를 끌어와서 접지로 흘려 보낸다. 이로 인해서 비교기에서 낮은 전압 수준의 출력을 내보내는 것처럼 보이게 된다.

트랜지스터가 꺼지면 전류가 차단된다. 풀업 저항에서 들어오는 전류가 더 이상 비교기를 통해 흘러 들어가지 않기 때문에 출력과 연결된 부품들로 전류가 흘러 들어간다. 따라서 비교기

가 높은 수준의 출력을 나타내는 것처럼 보이게 된다.

그림 6-11은 비교기가 동작하는 방법을 그림으로 보여준다.

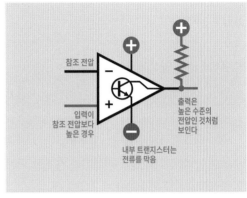

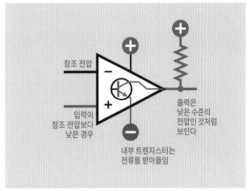

그림 6-11 논인버팅 형식(전압이 '+' 즉 논인버팅 단자로 들어갈 때)으로 사용될 때는 위와 같은 형태로 출력이 동작한다.

실제로 비교기 안에 있는 출력 트랜지스터가 어떤 일을 하고 있는지 기억할 필요는 없다. 단지 비교기에서 "높은 전압 수준"의 출력은 실제로는 풀업 저항을 통해 온 것이고 "낮은 전압 수준"은 전류가 비교기를 통해서 빠져나가는 것을 의미한다.

아마도 앞에서 그림 6-1를 봤을 때 LED가 평

상시처럼 저항과 직렬로 연결되어 있지 않은 이유가 궁금했을 것이다. 그 이유는 LM339의 경우 오픈 컬렉터 출력이므로 LED가 470Ω 풀업 저항을 통해서 전원을 공급받기 때문이다.

이제 출력에 대해서 우리가 알고 있는 것을 정리할 때가 되었다.

비교기에 대한 몇 가지 사실

- 만일 오픈 컬렉터 혹은 오픈 드레인을 가지고 있는 비교기의 경우 출력 부분에 풀업 저항을 반드시 포함시켜야 한다. 그렇지 않으면 비교기는 동작하지 않는다. 비교기를 사용할 때는 데이터시트를 확인하자.
- 만일 낮은 값의 풀업 저항을 이용하는 경우에는 비교기로 많은 전류가 흘러 들어가면서 부품이 타버릴 수 있다. 확신이 없을 때는 풀업 저항에서 비교기의 출력 핀으로 들어가는 전류를 측정해야 한다.
- 비교기의 출력은 대부분 논리칩처럼 높은 입력 임피던스를 가지는 장치들과 연결된다. 이런 종류의 칩은 아주 작은 전류만을 요구하므로 비교적 높은 풀업 저항을 사용할 수 있으며, 그 값은 보통 5K 정도가 된다. 그림 6-3의 회로도에 있는 470Ω 저항은 비교기가 LED를 구동시켜야 하므로 비교적 작은 저항을 사용한 것이다.
- 비교기는 20mA 이상의 전류를 받아들일 수 없으므로 출력에서 이보다 더 많은 전류가 필요한 경우 추가로 트랜지스터를 붙여야 한다.

이제부터 볼 부분은 매우 중요하고 새로운 개념이다.

- 접지를 공유하고 있다면 풀업 저항에 연결된 전원의 양극과 비교기의 전원이 같을 필요는 없다. 예를 들어, 비교기에는 5VDC 전원을 연결하고 풀업 저항은 9VDC를 연결하는 것도 가능하다. 이 형태를 사용하면 결과적으로 비교기는 전압 증폭기의 역할을 할 수 있다.

매우 흥미로운 일이다. 이제 우리는 트랜지스터를 이용해서 전류를 증폭하는 방법과 비교기를 이용해서 전압을 증폭하는 방법을 알게 되었다. 이 정보를 추후에 매우 유용하게 사용될 수 있다.

비교기 내부에 있는 트랜지스터로 많은 전류를 흘릴 수 없다는 점에는 주의해야 한다. 비교기의 데이터시트에 한계값이 나와있다.

칩의 내부

이번 실험에서는 LM339를 사용했는데, 가장 오래된 비교기이면서도 저렴하고 아직까지도 많이 사용되기 때문이다. 그림 6-12는 4개의 비교기가 한 칩에 들어 있는 쿼드 비교기(quad comparator)이며 이 실험에서는 이 중 1개의 비교기만 사용한다.

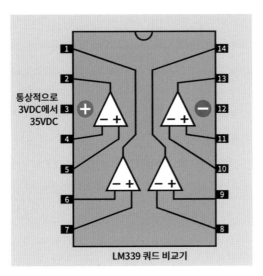

그림 6-12 LM339 칩에는 네 개의 비교기가 내장되어 있다.

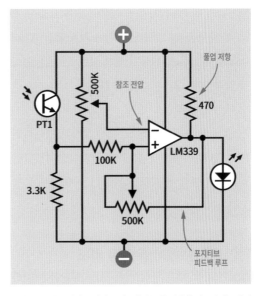

그림 6-13 기본적인 포지티브 피드백 루프를 사용한 비교기 회로에서 부품을 좀 더 일반적으로 배치한 것.

회로 다시 그리기

그림 6-3에서 보았던 회로도는 브레드보드로 옮기기 쉽도록 구성한 것이지만 보통은 브레드보드에 회로를 만들기 쉽도록 회로도를 구성하지는 않는다. 보통 전원의 양극을 윗부분에, 접지를 아랫부분에 두고 입력을 왼쪽, 출력을 오른쪽에 배치한다. 이런 관례(convention)를 사용함으로써 처음 보는 회로도도 조금 더 쉽게 이해할 수 있다.

그림 6-13은 비교기를 사용하는 일반적인 회로도다. 부품이나 연결은 실제적으로 그림 6-3에서 봤던 것과 완전히 같다.

위 그림에서 핵심적인 부분이 그림 6-14에 있다.

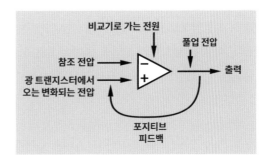

그림 6-14 포지티브 피드백 회로에서의 이력 현상의 기본적인 개념.

주의: 뒤집힌 비교기

이 책에서 비교기(뒤에서 볼 op-앰프를 포함해서)를 나타낼 때 항상 회로도에서 논인버팅 입력(+)을 인버팅 입력(-) 밑에 배치시켰는데 이것이 가장 흔하게 사용하는 배치이기는 하지만 항상 들어맞는 건 아니다. 몇몇 사람들은 회로도를 그릴 때 배선을 덜 꼬이게 하거나 부품들을 좀 더 가깝게 배치하기 위해서 논인버팅 입력을 인버팅 입력 위에 그리는 경우가 있다.

이로 인해 혼동이 있을 수 있다. 따라서, (+)와 (-) 입력의 위치를 항상 주의 깊게 확인해야만 한다. 만일 비교기가 뒤집힌 형태로 그려졌다는 것을 놓치게 되면 회로는 원하는 것과 반대로 동작하게 될 것이다.

마이크로컨트롤러를 통한 비교

비교기 칩은 약간 구식이다. 요즘 사람들은 변하는 입력을 이용해서 입출력을 켜고 끌 때 마이크로컨트롤러를 이용하는 경향이 있다.

대부분의 마이크로컨트롤러는 한 개 이상의 아날로그-디지털 변환기(줄여서 ADC)를 가지고 있다. 일반적으로 각 ADC는 특정 핀과 연결돼 있다. 이 칩은 변화하는 전압을 받아서 보통 10진수 0에서 적어도 1,000 정도까지 범위의 정수로 변환할 수 있다.

만일 이 실험에서 제시한 것처럼 광트랜지스터에 5VDC 전원을 사용한 경우, 출력은 5V 마이크로컨트롤러의 입력과 호환성이 있다. 간단히 이야기하자면, 광트랜지스터를 마이크로컨트롤러에 직접 연결할 수 있다는 뜻이다. (실제로는 마이크로컨트롤러의 입력을 보호하기 위해 이 중간에 5K 혹은 10K 저항을 넣기를 원할 수 있다. 칩의 입력은 매우 높은 임피던스를 가지고 있으므로 입력 핀에서 전압이 크게 떨어지지 않는다.)

다음으로 해야 할 것은 아주 밝지도, 아주 어둡지도 않아서 광트랜지스터의 상태 변화를 줄 정도 밝기의 빛에 광트랜지스터를 노출시키는 것이다. 그 지점 이상에서는 마이크로컨트롤러로 어떤 동작을 하고, 그 이하에서는 동작이 중단될 것이다.

상태를 변할 정도의 빛이 들어오는 동안 마이크로컨트롤러에 있는 ADC에서 어떤 값이 만들어지는지 확인해 볼 필요가 있다. 가장 간단한 방법은 마이크로컨트롤러에 디지털 디스플레이를 붙이고 이 값을 표시할 수 있는 간단한 프로그램을 만드는 것이다.

이제 조건문을 사용하는 새로운 프로그램을 작성할 것이다. 이 프로그램에서는 만일 빛의 밝기가 어느 정도 이상이 되는 경우 마이크로컨트롤러에서 뭔가 하도록 만들고 빛이 어느 이하로 떨어지는 경우 동작을 정지시킨다.

지금까지는 별로 일이 많지는 않은 것 같다. 변화하는 지점을 바꾸려 하는 경우에도 프로그램을 수정하고 마이크로컨트롤러에 프로그램을 다시 설치하는 정도이다. 물론, 미세조정 가변저항을 변경하는 것보다는 귀찮을 것이라는 점은 확실하다.

하지만 이력 현상도 필요할 것이다. 이를 표현하기 위해서는 어느 정도의 밝기 변화를 무시할 수 있는 구간의 상한과 하한, 두 부분을 정의해야 한다. 기본적으로 프로그램은 칩에 "만일 빛의 값이 상한보다 높아지면 어떤 일을 하고, 빛이 하한보다 낮아지면 어떤 일을 멈춰라. 단 상한과 하한 중간에 있으면 이전에 하던 일을 계속해라."라고 이야기해 줄 것이다.

다시 이야기하지만, 실제 문제는 마음을 바꾸거나 뭔가를 바꾸려고 할 때 발생한다. 광트랜지스터를 사용하는 마이크로컨트롤러 장치로 해가 질 때 실외등을 끄고, 동이 틀 때 켜는 경우를 가정해 보자. 해질녘에 구름의 양이 변하는 정도의 적은 변화에 반응해서 빛이 깜빡이지 않도록 이력 구간을 설정해야 한다. 이런 문제를 작업대에서 어떻게 재현하고 확인해 볼 것인가? 아쉽게도 실제로 방법이 없다. 부품을 조립한 다음, 조립된 장치를 들고 사용할 장소로 가져가서 반응을 살펴봐야 한다. 이력 구간을 조정하려면 노트북으로 그때그때 프로그램에서 빛의 상한과 하한 구간의 설정을 바꾸고 프로그램을 장치에 설치해야 한다.

이런 건 별로 재미있어 보이지 않는다.

마이크로컨트롤러는 다양한 상황에 대처할 수 있지만 가끔은 저렴한 칩을 이용해서 간단한 아날로그 회로를 만드는 것이 훨씬 현실적이다.

조금 더 만들어 보자: 레이저를 사용하는 보안 시스템

이제 저렴한 레이저 펜과 보호할 영역의 구석에서 광선을 반사시킬 거울 몇 개, 조금 전에 만든 회로를 이용해서 외곽 경비 장치 회로를 만들 수

있는 충분한 전자 지식을 갖추게 되었다. 비교기의 출력에 붙어있는 LED 대신, 래칭 릴레이에 있는 코일에 전력을 제공할 2N2222 트랜지스터를 연결한다. 이 릴레이는 이후에 경보음을 울리거나 침입 정보를 좀 더 조심스러운 방법으로 알려주는 데 사용될 것이다.

만일 시스템을 더욱 크게 만들고 싶다면, 레이저와 광트랜지스터를 더 많이 사용해서 그중의 하나가 켜졌을 때 어디서 침입이 발생했는지 알 수 있게 만들 수도 있다. LM339 칩에는 비교기가 4개 들어 있으며, 각각 기능적으로 독립되어 있다는 점을 기억하자.

시스템이 잘 동작하게 만들려면 빛을 받을 수 있는 정도 크기의 구멍이 뚫린 상자에 광트랜지스터를 넣어두는 것이 좋다. 이 방법을 사용하면 광트랜지스터를 주변의 빛으로부터 보호할 수 있으므로 낮에도 이 시스템을 사용할 수 있다. 물론 이런 경우라도 광트랜지스터의 민감도를 조정해서 이력 구간을 잘 확장해 둬야 한다. 이런 작업은 시도해 보면서 결정하는 수밖에 없다.

광트랜지스터를 이용해서 얼마나 많은 응용이 가능할까? 상상의 폭을 넓히면 정말 많은 생각들을 떠올릴 수 있을 것이다. 개인적으로 가장 좋아하는 것은 바로 다음 실험에서 살펴볼 시간과 빛에 의해 불이 켜지는 스위치이다.

시간과 빛으로 동작시키기 **07**

이 실험은 이전 실험에서 다뤘던 트랜지스터, 광트랜지스터, 555 타이머, 비교기 등에 대한 정보를 이용할 것이다. 지금까지 하나씩 기본을 익혀온 이유를 알 수 있을 것이다. 이제 이 부품들을 사용해서 실제 쓸만한 장치를 만들 수 있을 정도의 지식을 갖추었다. 거기에 더해서 다른 재미있는 것도 있다. 디지털 알람 시계를 뜯어서 어떻게 동작하는지 알아보고, 다른 용도로 바꿔보자.

이 프로젝트와 거의 비슷하지만 짧게 설명한 것이 『Make』 잡지에 있는데, 잡지에서는 지면 문제로 많은 부분을 설명하지 않고 넘어갔었다. 여기서 만드는 버전은 여러 부분에서 개선되었고 자세한 설명이 추가되었기 때문에 좀 더 이해하기 쉽고 더 다양한 시계들을 이용할 수 있다.

목표는 간단하다. 여러분이 없을 때 집에 있는 전구를 켜고 끄는 장치를 만드는 것이다. 물론 집에 있는 것처럼 보이도록 만들어 줄 수 있는 저렴한 장치들이 다양하게 있지만 개인적인 경험으로는 아주 잘 동작하는 것 같지는 않았다. 여름에는 겨울보다 2시간쯤 늦게 해가 지는데, 타이머를 사용하는 전등의 경우 일년에 몇 번씩 시간을 조정해 줘야 한다.

실제로 비교기와 연결된 광트랜지스터를 사용해서 해질 때 바깥의 빛이 어두워지는 것을 감지해서 자동적으로 켜지는 전등을 만들 수 있다. 이런 동작을 할 수 있는 장치를 살 수도 있지만 정해진 기간이 지난 다음에 전등을 끄는 것들이라서 원하는 목적에 부합되는 것 같지는 않다. 대부분 사람들은 일정한 시간에 잠이 들기 때문에 언제나 해가 진 다음 어느 정도 시간이 지나서 전등을 끄는 것이 아니다. 즉, 좀 더 현실적으로 만들려면 매일 밤 비슷한 시간에 전등을 꺼야 한다.

따라서 이번에 만들 전등 제어기는 광 센서를 이용해서 전등을 켜고, 타이머를 이용해서 전등을 끄는 형태를 가진다. 이런 장치가 있을까? 분명히 없기 때문에 별수 없이 시간과 빛을 이용하는 전등 제어기를 만들었다.

주의: 위험한 전압을 피하자

이 회로는 집으로 들어오는 전원을 이용하는 60W 정도의 전등을 제어할 수도 있다. 정말 원한다면 말릴 방법이야 없지만 안전을 위해서 되도록 12V LED 전구나 12V 할로겐 전구를 사용하는 것이 좀 더 좋을 것 같다. 옥내 전원으로 들어오는 110VAC나 220VAC의 경우 정말 위험하다. 만일 나이가 어린 사람이 이 책을 읽는 중이라면 난장판이 되기 전에 부모님께 조언을 구하는 것이 좋다. 나이에 관계없이 누구나 실수는 할 수 있으므로 집 전원보다 낮은 전압을 사용하는 것이 실수하더라도 조금 더 오래 사는 길이다.

만일 집 전원을 꼭 써야 하는 경우에는 집 전원을 제어하는 PowerSwitch Tail(보통 PST라 불리는) 제품들을 사용하는 것 정도가 좋은 절충안이 될 수 있다. 이 장치들은 3VDC에서 12VDC 정도의 입력을 내부에 있는 광 절연 모듈(opto-isolator)[1]로 통과시켜 고전압으로부터 여러분과 여러분의 브레드보드에 있는 회로를 보호한다. PowerSwitch Tail의 스위치 제어 부분에 시간과 빛을 이용하는 전등 스위치 회로를 직접 연결하면, 이 회로에서 6VDC를 사용할 수 있다. 물론 보호 장치를 위해서 돈을 약간 더 지불해야 한다.

회로의 기본

그림 7-1에 있는 회로도에 있는 부품 중 많은 것에 대해서 알고 있을 것이다. 배선이 약간 바뀌었지만 윗부분은 실험 6(그림 6-3)의 비교기 회로와 비슷하다. 기본적인 차이점은 LM339의 출력 부분에 붙어 있던 LED가 없어졌고, 적절한 이력 구간을 만들기 위해서 LM339의 출력 왼쪽

에 있는 풀업 저항을 470Ω에서 10K으로, 출력과 입력 간에 포지티브 피드백을 조정하기 위한 500K 가변 저항을 220K 고정 저항으로 변경한 것이다.

이런 식으로 바꾸고 나면 이제 회로의 다른 부분을 추가할 준비가 된 것이다. 그림 7-2에서 브레드보드 형태를 볼 수 있다.

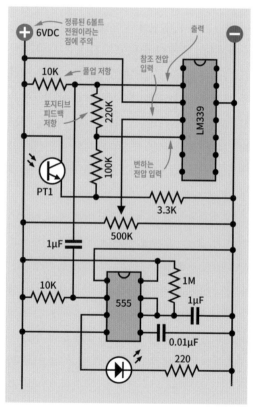

그림 7-1 실험 6의 만든 광트랜지스터와 비교기를 쓰는 회로는 이제 1초짜리 펄스를 만드는 555타이머를 트리거하기 위해 사용된다. 이 회로는 6VDC 전원을 사용한다.

---

1 (옮긴이) 이전에 『짜릿짜릿 전자회로 DIY』를 봤다면 알겠지만 opto-coupler라고도 불리는 장치이다. LED와 광트랜지스터를 이용해서 입력 신호가 전기적으로 분리되어 있는 곳으로 전달되도록 만들어진 장치이다.

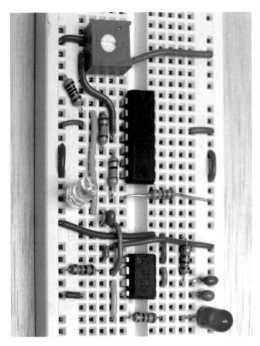

그림 7-2 시간과 빛으로 움직이는 전등 스위치의 첫 부분.

타이머의 트리거 핀으로 들어간다. 비교기의 출력은 보통 낮은 전압을 가지므로 타이머의 입력을 높은 전압으로 유지해 주기 위해서 타이머 입력에 10K 풀업 저항을 붙여준다.

- 타이머가 단안정 형식으로 동작할 때 트리거의 입력이 높은 수준 전압이면 출력은 그 기간동안 낮은 수준 전압을 유지한다.
- 트리거 핀이 낮은 수준 전압으로 떨어지면 출력은 높은 수준의 전압으로 바뀌는데 그 주기는 타이머에 붙어 있는 커패시터와 저항에 의해서 결정된다.

기본적인 아이디어는 어두워질 때 광트랜지스터가 LM399의 출력을 변하게 하고 LM399가 타이머를 트리거시켜서 타이머에서 1초 정도 지속되는 펄스를 출력하게 만드는 것이다. 이 펄스가 래칭 릴레이(아직 보여주지는 않았다)를 동작시켜 전등을 켠다. 당분간은 타이머의 동작을 확인하기 위해서 출력 부분에 LED를 붙여둘 것이다.

전원을 인가하고 타이머가 리셋될 때까지 기다리자. 광트랜지스터에 밝은 빛을 비춘 다음, 해가 질 때 어두워지는 것처럼 보이게 하기 위해 천천히 빛을 줄이거나 손으로 빛을 가려본다. LED가 1초 정도 켜졌다 꺼지는 것을 볼 수 있다. 이제 미세조정 가변저항으로 광트랜지스터의 감도를 조정하고 다시 한 번 해 보자. 이 단계에서 회로가 신뢰성 있게 동작하도록 만든 다음에 진행해야 한다.

회로는 이제 6VDC를 사용한다. 트랜지스터로 제어하는 릴레이를 추가할 텐데, 이 릴레이에 있는 코일들은 공통 접지를 사용하기 때문에 릴레이를 동작시키는 트랜지스터는 반드시 공통 컬렉터 형식을 사용해야 해서 상당한 전압 강하가 발생한다. 따라서 이를 보상하기 위해 6V 전원을 사용한다.

전원에서 LM7805 전압 조정기를 제거하고 LM7806으로 바꿔야 한다. 두 칩의 핀 배치가 같으므로 교체는 간단하다. 간단한 부분이라 전원 부분을 따로 회로도에 포함시키지 않았다.

회로도에서 LM339의 2번 핀 출력이 이번에는 1μF 커패시터를 통해서 왼쪽으로 내려와서 555

두 번째 단계

그림 7-3은 이 프로젝트의 다음 단계를 보여준다. 이제 타이머의 출력은 1K 저항을 통해서 트랜지스터의 베이스로 들어가며 트랜지스터는 3VDC 래칭 릴레이의 코일 중 하나를 동작시키도록 연결되어 있다. 릴레이의 다른 코일은 텍타일 스위치(tactile switch) 같은 푸시 버튼에 의해서 동작하는데, 릴레이 부분으로 전원의 전압이 전체가 걸리는 일이 없도록 47Ω 저항이 있어야 한다. 이 푸시 버튼은 최종 회로에서는 제거될 것이지만 결과를 미리 확인하기에는 좋다. 마찬가지로 릴레이의 출력에 연결된 LED는 상태를 보여주기 위해 사용된 것이다.

『짜릿짜릿 전자회로 DIY』에서 래칭 릴레이는 전력을 소모하지 않으면서 두 상태 중의 하나로 상태가 유지된다고 이야기한 것을 기억할 것이다. 앞뒤로 상태를 바꾸기 위해서는 짧은 펄스만 있으면 된다. 결과적으로 이 부품은 전력 소모를 최소화시키면서 오랫동안 어떤 것(여기서는 전등)을 켜는데 가장 적합하다.

릴레이와 타이머의 출력 부분 사이에 트랜지스터가 필요한 이유가 궁금할 것이다. 쌍극성 555 타이머로 작은 릴레이를 충분히 동작시킬 수 있을까? 음, 이론적으로는 가능하지만 공급 전압이 비교적 낮은 경우에는 릴레이의 동작으로 인해서 타이머가 오동작하는 경우가 생길 수 있다. 타이머의 데이터시트에는 나와 있지 않지만 개인적으로 이런 경우를 경험해 봤다.

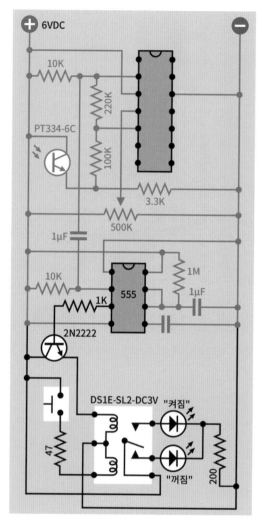

그림 7-3 릴레이를 추가해서 이전 회로를 확장시켰다. 이전에 있던 배선들은 회색으로 표시되어 있다.

회로 점검하기

다음 과정을 이용해서 회로를 점검하자.

- 버튼을 누르면 릴레이 근처의 아래쪽 LED가 켜질 것이다. 릴레이를 이런 형태로 구성한 다음, 결과적으로는 나중에 전구를 연결했을

때 전구를 끄기 위해 사용할 것이다.

- 버튼에서 손을 떼고 해가 지는 것처럼 만들기 위해서 광트랜지스터에 들어가는 빛을 점점 어둡게 만든다.
- 결과적으로 릴레이 안의 스위치가 다른 쪽으로 바뀌면서 릴레이 근처의 위쪽 LED가 켜진다. 이 LED는 최종적으로 해가 질 때 켜지는 전등으로 바뀔 것이다.
- 버튼을 다시 누르자. 이 버튼은 마지막 단계에서 미리 지정된 시간에 전등을 끄게 만들 시계로 바뀔 것이다.
- 광트랜지스터로 빛을 약간씩 늘려서 아침이 밝아오는 것처럼 만든다. 이 경우는 아무런 일이 벌어지지 않을 것이다.
- 다시 빛을 어둡게 만들어서 위의 과정을 반복해 보자.

릴레이에 대한 자세한 내용

트랜지스터에서 나오는 출력이 대략 4V 정도 되기 때문에, 5V 릴레이는 신뢰성있게 동작시키기 어렵다. 따라서, 여기서는 3VDC로 작동시킬 수 있는 코일이 내장된 파나소닉 DS1E-SL2DC3V를 선택했다. 이 3VDC짜리 릴레이의 데이터시트를 보면, 코일이 약 4.8VDC 정도까지 견딜 수 있다고 되어 있으므로 이 작업에 적합하다.

앞에서 본 그림 7-3은 우리가 사용할 릴레이의 핀 위치를 나타낸다. 핀의 기능에 대해서 명확하지 않은 부분이 있으면 그림 7-4를 확인해 보자. 핀 옆에 있는 숫자는 릴레이의 플라스틱 케이스 표면에서 확인할 수 있는 숫자들이다. 핀

번호가 왜 1-6번까지의 숫자가 아닌지 궁금할 수 있는데, 이건 파나소닉에서 12핀 릴레이를 포함한 모든 릴레이에서 같은 숫자를 사용하려고 했기 때문이다.

릴레이의 경우 여러 제조사들에서 표준화된 부분이 없으므로 만일 다른 릴레이를 사용하는 경우에는 데이터시트를 통해서 핀의 위치와 기능을 확인해야 한다. 반드시 3VDC짜리를 써야 하고 2A를 스위칭시킬 수 있는 코일이 2개 있는 래칭 릴레이를 사용해야 한다.

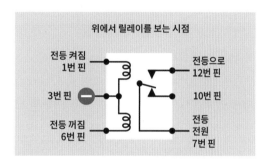

그림 7-4 파나소닉 DS1E-SL2DC3V 릴레이를 위에서 봤을 때의 핀 배치. 만일 다른 릴레이를 사용하는 경우에는 대부분 핀 배치가 다르다.

릴레이 안에 있는 코일은 양방향성을 가진 것이 아니라는 점을 기억할 필요가 있다. 파나소닉 릴레이에서 (-)라 표현된 위치는 반드시 전원의 접지 부분을 연결해야 하며 양극 전원을 연결하는 경우에는 동작하지 않는다.

커플링 커패시터

이 회로에서 중요한 개념은 비교기 출력과 555 타이머의 트리거 핀 사이에 1μF 커패시터가 있다는 점이다. 이런 형태로 커패시터가 배치되면 직류 전류는 차단하고 전압이 바뀔 때는 펄스가

커패시터를 통과한다는 것을 기억하자.

여기서는 어떻게 동작할까?

- 광트랜지스터로 밝은 빛이 들어오면 높은 수준의 전압이 만들어져 비교기 입력으로 들어간다.
- 결과적으로 높은 전압 수준의 입력은 비교기가 높은 전압 수준의 출력을 만들고 이로 인해 커패시터로 양전하가 계속 공급된다.
- 타이머에는 10K 풀업 저항으로 인해서 높은 전압 수준의 입력이 유지된다.
- 릴레이는 "꺼짐" 위치에 있게 된다.
- 아무 일도 벌어지지 않는다.

이제 광트랜지스터로 들어오는 빛을 어둡게 만들어 보자.

- 광트랜지스터의 출력 전압이 비교기의 참조 전압보다 낮게 떨어진다.
- 비교기의 출력이 낮은 수준 전압으로 바뀐다.
- 이 변화는 커플링 커패시터를 통해서 타이머로 전달되며 일시적으로 10K 풀업 저항의 출력을 누르고 값을 변하게 만든다.
- 타이머는 입력에 반응해서 높은 전압 수준의 펄스 출력이 발생하며 이것이 릴레이를 트리거시켜서 릴레이가 "켜짐" 위치로 바뀐다.(결국 전구가 켜진다.)
- 이후 커플링 커패시터는 다시 직류를 차단한다.

회로가 동작하는지 확인하자. 지금까지는 광자

(빛의 입자라 생각해도 된다)와 텍타일 스위치에 의해서 회로가 트리거되었다. 다음 단계에서는 "빛과 시간에 의한"에서 "시간" 부분을 추가할 것이다.

시계 뜯어보기

프로그래밍 가능한 타이머를 만들고 싶다면 칩 형태의 타이머, 숫자 디스플레이, 타이머를 설정하기 위한 푸시 버튼을 사야 하는데, 그냥 보기에도 저렴할 것 같지 않고 복잡해 보이기까지 한다. 그 대신 시계의 수정 진동자와 마이크로컨트롤러를 사용할 수 있지만 숫자 디스플레이가 필요하며 생각보다 설정이 쉽지는 않을 것이다.

마트에 가서 보면 간단한 숫자 표시장치와 푸시 버튼이 붙어있으며, 전지로 움직이는 디지털 알람 시계를 5000원 정도에 구입할 수 있다.

이 시계를 시간과 빛으로 움직이는 전등의 제어 회로에서 쓸 수 있을까? 그럴 수 있을 것이다.

1.5V 건전지 2개를 사용하는 것을 선택해야 한다. 일부 알람 시계는 1.5V 건전지 한 개로 동작하는데, 이런 시계는 우리 회로에서 동작하지 않을 것이므로 주의해야 한다. 보통 여행용 시계는 하나의 1.5V 전지를 사용한다. 상자의 설명을 잘 확인해야 한다.

주의: AC 전원을 사용하는 시계는 안 된다!

부디 벽전원을 사용하는 시계를 사용하려 하지 말자. 이런 시계도 내부적으로는 110/220VAC를 안전한 전압으로 변압하지만 실수로 고전압 부분을 건드릴 심각한 위험성이 있다.

안쪽을 보자

모든 알람 시계는 내부적으로 알람에 전원을 켜는 동작을 가지고 있을 것이며, 이 스위칭 동작은 우리가 만들 회로에서 필요한 것이므로 3V 전지로 동작하기만 하면 상표나 모델은 별로 중요하지 않다.

첫 번째 단계는 시계의 플라스틱 케이스를 열어보는 것이다. 그림 7-5에 있는 검정색 시계는 원으로 표시한 외관 부분에 4개의 나사가 있는데, 그 중 3개는 깊숙하게 숨겨 있다. 그림 7-6의 흰색 시계는 전지를 끼우는 곳 안쪽에 숨겨 있다. 그림에서 볼 수 있듯이 이 나사를 풀려면 작은 드라이버가 필요한데, 보통 공구 상점에서 드라이버 몇 개짜리 세트를 저렴한 가격에 구입할 수 있다.

그림 7-6 하나의 나사가 시계의 케이스 안쪽, 전지를 넣는 곳에 숨겨져 있다.

시계의 전압

케이스를 열고 난 후 처음으로 해야 할 것은 전원을 확인해 보는 것이다. 전지를 끼우고 전지가 들어가는 곳의 아랫부분을 살펴보자. 그림 7-7, 7-8, 7-9에서 각각 3가지 형태의 시계를 볼 수 있을 것이다. 그림에서 A, B 라고 적힌 금속 조각 부분은 각각 +3V, 0V 전원을 공급하는 곳이다. 측정기를 이용해서 이 금속 조각의 전압을 확인해 보자.

그림 7-5 시계를 열려면 원형으로 표시된 4개의 나사를 모두 풀어야 한다.

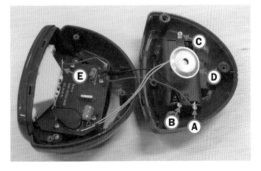

그림 7-7 3V 전지 전원은 금속 조각 A, B를 통해서 전달된다. 금속 조각 C는 연결되어 있지 않고, D는 경보기를 나타낸다. E는 경보가 꺼졌을 때 빛을 내기 위한 LED와 연결된다.

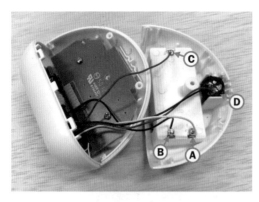

그림 7-8 3V 전지 전원은 금속 조각 A, B를 통해서 전달된다. 금속 조각 C는 시계 칩에 1.5V 전원을 공급한다. D는 경보기를 나타낸다.

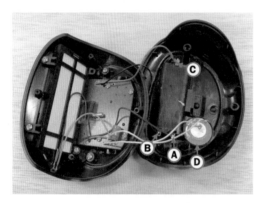

그림 7-9 3V 전지 전원은 금속 조각 A, B를 통해서 전달된다. 금속 조각 C는 시계 칩에 1.5V 전원을 공급한다. D는 경보기를 나타낸다.

3개의 사진에서 C라고 되어 있는 금속 조각은 전지 중간에 연결되어 있어서 1.5VDC를 공급한다. 일부 시계는 이 부분을 사용하지 않지만 칩이 좀 더 낮은 전압에서 동작할 수 있게 만든 시계들은 이 부분을 이용한다. 우리가 만들 회로에서는 시계가 알람을 동작시킬 때 사용하는 3VDC 부분만 사용할 것이므로 위의 부분에는 별로 관심이 없다.

각 시계에서 경보기는 D라고 표시했다. 그림 7-7의 적색 시계는 E로 표시한 LED의 불을 켤 수

있는 전선도 있다.

이제 실질적으로 시계가 어떤 것에 의해서 울리기 시작하는지 찾아낼 필요가 있다. 시계에 전지를 끼운 다음 측정기의 검정색 탐침을 전원의 음극 부분인 B와 연결한다. 양쪽 끝에 악어 클립이 달려 있는 전선을 사용하면 이 작업이 좀 더 쉬울 것이다. 악어 클립 한 개는 금속 조각에 물려두고 다른 끝을 측정기 탐침의 검은색 부분과 연결하면 된다. 이렇게 하면 다음 과정을 하는 동안 붙잡고 있지 않아도 되므로 양 손을 편하게 사용할 수 있다. 그림 7-10에 알람 동작을 측정하기 위한 준비 과정이 나와 있다.

그림 7-10 시계 안쪽에 있는 경보기의 전압을 측정하자. 악어 클립이 달린 전선을 이용하면 양 손을 편하게 사용할 수 있다. 경보기는 얇고 둥근 형태이며 납땜의 한쪽 부분을 붉은색 악어 클립으로 연결했다.

빨간색 탐침으로 금속 조각 A 부분을 건드려서 3VDC가 나오는지 확인해 보자. 이제 빨간색 탐침으로 경보기 뒤편에 있는 납땜 중 하나를 측정해 보면 전지에서 측정했던 것과 같은 3V 전압을 확인할 수 있을 것이다. 다른 납땜 부분으로

확인해 봐도 결과는 같을 것이다. 경보기 양쪽으로 모두 양극 전압이 인가되어 있어서 경보기에는 전위차가 발생하지 않는다. 따라서, 자명종이 울리지 않는 것이다.

자명종을 1분 후로 설정한 다음에 자명종을 켜 두자. 측정기의 검정색 탐침은 전지의 음극 부분과 단단히 연결되어 있어야 한다. 알람이 울리기 시작하면 경보기 각각의 납땜 부분에 다시 붉은색 탐침을 가져가자. 이번에는 경보기 중 한쪽은 계속 높은 전압 수준을 유지하는 반면, 한쪽이 안정되지 않고 낮은 전압 값으로 전압이 오르락내리락 할 것이다. 이후로는 경보기에서 전압이 바뀌는 쪽을 "낮은 전압 쪽"이라 부를 것이다.

AC 전압을 측정할 수 있도록 측정기의 설정을 바꾸고 알람이 울리고 있는 동안 경보기의 낮은 전압 쪽을 다시 한번 측정해 보자. 아마 3V보다는 낮고, 1V보다는 높을 것이다. 이는 직류로 읽을 수 있는 것보다 짧은 시간 동안 값이 변하고 있음을 의미한다.

어떻게 울리나

여기서 어떤 일이 일어난 걸까? 아마도 어떤 것이 경보기를 껐다 켰다 한 것이며 시계 안쪽에 있는 트랜지스터가 그랬을 수 있다. 필자가 조사해 본 시계들은 모두 비교기의 오픈 컬렉터(open collector) 출력처럼 경보기의 낮은 전압 쪽에 트랜지스터가 연결되어 있었으며 이를 통해서 전류를 받아들여서 알람이 울리게 만들었다. 이 개념은 그림 7-11에 제시되어 있다.

트랜지스터는 시계의 모든 동작을 제어하는 칩에 내장되어 있으므로 실제로 트랜지스터를 볼 수는 없을 것이다. 여기 들어간 트랜지스터는 그림 7-11에 그려진 쌍극성 형태보다는 CMOS 트랜지스터일 것이지만 기본적인 원리는 같다. 이후로 이 트랜지스터를 "알람용 트랜지스터"라 부르자.

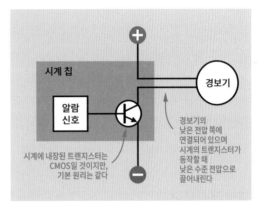

그림 7-11 알람 시계에서 알람을 울리기 위한 일반적인 내부 구성. 실제로는 CMOS 트랜지스터가 사용될 것이지만 기본 원리는 같다.

알람이 울리지 않고 있는 경우는 알람용 트랜지스터가 전류를 막고 있는 것이다. 이 경우 전지에서 공급되는 전원이 소모될 곳이 없으므로 측정기에서 전지와 같은 전압이 측정된 것이다. 측정기를 이용해서 경보기의 높은 전압 부분, 낮은 전압 부분, 그리고 경보기의 두 단자 간의 전압을 측정한다.

알람이 울리기 시작하면 트랜지스터가 경보기에서 전류를 받아들이고 측정기의 탐침에서도 전류를 받아들여서 경보기의 낮은 전압 부분에서 낮은 전압이 측정된다. 하지만 전압이 지속적으로 감소하는 것은 아니고, 계속 변화하게 된다. 왜 그럴까?

간단하게 DC 전원을 받으면 고유의 주파수 소리를 발생시키는 경보기를 구입할 수도 있지만 수동식 부품인 스피커 등의 경보기보다는 비싸다. 저렴한 시계는 저렴한 경보기를 내장하고 있기 때문에 시계에 내장된 칩에서 가청 주파수를 만들어 낸다. 이 칩은 전류를 뒤집어가면서[2] 대략 1KHz에서 2KHz 사이 주파수를 만들므로 이 값을 유의미하게 측정하게 위해서 측정기를 AC 전압 측정 모드로 바꾼 것이다.

전압이 움직이는 폭은 높은 수준의 전압인 경우 대략 3V 근처, 낮은 수준의 전압인 경우 0V 근처가 되지만 값의 변화가 너무 빠르기 때문에 측정기를 통해서는 이 값을 읽을 수 없을 것이다.

경보기 사용하기

변하는 경보 신호를 어떻게 사용할 수 있을까? LM339에는 4개의 비교기가 있으며 지금까지는 그중 1개만 광트랜지스터에 연결해서 사용했었다. 이 비교기를 이제부터 비교기 A라 부르고 시계와 연결해서 사용할 다른 비교기를 비교기 B라 부른다. 비교기 B는 시계에서 오는 신호에 반응해서 두 번째 릴레이 코일에 전류를 공급하는 다른 555 타이머를 트리거시켜 전등이 꺼지게 한다.

이제 "시계를 어떻게 비교기 B에 연결할 것인가?"라는 한 가지 어려운 질문만 남았다. 시계는 3VDC를 사용하고 비교기 회로는 6VDC를 사용하므로 시계를 높은 전압으로부터 보호해야 한다. 앞에서 이야기한 것처럼 비교기에서 제어를

위해서 사용되는 전압은 비교기를 구동시키기 위한 전압과 완전히 달라도 상관없다는 쓸모있는 비교기의 특징을 이용해서 작업이 가능하다.

그림 7-12와 브레드보드 사진인 그림 7-13을 살펴보자. 회로도 위쪽에 있는 3개의 하얀색 이름표들은 시계에서 오는 양극 전원, 음극 접지, 경보기의 낮은 전압 쪽 전선들을 나타낸 것이다. 경보기에서 오는 신호는 커플링 커패시터를 통과해서 비교기 B의 논인버팅 입력인 LM339 칩의 11번 핀으로 들어온다. 이 전압은 3VDC 혹은 이보다 낮은 값이며 비교기를 동작시킨다.

13번 핀은 비교기 B에서 나오는 출력 핀이다. 이 핀은 6VDC(10K 저항을 통과해서 나감)를 사용해서 릴레이 바로 위에 있는 두 번째 555 타이머를 트리거시키며 이 타이머가 쌍극성 트랜지스터를 통해서 두 번째 릴레이 코일을 제어한다.

또한 회로를 연결하다 보면 사용할 비교기의 논인버팅 입력의 위치가 LM339 칩에서 오른쪽에 있던 논인버팅 입력의 위치와 완전히 대칭되는 지점에 있는 것이 아니라는 것을 깨닫게 될 것이다. 그림 6-12에서 LM399의 핀 배치를 확인해서 입력들이 뒤섞이지 않도록 주의하자. "양극" 입력은 논인버팅 입력이라는 것을 기억하자.

이 작업을 할 때는 우선 시계와 브레드보드가 같은 음극 접지를 공유해야 한다. 모든 전압은 같은 접지에 대해 상대적인 전압을 가져야 하지만 LM339의 입력 부분을 제외하고 시계에서 오는 3V 양극 전압들은 브레드보드 부품들과 분리되어야 한다. 앞에서 이야기한 것처럼 비교기를

---

2 (옮긴이) 즉, 교류의 형태로

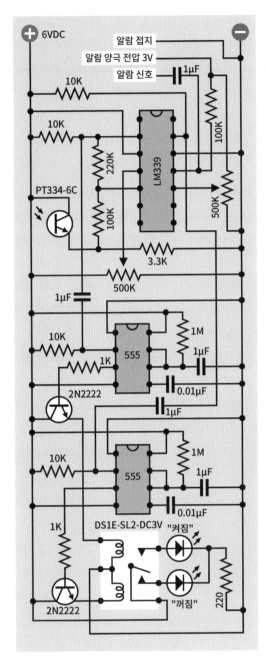

그림 7-12 시간과 빛으로 제어되는 전등 스위치의 전체 회로도.

그림 7-13 브레드보드에 구현된 시간과 빛으로 제어되는 전등 스위치의 최종 형태로 알람 시계와 필요한 전원 부분은 생략되어 있다. 사진 우측 상단에서 구석 부분으로 사라진 3가지 색의 전선은 시계와 연결될 것이다.

통하는 전류의 전압은 비교기를 제어하는 전원과 분리될 수 있다.

시계의 경보기와 연결된 전선을 붙일 때는 앞에서 경보기에 소리가 날 때 전압에 변동이 감지되었던 낮은 전압 쪽 납땜 부분과 연결해야 한다.

전선을 납땜 부분과 연결하기 위해 납땜할 때 과도한 열이나 기타 요인으로 인해 경보기가 손상될 수 있으므로, 새로 전선을 연결하려 노력하기 보다는 납땜하지 않고 이미 붙어 있는 전선을 재활용할 것이다. 따라서, 필자의 경우에는 이전에 있던 전선의 피복 일부를 스트리퍼로 벗겨내고 여기에 새 전선을 연결했다. 그림 7-14에 이 부분에 대한 사진이 있다.

그림 7-14 알람 시계의 경보기 낮은 전압 쪽에 붙어 있는 흰색 전선에 노란 전선을 붙였다. 파란색 전선과 빨간색 전선은 전지가 들어가는 부분에 연결되어 있다.

경보 소리와 전등 제어기의 동작은 무관하기 때문에, 결과적으로는 경보기로의 연결은 끊게 될 것이다. 하지만, 당분간 경보 소리는 제어기가 제대로 동작하는지 알려주는 데 도움이 된다.

시계 연결하기

회로를 업그레이드시키기 위해 세밀한 단계들이 있다. 이후 작업에서 6단계까지는 시계에서 전지를 빼고 진행한다.

1. 시계에서 전지를 넣는 곳의 음극 부분을 브레드보드의 음극 버스와 연결한다.

2. 시계에서 전지를 넣는 곳의 양극 부분과 비교기 B에 참조 전압을 제공하는 500K 미세조정 가변저항의 한쪽을 연결한다. 미세조정 가변저항의 반대 단자는 브레드보드의 음극 부분에 연결한다. 미세조정 가변저항의 중간 단자는 LM339에서 참조 전압을 받기 위한 인버팅 입력인 10번 핀과 연결한다. 미세조정 가변저항을 중간 정도 위치에 놓자. 이 연결은 회로도의 오른쪽 부분에 그려져 있다.

3. 브레드보드의 1μF 커패시터와 경보기의 낮은 전압 쪽을 연결한다. (이 역시 커플링 커패시터의 다른 예가 된다.) 커패시터의 다른 쪽은 LM339의 논인버팅 입력인 11번 핀과 연결한다. 커패시터는 DC 전압은 차단하지만 시계에서 비교기로 가는 펄스는 통과시킨다.

4. 11번과 13번 핀에 두 개의 풀업 저항을 추가한다. 이 중 하나는 100K이고 브레드보드의 6V가 아닌 시계의 3V 전원을 사용한다는 점이 중요하다.

5. 브레드보드의 모든 부분의 전압, 특히 시계로 가는 전선들의 전압을 조심스럽게 측정하자. 3V를 사용하는 시계가 6V를 사용하는 브레드보드 전원에 타버리길 바라진 않을 것이다.

6. 시계에 전지를 넣고 시계에서 브레드보드로 전원을 제공하는 전선에 3V 전압이 나타나는지 확인하자. 시계의 음극 접지 부분은 브레드보드의 접지 부분과 연결되어 있어야 한다.

7. 알람을 1분 후로 설정하고 소리가 날 때까지 기다린다. 빨간색 탐침은 이제 비교기 B의 출력인 13번핀에서 전압이 빠르게 바뀌는 것을 보여줄 것이다.

복잡해 보이지만, 한번 동작하면 비교적 안정적으로 동작한다.

다음 단계는 두 번째 555타이머를 추가하는 것이다. 타이머는 LM399의 오른쪽 부분에 배선되며, 왼쪽에 있는 첫 번째 555 타이머와 완전히 같은 형식으로 연결된다.

동작하게 만드는 법

알람 시계가 알람을 울리고 있지 않은 동안에는 시계의 전지에서 오는 양극 전압이 100K 풀업 저항을 통과해서 비교기 B의 논인버팅 입력을 3VDC로 유지한다. LM339의 임피던스(impedance)는 매우 높으므로 아주 적은 전류만을 소모한다. 알람이 울리기 시작하면 시계 안에 있는 경보기의 트랜지스터는 가청 주파수에 맞게 전압을 변화시켜서 비교기의 논인버팅 입력으로 일련의 펄스를 전달한다. 펄스와 펄스 사이의 짧은 구간 동안 비교기의 입력은 회로 오른쪽의 미세조정 가변저항으로 설정해 둔 1.5V의 참조전압보다 낮은 전압으로 떨어진다. 결과적으로 비교기는 555 타이머를 트리거시켜서 릴레이를 동작시키고 릴레이는 전등을 꺼준다.

비교기에 가청 주파수는 아주 느린 주파수다. 전압이 1.5V 이하로 떨어지는 구간이 몇 분의 일 초 밖에 되지 않더라도 비교기는 출력 전압을 끌어내리고 555 타이머를 트리거시킬 수 있다. 타이머는 비교기처럼 급작스런 입력에 대응하는데 아무런 문제가 없으며 릴레이를 리셋시키는 1초짜리 펄스를 전달할 것이다.

시계의 알람이 계속 울리고 있는 동안 비교기는 반복해서 타이머를 트리거시키고 타이머는 릴레이에 높은 수준의 전압이 출력을 전달하게 되지만 상관없다. 이 릴레이는 이미 "전등 꺼짐" 위치로 이동했으므로 이후에 높은 수준의 전압이 오더라도 단지 이미 한 일을 계속해서 시키는 것일 뿐이다. 몇 분 정도 지나면 시계에서 알람이 멈출 것이며 회로는 남은 밤시간 동안 안정화된 상태가 된다.

다음에는 어떤 일이 벌어질까? 광트랜지스터로 새벽빛이 들어오면 비교기 A는 이에 반응해서 출력을 낮은 수준의 전압에서 높은 수준의 전압으로 바꾼다. 이에 따라 첫 번째 555 타이머로 양극 신호가 전달되는데 타이머의 입력은 풀업 저항으로 인해 이미 안정화된 상태이므로 타이머는 이 신호를 무시한다.

낮시간에는 아무 일도 일어나지 않는다. 해가 지면 광트랜지스터에서 비교기 A로 가는 출력 전압이 떨어진다. 이제 비교기의 오픈 컬렉터 출력에서 전류를 받아들여서 잠깐 동안 10K 저항을 이기면서, 첫 번째 555 타이머로 낮은 전압 수준의 펄스가 발생한 것으로 해석된다. 이로 인해 타이머가 트리거돼서 릴레이로 펄스를 전달하고 전등이 켜진다.

이제 전등은 알람 시계가 전등을 끌 때까지 켜진 상태를 유지하며 이후로는 이 과정을 반복한다.

이쯤되면 실제로 동작할지 궁금할 수 있다. 글쎄, 필자의 회로는 적어도 세 개의 다른 시계들에서 정상적으로 동작했으며, 여러분의 경우에도 그럴 것이라 생각한다. 전지로 동작하고 시계 바늘이 달려있지 않고 디지털 표시 장치가 있으면 어떤 종류의 시계를 사용해도 관계없다. 이 디지털 알람 시계들은 반드시 경보기(beeper)를 가지고 있어야 한다. 알람이 켜졌을 때 경보기에 걸리는 전압이 변해야 하며 전압이 변하는 부분에 전선을 연결하더라도 (비교기처럼 매우 높은 임피던스를 가지고 있어서 전류를 별로 소모하지 않는 장치가 연결된 경우) 시계의 동작에 별다른 영향을 주지 않아야 한다.

아마도 일부 경우에는 시계에서 경보기로 출력되는 전압이 앞에서 이야기한 것처럼 짧은 사이클 동안 전압이 변하는 것이 아니라 낮은 수준의 전압에서 높은 수준의 전압으로 변한 다음 직류 전압의 상태를 유지하는 경우도 있을 것이다. 하지만 모든 디지털 알람 시계의 경보가 언젠가 멈출 때 높은 전압 수준에서 낮은 전압 수준으로 변할 것이고 이때 비교기 B가 트리거된다.

테스트

회로를 점검하기 위해서 광트랜지스터를 가린 상태에서 전원을 인가한 다음, 밝은 빛에 노출시킨 후 다시 어둡게 만든다. 이 동작은 릴레이를 "전등 켜짐" 위치로 이동시킬 것이다. 이제 알람 시계를 1분 후로 설정하고, 알람이 울리면 릴레이는 "전등 꺼짐" 위치로 이동할 것이다. 만일 켜지거나 꺼지는 구간이 제대로 동작하지 않으면 측정기로 회로의 각 지점을 확인해보자. 제대로

확인하는 비결은 천천히, 차분하게, 끝까지 하는 것이다.

회로가 동작하면 이제 더 이상 LED가 필요하지 않으므로 제거해도 된다.

전력 소모를 줄이면서 동작의 신뢰성을 조금 더 높이기 위해 LM339 칩에서 사용하지 않는 입력들이 정의되지 않은 상태가 되어 잡음이 입력되는 것(chattering)[3]을 방지하는 것이 좋다. 그림 7-15는 사용하지 않는 핀들을 어떻게 연결했는지 보여준다. 일부 입력들은 양극 전압이 인가된 반면, 일부는 접지 상태가 인가되었다. 어떤 것을 입력해도 큰 문제는 아니다.

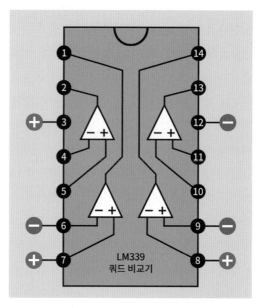

그림 7-15 LM339에서 사용하지 않는 두 개의 비교기를 비활성화시키는 법.

---

3 원래는 값이 한번에 바뀌지 않고 여러 번 바뀌는 현상을 이야기하는데 여기서는 그냥 사용하지 않는 입력에 잡음이 들어가는 것을 표현함.

전등에 릴레이 연결하기

릴레이의 오른쪽 아랫부분에 있는 6VDC를 제공하는 전선을 끊어두자. 이 단자를 전등의 전원 부분 중 한쪽과 연결하고 전등에 연결된 전선을 릴레이의 오른쪽 윗부분에 있는 단자에 연결한다. 전등의 다른 부분은 전원의 다른 쪽과 연결하면 된다. 전등의 전원이 브레드보드에 있는 다른 부품으로 흘러 들어오지 않도록 전원이 철저히 분리되도록 주의해야 한다.

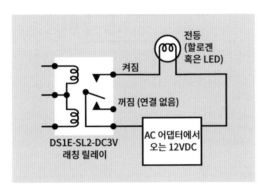

그림 7-16 회로를 완전히 테스트한 다음에는 LED 표시등을 릴레이에서 제거하고 위의 그림처럼 연결하면 된다.

앞에서 12V 전등을 사용할 것을 아주 강력히 제안했었다. 다양한 형태의 12V LED 조명기구들을 저렴하게 구할 수 있을 것이며 다양한 노트북 컴퓨터가 12VDC로 제작되고 있으므로 전원 역시 구하기 쉽다. 인터넷에서 "12V AC 어댑터"라고 검색해서 쉽게 구할 수 있을 것이다.

정상적으로 동작하는 시간과 빛으로 제어되는 전등 제어기가 생기고 난 후에는 어디에 놓을지 결정해야 한다. 북쪽으로 난 창에 두는 것이 이상적이다. 광트랜지스터는 직사광선에 직접

노출되지 않도록 보호돼야 하고, 회로에 의해서 켜지는 전등 빛이 보이면 안 된다.

해질녘까지 기다려서 왼쪽에 있는 광트랜지스터의 참조 전압을 설정하는 미세조정 가변저항을 조정한다. 전등이 켜질 때까지 미세조정 가변저항을 돌린 다음 아주 살짝 뒤로 돌린다.

주의: AC에 대한 예방조치

만일 AC 집 전원을 이용하는 전등을 사용해야 한다면 다음과 같은 예방조치를 해 두는 것이 좋다.

- 납땜을 이용해서 회로를 내구성 있게 만들어야 한다. 브레드보드는 전선을 다른 구멍에 끼울 가능성이 아주 높으며, 전선도 쉽게 빠지기 때문에 집 전원을 절대 브레드보드에 연결하지 말아야 한다. 글자 그대로 눈앞에서 부품이 터지는 것을 보고 싶지는 않을 것이다.

- 납땜된 부분은 110VAC 혹은 그 이상의 전압을 가지므로 노출된 부분이 있는 경우 방수 가능한 절연체 혹은 비슷한 화합물로 씌워져서 설치되었을 때 절연체가 되어야 한다.

- 전원은 릴레이로 입력시키기 전에 1A 퓨즈를 통과시켜야 한다.

- 회로는 반드시 상자에 들어 있어야 한다. 만일 상자가 금속이라면 반드시 접지되어 있어야 한다.

- 60W 이상의 백열 전구 혹은 형광등을 켜거나 끄면 안 된다. 형광등의 경우 초기에 잠시 많은 전류를 흘릴 수 있는 안정기를 가지고 있

어야 하는데 이 장치는 릴레이 접점에 좋지 않은 영향을 준다.

조금 더 만들어 보자

이 회로는 전력 소모가 많지 않다. LED를 제거했을 때 이 회로는 대기 상태에서 전체적으로 11mA를 소모한다. 릴레이가 켜지거나 꺼질 때 대략 65mA를 소모하지만 이 일은 하루 2번만 일어난다. 따라서, 전등을 제어하는 회로는 전지로도 동작할 수도 있지만 임시 방편일 뿐이다. 9V 전지를 사용하는 경우 대략 24시간 정도 견딜 수 있다.

오랫동안 전원을 공급하기 위해서는 AC 어댑터가 필요하다. 만약 정전이 자주 일어나는 곳에 살고 있다면 비상시를 위해서 회로 안에 9V 전지를 두고 싶을 수 있다.

그림 7-17은 이 작업에 대해서 보여준다. 최소한 10V 정도의 전압이 6V 정류기로 공급되는 동안에는 9V 전지에 부하가 걸리지 않으므로 적어도 몇 년간 전지의 상태가 유지된다. (충전식 전지 대신 알카라인 전지를 사용해야 한다. 충전식 전지는 오랫동안 충전 상태를 유지할 수 없다.) AC 어댑터가 전류를 공급해 주는 동안에는 다이오드가 전류를 단방향으로만 흐르게 하기 때문에 전지와 반응하지는 않는다. 만일 AC 어댑터가 동작하지 않으면 전지가 전원 역할을 대신하고, AC 어댑터의 출력 쪽으로 전류가 흘러가서 에너지가 낭비되는 것은 두 번째 다이오드가 막아 준다.

12VDC를 제공하는 AC 어댑터를 구입한 경

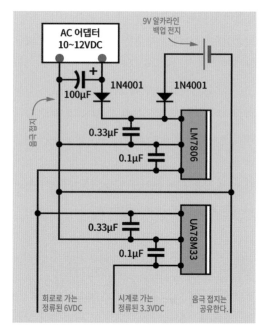

그림 7-17 개선된 전등 제어기는 AC 어댑터에 오는 전원, 9V 백업 전지 뿐 아니라 알람 시계로 가는 3.3V의 전압의 정류된 전원을 포함해서 전지를 사용하지 않도록 만들었다.

우, 12V LED 혹은 할로겐 전구에 전원을 공급할 때도 사용할 수 있다. 출력을 안정적으로 만들기 위해서 어댑터의 출력 사이에 최소 100μF의 커패시터를 추가해야 한다.

그림 7-17에 있는 것처럼 3.3V 전압 정류기를 브레드보드에 추가하면 시계를 위한 전지를 사용하지 않아도 된다. 3.3V 출력은 새로운 건전지에서도 비슷한 전압을 제공하므로 이 정도는 시계에서 받아들일 수 있다. 정류기는 회로도에서 "알람 접지"와 "알람 양극 전압 3V"라는 이름표가 붙어 있는 부분과 연결될 것이다. 이 전선들은 여전히 시계와 연결돼서 전원을 받아들이는 대신 전원을 보내는 데 사용될 것이다.

3.3V 정류기로 가는 입력은 6VDC 전원의 출

력에서 나온다. 반드시 같은 접지를 사용해야 하지만 출력은 6V 부분과 분리되도록 주의해야만 한다.

또한 정류기에서 정확한 출력을 보장하기 위해서는 일반적으로 0.1μF와 0.33μF의 커패시터를 포함시켜야 한다. 자세한 부분은 그림 7-17을 보자.

다음엔 무엇을 할까?

이 실험은 상당히 기본적인 프로젝트였다. 자연의 빛에 대해서 시도해 볼 시간이 것 같다. $1 이하의 저렴한 콘덴서 마이크(electret microphone)와 OP 앰프(다른 형태의 피드백을 받기는 하지만 비교기와 비슷한 동작을 하는)를 같이 사용해 보자.

음향 세계로의 모험 **08**

아날로그 장치의 매력적인 세계로 떠날 시간이 되었다. 앞에서 본 것처럼 아날로그 회로에서는 전압이 0V 이하로 떨어질 수도 있고 출력 전압이 입력 전압의 100배가 되는 것처럼 예상할 수 없을 정도로 전압 변동이 심하다.

아날로그로의 여행은 마이크와 증폭기에서 출발하도록 하자. 아날로그 세상에 있는 부품들은 상당 부분 동작이 변하기 쉽기 때문에 회로에서 어떤 일이 일어나는지 정확히 알고 있어야 하며, 측정하는 방법 역시 다른 방식이 필요하다. (이를 위해서 실험2에서 트랜지스터 측정 실험을 포함시켰던 것이다.)

몇 가지 필요한 지식을 습득한 이후 실험 13과 14에서 최종적으로 잡음을 만들어서 시끄러운 소리를 내지 않도록 하는 재미있는 장치를 만들 것이다. 그 전에 한 가지 주의할 사항이 있다. 우리가 하게 될 탐험이란 것은 잘 모르는 것에서부터 출발하여 성공적인 결론을 찾아내기 전까지 적어도 하나 이상의 잘못된 방법을 거치게 된다는 점이다.

전류를 증폭시켜 보자!

아날로그 세상의 중심 근처에서 한 가지 부품을 찾을 수 있다. 바로 OP 앰프(Op-amp)다. 이 이름은 연산 증폭기(operational amplifier)의 줄임말이다.

OP 앰프는 비교기 전에도 존재했다. 사실 비교기는 OP 앰프에서 발전된 것이지만 간단하게 높은 수준의 전압, 낮은 수준의 전압 출력만 만들기 때문에 비교적 설명이 간단해서 먼저 소개했었다.

두 부품 모두 입력들을 비교하는 동작을 하기 때문에 회로도 기호는 같지만 부품의 목적은 다르다. 비교기는 대부분 포지티브 피드백을 이용해서 성가신 중간 수준의 전압을 없애기 위해 사용한다. 반대로 OP 앰프는 입력에서 발생하는 매우 작은 전압의 변화도 보존할 필요가 있을 때 사용하며 뒤에서 볼 수 있듯 이를 위해서 네거티브 피드백(negative feedback)을 사용한다.

일렉트릿이란?

마이크는 OP 앰프의 기능을 보여주기에 간단하고 편리한 방법을 제공하므로 여기서부터 시작하도록 하자. 일렉트릿 마이크(electret microphone)[1]는 아주 저렴한 가격(종종 1000원 이하로도)으로 구입할 수 있으며 성능도 상당히 좋기 때문에 휴대폰, 인터콤, 게임용 헤드셋 등 다양한 가전 제품에서 사용하고 있다.

일렉트릿(Electret)이라 불리는 이유는 뭘까? 정전기적(ELECTRostatically)으로 충전되어 영구적으로 전하를 가지면서 자석(magnET)처럼 동작하는 박막 조각을 가지고 있기 때문이다. 음파가 박막과 주변의 다른 부분 사이의 정전 용량(capacitance)을 변화시킨다. 마이크에 내장된 작은 프리앰프(preamp)는 음파의 변화를 감지해서 출력을 만든다. 그럼에도 출력은 여전히 작기 때문에 이 신호를 좀 더 많이 증폭시키기 위해서 OP 앰프가 필요한 것이다.

일부 일렉트릿은 단자가 3개 있지만 단자가 2개인 것이 좀 더 일반적이며 여기서도 단자가 2개인 것을 사용한다. 단자 중 하나는 음극 접지와 연결하지만 대충 보기에 서로 다른 단자를 구분할 수 있는 방법이 없다. 더 힘든 부분은 제조사의 데이터시트에서도 어떤 단자가 어떤 것인지 제대로 적어두지 않았다는 점이다. 그 이유는 정확하게는 모르겠지만 (적어도 나에게는) 일렉트릿의 데이터시트는 다른 부품들의 경우보다는 정보가 부족하다.

다행히 약간 살펴보면 접지 단자를 그리 어렵지 않게 찾아낼 수 있다. 일렉트릿의 아래쪽에 반투명한 절연층을 찾을 수 있을 것이며 그 바로 밑에 금속 부분 중 한 단자가 원형의 외관 부분과 연결된 것을 볼 수 있을 텐데, 이 단자가 접지 단자다.

그림 8-1에 있는 두 일렉트릿 마이크의 아랫면을 보자. 이 중 하나는 단자가 붙어있고 다른 것은 표면 장착을 위한 납땜 부분이 있다. 두 경우 모두 오른쪽 단자에서 나온 작은 녹색 금속 부분을 볼 수 있는데, 이 부분이 접지 단자다.

그림 8-1 두 가지 전형적인 일렉트릿 마이크의 아랫부분으로, 하나는 전선이 붙어있고 다른 것은 표면 장착을 위한 납땜판이 붙어 있다. 두 경우 모두 접지 단자는 오른쪽에 있으며 녹색 반투명 절연층을 통해 보이는 금속 조각들을 볼 수 있다.

일부 일렉트릿들은 이 사진에 있는 것과는 아주 다르게 생겼다. 이것들은 더 큰 단자를 가졌거나 절연층의 색이 다르다. 이 경우에도 한 단자와 절연층 바로 밑에 있는 마이크 덮개 사이에 은색 혹은 금색 접점이 있는 것을 볼 수 있다.

---

1 (옮긴이) 일렉트릿 마이크라고도 이야기하지만, 국내에서는 콘덴서형 마이크라는 말을 더 많이 쓴다. 뒤에서 나올 것이지만 콘덴서 마이크와 일렉트릿 마이크는 거의 비슷하지만 약간 차이가 있긴 하다. 이 책에서는 구분되어야 하는 경우 이외에는 필요에 따라 섞어서 사용한다.

단자가 붙어있지 않은 일렉트릿의 경우 브레드보드에 끼울 수 있도록 직접 단자를 납땜할 필요가 있다. 어떤 단자인지 쉽게 기억하기 위해서 적절한 색깔로 절연된 24게이지짜리 전선 조각들을 이용할 수 있다.

만들고자 했던 결과는 그림 8-2에 있다.

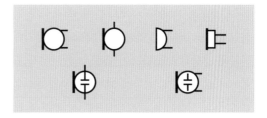

그림 8-3 마이크를 나타내기 위해서 다양한 회로도 기호가 사용되며 대부분의 경우 음파가 왼쪽에서 들어온다고 가정한다. 오른쪽 상단에 있는 기호는 약간 혼동될 수 있지만 다른 식으로 보면 이어폰이나 헤드폰을 나타낸다고 할 수 있다. 아래에 있는 두 기호들은 일렉트릿 마이크를 나타내는 것이지만, 대부분의 회로도에서 일렉트릿 마이크도 일반적인 기호로 표시한다.

그림 8-2 전선이 붙어있지 않은 일렉트릿을 브레드보드에서 동작시키려면 여기 나온 것처럼 짧은 전선을 붙여야 한다. 전선은 적절한 색의 절연체를 가지고 있어야 한다.

다른 작은 부품들처럼 일렉트릿 마이크도 열에 의해 손상될 수 있으므로 전선을 납땜하는 과정에서 부품이 손상되지 않았는지 궁금할 것이다. 이제 한번 알아보자.

들리나요?

회로도에서 마이크는 그림 8-3에 있는 기호로 표현된다. 그림에서 맨 윗줄에 있는 기호들은 종류와 관계없이 마이크를 나타낼 때 사용되며 아랫줄의 기호들은 일렉트릿 마이크를 나타낸다. 원 안에 있는 부분은 일렉트릿 안에 있는 얇은 커패시터 박막을 의미한다.

아랫줄의 오른쪽 것보다는 왼쪽의 기호가 좀 더 일반적이므로 이 책에서는 왼쪽의 것을 사용할 것이다.

그림 8-4는 가장 간단한 마이크 점검 회로다. 이 회로는 그림 4-2에서 봤던 광트랜지스터 점검 회로와 묘하게 닮았다는 것을 알 수 있다. 두 부품 모두 오픈 컬렉터 출력을 가진 트랜지스터 증폭기를 내장하고 있기 때문이다. 이 책을 다 읽을 쯤이면 오늘날 대부분의 감지용 장치들은 이런 형식의 출력을 가지고 있다는 점을 알게 될 것이다.

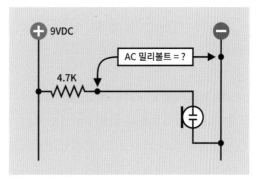

그림 8-4 일렉트릿 마이크의 기능을 점검하기 위한 가장 간단한 형태의 회로.

9VDC 전원을 사용하고 있다는 점에 주목하자. 전원으로 9V 전지를 이용할 것이므로 정류기나 전원을 안정적으로 만들기 위한 커패시터가 필요하지 않다. 4.7K 저항을 보여주었으나 1K 정도의 낮은 저항을 이용해도 된다. 이 부분에 대해서도 마이크의 데이터시트에 별다른 정보가 없는 경우가 많기 때문에 이제부터 설명할 음향 회로를 만든 다음에 다양한 저항값으로 실험을 진행해서 일렉트릿에 적합한 최적의 값을 찾아내야 한다. 이 작업에서 최적의 값이란 음량과 음질의 조화가 가장 좋은 값을 의미한다.

일렉트릿을 극성에 맞게 설치하고, 측정기를 교류 전압 측정을 위해서 설정한다. 맞다. 직류가 아닌 교류다. 직류 전압을 측정하는 것은 아무런 의미가 없다.

측정기에 자동 범위 조정 기능이 없다면 볼트 단위가 아닌 밀리볼트 단위를 선택해야 한다.

측정을 시작하고, 값이 안정화 된 다음 값을 읽어보면 아주 작은 전압(대충 0.1mV 정도)이 읽힐 것이다. 이제 마이크에 "아~" 하는 소리를 내면 전압이 10mV에서 20mV 정도로 증가할 것이다. 일렉트릿이 소리에 대해서 반응하고 있는 것이다.

> 마이크는 비교적 민감한 장치라서 동작을 확인하기 위해서 탁탁 치거나 입김을 부는 것은 좋지 않다. 마이크가 받아들일 것으로 예상한 음향 신호를 주어서 점검해야 한다.

배경 지식: 마이크에 대한 잡다한 지식

처음 상용으로 대량 생산된 마이크는 전화를 위해서 만들어졌다. 1877년 토마스 에디슨(Thomas Edison)의 특허로써 두 장의 판 사이에 탄소 입자들을 빡빡하게 채운 형태로 만든 것이다. 하나의 판은 음파에 반응해서 진동하고 진동마다 탄소 입자가 눌리면서 일시적으로 입자들이 가까워진다. 이 동작으로 인해 전반적인 저항이 떨어지고 그 사이를 지나는 DC 전류가 변하는 효과를 얻게 되는 것이다.

탄소 마이크는 매우 제한적인 주파수에 대해서만 응답할 수 있는 기초적인 장치지만 싸고 튼튼하기 때문에 최소한 1950년대(몇몇 국가에서는 그 이후에도)까지 사용되었다.

콘덴서 마이크는 음파에 반응해서 전기적으로 충전된 두 판의 정전용량이 변하는 것을 이용한 것이다. 이는 기능적으로 일렉트릿과 매우 비슷하지만 동작을 위해 지속적으로 편극화 전압(polarizing voltage)이 공급돼야 한다. "콘덴서"는 커패시터의 초기 용어다.

금속 리본이 음에 반응해서 진동하도록 만든 리본 마이크도 있는데 앨비스 프레슬리(Elvis Presley)나 제임스 브라운(James Brown) 같은 1950년대 락 뮤지션들이 즐겨 사용했던 초기 슈어(Shure)사의 제품들이 여기에 속한다. 이 설계는 스피커나 헤드폰의 기능을 반대로 만든 것 같은 가동 코일 마이크(moving coil microphone)로 바뀌었다. 진동판의 흔들림이 자기장에 있는 코일을 진동시키면서 코일의 전류를 변화시킨다.

마이크 기술에 있어서 가장 큰 도전 과제는 넓은 범위의 가청 주파수에 대해서 언제나 균등하게 반응하도록 장치를 설계하고 만들어야 한다는 점이다. 일렉트렛 마이크는 벨 연구소(Bell Labs)에서 1960년대에 개발되었지만 사용할 수 있는 물질의 한계로 인해 성능이 제한되었다. 1990년대에는 부품에 사용되는 물질들이 급격히 개선되면서 이제는 예전의 고급 가동 코일 마이크에 근접하는 성능을 가지면서 가격은 몇 분의 일인 마이크가 개발되었다.

소리의 높낮이

그림 8-4에서 일렉트렛은 외부의 신호에 반응해서 외부 저항을 통해서 전류를 받아들인다. 앞에서 이야기한 것처럼 오픈 컬렉터 시스템은 광트랜지스터에서 사용된 것과 아주 비슷하지만 풀업 저항으로 아주 큰 값을 사용한다는 것과 전원 부분에서 아주 큰 차이가 있다. 마이크에서 나오는 전압은 DC가 아닌 AC를 측정해야 한다.

들을 수 있는 소리는 보통 20Hz에서 15KHz 정도 범위의 주파수(몇몇 사람들은 20KHz까지의 소리를 들을 수 있다고 주장하지만)를 가지고 번갈아가며 흔들리는 압력파로 구성되기 때문이다. 이 부분은 광트랜지스터가 고주파를 가진 광파에 반응함으로써 비교적 안정적인 에너지원이 될 수 있다는 점과 비교해 볼 만하고 광트랜지스터가 DC 전압을 만들어 내는 것처럼 보이는 이유이기도 하다.

소리의 주파수는 아주 낮으며 귀에 있는 고막을 진동시켜서 신경 자극을 유도하는 것이기 때문에 소리가 들릴 수 있도록 하려면 이 정도의 변화를 유지해야 한다.

그림 8-5의 윗부분은 사람이 높은 압력의 주파수를 가진 날카로운 소리(그림에서 하얀 색으로 표현됨)는 내는 것을 보여주는 것이다. 성대가 앞뒤로 움직이면서 소리를 만들어 내기 때문에 상대적으로 높은 압력의 음파 뒤에는 상대적으로 낮은 압력의 음파(그림에서 검정색으로 표현됨)가 나타난다.

여기서 '상대적' 압력이란 말에 대해서 "뭐에 대해서 상대적이란 것이지?"라고 궁금할 수 있을 것이다. 답은 우리 주변에 어디든 있는 주변의 기압과 비교해서 상대적이란 뜻이다. 기압은 그림에서는 회색으로 표현되어 있다.

그림의 아랫부분에서는 소리의 입력에 대한 이상적인 전기적 출력을 보여준다. 음파에서 일

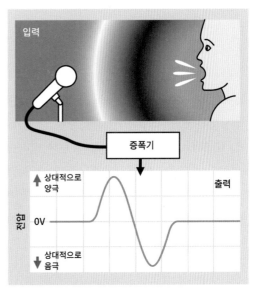

그림 8-5 좋은 증폭기는 입력되는 소리가 만드는 압력 변화에 맞게 전압의 변화를 출력으로 만들어낸다.

어나는 압력 변화를 정확히 따라서 전압이 변하며, 전압이 위아래로 움직일 때 0V의 참조 전압은 주변 대기압에 대응한다. 이것은 OP 앰프에서 참조 전압과 비교해서 양극 혹은 음극성을 띠고 있는 전압을 받아야 함을 의미하며 사실 대부분의 OP 앰프가 이런 동작을 할 수 있도록 설계된다.

이를 위해서 보통 별도 전원이라 불리는 것을 요구한다. 일반적으로 전원은 +12VDC, 0V, -12VDC를 제공할 수 있다. 책의 이 부분에 있는 실험들에서는 +4.5VDC, 0V, -4.5VDC이 필요하다. 대부분의 부품들은 별도의 전원을 요구하지 않으므로 증폭기를 위해 별도의 전원을 준비하는 것은 상당히 귀찮은 요구 사항이다. 따라서, OP 앰프의 요구 사항만을 충족시키기 위해서 완전히 별도로 분리된 전원을 구성하는 것을 좋아하지 않을 것이라 생각한다. 다행히 대체할 수 있는 다른 방법이 존재하므로 OP 앰프 실험에서는 이 방식을 사용할 것이다.

높은 전압이나 낮은 전압이란 0V 전압과 상대적으로 비교해서 결정되는 것이므로 대체 방법은 이론적으로 아주 간단하다. 예를 들어, +4.5VDC, 0V, -4.5VDC를 사용하는 대신 +9VDC, +4.5VDC, 0V를 사용해도 된다. 높은 전압, 중간 전압, 낮은 전압 간의 차이가 같다면 회로에 있는 부품에서는 그 차이를 알아챌 수 없기 때문이다.

하지만, 9V 전지만 사용하는 경우 +4.5VDC를 어떻게 만들어야 할까? 그림 8-6을 보면 답을 알 수 있다. 그림의 윗부분은 우리가 원하는 것

이고 중간 부분은 같은 값을 가진 두 개의 저항으로 간단한 전압 분배기를 만들어서 원하는 것을 비슷하게 만들 수 있는지 보여준다.

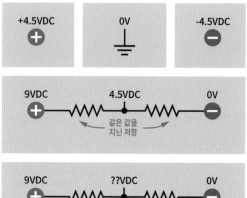

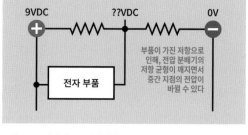

그림 8-6 그림의 윗부분에서 나타난 것처럼 이상적인 OP 앰프는 회로도에서 접지 기호로 표시한 것과 같이 가운데 참조 전압 지점을 지닌 별도 전원을 가져야 한다. 그림의 가운데 부분에 있는 것처럼 전압 분배기를 이용해서 별도 전원과 비슷하게 만들 수 있지만 분배기 가운데 지점의 전압은 그림의 아랫부분에서 설명한 것처럼 부품이 전원을 받아들이는 (혹은 부품에서 나오는) 전류에 의해 그 값이 영향을 받을 수 있다.

불행하게도 여기에는 장애물이 하나 있다. 만일 9VDC와 전압 분배기 가운데 부분에 있는 4.5VDC 부분에 부품을 붙이면 부품이 가진 저항이 이제 전압 분배기의 왼쪽 부분에서 병렬 저항 역할을 하게 된다. 이 부분은 그림 8-6의 아랫부분에서 볼 수 있다. 이 경우에는 부품이 전원의 양극과 전압 분배기 사이에 걸리는 전압을 변경시키기 때문에 가운데 지점에서 어떤 전압이 측정될지 정확히 알 수 없게 된다. 이로 인해 중

간 지점의 전압은 4.5VDC보다 높아지는 경향을 가진다.

이 문제를 완화시키는 가장 좋은 방법 중 하나는 비교적 낮은 저항을 사용해서 전압 분배기의 중간 지점에 부품이 붙었을 때 부품의 유효 내부 저항이 되도록 커지도록 만드는 것이다. 이 경우에도 중간 지점의 전압이 변하기는 하겠지만 그 영향이 최소화된다.

다음 실험에서는 이 문제를 다뤄보자.

앞의 실험에서 일렉트릿의 동작을 확인했었다. 이제 뭔가 쓸모 있는 것을 만들 수 있게 되었다.

커패시터를 추가하자

첫 단계는 그림 9-1처럼 커플링 커패시터를 설치하는 것이다. 만일 기초적인 내용을 기억하고 있다면 이것이 DC 전압은 차단하는 반면 펄스는 통과시킨다는 것을 알 것이다. 사실 커패시터의 크기에 따라 AC 음향 신호처럼 전압이 작게 자주 바뀌는 경우에는 완전하게 신호를 전달할 수도 있다.

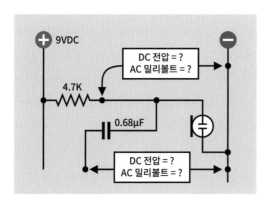

그림 9-1 측정기를 이용한 간단한 실험을 통해서 커패시터가 AC 음향 신호를 통과하는 반면 DC 전압은 차단하는 것을 볼 수 있다.

일단 커패시터 위와 아래에서 DC 전압(음극 접지와 비교해서)을 측정한다. 윗부분의 측정 지점에서 전지에서 오는 9VDC에 근접하는 값이 측정되는 것을 확인할 수 있다. 아래쪽 측정 지점의 경우 커패시터가 DC 전압을 차단하므로 1V보다 훨씬 낮은 값이 측정된다. (만일 커패시터가 제대로 차단하고 있다면 전압이 전혀 측정되고 있지 않을 수도 있다.)

이제 측정기를 밀리볼트 단위의 교류 전압을 측정할 수 있도록 바꾸고 마이크에 "아~"하는 소리를 내면 커패시터의 윗쪽과 아래쪽에서 거의 비슷한 값이 읽힐 것이다. 여기서 배울 수 있는 것은 간단하지만 중요하다.

- 커패시터는 신호에서 9VDC를 제거한다.
- 커패시터는 마이크에서 발생하는 AC 신호를 통과시킨다.

OP 앰프가 직류 전압을 증폭하길 바라지 않지만 마이크에서 나오는 교류 신호는 증폭하길 바라므로 커패시터는 마이크와 증폭기 사이에 꼭 필요한 부품이다.

커패시터의 값이 0.68μF으로 결정된 것에 대해 의문이 생긴다면 이건 좀 더 어려운 질문이다. 일반적으로 높은 값의 커패시터를 쓰는 것이 이 응용에는 좀 더 적합하지만 높은 값을 가진 커패시터는 작은 값을 가진 것보다 비싸기도 하고 작은 커패시터의 경우 고주파 성분을 약간 걸러내는 특성을 가지는데 여기서는 이런 특성이 바람직하기도 하기 때문이다. "아~" 소리를 내면서 다양한 값을 가진 커패시터들 간에 차이가 있는지 측정해 보자.

OP 앰프 소개

이제 마이크 신호를 증폭할 때가 되었다. 쌍극성 트랜지스터는 전압보다는 전류를 증폭하기 때문에 적합하지 않다. 이미 실험 6에서 전원의 전압과 오픈 컬렉터 출력에 사용되는 전압이 같지 않아도 되기 때문에 비교기가 전압을 증폭시킬 수 있다는 것을 보았다. OP 앰프 역시 비슷하다. 마이크에서 나오는 양극 혹은 음극 20 밀리볼트 정도의 전압을 양극 혹은 음극 2~3V 정도의 출력으로 변환시킨다.

여기서는 LM741을 OP 앰프로 사용할 것이다. 이 칩은 가장 오래된 칩 중의 하나지만 저렴하고 구하기 쉽고 잘 동작하기 때문에 여전히 제작되고 있으며 많은 양이 사용되고 있다. 핀 배치는 그림 9-2에 있으며 4개의 비교기가 들어 있는 LM339와는 다르게 LM741은 오직 하나의 OP 앰프만 들어있다. 앞에서 이야기한 것처럼 OP 앰프와 비교기 모두 두 입력을 비교하는 동작을 하기 때문에 비교기 기호와 OP 앰프의 기호는

같다. 만일 회로도의 삼각형 기호를 보고 OP 앰프인지 비교기인지 구분하기 어렵다면 적혀있는 내용들과 부품 번호를 참조해서 명확히 확인 할 수 있을 것이다.

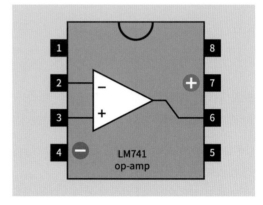

그림 9-2 LM741 OP 앰프의 기본적인 핀 기능. 1번 핀과 5번 핀은 조정에 사용되기는 하지만 거의 사용되지 않는다. 8번 핀은 내부적으로 연결되어 있지 않다.

차이가 뭘까?

계획은 다음과 같다. 전압 분배기를 이용해서 OP 앰프의 인버팅 입력(- 기호가 있는 입력)에 4.5VDC 전압을 인가할 것이다. 이 전압이 참조 전압이 될 것이다. 또 다른 전압 분배기를 이용해서 별도의 4.5VDC를 논인버팅 입력(+ 기호가 있는 입력)에 공급하고 여기에 마이크에서 커플링 커패시터를 통해 논인버팅 입력으로 들어가는 신호를 더한다. 이를 통해서 그림 9-3의 윗부분에 있는 것처럼 논인버팅 입력에 걸리는 전압에 4.5VDC 수준의 위, 아래로 전압의 변동을 만들어 낸다. 그림에서 물결 모양의 녹색 선은 입력 신호를 나타내고 4.5V의 전압은 검정색 수평선으로 표현돼 있다.

OP 앰프는 논인버팅 입력과 인버팅 입력에 들어가는 참조 전압 간의 차이를 증폭시켜서 이 상적으로는 그림 9-3의 아랫부분에 있는 그림 형 태의 출력을 만든다.

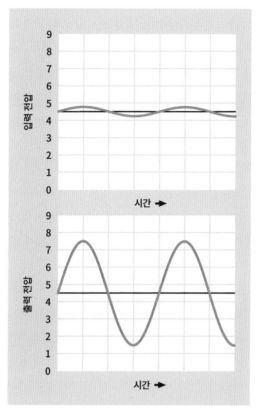

그림 9-3 OP 앰프의 기본 개념은 입력 신호와 참조 전압(이 예에서는 4.5VDC)과의 차이를 증폭시키는 것이다. 여기서 입력은 녹색, 출력은 오렌지색, 참조 전압은 검은색 수평선으로 나타냈다. 녹색 선으로 보이는 변화들은 보여주기 위해서 약간 과장되어 있다.

동작을 위해서 한쪽에는 마이크에서 출력되는 변화하는 전압을 공급해야 하지만 일단 OP 앰프의 두 입력에 모두 참조 전압을 공급했다. 즉 같은 전압을 가진 두 개의 전원이 필요하다는 의미가 된다. 두 개의 전압 분배기를 사용할 수도 있

지만 이때는 각 전압 분배기에 있는 저항을 정확히 맞춰서 같은 전압을 정확하게 공급하게 해야 한다.

그림 9-4는 회로의 모습을 보여준다. 이 회로는 앞에서 만든 일렉트릿 점검 회로에 부품을 추가해서 만들 수 있다.

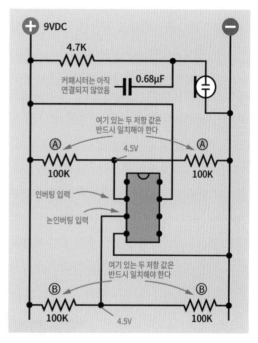

그림 9-4 OP 앰프를 점검하기 위해서 두 개의 전압 분배기를 붙여 놨다. 만일 전지가 9VDC를 정확히 공급하지 못하는 경우, 전압 분배기 A의 중간 지점에 있는 전압 역시 정확히 4.5VDC가 되지는 않을 것이며 실제 전지가 공급하는 전압의 절반이 될 것이다. (이 회로는 OP 앰프의 동작을 명확히 하기 위한 목적으로 만든 것이며 실제 응용하기 위해 만든 것은 아니다.)

마이크는 아직 연결돼 있지 않다. 이제 다음 단계로 넘어갈 것이다. 일단 저항을 맞추는 문제부터 해결하고 갈 것이다.

완벽하게 맞추기

제조 과정이 완벽할 수는 없으므로 저항의 실제 값은 약간씩 차이가 있다. 만일 허용 오차가 5% 짜리 100K 저항을 사용한다면 실제 저항은 95K에서 105K까지 될 수 있다. 허용 오차가 1%짜리라 하더라도 99K에서 101K의 범위를 가질 수 있다.

이 문제를 해결하기 위해서는 측정기를 통해서 완전히 똑같은 저항들을 찾아서 사용할 수 있다. 어떻게 하면 되는지 알아보자.

10개의 100K 저항들의 값을 측정한 다음, 적어도 측정기의 정확도 내에서 같은 값을 가지는 두 개의 저항을 선택하면 된다. 값이 같기만 하다면 저항의 값 자체는 별로 중요하지 않다. 이 저항들을 그림 9-4의 'A' 부분에 사용하자.

같은 값을 가진 다른 두 저항을 선택해서 'B' 부분에 사용하자. 혼동을 피하기 위해서 이 작업을 할 때는 그림 9-5와 같이 한 쌍의 좋은 저항들을 골라낼 때까지 차분하게 정돈하면서 측정을 할 필요가 있다.

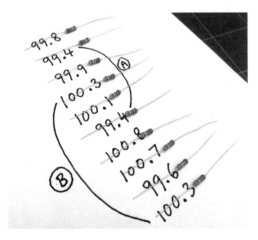

그림 9-5 값이 정확하게 같은 한 쌍의 100K 저항을 찾는 중이다.

'A'에서 사용된 저항과 'B'에 사용된 저항이 같은 값이 아니다. 'A'의 저항들은 모두 같은 저항값을 가져야 하며 'B' 저항들 역시 같은 값을 가져야 한다.

저항을 측정할 때는 측정기의 탐침과 저항의 다리 부분을 손가락으로 붙잡고 눌러서는 안 된다. 피부의 저항으로 인해 오차가 발생한다. 각 저항은 잘 마른 플라스틱, 종이, 골판지, 나무 등의 절연체 위에 올려놓고 탐침으로 저항의 다리를 눌러 측정하거나 이 책의 도입 부분에 설명했던 것 같은 저항 측정을 위한 작은 브레드보드를 구성하는 것도 생각해 볼 수 있다. 책 앞부분으로 가서 그림 S-16을 보자.

OP 앰프를 사용할 때마다 저항을 골라내기 위해서 이런 시간이 많이 걸리는 작업을 해야 하는지 궁금할 것이다. 전혀 아니다. 저항을 맞추는 작업은 조금 있다가 OP 앰프의 성능에 대한 정확한 측정을 하기 위해서 만든 이 점검용 회로에서만 필요하며 두 개의 전압 분배기도 회로에서 어떤 일이 벌어졌는지 쉽게 보여주기 위해서 사용한 것이다.

출력을 측정하자

그림 9-4처럼 회로를 만든 후에는 논인버팅 입력, 인버팅 입력 부분과 음극 접지 간의 상대적인 전압을 확인해 보자. 두 입력 모두 전지가 가진 전압(아마 9VDC보다 약간 높거나 낮을 것이다)의 절반일 것이다. 약간의 차이는 별로 걱정하지 않아도 된다. 만일 차이가 많이 발생하는 경우(한 핀에는 4.7VDC, 다른 핀에는 4.4VDC가

들어가는 경우처럼)에는 저항을 선택할 때 충분히 주의를 기울이지 않은 것이다.

이제 마이크를 연결해서 회로를 완성시킬 순서가 되었다. 그림 9-6에 회로도가 있다.

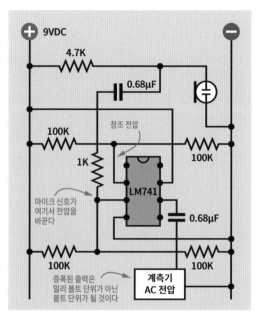

그림 9-6 일렉트릿 마이크를 사용한 OP 앰프 성능 확인을 위한 완전한 회로.

그림 9-7은 브레드보드에 만든 회로의 사진이다.

마이크 부분은 커플링 커패시터와 1K 저항을 통해서 OP 앰프의 논인버팅 입력과 연결되어 있다. OP 앰프의 출력은 또 다른 커플링 커패시터를 통해서 측정 지점에 도달하며 전압이 증폭되었으므로 더 이상 밀리볼트 단위가 아닌 볼트 단위로 설정된 측정기에서 측정할 수 있다.

그림 9-7 증폭된 일렉트릿 마이크의 출력을 평가하기 위한 회로. 회로 아래쪽에 있는 빨간색과 파란색 연결선은 AC 전압을 측정하기 위한 측정기에 연결되어 있다. 여기서는 보이지 않지만 브레드보드의 전원 부분에는 9V 전지가 연결되어 있다.

오픈 컬렉터 출력에서 풀업 저항을 요구하는 LM339 비교기와는 달리 LM741은 약간의 전류를 출력할 수 있는 능력이 있는 실제 출력을 가지고 있으므로 풀업 저항이 필요하지는 않다.

OP 앰프의 출력 핀과 전압 분배기 'A'의 중간 지점 사이에 측정기를 붙여놓은 경우, 참조 전압 위, 아래로 변하는 편차를 측정할 수 있을 것이다. 하지만, OP 앰프 출력 핀이 다른 커플링 커패시터를 통과한 후에는 신호의 DC 부분이 차단된 이후이기 때문에 신호를 0V 접지와 비교해서 측정할 수 있다.

측정기가 반응해서 그 값이 안정될 때까지 마이크에 "아~" 소리를 내고 유지하자. 마이크가 만들어 전달하는 입력은 대략 20mV 정도이지만 출력은 2V보다 크게 만들어짐을 확인할 수 있을 것이다. OP 앰프는 100:1 이상의 비율로 전압을 증폭시킨 것이다. 이 비율을 게인(gain: 증폭률)이라 한다.

이제 증폭된 출력을 어떻게 사용할 수 있을까? 다양한 방법으로 이용할 수 있는데, 바로 다음 실험부터 시작해 보자.

이제 소리에 반응하는 LED를 만들 수 있게 되었다. 그림 10-1의 회로도는 앞에서와 같은 회로지만 5개의 부품이 추가되었다. 그림 10-2에 사진이 있다.

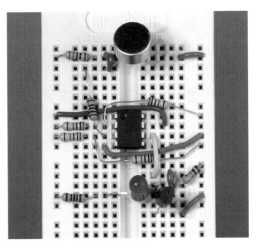

그림 10-2 브레드보드에 구성된 소리에 반응하는 LED 회로. (9V 전지는 생략한 것이다.)

LED와 트랜지스터의 조합

LM741에서 커플링 커패시터를 통과해서 출력이 나온 후 1K 저항과 10K 저항의 중간 지점에 도달한다. 이제 결과적으로 OP 앰프에 의해 발생하는 출력은 접지 기준의 전압 변화로 바뀐다. 이 신호는 1K 저항을 통해서 실제 작업을 담당할 부분이라는 것이 너무나 명확한 2N2222 트랜지스터의 베이스로 들어간다. 트랜지스터는 여기에 반응해서 LED로 가는 전류를 증폭시킨다.

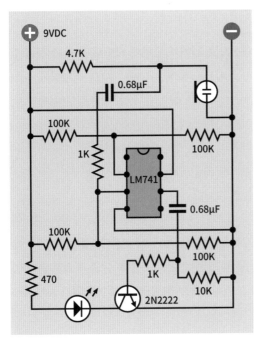

그림 10-1 이 OP 앰프 점검 회로는 일렉트릿 마이크에 중간 정도 이상의 소리가 들릴 때마다 LED를 점멸시킨다.

이제 마이크에 이야기를 하면 회로는 음성에 맞춰서 LED가 깜빡인다. 몇 가지 이유로 이 회로가 아주 흥미진진하다. 또한, 즐기기도 아주 좋다. 물론 나와는 달리 이 작은 작업에서 놀라움을 찾아내지 못했다면 훨씬 더 대규모의 회로들에 대한 임무가 이제 갓 시작되었을 뿐이라는 것을 알게 될 것이다.

만일 회로가 위에서 설명한 것처럼 동작하지 않는다면 가능한 문제들의 목록은 다음과 같다.

LED가 켜지지 않는 경우

대부분 배선의 문제다. 천천히 그리고 주의해서 모든 배선을 확인하고 회로의 각 단계에서 측정기를 사용하자. DC뿐만 아니라 AC 모두 점검해야 한다는 것을 잊지 말자.

LED가 계속 켜 있는 경우

발생하는 경우는 별로 없지만 비슷한 변종 부품들을 사용하면 예상치 못한 결과가 발생할 수도 있다. 여러분이 사용하는 특정한 2N2222 트랜지스터, 특정한 LED가 회로에 약간씩 영향을 줄 수 있다. 만일 LED가 계속 켜 있다면 OP 앰프에서 신호가 없는 경우에도 트랜지스터에 들어가는 베이스 전압이 너무 높아서 컬렉터에서 이미터로 전류가 일정 부분 계속 흐르게 되는 것이다. 베이스 단자에 연결한 1K 저항보다 높은 저항으로 바꾸면 문제가 해결될 것이다.

LED가 주기적으로 깜박거림

이런 주기적인 형태의 문제는 OP 앰프 회로로 인한 것일 수 있다. LED가 밝아졌을 때는 좀 더 많은 전류를 끌어당기므로 9V 전지에서 나오는 전압을 낮출 수 있다. 이런 현상이 전압 분배기의 전압에 영향을 주며 이로 인해 전압 차가 낮아지면서 LED가 꺼지면 다시 전지에서 끌어오는 전류가 줄어들게 되는 주기가 반복된다. 마이크에 비교적 적은 노이즈가 입력되도록 만든 경우 발생할 가능성이 높아진다. 반면, 전지보다는 좀 더 안정적인 직류 출력을 제공할 수 있는 AC 어댑터를 이용해서 회로에 전원을 공급하는 경우에는 발생할 가능성이 조금 더 적어진다.

다음으로 넘어가기 전에 시도해 볼 다른 것이 있다. LED를 제거하고 아주 작은 스피커를 붙인 후, 스피커를 들어서 귀 부근으로 들어올리자. 이제 마이크에 대고 이야기를 하면 앞에서 이야기한 것 같은 떨림도 발생하겠지만 여러분의 목소리가 아주 끔찍하게 끌리는 소리로 희미하게 들릴 것이다.

이 작업을 하기 위해서는 비교적 높은 임피던스를 가진 스피커가 필요한데 필자의 경우는 2인치짜리 63Ω 스피커를 이용해서 결과를 얻었다. 만일 스피커의 소리를 키우기 위해 저항값을 470Ω으로 낮추면 스피커에서 나오는 소리는 더욱 찌그러지게 될 것이다. 왜 소리가 이렇게 안 좋게 들리는 것일까? 이를 고치기 위해서는 앞에서 언급한 네거티브 피드백이 필요하다.

이제 OP 앰프가 증폭을 할 수 있다는 것을 알게 되었으므로 두 가지 질문을 생각해 보려 한다.

1. 얼마나 증폭될 것인지 어떻게 판단할 수 있을까?
2. 스피커를 통해서 들었던 것처럼 긁히는 소리가 나지 않고 입력에 더욱 충실한 출력이 나오게 하려면 어떻게 해야 할까?

이 실험에서는 첫 번째 질문에 대한 답을 내는 과정을 따라 할 수 있도록 만들 것이다. 두 번째 질문에 대해서는 실험 12에서 다룰 예정이다.

측정에서의 어려움들

이상적인 경우라면 OP 앰프에서 얼마나 증폭하는지 측정하는 것은 의미가 없을 것이다. 안정적인 사인파(sine wave) 입력을 만들 수 있는 신호 발생기와 사인파를 화면에 표시할 수 있는 오실로스코프(oscilloscope)도 가지고 있는 경우를 가정해 보자. 이 경우 화면의 눈금을 통해서 입력 파형의 진폭을 확인한 후, 출력도 확인할 수 있다. 증폭률을 계산하려면 출력 진폭을 입력 진폭으로 나누면 된다. 간단하다.

(신호의 '진폭'은 복잡한 AC 파형을 사용하는 경우 그렇게 간단한 것이 아니지만 기본적으로는 신호가 얼마나 큰지를 나타낸다. 이 값은 각 펄스의 최대 전압, 평균 전압, 혹은 RMS 전압(root-mean-square voltage)[1]으로 표현된다. 흥미가 있다면 RMS에 대해 검색해서 확인해 보길 바란다.)

아쉽게도 대부분 사람들은 신호 발생기나 오실로스코프를 가지고 있지 않다. 측정기 이외의 장비를 사용할 수 없을 때도 OP 앰프의 성능을 측정할 수 있을까? 여러분이 "아~"라는 소리를 냈을 때 마이크에서 만들어지는 신호를, 정확하지는 않더라도 측정기로 측정할 수 있기 때문에 OP 앰프의 성능 역시 쉽지는 않더라도 측정할 수 있을 것이라 생각한다.

---

1 (옮긴이) 제곱 평균 제곱근 전압이라고도 하지만 실제로는 RMS라는 용어를 많이 쓰므로 여기서는 RMS라 표현한다. quadratic mean이라는 용어도 사용되며 보통 파형의 크기를 나타낼 때 사용된다.

이 문제의 해답은 일단 AC에 대해서는 잠시 잊는 것이다. 만일 DC를 차단하기 위해서 붙여 놨던 커패시터를 제거하면 OP 앰프는 일정한 DC 전압 차이를 증폭시킬 것이며 이걸 측정기에서 측정하면 된다.

여기에 또 다른 문제가 있다. OP 앰프의 입력 중 하나에 탐침을 접촉시킬 때 약간의 전압 변화가 생기면 이 변화 역시 신호처럼 증폭되어 크게 변화될 것이다. 실험 2에서 언급한 것처럼 측정 자체가 측정값에 영향을 준다. (2장을 보자.) 전압을 알아내려는 시도가 전압을 바꿀 수 있다.

다행스럽게도 이 문제에 대처하는 방법이 있으며, 이 문제를 해결하는 방법 자체도 상당히 흥미롭고 교육상으로도 유익하다고 생각한다. 한번 시작해 보자.

직류 증폭

약간 불편하겠지만 앞에서 설치했던 부품 중 몇 개를 제거해서 옆에 보관하자. 새로 만들 회로는 그림 11-1에 있다. 혼동을 일으키지 않도록 이전 회로에서 여러분의 부품들을 남겨두지 않는 것이 좋다.

"A" 전압 분배기에 반드시 두 개의 2.2K 저항을 사용해야 한다는 점을 기억하자. 이 전압 분배기로 매우 적은 전류를 흘릴 예정이므로 "A"에 있는 저항들은 비교적 작은 값을 가져야 한다. (앞의 실험에서는 OP 앰프의 입력 인피던스가 아주 높기 때문에 두 전압 분배기 모두에 100K 저항을 사용했었다.)

앞 실험에서 100K 저항 두 개의 값을 맞췄던

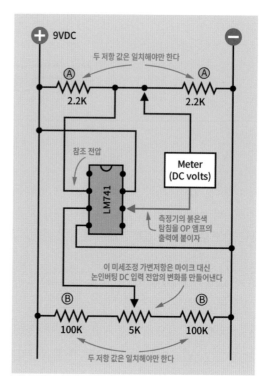

그림 11-1 OP 앰프의 성능을 측정하기 위한 기본적인 회로.

것처럼 두 2.2K 저항도 값을 정확히 맞추는 과정을 거쳐야 한다. 이런 작업은 이번이 마지막이라고 약속할 수 있다.

이번 실험에서는 DC 신호를 증폭해야 하기 때문에 마이크와 커플링 커패시터는 제거해야 한다. 하지만 마이크가 없는 경우에 OP 앰프의 증폭을 위해서 사용되는 두 입력 간의 전압 차이는 어떤 방법으로 만들 수 있을까?

답은 5K 미세조정 가변저항을 이용하는 것이다. 가변저항은 두 개의 'B' 저항들 사이에 들어간다. 미세조정 가변저항을 조정하면 전압 분배기의 균형이 바뀌면서 논인버팅 입력으로 들어가는 전압이 변한다. 가변 저항을 앞 뒤로 돌리면 아주 느린, 측정기가 값의 변화를 측정할 수 있을 정도로 느린 마이크가 있는 것처럼 생각할 수도 있다.

> 전자기장의 영향으로 원하지 않는 전압 변화가 OP 앰프에서 증폭되지 않도록 회로에서는 저항에 붙어있는 단자 길이를 최대한 짧게 만들어야 한다. 또한 모든 저항은 브레드보드에 잘 끼워야 한다. OP 앰프는 전기적인 잡음 역시 입력하는 신호와 마찬가지로 증폭시킨다.

회로를 모두 구성한 후에는 측정기의 붉은색 탐침을 OP 앰프 출력에, 검정색 탐침은 'A' 저항 사이의 접점에 접촉시킨다. 측정기는 DC 전압 측정을 할 수 있도록 재설정해야 한다는 것을 잊으면 안 된다.

증폭의 입력과 출력

이제 OP 앰프 출력과 4.5VDC 간의 전압 차이를 측정할 것이다. 따라서 OP 엠프에서 나오는 출력이 상대적으로 낮으면 상대적으로 음전압을 보게 될 것이다. 다행히 대부분의 디지털 측정기들은 양전압을 표시할 수 있는 것처럼 음전압 역시 쉽게 표시할 수 있지만 측정기에 음수 기호가 나오는지는 잘 살펴봐야 한다.

미세조정 가변저항의 값을 천천히 바꾸면서 측정기를 관찰하는 방식으로 이 회로를 가지고 노는 것부터 시작하자. 가변저항이 중간 정도를 넘어가는 순간 출력 전압이 음전압에서 양전압

으로 순식간에 바뀐다. 왜 이런 일이 벌어지는 걸까?

그림 11-2의 위쪽에 있는 그래프는 회로에서 읽은 실제 전압 값을 그린 것이다. 측정기에서는 볼트 단위로 측정되었지만 입력과 출력에서 같은 단위를 사용하기 위해서 입력 그래프의 단위인 밀리볼트 단위로 바꾸었다.

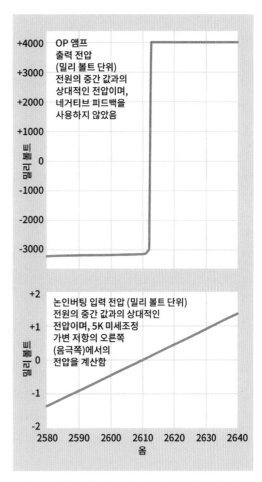

그림 11-2 아래쪽 그래프는 OP 앰프의 논인버팅 입력으로 들어오는 전압의 선형적인 증가를 계산을 통해 보여준다. 위쪽 그래프는 OP 앰프의 출력으로 전원 양쪽에 걸리는 전압의 중간 값과의 상대적인 전압을 나타낸다.

그림에서 볼 수 있듯 출력은 양 극단으로 갑작스럽게 변한다. 이는 OP 앰프의 증폭양이 극단적으로 크기 때문이다. 따라서, 미세조정 가변저항이 저항의 중간 값에 가까워짐에 따라 입력의 아주 미세한 변화도 매우 큰 반응을 나타내게 된다.

5K 미세저항 가변저항을 대략 5옴(찾을 수 있다면)짜리로 바꾸면 출력 기울기가 좀 더 평평해지는 것을 볼 수 있을 것이지만 여전히 입력과 비슷한 형태가 되는 것은 아니며, 회로에서 증폭이 너무 심한 경우에는 전기적 잡음도 많이 증폭되는 경향을 보인다. 만일 LED를 켜서 결과를 보려고 할 때는 별로 문제가 되지 않지만 음향 신호를 충실하게 재생하려 하는 경우에는 불필요한 부분이다. 따라서 출력이 입력의 형태와 같은 모양이 되도록, 다른 말로 선형적인 관계를 가지도록 만들 필요가 있다.

네거티브 피드백을 이용하면 이런 출력을 얻을 수 있다. 비교기의 출력을 깔끔하게 만들 때 포지티브 피드백을 사용한 것처럼 OP 앰프의 출력에 어떤 규칙을 적용시키고자 할 때는 네거티브 피드백을 사용한다.

그림 11-3의 그래프에서는 선형적인 입력에 대해서 거의 선형적인 출력이 발생하고 있는 것을 볼 수 있다. 이런 형태가 정확히 우리가 원하는 것이며 놀랍게도 생각보다 쉽게 얻을 수 있다. 직접 확인해 보려면 회로에 다음 부분을 수정하면 된다.

- 두 'A' 저항에서 OP 앰프의 인버팅 입력으로 들어가는 연결선을 제거한다.
- 그림 11-4에서 'F' 'G'라는 이름이 붙어있는 저항 두 개를 추가한다. 그림 11-5는 브레드보드에 어떤 식으로 구성되는지를 보여주는 사진이다.

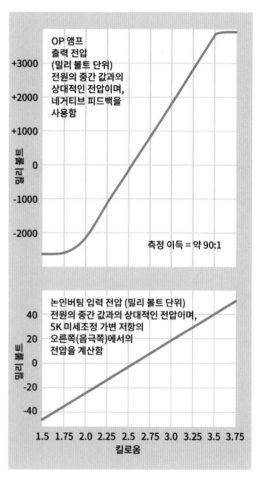

그림 11-3 네거티브 피드백을 사용함으로써 녹색으로 표시된 입력 부분 가운데의 형태가 출력에서도 유지된다.

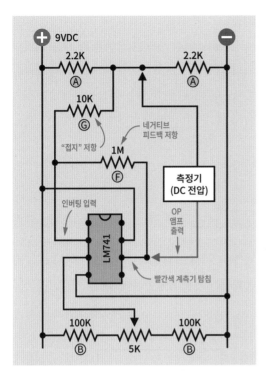

그림 11-4 앞의 회로도에 저항 두 개를 추가해서 네거티브 피드백이 들어가도록 수정했다.

그림 11-5 네거티브 피드백을 측정하고 조정하기 위한 앞의 회로도를 브레드보드에 구현한 것. 빨간색과 검정색 전선들은 전압을 측정하기 위해서 측정기와 연결되어 있다.

저항 F는 OP 앰프의 출력을 인버팅 입력쪽으로 되돌려주는 1M짜리 네거티브 피드백 저항이다. 개념을 다음과 같이 정리할 수 있다.

- 비교기를 사용할 때는 출력의 일부가 논인버팅 입력으로 되돌아가도록 만들어서 포지티브 피드백을 만들 수 있다.
- OP 앰프를 사용할 때는 출력의 일부가 인버팅 입력으로 되돌아가도록 만들어서 네거티브 피드백을 만들 수 있다.

저항 G는 10K짜리 접지 저항이다. 실제로 음극 접지와 연결하는 것이 아니라 A 저항들의 중간 부분과 연결한다. OP 앰프에 있어서는 이 중간 지점이 참조 전압으로 사용되기 때문이다.

회로를 바꿀 때는 주의를 기울여야 한다. 이제 미세조정 가변저항을 돌리면 측정기로 측정되는 출력 전압이 매우 부드럽게 증가하는 것을 확인할 수 있을 것이다. 전압이 갑자기 변하는 경우도 더 이상 발생하지 않는다. 그림 11-3의 오렌지 색 선에는 선형적이지 않은 부분(여기서 만든 회로에서는 확인하지 못했을 수도 있다)이 약간 있지만, 측정 과정이 완전하지 않았기 때문인 것으로 생각된다. 브레드보드에 있는 모든 소켓은 약간의 저항을 가지고 있으며 측정 과정에서 부품이 흔들릴 때 약간이지만 측정값이 변한다.

그럼 네거티브 피드백은 어떻게 동작하는 걸까?

전기적 활성화

OP 앰프는 100,000:1 정도까지의 상당한 증폭률을 가질 수 있다. 하지만, 네거티브 피드백은 아래와 같이 증폭률을 줄여준다.

- 만일 논인버팅 입력이 인버팅 입력보다 약간 더 양극을 띄는 경우 OP 앰프의 출력은 높아진다.
- 출력의 일부가 인버팅 입력으로 들어가면서 두 입력 전압의 차이를 줄인다.
- 입력 간의 차이가 줄어들면서 OP 앰프의 출력도 줄어든다.

OP 앰프가 과도하게 반응하는 경우 네거티브 피드백을 통해서 반응을 진정시킨다고 할 수 있을 것이다.

논인버팅 입력이 인버팅 입력보다 낮아지면 어떻게 될까? 이 경우 출력은 음극이 되고 출력의 일부가 인버팅 입력으로 들어가 전압을 낮추면서 다시 두 입력의 차이를 줄인다.

여기에는 추가적인 요소가 하나 있는데, 바로 그림 11-4에 G로 표시되어 있는 접지 저항이다. 이 저항은 네거티브 피드백의 일부를 'A' 전압 분배기의 중간 지점으로 보내는 역할을 한다. 즉, 다음과 같이 설명할 수 있다.

- 네거티브 피드백은 OP 앰프가 과도하게 반응하지 않도록 출력을 중단시킨다.
- 접지 저항은 네거티브 피드백이 과도하게 증가하는 것을 막는다.

이득

'이득(gain)'이란 용어는 '증폭률'과 같은 의미이지만 간결해서 자주 사용된다. 증폭기의 이득은 'F'와 'G' 저항의 값을 이용하는 아주 간단한 수식을 통해서 유도해서 수학적으로 증명할 수 있다.

$$Gain = 1 + (F/G)$$

아직 확실하지 않다면 피드백에 관련있는 회로만 그려둔 그림 11-6을 보자. 이 그림을 보면 저항 'F'와 'G'가 실제로는 단순한 전압 분배기의 일종이라는 것을 확인할 수 있다.

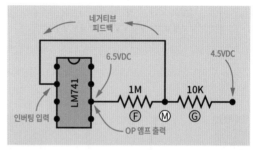

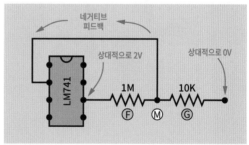

그림 11-6 네거티브 피드백을 제어하는 두 저항의 기능을 명확하게 보여주기 위해 OP 앰프 점검 회로의 일부를 다시 그린 것이다.

그림의 윗부분에는 여러분이 측정한 것처럼 실제로 측정되는 전압을 적었다. 그림의 아랫부분에는 다음의 계산을 편하게 하기 위해서 전압을 변환해서 적었다. 만일 OP 앰프의 출력이 6.5VDC이며 'G' 저항의 다른 쪽 끝의 전압이 4.5VDC라면, 상대 전압으로 이야기하면 출력은 2VDC이고, 'G' 저항의 다른 쪽 끝의 전압은 0VDC와 같다고 할 수 있다.

전압 분배기 중간 지점의 전압을 계산하는 수식을 기억할 것이다. 여기서는 R1과 R2 대신 저항을 F와 G로 적었지만 13페이지의 '전압은 어떨까?' 부분으로 돌아가면 이 부분을 확인할 수 있을 것이다. 만일 중간 지점의 전압을 V_M이라 하면, 다음과 같다.

$$V_M = V * (G / (F + G))$$

V는 두 저항들의 왼쪽 끝부분과 연결된 OP 앰프의 출력 전압을 의미한다. V_{cc}는 전원의 전압에 대해서만 사용하는 것이기 때문에 앞의 식처럼 V_{cc}를 사용할 수는 없다. 여기서 사용된 V는 왼쪽 부분과 비교했을 때의 오른쪽의 전압 차이를 나타낸다.

그림 11-6에서부터 실제 값(킬로 옴 단위)을 수식에 넣으면 다음과 같다.

$$V_M = 2 * (10 / (1,000 + 10))$$

결과는 약 0.02V가 된다.

이제 피드백 저항을 1M에서 100K로 바꾸는 경우를 가정해 보자. 수식은 다음과 같이 바뀐다.

$$V_M = (2 * (10 / 100 + 10))$$

결과는 약 0.2V가 된다.

즉 '접지' 저항의 값을 유지하면서 피드백 저항의 값을 줄여서 네거티브 피드백을 10배 증가시켰으며 증폭 이득은 같은 비율로 줄어들었다.

이제 네거티브 피드백 저항 'F'의 값을 줄이는 대신 증가시키는 경우를 생각해 보자. 이 값이 무한대로 커지는 경우를 가정하면 네거티브 피드백 전압은 0에 가까워질 것이다. 이 상태가 되면 피드백 회로가 설치되지 않았을 때와 같아지며 이때 입력과 출력을 연결하는 것이 공기 이외에는 아무것도 없다. 즉 OP 앰프가 극단적으로 동작하는 이유는 네거티브 피드백이 전혀 없기 때문이다.

일반적인 규칙들을 살펴보자.

- 접지 저항과 비교해서 피드백 저항값이 낮아지는 경우에 네거티브 피드백은 증가하며, OP 앰프의 이득은 감소한다.
- 접지 저항과 비교해서 피드백 저항의 값이 증가하는 경우에는 네거티브 피드백이 감소하며 OP 앰프의 이득은 증가한다.

배경 지식: 네거티브 피드백의 기원

네거티브 피드백이 아주 간단한 아이디어인 것 같지만, 1930년대에 벨 연구소에서 개발될 당시만 해도 매우 혁신적인 생각이었다. 사실 초기에는 특허 사무국에서 응용 분야가 없을 것 같다는 이유로 특허를 내주지 않으려고도 했다. 증폭을 위한 장치인 증폭기의 증폭률을 줄이는 장치가 필요할 이유가 있겠냐는 점 때문이다. 물론 실제로는 앞에서 본 것처럼 출력을 제어하고 입력의 형태와 출력을 일치시키는 가장 간단한 방법이란 아주 훌륭한 이유가 있다.

네거티브 피드백의 개념은 실제 OP 앰프가 존재하기 이전의 증폭기를 위해서 개발된 것이다. 사실 OP 앰프는 수치 연산을 위한 아날로그 컴퓨터('연산 증폭기'란 이름을 가지게 된 이유이다)에 사용된 1947년 이전에는 그 이름조차 없었다.

진공관이 사용되던 시절에는 OP 앰프를 만들기 위해서 다수의 부품이 필요했으므로 많은 공간이 필요할 뿐 아니라 상당한 열이 발생했다. OP 앰프는 당시까지도 완전히 개발된 것이 아니었으며 집적회로가 생겨서 가격이 저렴해지고 실용적이 된 1960년대까지는 널리 사용되지 않았다.

한계까지 밀어붙이기

다시 그림 11-3을 보면, 오렌지 선의 양쪽 끝부분에서 평평하게 깎인 것이 보인다. 이 부분을 보면 부드러운 선형적인 동작이 깨진 것처럼 보이며 실제로도 그렇지만 여기에는 그럴만한 이유가 있다. OP 앰프의 전압 출력 범위는 전원이 공급할 수 있는 최대 전압과 최저 전압 사이를 넘어갈 수 없다. 실제로는 OP 앰프에서도 동작을 위해서 약간의 전력을 소모하기 때문에 OP 앰프에서 공급하는 전압은 전원이 공급하는 전압보다는 약간 적을 수밖에 없다. 결과적으로 입력이 어느 지점을 넘어가는 순간부터는 더 높은 전압을 얻을 수 없게 될 것이다. 음향 신호에서

이런 일이 발생하면 지직거리는 왜곡된 소리를 듣게 될 것이다.

그림 11-7 위쪽에 있는 그래프에서는 녹색의 입력 신호와 오렌지색의 출력 신호를 겹쳐서 그려 놓았다. 오렌지색 화살표의 높이를 녹색 화살표의 높이로 나누면 어느 정도의 이득을 얻고 있는지 알 수 있다. 여기서 보이는 OP 앰프는 상당한 양의 네거티브 피드백을 사용하고 있는 것으로 보이며, 이에 따라 이득은 대략 6:1 정도에 불과하다. 만일 네거티브 피드백의 양을 줄이면 어떤 일이 벌어질까? 이제 입력 신호를 많이 제어하지 않게 되므로, 입력이 이전보다 약간 커질 것이다. OP 앰프는 입력을 증폭시키려 하지

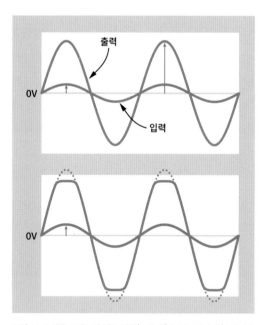

그림 11-7 위쪽 그래프의 경우 입력(녹색 선)은 증폭된 출력(오렌지색 선)을 만들며 출력은 증폭기의 한계에 거의 도달했다. 아래쪽 그래프에서는 입력의 진폭이 증가했지만 출력은 전원에서 인가하는 전압을 초과할 수 없기 때문에 증폭기의 출력 중 일부가 잘려 나간다. 점선으로 표시된 부분은 충분한 전압을 만들 수 있었다면 발생했을 입력에 대해 정확히 증폭된 출력을 보여준다.

만 출력이 신호의 최대치에 도달하기 전에 공급 가능한 최대 전압에 먼저 도달하게 된다. 따라서 출력의 꼭대기 부분은 잘려 나가게 된다.

이 경우에 OP 앰프는 트랜지스터의 포화 상태와 비슷하게 동작한다. 여전히 신호의 약한 부분에 대해서는 증폭하지만 한계치를 넘어가는 순간부터는 증폭을 포기하게 되는 것이다. 이 경우를 OP 앰프에 과부하(overdrive: 오버드라이브)가 걸렸다고 이야기하고 그 결과로 발생하는 파형은 깎여나간 형태가 되기 때문에 클리핑(clipping)되었다고 부른다. (이 부분은 『짜릿짜릿 전자회로 DIY』에서 짧게 다뤘었다.) 만일 음향 신호였다면 퍼즈 박스(fuzz box)를 이용해서 기타를 연주할 때처럼 거칠고 찌그러진 소리를 들을 수 있다. 실제로 퍼즈 박스는 증폭기를 오버드라이브 시키면서 동작하는 것이다.

고통이 없으면 얻는 것도 없다!

이제 다시 OP 앰프의 이득을 측정하는 주제로 돌아가도록 하자. 아래 내용을 기억할 것이다.

> 이득(gain)은 입력 전압 대비 출력 전압의 비율이다.

그림 11-8은 그림 11-4의 회로에서 미세조정 가변저항을 다양하게 설정하면서 직접 측정한 입력 전압과 출력 전압을 적은 것이다. 이 값을 이용해서 그림 11-3의 그래프를 그린 다음, 필자가 가진 OP 앰프의 이득을 계산하기 위해 이 그래프를 이용했다.

미세조정 가변저항 음극(오른쪽) 부분에 걸리는 저항 (옴 단위)	전압 분배기 "A" 기준의 상대적인 OP 앰프 출력 전압 (밀리볼트 단위)	전압 분배기 "A" 기준의 상대적인 OP 앰프의 논인버팅 입력 전압 (밀리볼트 단위)
1500	-2630	-47.3
1750	-2590	-36.3
2000	-2150	-25.2
2250	-1140	-14.3
2500	-140	-3.3
2750	+810	+7.7
3000	+1790	+18.7
3250	+2800	+29.7
3500	+3810	+40.7
3750	+3900	+51.7

그림 11-8 앞에서 네거티브 피드백을 사용한 OP 앰프의 성능을 확인하기 위해서 측정한 값으로 그래프를 그렸다.

여러분도 직접 OP 앰프를 이용해서 같은 것을 할 수 있다. 그 과정을 4가지로 나눠서 하나씩 따라해 보자.

첫 번째 과정

표를 만들기 위해 그림 11-8에 있는 표의 첫 번째 2열의 값을 직접 측정한다.

두 번째 과정

표에서 세 번째 열의 값은 계산으로 얻을 수 있다. OP 앰프로 들어가는 입력은 전압이 낮아서 아무런 영향 없이 측정하기는 어렵기 때문에 계산으로 대체하는 것이다. 계산에는 간단한 산수 정도만 필요하다.

세 번째 과정

표의 숫자들을 이용해서 책에 있는 것처럼 두 개의 그래프를 그린다.

네 번째 과정

두 그래프의 기울기를 비교해서 OP 앰프의 이득을 얻을 수 있다.

전체 과정은 15분 정도 걸린다. 준비되었으면 이제 OP 앰프가 실제로 어떻게 동작하는지 확인해보자.

첫 번째 과정: 출력 전압

측정기의 탐침을 OP 앰프의 출력에 접촉시키자. 출력 부분은 측정에 따른 영향이 크지 않으므로 직접 측정한다. 미세조정 가변저항의 저항을 바꿀 때마다 출력의 변화도 측정해야 한다는 점을 잊으면 안 된다.

1단계

회로에서 미세조정 가변저항을 빼서 가변저항의 가운데 단자와 100K "B" 저항의 오른쪽 음극 부분에 연결된 단자에 걸리는 저항을 측정한다. (그림 11-4를 확인하자.) 1.5K(1500옴)가 될 때까지 가변저항을 조정한다.

측정하는 동안에는 단자의 금속 부분에 손을 접촉시키면 안된다. 악어 집게가 있는 연결선을 사용하면 편하다. 한 쪽 끝의 악어 집게로 탐침을 잡고, 다른 쪽 악어 집게는 가변저항의 단자에 붙인다.

2단계

측정한 가변저항의 저항값을 적어둔다.

3단계

가변저항을 다시 이전처럼 브레드보드에 끼운다.

4단계

측정기를 DC 전압 측정 모드로 바꾸고, 그림 11-4의 형태로 탐침을 위치시켜서 OP 앰프의 출력 전압을 측정한다. 빨간색 탐침과 검정색 탐침을 그림에 있는 것처럼 정확히 위치시켜야 한다. 숫자 앞에 (-) 표시가 있는지 세심하게 확인해야 한다.

5단계

출력값은 볼트 단위로 측정된 값에 1,000을 곱해서(즉 소수점을 오른쪽으로 3번 이동시킨 것과 같다) 밀리볼트 단위로 적으면 된다. 출력 전압은 나중에 입력 전압과 비교할 것이므로 같은 단위를 사용하는 것이다. 예를 들어 3.5V가 측정되었다면 3,500 밀리볼트라고 적어둔다.

6단계

다시 미세조정 가변저항을 뺀 다음, 오른쪽(음극 방향)으로 돌려서 저항을 250옴 증가시킨다. 그리고 2단계로 돌아가서 앞의 과정을 반복한다. 가변저항의 저항을 바꿀 때마다 정확히 250옴씩 올려서, 저항값이 3,750(3.75K)에 도달할 때까지 측정을 계속한다. 여러분이 만든 결과를 필자의 결과와 직접 비교할 수 있도록 1.5K에서 3.75K까지 범위의 가변저항의 값에 대해서 측정해야 한다는 점이 중요하다.

두 번째 과정: 입력 전압

저항과 공급 전압을 이용해서 입력 전압을 계산할 수 있다. 실험대 위에서 측정기를 가지고 보여주면서 이 과정들을 진행하면 아주 간단하겠지만 그럴 수 없으니 차선책으로 그림 11-9에 있는 회로도를 보여주는 것으로 진행한다. 이 회로는 그림 11-4에 있는 'B' 전압 분배기 부분의 회로를 가지고 온 것이다.

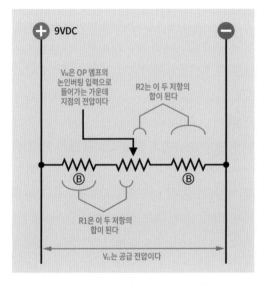

그림 11-9 OP 앰프의 논인버팅 입력으로 들어가는 전압은 위의 값들을 알 수 있다면 계산할 수 있다.

우리가 알아내려 하는 것은 중간 지점의 전압인 V_M이다. 이 전압은 OP 앰프의 논인버팅 입력에 가해지는 전압과 같다. R1과 R2는 전압 분배기의 형태이므로 그림에서 있는 V_{CC}, R1, R2의 3가지 값으로부터 이 전압을 구할 것이다. R1은 왼쪽에 있는 저항과 미세조정 가변저항의 오른쪽에 걸리는 저항의 합이며 R2는 오른쪽에 있는 저항과 미세조정 가변저항의 왼쪽에 걸리는 저항

의 합이 된다.

이 과정은 다음과 같다.

1단계

V_{CC}를 측정한다. 전압을 측정할 수 있도록 측정기 설정을 바꾸고 전원의 전압을 측정하기 위해서 회로의 양극 부분과 음극 부분의 전압을 측정한다. 만일 9V 전지가 어느 정도 새것이라면 대략 9.2V 정도의 전압을 얻을 수 있을 것이다. 어떤 값이든 그 값을 적어두자. 이 값을 V_{CC}라 이야기 했는데 보통 전원에서 공급되는 전압을 이렇게 줄여서 부른다.

2단계

왼쪽 저항을 RL, 오른쪽의 저항을 RR이라 부를 것이다. 처음에 회로를 구성할 때 같은 값을 가진 저항들을 골랐기 때문에 이 저항들은 같은 값을 가질 것이다. 그렇다 하더라도 일단 회로에서 하나씩 뽑아서 측정해서, 이 값을 킬로옴 단위가 아닌 옴 단위로 기록해 둔다. 대략 100,000 전후의 값이 될 것이다. 측정한 저항은 다시 회로에 끼운다.

3단계

회로에서 미세조정 가변저항을 빼서, 가운데 있는 단자는 무시하고 양 끝의 단자 간에 걸리는 전체 저항을 옴 단위로 측정하도록 한다. 측정하는 동안에 손가락으로 탐침이나 단자를 건드리는 일이 없도록 주의해야 한다.

필자가 5K 미세조정 가변저항을 측정기로

측정했을 때는 5,220 옴의 저항값을 가지고 있었다. 여러분도 이와 비슷한 값에서 약간 높거나 약간 낮은 값을 가질 것이라 생각한다. 여러분이 그 값을 정확히 알기만 한다면 어떤 값이든 크게 문제가 되지 않는다. 이 저항값은 이제 RT(Resistance of Trimmer: 미세조정 가변저항의 저항)라 부르자.

4단계

R2를 구하기 위해서는 RR(100K 저항을 실제로 측정한 값)에 미세조정 가변저항의 가운데 단자와 오른쪽 단자 간의 저항 값을 더해야 한다. 이 저항은 앞의 실험에서 계속 조정했으므로 변했을 것이다. 하지만 초기에는 1.5K (1,500 옴)을 사용했으므로 이 값부터 시작하자.

$$R2 = RR + 1500$$

5단계

미세조정 가변저항의 왼쪽 부분 저항을 확인하려면 RT에서 오른쪽 부분의 저항을 빼면 된다. 앞 부분에서 확인했던 것처럼 오른쪽 부분의 저항은 1500이므로 다음이 성립한다.

$$R1 = RL + RT - 1500$$

6단계

이제 전압 분배기의 가운데 걸리는 전압을 구하는 공식에 이 값들을 적용할 때가 되었다.

$$V_M = V_{CC} \star (R2 / (R1 + R2))$$

V_M이 OP 앰프의 논인버팅 입력이 되는 전압 분배기 "B"에 대해 식을 적용했기 때문에 각 변수는 앞의 경우와는 다른 의미를 가진다. V_{CC}는 앞의 1단계에서 측정했던 전원 전압이란 점을 기억하자. 4단계에서는 R2, 5단계에서는 R1을 계산했었다. 따라서 이 값들을 식에 적용시키면 된다. 여러분이 사용한 100K 저항이나 5K 미세조정 가변저항의 정확한 값은 측정한 여러분만 알고 있기 때문에 이 부분은 여러분이 직접 해야만 한다.

7단계

미세조정 가변저항의 값을 1.5K로 했을 때의 논인버팅 입력 전압이 V_M이다. 그렇지만 성급하게 짐작하지는 말자. OP 앰프는 이 전압을 증폭시키는 것이 아니라 참조 전압과의 전압 차이를 증폭시키는 것이다. 전압 분배기 'A'의 중간 지점의 전압인 참조 전압은 어떻게 될까? 이 부분은 정확히 전원 전압의 절반이 된다. 따라서 OP 앰프 입력 사이의 차이(여기서는 V_I라 표시)는 아래 식을 통해서 얻을 수 있다.

$$V_I = (V_{CC} / 2) - V_M$$

간단하게 V_{CC}를 2로 나누고 V_M을 빼면, 두 입력 간의 차이가 되는 것이다. 이 부분을 정확히는 전압 차등(voltage differential)[2]이라 부르고 이

2 (옮긴이) 전압 차동, 전압 차분 등의 용어로도 불린다.

값은 음수가 될 것이기 때문에 음수 기호를 가지고 있어야 한다는 점을 기억해야 한다. 이 값을 표의 첫 번째 줄 3번째 열에 적는다. 필자가 작성한 표에서는 -47.3mV를 적었는데, 여러분의 측정값은 어떤가?

모든 계산 과정이 상당히 지루해 보이지만 사실 딱 한 번만 더 하면 된다. 첫 번째 과정에서 정확히 250옴씩 일정하게 증가시키면서 측정했으므로 당연히 입력 전압도 일정하게 증가할 것이기 때문이다. 즉 입력 전압도 정확한 비율로 증가할 것이다. 따라서 가장 낮은 입력 전압과 가장 높은 입력 전압을 계산하면 그 이후에는 직선을 그려서 그 중간 값을 채울 수 있다.

따라서, 4단계로 돌아가서 다음 식을 이용해서 R2 값을 다시 계산하면 아래와 같다.

R2 = RR + 3750

5단계 R1의 값은 다음 식으로 다시 계산한다.

R1 = RL + RT - 3750

이제 6단계에서 R1과 R2 값을 이용해서 V_M를 구하고 7단계에서 V_I를 구한 다음 그 값을 표의 마지막 줄 3번째 열에 적으면 된다.

세 번째 과정: 그림을 그리자

앞의 실험 2에서 트랜지스터의 베타 값을 그래프로 그려 봤으므로 지금 정도면 그래프를 그리는 연습은 어느 정도 되었을 것이라 생각한다. 인터넷에서 "모눈종이" 혹은 "print graph paper"를 검색하면 모눈종이를 구할 수 있다는 것도 기억할 것이다.

수평 축은 1000 옴 단위로 표시하고 수직 축은 1000 밀리볼트 단위로 표시해서 앞의 그림 11-3 윗부분에 있는 형태의 그래프를 만든다. 그래프를 그릴 때는 표의 2번째 열을 이용한다.

이제 표의 3번째 열의 값을 이용해서 그림 11-3의 아랫부분 형태의 그래프를 만들어 보자.

네 번째 과정: 이득을 구하자

이제 두 그래프 간의 기울기를 서로 비교해야 한다. 물론 그래프가 충분히 직선 형태를 가졌을 때 이 작업의 의미가 있으며 그림 11-3의 출력 그래프는 양 끝에서 곡선 형태가 되었다는 것을 기억할 것이다. 따라서 중간 부분만 사용하도록 한다. 이때 중요한 것은 입력 부분의 저항 역시 같은 범위를 사용해야 한다는 점이다.

그림 11-10은 이 그래프에서 일부분만 취한 것으로 저항값 2.25K에서 3.25K의 범위를 가져간 것이다. 여러분의 경우 출력이 입력과 같은 형태를 유지한다는 전제하에 다른 범위를 선택할 수 있다.

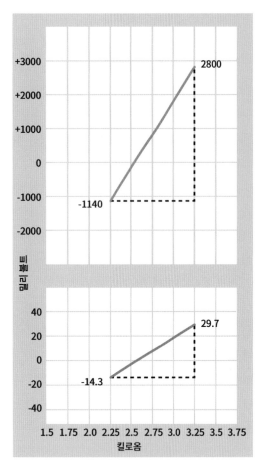

그림 11-10 입력 전압과 출력 전압의 기울기. 자세한 것은 본문을 참조하자.

그래프에 있는 직선의 기울기(여기서는 S라고 적음)는 수직 증분(V)을 수평 증분(H)으로 나눈 것이다.

S=V/H

따라서, 출력 그래프의 기울기(S1)를 입력 그래프의 기울기(S2)로 나눠서 OP 앰프의 이득을 계

산할 수 있다.

두 그래프의 기울기를 계산하고 이 값을 나눠서 답을 찾을 수 있었다. 하지만 두 그래프에서 수평 증분이 같기 때문에 이 부분을 서로 지우면, 다음과 같이 식을 간단하게 만들 수 있다. 식에서 V1은 출력 그래프의 수직 증분이며, V2는 입력 그래프의 수직 증분이다.

Gain=V1/V2

V1과 V2가 같은 단위로 측정된 경우에는 정확히 계산된다. (앞에서 모든 값을 밀리볼트 단위로 적어 두라고 한 것을 기억하는가?)

그림 11-10에서 V1은 -1,140~+2,800 범위를 가지고 있다. 첫 번째 숫자는 "중간 지점의 전압보다 1,140 밀리볼트 낮다"는 의미이고 두 번째 숫자는 "중간 지점 전압보다 2,800 밀리볼트 높다"는 의미다. 따라서 전압의 전체 증분은 2,800 +1,140=3,940mV이다. 마찬가지로 V2는 -14.3 ~+29.7의 범위를 가지고 있으므로 전체 증분은 14.2+29.7=44.0mV가 된다.

이제 드디어 이득을 계산 할 수 있게 되었다.

Gain=3940/44

결과는 89.6 정도가 된다. 측정값이 소수점을 사용할 정도로 정확하지는 않았기 때문에 반올림하면 대충 90 정도가 된다. 여러분의 계산 결과는 어떤가? 값이 맞다고 생각하는가?

값이 맞을까?

연속해서 계산을 하고 난 다음에는 항상 계산 중간에 실수가 있었는지 궁금할 수 있다. 가지고 있어야 하는 이득의 값을 이미 알고 있으므로 계산의 결과와 비교해 볼 수 있다. 그림 11-4에서처럼 F가 네거티브 피드백 저항의 값이며 G가 접지 저항 값인 경우 이득은 다음 식을 통해 얻을 수 있다.

$$Gain = 1 + (F/G)$$

'F' 저항은 1M(1,000,000 옴)이고 'G' 저항은 10K(10,000 옴)이기 때문에 이론적인 이득은 101:1이 되어야 한다.

실험에서 상당히 원초적인 방법을 사용했음에도 90:1 정도면 상당히 근접한 값이다.

첫 부분에서 이야기한 신호 발생기나 오실로스코프가 없다는 것이 아쉽지만 이런 장비를 갖추고 있는 실험실에서도 마찬가지로 측정을 해야 하고, 수식을 몇 번씩 계산해야 하며, 정확성을 높이기 위한 주의 사항들을 숙지하고 있어야 한다. 이런 형태의 과정들은 과학이나 공학에 있어서는 피할 수 없는 것이기 때문에 여기서 이런 내용을 포함시켰다.

물론 모든 것들을 끼워 놓고 동작을 살펴보는 것이 더 즐겁다고 생각하는 경우에는 측정하지 않고 그냥 진행해 이 책에 있는 측정 관련 부분은 건너뛰고, 회로를 만드는 즐거움을 느끼고 전원을 인가해도 된다.

문제는 왜 회로가 동작하는지 알 수는 없다는 점이다. 또한 성능을 측정할 수 없거나 직접 회로를 설계할 수도 없게 된다. 만일 전자회로, 특히 아날로그 신호와 증폭에 대해서 좀 더 제대로 다루고 싶다면 몇 가지 기본적인 계산이나 측정 등은 반드시 알고 있어야 한다.

차이를 나누기

이번 실험의 어떤 부분에서 정확도가 떨어져서 101:1이 아닌 90:1의 이득이 나온 것인지 궁금할 수 있다. 여기서는 'A' 전압 분배기가 가장 의심된다. 'G' 저항은 'A' 전압 분배기의 중간 지점에서의 전압을 받아들이는데, 이때 전압 분배기의 저항 값을 약간 증가시킬 수 있으므로 정확하게 공급 전압의 중간 전압을 가지지 않게 될 수도 있다. 확실하지는 않지만 측정 과정에서도 값이 약간 변했을 수도 있다.

정확성을 높이는 가장 확실한 방법은 전원을 분리시키는 것이다. 게다가 다양한 OP 앰프 회로도를 살펴보면 다수의 회로도는 전원을 분리한 것을 가정하고 만들어진 것을 확인할 수 있다.

예를 들어, 그림 11-4의 브레드보드에 적합한 배치를 사용한 회로는 그림 11-11처럼 조금 더 일반적인 형태로 다시 그려볼 수 있다. 'B' 전압 분배기는 논인버팅 입력에 가변적인 전압을 공급하기 위해서 여전히 필요하지만, 'A' 전압 분배기는 사라졌으며, 이 위치(그림의 가운데 아래쪽)에 접지 표시를 볼 수 있다. 이 기호는 이 부분의 회로를 참조 전압을 만들기 위해서 분리된

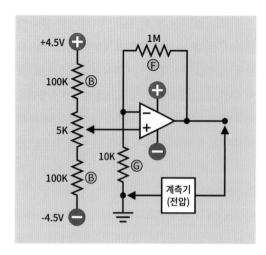

그림 11-11 앞의 회로는 브레드보드에 적합하게 배치되어 있었으며, 전원으로 9V 전지만 사용한다고 가정했었다. 여기서는 별도의 분리된 전원을 사용할 수 있다고 가정해서 이 회로를 좀 더 일반적인 형태로 다시 그렸다. 접지 기호는 전위가 0V임을 나타낸다.

전원의 중립 접지(neutral ground) 부분과 연결하라는 의미다.

많은 회로들은 보통 하나의 전원(분리된 전원이 아니라)을 가지고 있으며 이 경우에는 접지 기호 역시 음극 접지(negative ground)를 나타낸다. 일반적으로 접지 기호는 항상 0V를 나타낸다는 것이 규칙이다.

이제 OP 앰프의 이론 부분으로 들어가려 한다. 이 책은 기본적으로 실습을 위한 책이기 때문에 실제로는 겉핥기식으로 대략적인 것만 다룰 것이다. 예를 들어, 1+(F/G)라는 수식으로 이득을 얻을 수 있는지 증명을 하지는 않을 것이다. (이 부분은 전자회로 책의 OP 앰프 부분에서 찾을 수 있다.) 만일 지금까지 차근차근 각 단계를 따라왔다면 OP 앰프가 어떻게 동작하는 실제로 봤다는 큰 이점을 얻게 되었으므로 이 부분을 통해서 다른 책의 설명을 좀 더 쉽게 이해할 수 있게 되길 바란다.

기초

이제부터 대부분의 책에서 맨 처음에 보여주는 것을 해보려 한다. 바로 가장 일반적이고 간단하며 기본적인 2가지 OP 앰프 회로이다. 앞에서 이 부분을 다루지 않은 것은, 이 책의 접근 방식 자체가 뭔가 실험을 먼저 해보는 것부터 시작하기 때문이다. 기본적인 OP 앰프 회로는 OP 앰프로 어떤 동작을 수행하도록 할 때 반드시 추가되어야 하는 다른 부품들에 대해서 알기 전까지는 거의 사용되지 않는다.

두 가지 기본적인 회로는 그림 11-12와 그림 11-13에 있다. 그림 11-12에서 신호는 논인버팅 입력 쪽으로 바로 들어간다. 이런 구성은 지금까지 써 왔던 구성이다. F라 부른 피드백 저항은 R2로 표기되어 있다. 앞에서는 R1과 R2라는 이름이 이 책에서 다른 용도로 이미 사용되었으므로 혼란을 피하기 위해서 F라는 이름을 썼었다. 하지만 지금부터는 이 저항들이 각각 그라운드 저항과 피드백 저항을 의미한다는 것을 알아야 한다.

OP 앰프의 이득은 이제 다음과 같다.

Gain=1+(R2/R1)

이 식은 앞에서의 Gain=1+(F/G) 수식과 같다

그림 11-13에서는 앞에서 이야기하지 않은 다

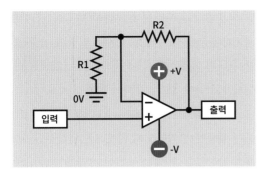

그림 11-12 입력 신호가 논인버팅 입력으로 가해지는 가장 간단한 형태의 OP 앰프 회로.

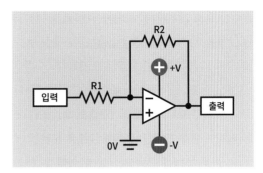

그림 11-13 입력 신호가 인버팅 입력으로 가해지는 가장 간단한 형태의 OP 앰프 회로.

른 구성을 볼 수 있다. 신호는 저항 R1을 통해서 전달되며, 피드백 저항 R2을 통과한 피드백과 더해져서 인버팅 입력으로 들어간다. 논인버팅 입력으로는 참조 전압의 접지가 연결되어 있다. 앞에서와 같이 R2가 R1보다 큰 경우에는 네거티브 피드백이 줄어들어서 좀 더 높은 증폭을 얻을 수 있지만 신호가 인버팅 입력으로 들어갔으므로 출력은 말 그대로 거꾸로 나온다. 높은 전압이 인버팅 입력에 가해지면 낮은 출력이 전압이 만들어지고 그 반대의 경우도 있기 때문에 결과적으로 앞에서 이야기했던 이득에 관한 식에 음수 기호를 붙여야 한다.

Gain = -(R2 / R1)

두 회로 모두에서 R2가 없는 경우에는 네거티브 피드백 저항이 무한대가 되면서 이득 역시 무한대가 된다. 이 경우가 OP 앰프의 첫 실험에서 보았던 형태가 된다. 네거티브 피드백이 없는 경우에는 OP 앰프가 아주 작은 입력의 변화에 대해

서도 너무 민감하게 반응하게 되는 것이다.

분리하지 않는 경우의 기초 사항

기본적인 회로에서는 전원이 분리되었다고 가정했었다. 일부 책에서는 9V 전지 두 개를 이용해서 이런 형태를 만들 수 있다고 제시하고 있다. 그림 11-14는 이런 개념을 보여주고 있다. 전지의 양극 단자를 다른 전지의 음극 단자에 연결하고 그 지점을 이론적인 접지로 설정하는 것이다. 각 전지의 남는 단자는 각각 +9V와 -9V 전원이 된다.

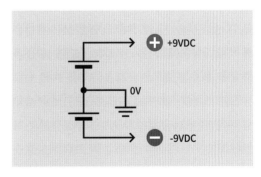

그림 11-14 두 개의 9V 전지를 이용해서 분리된 전원을 만드는 방법. 이 구성의 몇 가지 단점에 대해서는 본문에서 다룬다.

음... 간단해 보이는데 왜 앞에서 이렇게 구성하지 않았을까? 몇 가지 이유가 있다.

1. 전압 분배기를 이용해서 중간의 전압을 만들어 내는 것이 배울만한 개념이었다고 생각한다.

2. 필자의 생각으로는 AC 어댑터를 사용하는 것을 좀 더 선호할 것이라 생각했으며 두 개의 AC 어댑터를 사용하라고 요구하는 것은 그다지 합리적이라 생각하지 않았다.

3. 전지의 전압 역시 완전히 일치하지 않으며 0V 중간 전압 역시 정확한 0V가 되지는 않는다.

4. 0V 참조 전압을 만드는 것은 브레드보드에 별도의 전원 부분을 사용해야 하기 때문에 브레드보드 형태의 회로도를 나타낼 때 약간 혼동을 줄 수 있다.

5. 두 개의 전지를 이용해서 더 좋은 성능을 얻게 될 것이라 생각되지 않는다. 전지는 전류의 사용량과 시간에 따라 전압이 변하는 문제가 있기 때문이다.

어떤 경우라도 전원을 분리하면 'A' 전압 분배기와 'B' 전압 분배기를 위해서 정확한 값을 가지는 한 쌍의 저항을 골라내는 귀찮은 작업을 하지 않아도 된다.

그림 11-15는 그림 11-12의 회로가 실제 사용되는 예로, 전원을 나누지 않고 음향 신호에 적합한 부품들을 사용한 것이다. 두 68K 저항으로 전압 분배기의 형태를 꾸며서 참조 전압을 공급했지만, 이 부분에서만 전압 분배기를 사용했으며 저항을 정확히 맞추지도 않았다. 1μF짜리 입

력 커플링 커패시터를 이용해서 회로의 입력에서 DC 성분을 제거했기 때문에, 입력의 기준 전압이 어떤 값이어도 별 문제가 되지 않는다. 비슷하게 출력단에도 10μF짜리 커플링 커패시터를 이용해서 출력에서 발생하는 DC 성분이 그 뒤에 붙는 부품들에 전달되지 않도록 만들어준다. 한 가지 남아 있는 문제는 분리된 전원의 중립 접지를 10K 접지 저항으로 연결하는 부분이지만 여기도 10μF 커패시터를 이용해서 실제의 중립 접지가 필요하지 않도록 분리시켜줄 수 있다.

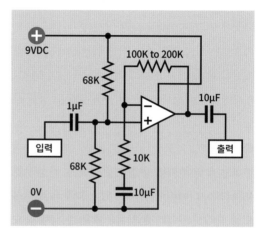

그림 11-15 음향 신호를 증폭하기 위한 OP 앰프 구성으로 하나의 전원을 가지며 신호는 논인버팅 입력과 연결되어 있다.

100K에서 220K 정보 범위의 피드백 저항을 10K 접지 저항과 같이 사용해서 11:1에서 23:1 범위의 이득을 얻을 수 있다. 낮은 증폭 값은 누군가 마이크 가까이에서 이야기할 때 적합하며, 높은 값은 방에서 들리는 배경 잡음을 확인하는 데 적합하다.

그림 11-16은 비슷하게 절충한 회로로, 이번에는 인버팅 입력으로 들어가는 입력을 증폭하

며 역시 한 개의 전원을 사용한다. 이론적인 회로였던 그림 11-13과 이 회로를 비교해 보자.

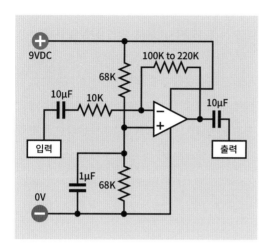

그림 11-16 음향 신호를 증폭하기 위해서 구성된 OP 앰프 회로로, 한 개의 전원을 사용하고 신호는 인버팅 입력 부분과 연결되어 있다.

OP 앰프에 대한 몇 가지 사실

이제 정리할 때가 되었다. 언제든 이 부분을 통해서 기억을 되살릴 수 있도록 몇 가지 흥미로운 개념들을 정리하자.

- OP 앰프는 비교기와 비슷하다. 둘 다 같은 회로도 기호를 사용하며 한 쌍의 입력을 받으며, 출력을 만들기 위해서 두 입력을 비교한다.
- 입력 중 하나는 논인버팅 입력이며, 다른 하나는 인버팅 입력이다.
- OP 앰프와 비교기 모두 입력을 바꾸기 위해서 피드백을 사용한다. 하지만, 비교기의 출력에서 발생하는 전압의 흔들림을 없애기 위해서 포지티브 피드백을 사용하는 반면, OP 앰프는 출력이 입력의 형태를 정확히 따르게

하기 위해서 네거티브 피드백을 사용한다.

- 네거티브 피드백은 항상 인버팅 입력과 연결된다.
- 포지티브 피드백은 비교기의 입력에서 발생하는 작은 변화를 무시할 수 있도록 만든다.
- OP 앰프의 가장 중요한 응용 분야는 음향 신호 같은 교류 신호를 증폭하는 것이다. 비교기는 대부분 DC 입력과 같이 사용한다.
- OP 앰프를 위한 입력 신호는 논인버팅 입력과 연결할 수도 있고 인버팅 입력에 연결할 수도 있다. 두 경우 모두 OP 앰프는 전압의 차이를 증폭시키지만 만일 인버팅 입력과 연결하는 경우 출력은 거꾸로 나오게 된다. (인버팅 입력이란 이름이 괜히 붙었겠는가?)
- 신호와 연결하지 않은 입력의 전압은 다양한 방식을 통해 제어해서 참조 전압을 공급할 수 있다.
- 비교기의 출력에는 보통 풀업 저항을 붙여서 디지털 칩과 연결할 수 있도록 만드는 반면, OP 앰프의 출력은 작은 변화가 아주 많이 존재하는 아날로그 신호이므로 디지털 입력으로는 적합하지 않다.
- 비교기에서 출력을 만들기 위해서는 보통 풀업 저항이 필요하지만 OP 앰프는 보통 자체적으로 출력을 만들어낸다.

이제 대충 OP 앰프의 이론을 모두 다뤘으니 실습을 할 시간이다. 동작하는 음향용 증폭기를 만들어 보자.

실험 12

증폭기의 사용 **12**

실험 10에서 봤던 것처럼 LM741은 2N2222 트랜지스터를 통과시켜도 스피커를 구동시키기에 적합하지 않다. 실제로 LM741은 작은 전치 증폭기(Preamplifier)로 사용하기 위해 만든 것이므로 아주 작은 입력 신호의 전압을 증가시키기에는 적당하지만 많은 전력을 공급할 수는 없다. 전치 증폭기는 보통 프리앰프(preamp)라고도 부른다.

모든 기능을 갖춘 프리앰프는 가전 부분에서 마이크, 녹음기, 턴테이블 등의 장치에서 나오는 출력을 증폭시키기 위해서 별도의 제품으로 구성되어 있는 경우도 있다. 이 장치에는 음량, 저음부, 고음부를 조정할 수 있도록 되어 있으며 신호를 스피커를 구동시키는 파워 앰프(power amp)로 전달하는 역할을 한다. 요즘에는 보통 프리앰프와 파워앰프가 스테레오 리시버(stereo receiver)나 홈 엔터테인먼트 시스템 같은 곳에 모두 모여 있는 경우가 대부분이다. 하지만 이 실험에서는 LM741가 프리앰프에 해당하기 때문에 파워 앰프가 따로 필요하다.

또 다른 작은 칩인 LM386이 있다. 이 칩은 OP 앰프처럼 두 개의 입력을 받는 형태를 가지고 있지만, 300mW 정도 출력을 가진 작은 스피커를 구동시킬 수 있도록 만들어졌다. 대다수의 음향 시스템에서 채용하는 와트 단위의 출력과 비교하면 매우 보잘것없어 보이지만, 사실 300mW는 대부분의 용도에 충분한 출력이다.

386 칩

그림 12-1은 LM386의 핀 출력을 보여준다. LM741과 상당히 비슷하지만 완전히 같지는 않기 때문에 전원 및 출력을 연결할 때 주의해야 한다.

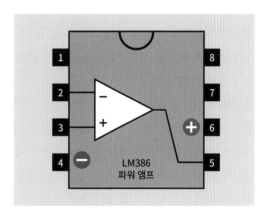

그림 12-1 LM386 증폭기 칩 내부의 동작. 1번 핀과 8번 핀은 칩이 기본적으로 가진 20:1의 이득을 외부에 커패시터를 붙여서 200:1까지 증가시키기 위해서 할당되어 있다.

1, 7, 8번 핀에는 아무것도 연결되어 있지 않다. 만일 증폭기의 이득을 20:1(기본적인 이득)에서 200:1까지 증가시키려고 할 때 이 핀들에 외부 부품을 같이 붙이기 위해 사용할 수 있다. 이 득을 높이는 경우 좀 더 많은 왜곡이 발생하지만 만일 한번 시도하고 싶다면 1번과 8번 핀 사이에 10μF 커패시터를 붙이고, 7번 핀과 접지 사이에 0.1μF 커패시터를 붙이면 된다. 이런 형태로 만들면 LM386의 출력이 흔들리거나 잡음이 발생하는 경향을 줄이는 데 도움이 된다. 만일 200:1의 증폭 비율이 너무 높다면 1번과 8번 핀 사이에 있는 10μF 커패시터와 1K 혹은 그 이상의 저항을 직렬로 연결하면 된다.

증폭 회로

이제 그림 12-2의 회로도를 보면 여러 면에서 친숙하게 보일 것이다. 간단한 마이크 부분은 이전에 봤던 부분이다. 이 부분의 출력을 이용해서 전압 분배기로 동작하는 두 68K 저항으로 만든 중간 전압을 바꾼다. 전압의 변화는 LM741의 논인버팅 입력에 연결되어 반영된다.

LM741의 6번 핀에서 나오는 피드백은 100K 피드백 저항을 통해서 칩을 둘러 돌아서 인버팅 입력으로 들어가고, 10K "접지" 저항에 의해서 변화된다. 이 저항과 음극 접지 사이에 있는 10μF 커패시터는 전원의 전압과 관계없이 LM741의 인버팅 입력을 받을 수 있도록 만들어 주기 때문에 이 입력을 위한 전압 분배기가 필요하지 않다. (만일 이 부분을 더 정확하게 이해하고 싶은 경우에는 실험 11에 있는 기술적인 배경 지식 부

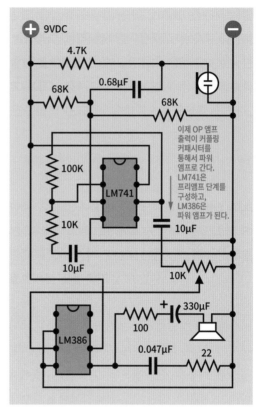

그림 12-2 마이크와 스피커를 갖춘 완전한 음향 앰프. LM741은 프리앰프 단계를, LM386 부분은 파워앰프 부분을 구성한다.

분을 다시 한 번 읽으면 된다.)

LM741의 출력은 10μF 커플링 커패시터를 통해서 LM386의 음량을 조절하는 10K 미세조정 가변저항에 연결된다. 가변저항의 조정기는 LM386의 논인버팅 입력인 3번 핀과 연결된다. 인버팅 입력인 2번 핀은 음극 접지와 연결된다. LM386은 LM741과 마찬가지로 두 입력 사이의 변화를 증폭시키며, 그 출력은 작은 스피커를 구동시킬 수 있을 정도로 강력하다. 실제로 스피커를 구동시킬 때는 330μF 커패시터와 100Ω 저항이 직렬로 연결된다는 점도 기억해야 한다.

그림 12-3 LM386 증폭기를 사용하는 간단한 회로를 브레드보드에 구현한 것. 그림 아래쪽에 있는 노란색 전선은 보이지 않지만 스피커와 연결된 것이다. 이 회로는 9V 전지를 이용하므로 제한된 시간 동안 동작한다.

이 회로는 이득과 왜곡 간의 상관관계를 실험해 볼 수 있다. 만일 100Ω 저항의 저항값을 낮추면 소리는 좀 더 크게 들리지만 잡음은 좀 더 늘어난다. 이 저항의 값을 계속 조정하거나 다른 스피커나 미세조정 가변저항을 이용해서 이득을 조정해 볼 수도 있다.

그림 12-3은 그림 12-2를 브레드보드에 구현한 것이다.

증폭기 문제 해결

여기서는 증폭기를 사용할 수 있는 몇 가지 문제를 해결하는 방법을 살펴보자.

잡음

만일 켰을 때 "삐익~"하는 소리나 "웅~"하는 소리 또는 반복해서 들리는 잡음이 있다면 다양한 원인을 고려해 볼 수 있다.

- 배선이 좋지 않은 경우. 만일 연결용 전선의 끝부분을 끼워 둔 경우 접점에서 전기적인 잡음이 발생하지 않을 정도로 단단하게 끼워져 있어야 한다.

  이 회로에서 사용되는 연결용 전선들은 브레드보드에 거의 붙을 정도로 딱 맞는 크기로 잘라서 연결해야 한다. 부품들은 최대한 가깝게 붙어 있어야 한다.

- 음향이 울리는 경우. 최대한 스피커를 마이크에서 멀리 위치하도록 이동시킨다.

- 앞에서 이야기한 것처럼 LM386의 1, 7, 8번 핀에 몇 가지 부품을 더 붙인다. LM386의 접지 핀인 7번핀을 0.1μF 커패시터로 통과시키고, 1번 핀과 8번 핀 사이에 커패시터와 저항을 직렬로 연결하면 잡음을 줄일 수 있다.

- 0.047μF 커패시터를 0.1μF짜리로 바꾼다.

- 만일 전지가 아닌 전원 공급기를 사용한다면, 스피커에 약간의 "웅~"하는 잡음이 들릴 수 있다. 회로 기판의 전원 양극 부분과 음극 부분 사이에 찾을 수 있는 가장 높은 값의 커패시터를 추가한다. 필자의 경우도 상당히 좋은 전원 공급기를 사용하고 있지만 4,700μF 커패시터 한 개를 추가하면 배경으로 깔리는 "웅~"하는 잡음이 줄어든다.

왜곡

기본적으로 회로가 작기 때문에 왜곡은 피할 수 없다. 다음과 같이 시도해 볼 수는 있다.

- 일렉트릿 마이크와 직렬로 붙어 있는 3.3K 저항을 4.7K짜리로 바꾼다.
- 10K 미세조정 가변저항의 조정기와 LM386의 입력인 3번핀 사이에 10K 저항을 직렬로 붙인다.

음량 부족

작은 회로라서 음량을 많이 얻을 수는 없지만 몇 가지 노력은 해볼 수 있다.

- 현재는 LM741에 저항 몇 개를 조합해서 프리앰프 단계에서 $1 + (100/10) = 11 : 1$의 이득을 얻고 있다. 100K 저항을 150K 저항으로 바꾸면 이득을 $16 : 1$로 바꿀 수 있다. 10K 접지 저항의 값을 줄이는 방법도 사용할 수 있다.
- 스피커를 작은 상자나 통에 끼워서 인식되는 음량을 증가시킬 수 있다. 6인치 길이의 2인치 직경을 가진 PVC 수도관 파이프에 2인치짜리 스피커를 끼울 수 있다.
- 필자의 경우는 LM386 출력과 접지 전선을 컴퓨터 스피커 시스템(내부에 작은 증폭기를 내장하고 있는)의 입력과 연결해서 좀 더 좋은 음량을 얻을 수 있다. 이 작업의 위험성은 여러분의 몫이다. 330μF 커패시터를 이용해서 스피커 시스템을 보호할 수 있지만 배선을 잘못하는 경우 결과를 예측하기는 어렵다.

음향을 다루는 일련의 프로젝트에서 가장 좋은 것은 음향을 이용해서 어떤 것의 전원을 켜거나 끄는 개념을 이용하는 장치이다. 이 부분에 대해서는 이미 실험 10에서 한번 봤지만, 지금은 좀 더 나가도록 하자. 이 프로젝트는 아날로그 집적 회로의 개척자들 중 한 명의 이야기에서 영감을 받아서 만든 것이다.

배경지식: 와이들러 이야기

전설적인 엔지니어 밥 와이들러(Bob Widlar)는 1960년대의 1차 반도체 호황기 동안에 초기 OP 앰프 개발에 많은 작업을 했다. 그는 페어차일드(Fairchild)나 내셔널 세미컨덕터(National Semiconductor) 같은 초기 실리콘밸리의 창업사들에게 있어서 매우 중요한 인물이며, 혁신적인 설계뿐만 아니라 좋지 않은 행동으로도 기억되고 있다. 그는 오랫동안 술을 좋아했으며 동료들에 의하면, 편집증에 고독을 즐기며 이야기가 통하지 않는(물론 아주 훌륭한 엔지니어였기 때문에, 어떻게든 그와 일을 하려고 했지만) 사람이었다. 지금까지도 실리콘밸리에서는 불안정하고 거슬리는 성격이 크게 문제되지 않으며, 특히 전자 부분은 여전히 괴짜들이 많은 분야이기 때문에 인재 채용 과정에서 많은 영향을 주지 않는다.

와이들러는 결함이나, 제대로 동작하지 않는 부분에 대해서 절대 허용하지 않는 성향이 아주 심했으므로, 이런 시제품은 해머로 산산조각 내버리는 습관을 가지고 있었다. 이런 행동은 시제품을 "widlarizing"시켰다고 말하게 되었다. 그는 잡음을 끔찍하게 싫어해서 만일 사무실로 찾아온 방문객이 언성을 높여 소리치는 경우에 귀청이 찢어질 정도의 소리가 나는 장치를 설치해 두었다. 회사내에서 페어차일드의 엔지니어들은 이 장치를 '괴롭히는 장치'라는 의미의 "Hassler"라 불렀다.

여기서는 "소음 항의 장치"라는 말로 부를 것이고 이걸 어떻게 만들 것인지 알아볼 것이다. 와이들러가 OP 앰프로 명성을 얻었으므로 OP 앰프 주변에 이 프로젝트를 구성하는 것이 적합할 것 같다.

단계별로 진행하기

여러분이 직접 회로를 설계할 때 따라야 할 과정에 필요한 개념을 좀 더 명확히 알려주기 위해서 이 회로를 설계하고 만드는 과정을 단계적으로 밟아 나갈 것이다.

회로 설계라는 것을 생각하면 약간 위축될 수도 있다. "어디서부터 시작해야 하지?" 같은 생각 때문이다. 하지만, 회로를 여러 부분으로 나눈 후, 각 부분이 서로 신뢰성 있게 통신하게 만들 수 있고, 한 번에 하나씩 점검해 나갈 수 있는 경우에는 일련의 설계 과정이 그다지 어렵지 않다.

물론 처음 시제품을 설계할 때 항상 성공할 수 있지는 않다. 그러나 시제품을 만들면서 이미 예상했던 부분일 것이다.

첫 단계는 회로에서 어떤 일을 할 것인지, 이런 동작을 구현하려면 어떤 부분들이 필요할지 나열해 보는 것이다. 소음 항의 회로에서 다음 부분들이 필요할 것이다.

1. 잡음을 감지해서 전기 신호로 바꿀 수 있는 장치. 일렉트릿 마이크면 될 것이다.
2. 신호를 증폭시킬 프리앰프. LM741 OP 앰프다.
3. 전류 증폭기. 앞에서 사용했던 2N2222 트랜지스터를 다시 사용할 수 있다.
4. 전압 혹은 전류가 조정 가능한 한계치를 넘은 경우 어떤 일을 시작하도록 만드는 것. 아직은 어떻게 해야 할지 모르겠다.
5. 항의의 뜻을 나타내기 위해서 소음을 만드는 장치. 이 부분을 '항의 출력'이라 부르자. 가청 주파수로 동작하는 비안정 방식의 555 타이머를 이용할 수 있을 것 같다.

감지하기

이 작업에서 가장 중요한 것은 위에 나열한 것 중에 4번째 단계다. 어떻게 하면 될까?

글쎄. 555 타이머가 비안정 방식일 때 어떻게 동작하는지 생각해 보자. 전원을 공급받으면 즉시 동작을 시작하고, 전원이 끊기면 정지한다. 하지만, 리셋 핀도 있기 때문에 이게 전부는 아니다. 리셋 핀으로 양극 입력이 들어와야 타이머가 동작하는 것이다. 즉, 리셋 핀으로 접지 전압이 들어오는 경우에는 타이머가 중단된다.

아마도 리셋 핀을 구동시키기 위해 OP 앰프의 출력을 변환시켜서 사용할 수 있을 것이다. 그럴듯한 이야기처럼 들린다.

- 일렉트릿 마이크로 소음이 입력되지 않는 경우 OP 앰프의 출력은 낮은 수준의 전압을 유지하므로, 타이머의 리셋 핀으로도 낮은 수준의 전압이 들어가면서 타이머에서 '항의 출력'이 만들어지지 않는다.
- 누군가 큰 소리를 내는 것이 일렉트릿 마이크에 인식되면, OP 앰프의 출력이 높은 수준의 전압으로 바뀌고 이에 따라 타이머의 리셋 핀으로 높은 수준 전압이 입력됨으로써, 타이머가 동작하고 '항의 출력'이 생성된다.

한 가지 문제점은 OP 앰프에서 나오는 출력이 교류라는 것이다. 접지에 연결된 커플링 커패시터를 넣어서 실험 10에서 한 것처럼 출력이 접지를 기준으로 변하게 하는 건 어떨까? 이 경우 신호가 흔들리는 것은 평활 커패시터(smoothing capacitor)를 추가해서 적어도 얼마 정도는 제거할 수 있다.

『짜릿짜릿 전자회로 DIY』를 읽었다면 평활 커패시터가 일반적으로 신호 부분과 접지 사이에 위치해서, 출력이 심하게 변하는 것을 부드럽게 만들어 준다는 사실을 알 것이다. 결과적으로 출력은 타이머의 리셋 핀을 동작시키기에 충분히 깨끗한 형태의 신호가 될 수 있다.

이제 555 타이머의 데이터시트를 확인할 시간이 되었다. 여기를 확인해 보면 리셋 핀의 전위가 1VDC보다 낮은 경우 타이머의 동작이 중단되며, 그렇지 않은 경우에는 타이머가 동작한다고 적혀있다. 따라서, 누군가 소리를 질렀을 때 OP 앰프의 출력을 1VDC보다 높게 만들고 소리지르고 있는 사람이 없다면 1VDC보다 낮게 만들면 타이머가 적절하게 반응할 것이다.

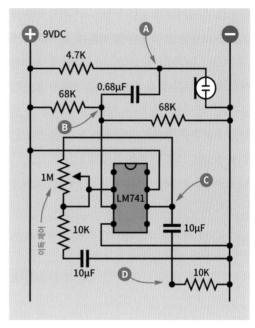

그림 13-1 소음에 대응해서 소음을 생성시키는 회로를 만드는 첫 단계.

실제로 동작할 것인가?

이 시점에서 각 부품의 상호작용을 확인하기 위해서 SPICE[1]같은 소프트웨어로 시뮬레이션해 볼 수 있다. 하지만 분석하기 귀찮은 아날로그 신호를 다루는 것이므로, 실제로 부품들을 모두 끼워서 원하는 대로 동작하는지 확인해 볼 것이다.

'소음 항의 장치' 회로의 첫 부분이 그림 13-1에 있다. 이 부분은 실험 12번의 그림 12-2의 윗부분에 있던 회로와 상당히 비슷하다. 가장 큰 차이점은 피드백 저항을 1M 가변저항으로 바꿔서 민감도를 조정할 수 있도록 만든 것이다. 출력의 커플링 커패시터의 출력과 접지 사이에 10K 저항을 추가해서 커패시터를 바이어스

(bias)시킨다.

다음 단계는 회로에서 실제로 어떤 일이 벌어지는지 확인하는 것이다. 여기서도 오실로스코프가 있다면 아주 좋겠지만 대부분 가지고 있지 않기 때문에 사용하지 않을 것이다. 회로를 모두 구성하고 네거티브 피드백을 최소시킬 수 있도록 OP 앰프의 출력과 인버팅 입력 사이에 있는 1M 가변저항을 가장 큰 저항을 가지도록 설정해서 이득을 최대로 만들자.

이제 "아~"하는 소리나 "삑~" 소리를 내고, 검정색 탐침은 접지 부분에 두고 회로도에서 화살표로 표시된 A, B, C, D 지점에 측정기의 빨간색 탐침을 가져간다. 그림 13-2에 있는 전압을 얻을

1 (옮긴이) 전자회로 시뮬레이션 프로그램(Simulation Program with Integrated Circuit Emphasis)으로 회로 분석에 사용된다.

수 있을 것이다. (그림 13-1에는 E 지점이 있지도 않은데, 표에서는 E 지점의 전압이 표시된 것에 대해 궁금할 것이다. E 지점은 나중에 회로를 아래쪽으로 확장시켰을 때 볼 수 있을 것이다.)

회로에서의 위치	입력에 소음이 없을 때		입력에 소음이 들어오는 경우	
	AC	DC	AC	DC
A	0mV	7.5V	30mV	7.5V
B	0mV	4.5V	30mV	4.5V
C	0V	4.5V	2V	4.5V
D	0V	0V	2.5V	0V
E	0V	0V	0V	3.0V

그림 13-2 회로의 여러 지점에서 전압을 읽은 것으로, 얼마나 작은 교류 신호가 증폭되고 사용할 수 있는 DC 출력으로 변환되고 있는지 보여준다.

여러분의 회로에서 읽은 값이 책의 것과 정확하게 일치하지 않는다면 아래 몇 가지 이유 때문일 것이다. 필자가 한 것처럼 "아~"하는 소리를 크게 내지 않았을 수도 혹은 더 크게 냈을 수도 있다. 여러분의 마이크가 필자의 것보다 더 혹은 덜 민감할 수도 있고 여러분이 가진 계측기가 안정화에 좀 더 오랜 시간이 걸릴 수도 있으며, 교류를 측정하는 것이 약간 다를 수도 있다. 어떤 이유에서든 작은 차이는 크게 문제가 되지 않는다.

기본적으로 여러분이 크게 이야기를 했을 때 마이크는 A 지점에서 대략 30mVAC 정도의 전압을 만든다. 이 값은 교류 값이므로 커패시터의 반대편인 B 지점에서도 거의 같은 값이 전달된다. 하지만, 직류 전압은 전압 분배기 저항에 의해서 4.5V로 초기화된다. 좀 더 아래로 내려가서 LM741에서 나오는 출력 C 부분에서는 입력이 증폭되었기 때문에 마이크에서 소리를 감지

했을 때 대략 2.5V 정도의 교류 전압이 발생하게 된다. C 지점에서도 여전히 4.5V 정도의 직류 성분이 존재하지만, 출력의 커플링 커패시터에서 직류 성분을 차단하기 때문에 소리를 질렀을 때 D 지점에서는 0~2.5V까지 변하는 교류 전압만 측정된다. 지금까지는 괜찮다. 0VAC에서 2.5VAC로 왔다 갔다 하는 것은 상당히 잘 동작하고 있는 것처럼 보인다.

이제 그림 13-3에 있는 것처럼 회로를 좀 더 꾸며보자. 전력을 좀 더 공급하기 위해서 트랜지스터 하나를 추가했고, 100μF짜리 평활 커패시터를 추가했다. 왜 100μF일까? 경험적으로 가청 주파수 대역에서는 이 정도 값을 추천할 수 있

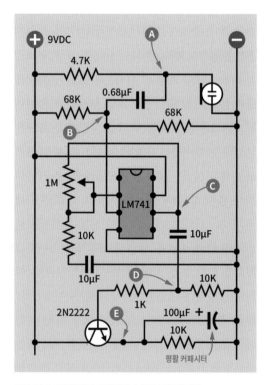

그림 13-3 소음 항의 장치를 만들기 위한 두 번째 단계.

다. 하지만 필요하다면 이 부분도 확인해 보고 바꿔보도록 하겠다.

그림 13-3의 회로에서 트랜지스터가 켜지면, 매우 작은 저항을 거쳐 E 지점으로 전류가 흐른다. 하지만 트랜지스터가 전류를 통과시키지 않을 때는 10K 저항보다 훨씬 높은 유효 저항을 가지기 때문에 E 지점의 전압이 낮아진다.

이런 구성에서는 이미터의 전압이 베이스의 전압(물론 트랜지스터에서 약간 줄어드는 것이 있겠지만)을 따라가기 때문에 이미터 폴로어(emitter follower) 형태라고 한다. 이 경우에도 트랜지스터는 전류를 증폭시킨다.

만일 트랜지스터와 10K 저항의 위치를 바꾸면 그 효과는 반대가 된다. 이 모양을 그림 13-4에 표시했는데 트랜지스터가 그 구성에 따라 전압을 전달하거나 반대로 반전시키는 것을 보여준다.

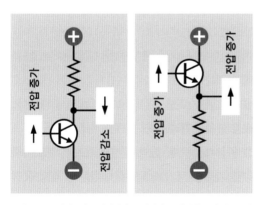

그림 13-4 트랜지스터의 이미터 혹은 컬렉터 쪽에 저항을 같이 구성하는지에 따라서 베이스의 전류가 낮은 수준에서 높은 수준으로 변화할 때 출력 전압이 높아지게도, 낮아지게도 만들 수 있다.

이 기법은 상당히 많은 응용 분야를 가지고 있으므로 주제에서 벗어나더라도 잠시 살펴보도록 하자.

배경: 전압 변환

직접 보고 싶은 경우에는 트랜지스터 1개와 저항 2개만 이용해서 간단하게 시도해 볼 수 있다.

그림 13-5에서 2N222 트랜지스터의 컬렉터 부분에서 실제 측정기에서 읽은 값들 몇 개를 볼 수 있다. 각 회로도를 보면 1K 베이스 저항이 사용되었으며 저항이 첫 번째 회로에서는 접지, 두 번째 회로에서는 전원의 양극과 연결되어 있다. 베이스에 전류가 들어가면 트랜지스터가 "꺼짐(전류가 흐르지 않음)" 상태에서 "켜짐(전류가 흐름)" 상태로 바뀐다. 트랜지스터가 닫힘 상태인 경우 회색으로 표시했다.

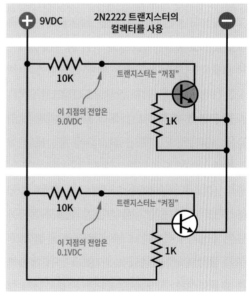

그림 13-5 컬렉터에서 출력이 전달되도록 구성된 트랜지스터에서 실제로 측정된 값. 모든 값은 소수점 첫 자리로 반올림되어 있다.

모든 숫자들은 소수점 첫 자리로 반올림되어 있으므로 9VDC 전원의 실제 출력은 소수점 수준에서 9VDC보다는 낮은 값이다.

- 트랜지스터의 컬렉터를 활용하면 입력을 반전시킬 수 있다.

하지만 다음 사항들을 기억하고 있어야 한다.

- 실제 성능은 회로의 출력에 연결되는 장치에 따라 달라진다. 측정된 값은 아주 높은 임피던스를 가지고 있는 측정기에서 측정된 것이다. 만일 다른 장치를 사용하는 경우 그 값이 바뀔 것이다. 다른 한편으로 OP 앰프, 비교기를 비롯한 수많은 디지털 칩들 역시 높은 임피던스를 가지고 있다.
- 위의 숫자들은 포화 방식의 동작하는 트랜지스터에서 얻은 것이다. 만일 게이트를 통과하는 전류가 좀 더 낮다면 출력은 다를 것이다.
- 트랜지스터를 다룰 때는 최댓값을 넘기지 않도록 주의해야 한다. 트랜지스터로 너무 많은 전류를 통과시켜서 전류를 받아들이지 않도록 해야 한다. 정확한 최대값을 확인하기 위해서 데이터시트를 확인하자.

이제 그림 13-6을 볼 차례다. 10K 저항의 위치가 트랜지스터의 이미터에 붙는 쪽으로 바뀌었다. 이런 이미터 폴로어(emitter-follower) 구성에서는 트랜지스터가 더 이상 전압을 반전시키지 않는다. 전압은 입력과 같은 극성을 가지지만 출력 전압이 넓은 범위를 가지지는 않으며, 소수점 한 자리 정도의 변화가 발생한다.

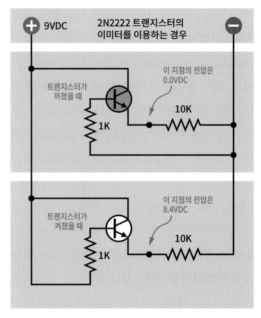

그림 13-6 이미터 쪽에서 출력이 발생하도록 설정한 트랜지스터에서 실제 측정된 값.

각 경우에 트랜지스터의 다른 쪽에 저항을 추가해서 전압을 조정할 수 있다. 트랜지스터는 전압 분배기의 다른 형태로 볼 수 있다. 당연히 트랜지스터는 모든 경우에 대해서 전류 증폭기로 동작한다.

소음 항의를 계속하자

그림 13-7은 소음 항의 장치의 완전한 회로이며 그림 13-8은 브레드보드에 구현한 형태의 사진이다.

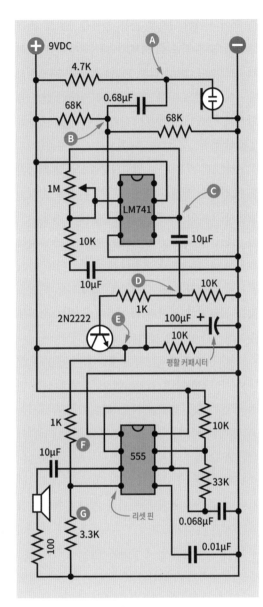

그림 13-7 첫 번째 소음 항의 장치의 완전한 회로.

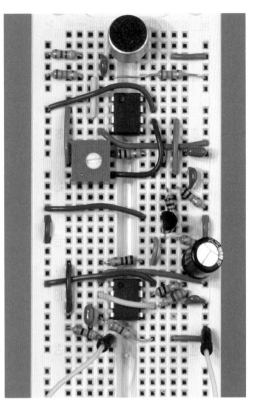

그림 13-8 소음 항의 장치 회로를 브레드보드에 구현한 것으로, 9V 전지를 이용해서 동작하도록 만들어졌다. 사진 아래쪽에 있는 노란색 전선은 스피커에 연결되어 있다.

기본 개념이 아직 완전히 명확하지 않다면 장치의 동작 논리를 표현해 둔 그림 13-9의 흐름도를 참고하자.

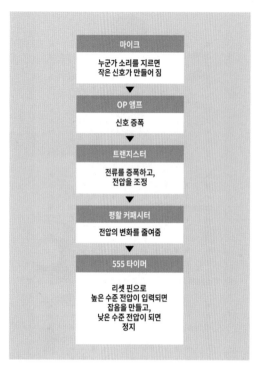

그림 13-9 이 그림은 '소음 항의 회로'의 각 부분이 다음 부분과 어떻게 통신하는지 보여준다.

회로를 완성시켜서 회로가 동작하는지 확인해야 한다. 다시 한 번 이야기하지만 양쪽 끝에 플러그를 가진 형태의 연결용 전선은 피하는 것이 좋다. 플러그를 연결하기 위해서 서로 얽혀 있는 전선들이 전자기적으로 서로 영향을 주면서 일반적인 동작에서 잡음을 만들거나 오류를 발생시킬 수 있기 때문이다. OP 앰프 회로에 사용되는 전선은 되도록 짧게 하는 것이 좋으며, 부품 간의 거리도 되도록 짧게 하는 것이 좋다.

우선 OP 앰프의 입출력 전압을 확인한 후, 이 값을 그림 13-2의 표에 있는 값과 비교해 보자. 만일 값들이 비슷하다면 다음으로 볼 부분은 555 타이머의 배선이 제대로 되었는지 확인하

는 것이다. 4번 핀으로 가는 전선을 뽑으면 스피커에서 높은 음으로 삑삑거리는 짜증나는 소리가 발생한다. 이 소리가 555에서 출력되는 항의 출력이다. 만일 아무 소리도 들리지 않으면 다음 단계로 진행하기 전에 배선에 오류가 있는지 확인해야 한다.

이제 4번 핀을 다시 연결하면 $100\mu F$ 커패시터를 방전하는 약간의 지연을 거친 후 경보 소리가 멈춘다. 1M 미세조정 가변저항을 조정해서 피드백 저항을 최대로 만든 후에 마이크에 큰 소리를 질러보자. $100\mu F$ 커패시터가 충전되어야 하기 때문에 약간의 지연이 있지만 그때까지 계속 소리를 지르고 있었다면 타이머에서 경보 소리를 발생시키기 시작할 것이다.

이런 동작이 회로에서 원했던 동작이다. 사실 대로 이야기하자면, 저자가 만든 것은 탁상형 전원 공급기를 사용했을 때는 제대로 동작했지만 9V 전지로 바꿨을 때는 회로의 동작이 조금 이상해졌다.

아주 실망스러운 일이지만 앞에서 이야기한 것처럼 첫 번째 시제품이 항상 제대로 동작해야 하는 것은 아니다.

따라서 어떤 부분에 문제가 있는지 찾아봐야 했는데 계측기로 확인한 결과 답은 아주 명확했다. E 지점의 전압 범위가 E 지점을 연결하기 전에는 괜찮았지만 출력을 555 타이머의 리셋 핀에 연결하는 순간 모든 것이 바뀐 것이다.

555 타이머의 데이터시트가 모든 것을 알려주지는 않는다. 리셋 핀이 다른 논리칩의 입력처럼 높은 임피던스를 가지고 있을 것이라 생각했

지만 그렇지 않은 것 같다. 또한 100μF 역시 적합하지 않았던 것으로 생각된다. 이 커패시터에서 타이머의 리셋 핀의 전압 수준을 바꿀 수 있을 정도의 전류의 흔들림이나 스파이크(spike)를 통과시켰으며, 이로 인해서 마이크에서 아주 작은 소리가 감지된 경우에도 타이머가 계속해서 경보음을 울리도록 만든 것이다.

두 경우 모두 트랜지스터에서 나오는 출력이 타이머에 적합하지 않은 것이다. 어떻게 해야 할까? 이런 상황에서는 두 가지 방법이 있다.

- 약간 개선해서 동작하게 만든다.
- 완전히 다른 것을 시도해 본다.

첫 번째 방법이 처음부터 새로 만드는 것보다는 항상 빠를 것처럼 보인다. 물론 빠르지 않은 경우도 있지만 일단 한번 해 보자. 다른 전압 분배기를 이용해서 리셋 핀의 전압을 조정할 것이며, 회로도에서 "F"와 "G"라 표기된 저항들이 여기에 사용된 것이다. 이 저항값을 결정하기 위해서 따로 계산을 하지는 않았으며, 단지 다양한 값을 실험해 보았다.

이런 개선이 도움이 되기는 하지만 아직까지는 회로가 빈틈없이 동작한다고 보기 어렵다. 필자의 경우 스피커에서 틱틱거리는 소리가 났고, 갑자기 삐삐거리는 소리가 났다. 이런 현상은 앞에서 했던 시끄러운 소리를 내는 회로의 초기 버전에서도 발생했던 것이며, 그때 설명했던 것처럼 트랜지스터에서 나오는 신호의 흔들림에 의해서 타이머가 변조되는 것이다. 이를 막기 위해

서 100μF 커패시터 대신 330μF 커패시터로 바꿨지만 소리가 주기적으로 생성되었다. 47μF 커패시터 역시 실험해 보았다. 이런 다양한 값을 실험해 보면서 회로의 성능이 좋아지는지 확인해 볼 수 있다.

전원 문제

회로가 동작하지 않는 것은 상당히 귀찮은 일이지만 항상 해답을 찾기 위해서는 조금 더 조직적으로 실험해야 한다.

아마도 9V 전지를 이용해서 회로에 전원을 공급하고 있을 것이다. 스피커에서 짜증나는 소리가 나도록 555 타이머의 4번 핀의 연결을 다시 끊어준다. 계측기의 검정색 탐침을 브레드보드의 음극 접지 부분과 연결하고 빨간색 탐침을 두 68K 저항이 만나는 "B" 지점에 가져간다. 이 지점에서 OP 앰프가 마이크 입력과의 비교를 위한 참조 전압을 만든다는 점을 기억할 것이다. 측정기는 DC 전압 측정을 할 수 있도록 설정한다.

전압을 확인한 후 이번에는 555 타이머의 양극 전원을 공급하는 부분의 전선을 끊는다. 타이머에 전원이 공급되지 않으면 더 이상 소리가 만들어지지 않을 것이며 참조 전압이 바뀌는 것을 확인할 수 있을 것이다. 즉 555 타이머에서 소리를 내는 동안 많은 전력을 소모하는 것은 아니지만(약 20mA 정도), 이 정도 전력 소모도 9V 전지의 전압을 끌어내릴 수 있으며 참조 전압의 변화는 OP 앰프의 출력을 변화시킬 정도가 된다. 이로 인해서 E 지점의 전압이 떨어지면서 타이머가 꺼진다. 하지만 타이머에서 소리가 멈추면 전

류가 적게 흐르면서 전지의 전압 역시 회복되고 다시 타이머가 동작하게 되면서 위에서 이야기 했던 주기적인 소리가 발생하는 것이다.

이런 문제를 발견하지 못했더라도 전지의 사용 기간이 지나면서 전압이 서서히 떨어지면 이런 문제(혹은 회로에서 긁히는 듯한 잡음이나 삑삑 거리는 소리가 멈추지 않는 문제)를 만날 수 있다.

이제 해결할 수 있는 방법을 몇 가지 살펴보자. 사실 아래 방법 중 하나도 크게 와 닿지는 않지만, 간단한 방법이기는 하다.

1. 항상 작은 전지 대신 적절한 전원을 사용한다. 정류된 탁상용 전원 공급기를 사용하는 경우에는 회로가 아주 신뢰성 있게 동작하며, 여러 가지 전압을 지원하는 AC 어댑터를 이용해서 전원을 공급하는 경우에는 약간씩 동작이 멈칫하는 경우가 있다.

2. 두 개의 9V 전지를 사용하되, 하나는 회로의 윗부분에, 하나는 회로의 아랫부분을 위해서 사용한다. 전지 중 하나의 양극 부분은 OP 앰프에, 다른 하나의 양극 부분은 타이머의 전원 부분과 연결한다. 두 전지 모두 같은 음극 접지에 연결되어 있어야 한다.

3. 더 높은 전압을 가진 전원(12VDC 혹은 그 이상)을 9V 전압 정류기에 통과시켜 사용한다. 이런 형태로 사용하면 전력 소모에 따른 변화를 보상해 줄 수 있다.

4. 스피커와 연결된 직렬 저항값을 높인다. 하지만 이를 통해서 스피커에서 나오는 음량이 줄어들기 때문에 어떤 사람이 소리를 질렀을 때 큰 소리를 발생시킨다는 처음의 생각과는 달라진다.

알고 있겠지만 회로가 제대로 동작하려면 회로 주변에서 야단법석 떨지 말고, 앞에서 이야기했던 것처럼 아주 견고하게 만들어야 한다. 따라서, 문제가 많은 회로를 동작하게 만들려고 한 것이 실수였다고 판단된다. 이제 뭔가 완전히 다른 것을 시도해 볼 것이다.

실패?

새로운 것을 시도한다는 것이 곧 회로가 실패했다는 것을 의미할까? 아니다. 쓸모 없는 것이라는 뜻을 내포하고 있기 때문에 이런 말은 쓰지 않겠다. 사실 성공한 모든 사람들이 제대로 동작하지 않는 전략들도 시도했었다. 포기하지 않고 경험에서 어떤 것을 배웠을 때 성공하게 되는 것이다.

어떤 사람이 처음부터 굉장한 일을 해냈다면, 별로 배운 것도 없을 것이다. 문제가 발생했을 때부터 실제 배우는 과정이 시작된다. 그럼 여기서는 어떤 것을 배웠을까?

- 증폭 기능을 가진 회로에서는 안정성이 떨어지는 일이 발생할 수 있다는 점을 배웠다. 원하지 않는 피드백과 진동이 일상적으로 발생한다.
- 전원이 단순한 전류의 원천만이 아니라는 점을 배웠다. 전지의 경우 회로의 동작에 의해 AC 어댑터에서는 존재하지 않는 한계들을 지지고 있다.

- "내 장치에서는 잘 동작하니까, 그쪽에서 동작하지 않으면 그건 네 문제일 거야"라고 이야기하기 전에 여러 가지 환경(예를 들어 다양한 전원)에서의 회로 성능을 반드시 확인해 봐야 한다.
- 회로의 일부분이 다른 어떤 부분과 잘 동작하지 않는다면 그렇게 잘 만든 회로라고는 할 수 없다.

작은 부분 한 가지만 더

회로를 납땜하는 동안 이전에 언급하지 않았던 일이 벌어졌다. 실수로 마이크 근처에 스피커를 둔 적이 있는데, 어떤 일이 생겼을지 짐작해 볼 수 있을까? 당연히 음향 피드백이 발생한다. 스피커에서 항의 출력을 위한 소리가 발생하면, 마이크 역시 이 소리를 감지한다. 마이크는 항의 출력과 누군가 소리 지르는 것을 구분할 정도로 똑똑하지 못하기 때문에 회로는 계속 활성화 상태가 된다. 이 소리는 계속 발생하며 결코 중단되지 않는다.

이것은 하드웨어의 문제가 아니라 개념적인 문제다. 장치의 개념 자체가 사람의 소리에 반응해서 더 큰 소리를 만든다는 것이므로 시작부터 약간 결함이 있다. 회로는 결국 자체적으로 계속 소리를 발생시키는 상황이 되기 때문이다.

여러분은 설계 사양을 처음 봤을 때 이 부분을 예측할 수 있었나? 필자의 경우 시야가 약간 좁아져서 이 부분을 미리 예측하지 못했는데 새로운 장치를 만들 때 일상적으로 겪는 문제다. 목표에만 집중하다 보니(이 경우에는 누군가 소리를 지르면 더 큰 소리를 만들어낸다는), 좀 더 큰 그림을 잊은 것이다.

시제품을 만들어서 동작시키기 전까지는 상당히 명확한 문제임에도 발견하지 못하는 경우가 종종 있으므로 모두들 "그건 너무나 당연한 거였잖아!"라고 이야기해도 당황할 필요가 있다.

이 또한 유익한 배움의 과정이다. 여러분이 어떤 경험을 했는지에 관계없이 '명백한' 문제를 예상하는 데 실패할 수 있다. 한 가지 예를 들어 보자. 최초의 아이폰 생산을 불과 두 달도 남기지 않고 스티브 잡스가 아이폰을 실험하기 위해 몇 주간 주머니 속에 넣고 다니던 이야기다. 그다지 오래 사용하지 않았음에도 아이폰의 플라스틱 화면이 주머니에서 스치면서 긁힌 자국이 생기는 것을 발견했다. 잡스도 이런 문제를 예상해야 했지만 예측하지 못했다. 이 문제도 매우 명백한 문제로 보이지 않는가?

아마도 아이폰 설계자들은 유리가 쉽게 깨지기 때문에 플라스틱이 유일한 길이라 생각했을 것이다. 하지만 잡스가 닳아버린 화면을 확인했을 때는 이미 대량 생산 직전이었고, 필요한 얇고 매우 강한 유리를 충분히 확보할 수 없음에도 불구하고 유리로 바꾸길 원했다. 한마디로 그 누구도 실제로 생각하지 못한 '명백한' 문제에 직면했을 때 어쩔 수 없다고 받아들이는 대신, 이 문제를 해결하기 위해서 설계를 대대적으로 바꾸는 작업에 착수했다.

위의 예를 생각하면서, 그냥 이 문제를 어쩔 수 없다고 받아들이는 대신 "음. 장치가 항의 출력에 의해서 다시 동작하지 않도록 출력을 멈추는 법을 찾아서 진행해야 겠다"고 이야기할 것이다. 즉 "소음 항의 장치가 제대로 동작하지 않으니까 그냥 잊어버리고 다른 거나 하자"라고 이야기하지 는 않을 것이라는 뜻이다. 제품을 개발하는 과정에서 결함이 있는 경우에 어떤 일을 해야 하는지 살펴볼 것이다. 이제 이 부분을 고치도록 하자.

성공적인 항의

우선 문제를 다시 한 번 이야기해 보자. 앞에서 만든 소음 항의 장치에서 사용한 원래 개념에 따르면 누군가 큰 소리를 냈을 때 시끄러운 출력이 나오고, 이후 출력이 멈추지 않을 것이다. 이 부분을 어떻게 바꿀 수 있을까?

한 가지 방법은 마이크 입력 부분에 음향 필터를 넣어서 누군가 시끄럽게 소리치는 소리는 여전히 감지할 수 있지만 소음 항의 장치에서 발생시키는 소음은 감지할 수 없도록 만드는 것이다. 이 방식이 가능하기는 하지만 신뢰성 있게 동작하리라는 자신은 없다.

다른 해결 방법으로는 항의 출력 기간을 몇 초 정도로 제한하는 것이다. 그 이후 항의 출력이 제한되고 있는 동안에 회로의 동작을 잠깐 동안 정지시킨다. 일정 시간 동작을 정지한 후에는 조용한 상태이므로 주변에서 소리지르는 사람만 없다면 항의 출력에 의해서 회로가 다시 동작하지 않을 것이며, 따라서 장치는 동작을 멈추고 계속해서 조용한 상태를 유지할 것이다. 만일 누군가 소리를 계속 지르고 있다면 위의 동작을 주기적으로 반복할 것이다.

이 부분은 처음에 만들려고 했던 것보다는 복잡하지만 시제품을 만든 후에 빈번히 발생하는 일이다. 시제품이 잘 동작하더라도 원하는 기능 중 몇 가지가 없다는 것을 발견해서 이 부분을 개선한 버전을 만들 수도 있다. 필자가 쓴 책에 있는 모든 장치나 필자가 만든 모든 장치들은 첫 번째 버전을 만들어 사용자들에게 전달한 다음에 사용자 혹은 필자가 어떤 것을 더 원할 것인지 생각해보는 과정을 거쳤다.

타이밍이 가장 중요하다

어떻게 하면 항의 출력의 시간을 제한시킬 수 있을까? 당연히 타이머를 사용하면 된다. 타이머는 한 번만 동작하는 형태(one-shot mode)로 설정하면 될 것이다. 어떻게 하면 이후에 잠시 회로의 동작을 중단시킬 수 있을 것인가? 음... 아마도 첫 번째 타이머의 동작 주기가 끝나는 순간에 두 번째 타이머의 동작을 트리거 시키도록 하면 어떨까? 가능한 이야기다. 『짜릿짜릿 전자회로 DIY』에서 이미 타이머로 다른 타이머를 트리거 시키는 예를 다뤘었다.

두 타이머를 좀 더 명확히 구분하기 위해서 새로운 이름을 붙이는 것이 좋겠다. 이후에는 소음 기간 타이머와 정지 기간 타이머라고 부르도록 하겠다.

OP 앰프가 소음 기간 타이머를 트리거 시킨다. 잠깐. 앞에서 만들었던 회로에 있었던 모든 문제가 여기서 기인했다는 것을 기억하는가? 하지만 555 타이머의 트리거 핀 동작은 리셋 핀과는 완전히 다르다. 첫 번째로 만일 공급 전압이 9VDC일 때 타이머를 트리거 시키려면 전압값을 3VDC 이하로 떨어트리기만 하면 된다. 이에 반해서 리셋 핀을 동작시키려면 1VDC 이하로 전압을 떨어트려야 한다. 두 번째로 타이머가 동작한 이후에는 전압의 변화가 있더라도 지정된 주기가 끝날 때까지 무시된다.

데이터시트를 자세히 읽어서 이런 자세한 부분들을 배우는 것이 왜 중요한지 알게 되었을 것이다. 여하튼 LM741의 출력이 트리거 핀에 연결되도록 할 수 있을 것이라 믿는다.

쉽게 구입할 수 있는 작은 경보기 혹은 도난 경보기처럼 사람들의 주의를 끌 수 있는 소음 생성기로 전원을 제공할 수 있도록, 소음 기간 타이머의 출력 핀을 만들 것이다. 작은 경보기는 매우 저렴하게 구입할 수 있고 도난 경보기라 해도 만원 정도면 살 수 있다. 두 경보기 모두 9V 전원에서 동작한다.

소음 기간 타이머의 한 주기가 끝났을 때 출력은 낮은 수준 전압으로 바뀌면서 외부 소음 생성 장치를 꺼버리게 된다. 이 출력은 커플링 커패시터를 통해서 정지 기간 타이머로 들어가며, 이때 발생한 급격한 전압 변화가 이 타이머를 동작시킨다. 이로써 정지 기간 타이머의 한 주기가 시작되며, 그 기간 동안 회로가 다시 동작하는 것을 막아준다.

정지 기간 타이머의 출력은 소음 기간 타이머의 리셋 핀의 전압을 끌어내리는 데 사용할 수 있다. 결국은 다시 리셋 핀으로 되돌아 온 것일까? 맞다. 하지만 정지 기간 타이머의 출력은 전압 변화가 없는 직류이기 때문에 OP 앰프의 출력을 트랜지스터로 통과시키는 방식보다 더 안정적이다. 필자의 생각으로는 동작할 것 같다.

정지 기간이 끝나면 정지 기간 타이머가 소음 기간 타이머의 리셋을 풀기 때문에 아직도 누군가 소리를 지르고 있다면 다시 앞의 과정이 반복된다.

그림 14-1은 회로의 최종 형태를 보여주고 있다. 그림 14-2는 그림 13-9에 있던 흐름도에 새로 추가된 논리 몇 부분을 추가해서 변경된 흐름도를 보여준다.

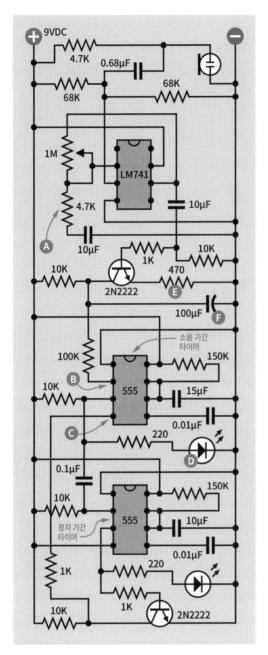

그림 14-1 원래의 회로가 가진 결점을 보완하기 위해서 변경된 소음 항의 장치.

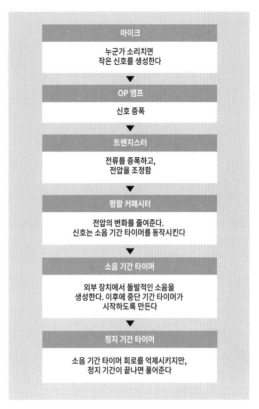

그림 14-2 소음 항의 장치 최종 버전의 논리 흐름을 표현하는 흐름도.

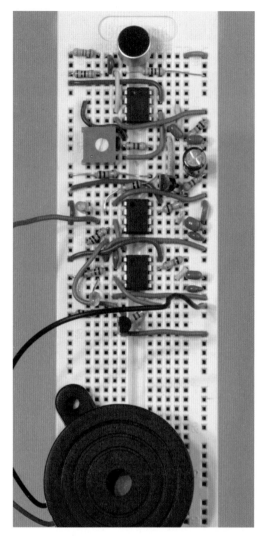

그림 14-3 최종 소음 항의 장치. 둥그렇고 커다란 모양을 가진 것은 큰 소리를 내는 경보기다. 회로에서 9V 전지를 전원으로 사용하면 제한된 시간 동안 동작한다.

바뀐 부분을 요약해 보자

여기서 살펴본 중요한 변화 중 하나는 LM741의 네거티브 피드백을 조정하는 "접지" 저항을 10K에서 4.7K짜리로 바꾼 것이다. 회로도에서 이 부분을 녹색 "A"로 표시해 두었다. 이 부분은 OP

앰프의 증폭 비율을 높여서 좀 더 민감하게 만들기 위해서 바꾼 것이다. 만일 너무 민감하다면 1M 미세조정 가변저항을 약간 돌려서 조정할 수 있다.

원래 있던 2N2222 트랜지스터 회로는 555 타이머의 동작을 막아주는 대신, 소음 기간 타이머가 낮은 전압의 신호를 발생시킬 수 있도록 다시 배선을 바꿨다. 이때 발생하는 전압은 3VDC (공급 전압의 1/3) 이하여야 한다는 것도 잊으면 안 된다. 계측기를 "B"라고 표시된 부분에 붙이고, 마이크에 소리를 질러서 반응이 있는지 확인해 보자.

소음 기간 타이머의 출력에 연결된 LED는 단순히 결과를 보여주기 위해 연결한 것이다. 이 LED는 회로도에서 'D'로 표기해 두었다. 만일 회로를 좀 더 쓸모 있게 동작시키려면 LED 대신 경보기를 붙이면 된다. 만일 좀 더 많은 소음을 발생시킬 필요가 있다면 좀 더 강력한 외부 장치를 동작시킬 수 있게 릴레이가 필요하다. 광커플러 (opto-coupler)를 사용하면 LM741이 있는 민감한 장치와 경보 부분을 완전하게 분리시킬 수 있으므로 가장 좋다. 하지만 아주 작은 전자기 릴레이도 제대로 동작할 것이다.

소음 기간 타이머가 동작하는 동안에는 높은 전압 수준의 출력이 발생한다. 타이머의 주기가 끝나면 출력은 낮은 전압 수준으로 바뀐다. 이 변화는 0.1μF 커플링 커패시터를 통과해서, 10K 풀업에서 나오는 전압을 잠깐 이겨내면서 정지 기간 타이머를 동작시킨다. 이 타이머의 출력이 회로도 아래쪽에 있는 트랜지스터로 전달되고, 트랜지스터는 이 입력을 받아서 소음 기간 타이머의 리셋 핀을 낮은 수준 전압으로 바꿈으로써 타이머의 동작을 중단시킨다. 회로도의 'C' 부분을 확인해서 전압이 정상적인 범위에 있는지 확인해 볼 수 있다. 정지 기간 타이머의 출력에 붙어 있는 LED는 이 부분이 정상적으로 동작하는지 확인하기 위해서 추가된 것이며, 최종 회로에서는 제거해도 괜찮다.

회로의 배선을 끝내면, 전원을 공급한다. 초기에 전원이 급격히 바뀌면서 하나 혹은 두 타이머 모두를 동작시킬 수도 있지만 무시해도 된다.

타이머가 동작하는지 확인하려면 각 타이머의 2번(트리거) 핀을 접지와 연결하면 된다. 이 경우 각각 LED에 불이 들어올 것이다. 계측기를 이용해서 첫 번째 타이머의 트리거 핀에 입력되는 전압을 확인할 수도 있다. 마이크에 큰 소리를 내면 전압이 잠깐 떨어지는 것을 볼 수 있다.

소음 테스트

이제 "아~" 소리를 내면서 점검해 보자. 최대한 오랫동안 "아~" 소리를 내보자. 처음에는 약간 지체되는 것처럼 보일 수 있지만 금방 첫 번째 LED에 대략 2초 정도 불이 들어올 것이다. 이 동작을 외부 소음 생성 장치가 동작하는 기간이라고 생각하면 된다. 그리고 첫 번째 LED가 꺼진 다음 두 번째 LED가 켜진다. 이 상태를 정지 기간 타이머가 소음 기간 타이머의 동작을 막고 있는 기간이라 생각할 수 있다. 원한다면 필요한 만큼 길게 소리를 지르고 있을 수 있지만 정지 기간 타이머가 동작을 완전히 끝낼 때까지는 소음 기간 타이머가 소리에 반응하지 않으며 LED

역시 켜지지 않는다.

'B' 부분에 계측기의 탐침을 붙여두고 있었다면 전압이 약간씩 변하는 것을 볼 수 있지만 이전보다 회로가 오류에 대해서 훨씬 여유를 가지고 있기 때문에 더 이상 문제가 되지 않는다.

필자가 만든 소음 항의 회로는 잘 동작했으며, 여러분이 만든 것 역시 제대로 동작할 것이라 생각한다. 하지만 동작 방법에 대해서 몇 가지 확인해 볼 필요는 있어 보인다.

100μF 전해 커패시터(회로도에서 'F'로 표시되어 있음)는 OP 앰프를 통과해서 트랜지스터로 들어가는 교류 신호를 부드럽게 만들기 위해서 필요하다. 하지만 이 커패시터의 충전을 위해서 1초 정도 필요하고, 충전 중에는 소음 기간 타이머가 반응하지 않는다. 이로 인해서 누군가 소리를 지르기 시작한 후 조금 있다가 항의 반응이 시작되는 것이다. 비슷하게 누군가 소리지르는 것을 멈추더라도 커패시터가 방전되는 데 시간이 필요하기 때문에 항의 반응이 한 번 정도 더 발생할 수도 있다.

개인적으로 회로에서 동작 전에는 약간 참아주는 시간을 제공하고, 항의 경보를 울리기 시작한 다음에는 소리치는 사람에서 확실한 메시지를 주기 위해서 한 번 정도 소리를 더 내는 것으로 생각하기 때문에 좋다고 생각한다.

좀 더 즉각적인 반응을 원한다면 47μF짜리 전해 커패시터를 평활 커패시터로 사용하면 된다. 하지만, 용량이 작은 평활 커패시터를 사용하는 경우에는 전압에 잡음이 통과하면서 소음 기간 타이머가 다시 동작할 가능성도 높아진다. 1M

미세조정 가변저항을 조금 조정해서 타이머가 다시 동작하는 것을 막아 줄 수 있으며 비교적 합당한 수준의 민감도를 설정할 수 있을 것이다.

전원 공급기를 사용하거나 9V 전지를 사용하는 경우에 회로 동작이 약간 달라지는 부분이 남았다. 전지는 100μF 커패시터를 충전시키는 데 조금 더 오랜 시간이 걸리기 때문에 회로는 조금 둔감해질 것이다. 만일 1M 미세조정 가변저항으로 민감도를 충분히 조정할 수 없다면 회로도에서 'A'라고 표시된 4.7K 저항의 값을 줄여서 민감도를 향상시킬 수 있다.

저자의 경우는 AC 어댑터에 적합하도록 회로를 조정했는데, LED로 보여주려고 하는 목적이 아니라 실제로 사용할 때는 많은 전력을 소모해서 9V 전지로 감당하기 어렵기 때문이다.

여기서는 플라스틱 패키지로 만들어진 2N2222 트랜지스터를 사용했다. 만일 금속 캔 형태로 된 것을 사용하는 경우에는 조금 더 많은 전력을 증폭시킬 수 있으므로 회로도의 'E'라고 표시된 470Ω 저항의 값을 바꿀 필요가 있다.

저자의 경우는 소리를 주기적으로 발생시키는 데 문제가 없었지만, 여러분들이 만들 때 문제가 있다면 회로도에서 'F'로 표시된 100μF 커패시터의 값을 증가시켜 보자.

조금 더 만들어 보자

이 프로젝트를 진행하면서 이 회로를 다른 방식으로 이용할 수 있는 방법에 대해서 생각하기 시작했다. 필자의 친구 중에 TV 음량을 크게 틀어두는 두 아이를 가진 친구가 있다. 아이들에게

"소리 좀 줄여!"라고 소리치는 대신 소음 항의 장치를 이용하면 될 것 같다.

또한 테이프를 이용해서 창문 안쪽에 단단히 붙여두면 자동차의 경보기로 사용할 수 있다. 갑작스런 진동이 있는 경우 일렉트릿 마이크를 동작시킬 것이다. 이웃에 시끄럽게 짖어 대는 개가 있다면 소음 항의 장치의 출력으로 초음파가 발생하도록 변환시켜서 복수할 수 있다.

친구 중 한 명은 프로젝트가 아주 빠르게 진행되지 않아서 실망했을 때 상대에게 소리 지르지 않아야 한다는 점을 기억하도록 도움을 주는 데 소음 항의 장치를 직접 이용할 수 있겠다고 이야기했었다.

그럼에도 개인적으로는 소음 항의 장치의 원래 목적이 가장 좋다. 전자회로의 개척자인 밥 와이들러가 이 장치를 만들어서 그의 사무실에 설치한 후, 누군가 다가와서 소리를 지르는 사람들에게 염증을 느낄 때(이런 일이 자주 있었던 것 같다) 별다른 행동을 취할 필요 없이, 편하게 의자에 앉아서 질러대는 소리가 일정 수준을 넘어가서 소음 항의 장치가 시작되길 기다리면 된다.

아마도 이 장치가 방문자를 좀 더 짜증나게 만들었을 것이다.

이걸 마이크로컨트롤러로 할 수 있을까?

일반적인 마이크로컨트롤러의 아날로그-디지털 변환기에서 받을 수 있는 전압의 범위는 마이크에서 나오는 밀리볼트 수준보다 훨씬 높다. 따라서, 마이크의 출력을 OP 앰프에 통과시키는 작업은 여전히 필요하고, OP 앰프의 출력을 마이

크로컨트롤러에 연결해야 한다. 사실 증폭기가 붙어있는 작은 기판에 납땜되어 있는 일렉트릿 마이크를 살 수도 있다.

일부 마이크로컨트롤러의 경우에는 프로그램을 통해서 이득을 조정할 수 있도록 증폭기가 내장된 경우도 있다. 하지만 여전히 AC 파형을 가지고 작업해야 하며, 진폭을 판단하기 위해서는 값을 매우 빠르게 샘플링해야 한다. 정류하거나 평활화시킨 신호를 사용하면 마이크로컨트롤러에서 처리하기가 훨씬 더 편하다. OP 앰프의 출력은 쉽게 정류할 수 있을 정도로 충분한 전류를 가지고 있지 않으므로 이런 작업을 위해서는 트랜지스터와 커패시터가 필요하다.

따라서 이전 회로에서 사용했던 것과 거의 비슷한 부품들을 다수 이용해야 한다.

입력에 반응해서 어떤 작업을 하도록 마이크로컨트롤러를 프로그램하는 것은 간단하기 때문에 뒷부분은 간단하다. 소음을 내는 출력을 만들고, 중단시킨 후에 다른 입력을 기다리도록 하는 것은 간단하다. 사실 더 많은 기능을 넣을 수도 있다.

예를 들어, 누군가가 짧은 시간 동안 몇 번이나 소리를 질렀는지 셀 수 있도록 프로그램을 작성할 수 있으며, 자주 소리를 지른다면 마이크로컨트롤러 역시 소음을 만드는 장치에서 좀 더 자주 소음이 발생하도록 요청할 수도 있다. 혹은 그 대신에 몇 가지 부품을 더 붙여서 항의 출력이 켜질 때마다 점점 커지게 마이크로컨트롤러

를 제어하는 것도 가능하다.

여러분도 비슷한 것을 만들 수 있을 것이다. 하지만 결과적으로는 어떤 마이크로컨트롤러를 사용하더라도 OP 앰프를 어떻게 사용해야 하는지는 알고 있어야 한다.

다음은 뭘까?

OP 앰프는 사용되는 곳이 아주 많지만 많은 응용들은 상당히 어려운 개념들을 포함하고 있다. 만약 이 주제에 관심이 있다면 관련된 책들을 읽어보길 바란다. (내가 좋아하는 책은 『Make: Analog Synthesizer』이다.)

이제 디지털 칩 부분으로 이동할 것이다. 개인적으로는 다양한 측면에서 디지털 부품을 더 좋아한다. 전압 호환성에 대한 걱정 없이 서로 연동할 수 있으며 과도하게 민감하게 반응하지 않아서 아주 작은 신호의 변화나 글리치(glitch)[1]를 증폭시키지 않는다. 합리적인 제한이 있다면 입력이나 출력은 모두 높은 혹은 낮은 수준의 전압을 지닌다. 이를 켜짐 혹은 꺼짐, 또는 이진수 1 혹은 0으로 생각해도 된다.

밥 와이들러는 디지털 칩이나 칩에 사용되는 이진 코드에는 관심이 없었다. 아마도 "바보라도 1은 셀 수 있을 것이다"라고 이야기했을 것이다. 하지만 우리 중 일부는 밥처럼 아주 똑똑하지도 않고, 디지털 회로를 이용하면 예측 불가능하게 회로의 값이 변화하는 이상한 동작이 상당히 줄어들기 때문에 좋다.

---

1 (옮긴이) 신호 중간에 값이 잠깐 바뀌는 것.

너무나 논리적이야!

『짜릿짜릿 전자회로 DIY』에서 디지털 논리 회로에 대해서 간단히 소개했지만 좀 어려운 부분은 피했고, 멀티플렉서(multiplexer: MUX)나 시프트 레지스터(shift register) 같은 부품들은 다루지 않았다. 요즘에는 이런 논리칩들을 이전보다는 적게 사용하지만 논리 자체는 모든 연산 장치의 기본으로 남아있다. 따라서 이제 조금 더 깊이 들어가서 어떤 식으로 동작하는지 알아보고 좀 즐겨보도록 하자.

실험 15: 텔레파시 검사기

첫 번째 논리 프로젝트는 약간 우스울 정도로 간단해 보인다. 푸시 버튼 4개와 2개의 칩, LED 한 개만 있으면 된다. 하지만 깊이 파고 들어가면 이게 그렇게 간단하지만은 않다는 것을 알 수 있을 것이다.

이 실험의 표면적인 목표는 여러분의 초감각적인 인지 능력(extrasensory perception), 짧게 ESP라 불리는 것을 확인해 보는 것이다. 이 회로를 텔레파시 검사기라 부르겠다.

배경지식: ESP

몇 십 년 동안, 주류 과학 분야를 벗어난 분야를 연구하는 연구자들은 인간의 뇌에서 발생하는 초자연적인 힘에 대한 증거를 찾아왔다. 듀크 대학의 라인(J. B. Rhine)은 이 분야의 개척자였다. 1934년에 『초감각 인지(Extrasensory Perception)』를 출판한 이후로, 1970년대까지 진지한 연구 보고서를 계속 발표했다. 그의 실험 기록에 대해서는 여러 번의 큰 비판이 제기되었으며, 그의 조교가 실험을 조작했었던 것도 발견됐다. 그들은 실제로 ESP에 대해서 믿고 있었으므로 성공적이지 않은 날의 점수가 평균 점수를 낮추는 것을 바라지 않았다. 이런 내용을 통해서 이 프로젝트를 진행하는 동안 좋은 의도를 가진 사람들이 여러분을 속일 수 있고 사람들 자신도 속을 수 있다는 사실을 염두에 둬야 한다.

준비 작업

진짜 '독심술'은 거의 (혹은 전혀) 일어나지 않기 때문에 통계적인 접근 방법을 도입해서 수 십 번, 수 천 번의 시도를 하고, 확률 자체로부터 예상되는 값과 실험에서 얻어진 확률을 비교해야 한다.

여기서는 위의 내용에 기반해서 실험을 설명할 것이다. 두 사람을 서로 마주 앉도록 하고 각각 앞에는 두 개의 버튼을 놓은 후, 두 사람 사이에는 암막을 설치해서 서로의 손을 볼 수 없도록 만든다. 그림 15-1은 생각하고 있는 실험 환경을 위에서 보여주는 것이다. 보통 같이 작업하는 사람이 없는 경우에는 모든 것을 만들지 않으려는 경향이 있다. 하지만 즉흥적으로 뭔가 만들 수도 있고, 어떻게 동작하는지 확인하려면 회로의 모든 부품들을 조립해야 한다.

이름으로 구별하면 좀 더 기억하기 쉽기 때문에 지금부터 이 실험의 참가자들을 애너벨(An-

nabel)과 보리스(Boris)라는 이름으로 부르겠다. 그림에서는 A와 B라는 약자를 사용할 것이다.

애너벨 앞에 있는 버튼들은 A0, A1로, 보리스 앞에 있는 것들은 B0, B1로 표시해 둔 것을 확인할 수 있다. 이 실험의 목적은 서로 반대편에 앉은 두 사람이 버튼을 눌러 텔레파시로 파악한 서로의 의도를 확인하는 것이다. 만일 애너벨이 A0를 누르고 보리스가 B0를 눌렀거나 A1와 B1를 누른 경우 성공한 것이다. 반대로 A0와 B1을 누르거나 A1과 B0를 누른 경우에는 실패한 것이다.

4가지 조합이 가능하며, 2가지 경우만 성공이므로 확률은 50:50이다. 결과에서 유도할 수 있는 중요한 결과는 초자연적인 능력을 이용해서 다른 사람의 의도를 감지할 수 있는지(혹은 누군가 속이고 있는지) 확인할 수 있다는 점이다. 속이는지 판단하는 문제에 대해서는 잠시 후에 다루도록 한다.

그림 15-2는 푸시 버튼에 AND와 OR 게이트를 사용해서 시도가 성공했는지 확인할 수 있게 만드는 방법을 보여준다.

그림 15-1 애너벨과 보리스가 초자연적 인지능력을 확인해보기 위해서 준비하고 있는 것을 위에서 본 모습.

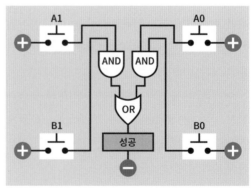

그림 15-2 A0와 B0가 모두 눌렸거나 A1과 B1이 모두 눌린 경우 '성공' 표시를 나타낼 수 있도록 만들어진 논리 게이트를 보여준다.

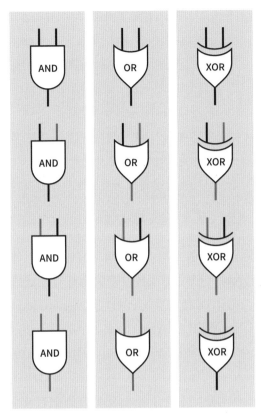

그림 15-3 보통 논리 게이트의 입력은 위쪽에, 출력은 아래쪽에 그린다. 만일 두 입력이 높은 전압 혹은 낮은 전압 상태(그림에서 빨간색과 검정색으로 표현됨)를 가지는 경우 4가지 조합이 가능하며, 각 경우에는 여기서 정의된 출력을 생성한다.

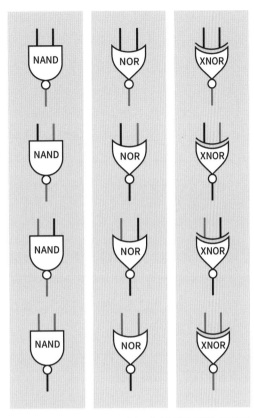

그림 15-4 NAND, NOR, XNOR 게이트에 대한 입력과 출력. 빨간색은 입력과 출력이 높은 전압 상태임을, 검정색은 낮은 전압 상태임을 나타낸다.

논리 게이트의 기호와 기능이 잘 기억나지 않는다면 그림 15-3과 그림 15-4에 있는 6개의 기초적인 게이트를 참고하고, 그림에서 높은 수준 전압과 낮은 수준 전압의 입출력은 각각 빨간색과 검정색으로 나타냈다.

그림 15-5에서는 결과를 빨리 확인하기 위해서 4가지 가능한 입력 조합을 왼쪽 열에 적었고, 각 게이트의 해당 출력을 그 옆에 적어두었다.

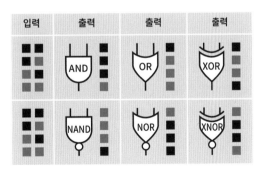

그림 15-5 가능한 4가지 입력 조합과 각 게이트가 만들어내는 출력을 보여주는 빠른 참조표.

회로 개발 단계에서 논리 회로 기호를 사용할 때는 논리 회로의 동작을 확인하기 위해 모의 실험(simulation) 소프트웨어를 사용할 수 있다. 예를 들어, http://www.neuroproductions.be/logic-lab/ 같은 무료 온라인 시뮬레이터(simulator: 모의 실험 소프트웨어)를 사용할 수 있다. 이 책에서는 논리 회로도의 입력을 위쪽에, 출력을 아래쪽에 배치했지만 논리 회로 시뮬레이터의 경우는 왼쪽을 입력, 오른쪽을 출력으로 배치하는 것이 일반적이므로 시뮬레이터에서 회로를 만들 때는 책에 있는 논리 회로도를 옆으로 돌릴 필요가 있을 수 있다. 어떤 경우든 논리 시뮬레이터를 사용하는 것은 하드웨어 회로를 만들기 전의 중간 단계다.

논리칩에 대한 몇 가지 사실

- 각 논리 게이트는 실리콘 상에 엣칭(etching)된 다수의 트랜지스터로 구성되어 있다. 최근에는 표면 증착형(surface-mount) 패키지를 더 많이 사용하고 있지만 초창기의 쓰루홀(through-hole)[1] DIP 패키지 형태를 가진 논리 게이트는 14핀을 가지고 있었으며, 아직까지도 사용된다.

- 더 이상 컴퓨터가 논리칩으로 만들어지는 것은 아니지만 논리 게이트들은 회로 기판의 서로 다른 부분을 서로 연결시켜주는 '글루 로직(glue logic)'으로 아직도 사용된다.

- 14핀 칩은 4개의 2입력 게이트, 3개의 3입력 게이트, 2개의 4입력 게이트 혹은 1개의 8입력 게이트를 가지고 있다. 이런 구성은 보통 칩 안쪽에 몇 개의 게이트가 있는지 표시하기 위해서 쿼드(quad), 트리플(triple), 듀얼(dual), 싱글(single) 등으로 부른다.

- 하나의 칩에 들어있는 여러 게이트는 다른 게이트와는 완전히 독립적으로 동작한다.

- 칩에서 사용하지 않는 게이트 입력은 전자기장에 반응하는 것을 막기 위해서 접지시켜야 한다.

- '높은 수준' 입력 혹은 출력은 전원의 양극 전압과 비슷하고 '낮은 수준'의 입력 혹은 출력은 0VDC에 가깝다. 부논리칩(Negative logic chip)[2]들도 있지만 널리 사용되는 것은 아니다.

- 논리칩 패밀리(family)는 여러 세대에 걸쳐 개발된 칩들을 의미한다. 여기서는 74HC00 패밀리를 이용할 것인데, 앞의 74는 논리칩의 부품 번호가 모두 74로 시작하기 때문이며 HC는 고속 CMOS(High-speed CMOS) 칩임을 나타낸다. 00 대신 두 자리에서 네 자리의 숫자를 이용해서 칩의 종류를 나타낸다. 이 책에서는 필요한 경우에 오래된 CMOS 칩인 4000B 패밀리도 사용할 것이다.

- 쓰루홀 혹은 기판 증착형 모두 부품 번호가 거의 같기 때문에 칩을 정리할 때 주의해야 한다. 인터넷상의 판매자들은 보통 DIP, PDIP, through-hole dual inline package 같은 검색 옵션을 두고 있다.

---

1 (옮긴이) 기판의 구멍을 통과할 수 있는 핀이 있는 형태.

2 (옮긴이) 높은 수준 전압을 1이 아닌 0으로 보는 칩.

- 논리칩들은 서로 연결해서 동작시킬 수 있도록 설계되어 있으므로 같은 패밀리의 칩을 사용하는 경우 한 칩의 출력을 다음 칩의 입력으로 바로 붙일 수 있다.

- 논리칩 출력에서 높은 상태 전압을 출력하는 경우 전류를 내보내고 낮은 상태 전압을 출력하는 경우는 전류를 받아들인다.

- HC 패밀리의 논리칩들은 25mA 직류전류를 내보내거나 받아들일 수 있으며, 이는 일반적인 LED로 전력을 공급하기 충분하다. 하지만 칩에서 이 정도의 전류를 공급하는 경우에는 출력 전압이 떨어진다. LED를 구동시킬 때는 계측기를 이용해서 전압을 확인해 보고, 출력을 다른 논리칩의 입력으로도 사용하는 경우에 주의해야 한다. 필요하다면 LED에 사용되는 직렬 저항의 값을 증가시킬 필요가 있다.

- 푸시 버튼이나 SPST 스위치가 논리 게이트의 입력과 연결된 경우, 스위치가 열렸을 때 입력 핀에 아무런 전압이 인가되지 않는 상태(float)가 만들어지지 않도록 해야 한다. 이 경우에 풀업(pull-up) 혹은 풀다운(pull-down) 저항을 이용해서 입력 핀의 전압을 높은 혹은 낮은 상태 전압을 유지시켜야 한다. 그림 15-6을 보자.

- 논리도(logic diagram)는 부품을 사용하는 회로도와 다르다. 논리도는 그림 15-2에 있는 것과 같은 형태를 가지는 것으로 논리 게이트로 들어가는 전원 부분은 보통 생략되며, 풀업 혹은 풀다운 저항도 생략된다. 부품을 사용하는 회로도의 경우 논리 게이트 대신 핀

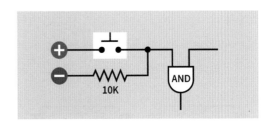

그림 15-6 전원의 양극이 푸시 버튼 혹은 전자기계적 스위치를 통해서 논리 게이트의 입력으로 직접 연결된 경우, 연결이 끊어졌을 때 입력 핀에 아무런 전압이 가해지지 않는 상태(float)가 되지 않도록 반드시 풀다운(pull-down) 저항을 사용해야 한다. 양극과 음극 기호가 바뀐 경우에는 풀업(pull-up) 저항이 된다.

연결이 표시된 칩이 사용되며, 필요한 모든 전원 연결 역시 포함된다.

초능력 논리 회로

그림 15-2의 개념은 아주 간단하게, 다음 문장으로 요약할 수 있다: 만일 버튼 A0와(AND) B0가 눌렸거나(OR) A1과(AND) B1이 눌린 경우 성공으로 출력된다.

위 문장의 단어들 사이에 AND와 OR 부분이 있는 것과 논리도상에 논리 게이트를 명확하게 비교해 볼 수 있다.

논리도에 있는 녹색 사각형 부분을 표시기(indicator)라고 부르지만 사실은 간단하게 LED를 이용해서 애너벨과 보리스가 정확히 추측했는지(혹은 여러분이 믿는다면, 서로의 마음을 읽었는지) 알려 줄 수 있다.

지금까지의 논리들은 기본적인 부분이었기 때문에 이제 회로를 만들어 볼 시간이 되었다. 이전과 마찬가지로 뭔가를 배울 때 가장 좋은 방법은 직접 해 보는 것이다.

만들자

쿼드 2입력 AND와 OR 게이트 칩의 내부 구조는 아래 그림 15-7과 같다.

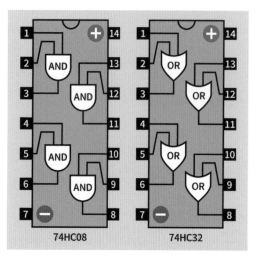

그림 15-7 14핀짜리 논리칩은 여기 그려진 것처럼 각각 2개의 입력을 가지고 독립적으로 동작하는 AND와 OR 논리 게이트 4개씩을 가지고 있다. 이런 형태의 칩을 보통 쿼드(quad) 2입력 게이트라 이야기한다.

그림 15-2에 있는 논리도에 해당하는 회로도는 그림 15-8이다. 그림에서는 어떤 일이 일어나는지 알려주기 위해서 칩 안에 있는 게이트를 작게 표시했는데, AND 게이트의 경우 '&' 기호로, OR 게이트의 경우 'O' 기호를 이용했다. (이 표기는 표준적으로 사용하는 방식이 아니다.)

논리칩에서는 일반적으로 양극 전원을 14번 핀으로 받기 때문에 이번에는 이 형태에 맞추기 위해서 전원의 양극 부분을 회로도의 오른쪽에 배치했다. 이 책의 뒷부분에서 사용하는 대부분의 회로도에서도 전원의 양극

부분을 오른쪽에 배치할 것이다. 전원을 거꾸로 입력시키는 경우 칩이 손상되어 복구되지 않을 수 있으므로 칩에 전원을 뒤바꿔서 입력하지 않도록 주의해야 한다.

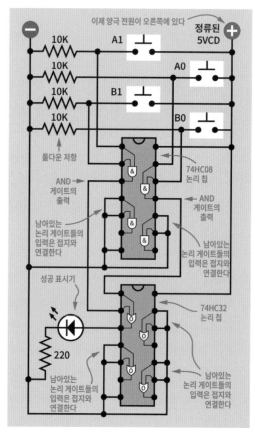

그림 15-8 이 회로도는 브레드보드에서 간단하게 구현된 ESP 테스트 회로를 보여준다.

그림 15-9는 이 회로를 브레드보드에 구현한 것이다.

여기서는 74HC00 칩에 항상 필요한 7805 전

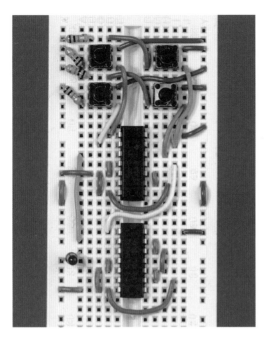

그림 15-9 텔레파시 검사기의 가장 간단하고 기본적인 형태. 참가자를 위한 푸시 버튼은 윗쪽에 있는 네 개의 텍타일 스위치로 구성되며 왼쪽 아래쪽에 있는 LED가 유일한 출력이다.

압 조정기와 두 개의 커패시터를 따로 표시하지는 않았다. 회로도에 '정류된 5VDC'라는 표시가 있다면 전압 조정기와 커패시터가 필요하다는 것을 알아야 한다.

칩에서 사용하지 않는 입력들은 전자기장의 변화에 반응하는 것을 방지하기 위해서 반드시 음극 접지에 연결해야 한다. 사용하지 않는 출력은 연결하지 않아도 된다.

A0과 B0라 되어있는 버튼들이 눌린 경우 또는 A1, B1라 되어있는 버튼들이 눌린 경우, LED에 불빛이 들어오며 버튼의 다른 조합에서는 아무 일도 벌어지지 않는다는 점을 확인했을 것이다.

아직까지는 괜찮았지만 이제 여러분이 만든 회로를 정말 쓸 수 있도록 만들려면 많은 부분을 개선시켜야 한다는 점을 설명해야 할 때가 왔다.

개선하자

일단 사용자에게 결과를 쉽게 알려 줄 수 있어야 하고 속임수를 막을 수 있는 방법이 있어야 한다고 생각한다.

- ESP 검사에서 애너벨은 보리스가 누르는 버튼을 볼 수 없어야 하며, 보리스 역시 애너벨이 누르는 버튼을 볼 수 없어야 한다. 이것을 구현하는 데는 약간의 문제가 있다. 다음 실험이 시작되었다는 것을 알 수 있는 방법이 필요한 것이다. 즉 보리스가 버튼을 눌렀지만 애너벨이 버튼을 누르지 않은 경우에는 애너벨에게 '준비' 표시를 보여주고, 애너벨이 버튼을 눌렀지만 보리스가 버튼을 누르지 않은 경우 '준비' 표시를 보리스에게 보여준다.

- 앞에서 이야기한 것처럼, 진지한 사람들이 ESP의 힘을 믿으며 어떤 날에는 제대로 동작하지 않을 수 있다고 믿는 경우에는 결과를 속이려는 유혹에 빠질 수 있다. 불행하게도 우리가 만든 텔레파시 검사기의 경우는 속이는 것이 정말로 쉽다. A 또는 B가 두 버튼을 동시에 누르면 된다.

- 현재는 애너벨과 보리스가 성공했을 때를 위한 표시기 하나만 있는데, 실패했을 때를 표시하는 표시기 하나가 더 필요하다.

다음 실험에서는 이런 개선점들을 구현할 것이며, 약간 놀라운 결과도 같이 보여 줄 것이다.

개선된 회로도를 보여주기 전에 요구 사항부터 정리해 보자. 논리도를 만드는 첫 단계는 항상 글로 설명을 적어보는 것이다.

두 번째 단계는 논리도를 실제 부품을 사용하는 회로도로 바꾸는 것이다.

준비되었나?

텔레파시 검사기에 '준비' 표시를 추가하는 건 아주 쉬워 보인다. 해당 작업은 아마도 다음과 같이 적어 볼 수 있을 것이다.

"만일 버튼 A0 혹은 A1이 눌리면, 보리스쪽 표시기는 애너벨이 준비되었음을 나타낸다. 마찬가지로 버튼 B0이나 B1이 눌리면, 애너벨쪽 표시기에 보리스가 준비되었음을 나타낸다."

그림 16-1은 위의 두 문장을 논리도로 바꾼 것이다. 명확하게 보여주기 위해 그림 15-2의 논리도와 별도로 논리도를 그린 것이다. 그러나, 두 논리도는 하나의 푸시 버튼에서 나오는 출력

을 같이 사용하는 것이며, 2개 이상의 논리 입력을 공유할 수 있으므로 그림 16-2에 있는 것처럼 합쳐질 것이다. (그림 16-2의 논리도에서는 그림 15-2에 있던 연결 부분을 회색으로 표시했기 때문에 새로운 연결들과 구분할 수 있다.)

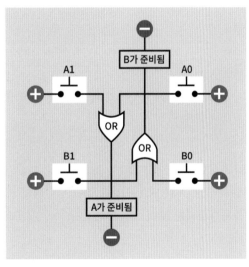

그림 16-1 두 OR 게이트는 반대편 사람이 버튼을 누른 경우 상대에게 상태를 보여주기 위해 사용된다. '준비' 표시기는 실제로 어떤 버튼이 눌렸는지 보여주지는 않는다.

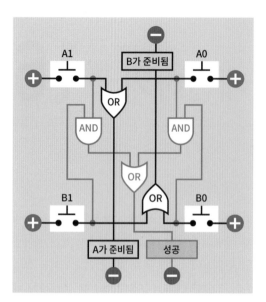

그림 16-2 앞의 두 논리도를 합친 것으로 각 푸시 버튼에서 나오는 출력이 두 개의 독립된 논리 게이트 모두에 들어가고 있다. 불행히도 다수의 논리도를 합치면 복잡해지기 때문에 해석하기 어려워진다. 조금 더 명확하게 볼 수 있도록 이전 논리도에 있던 연결들은 회색으로 표시했다.

속임수 드러내기

'속임수' 표시기는 어떨까? 다음과 같이 설명해 볼 수 있겠다.

"만일 A0과(AND) A1이 같이 눌린 경우 표시기를 통해서 애너벨이 속이고 있다는 것을 알려주며, B0과(AND) B1이 같이 눌린 경우에는 표시기를 통해서 보리스가 속이고 있다는 것을 알려준다."

그림 16-3은 논리도를 분리해서 그려두었다. 다시 한 번 이야기하지만 이 부분도 푸시 버튼을 공유해서 여러 논리 게이트와 연결함으로써 다른 논리도와 합칠 수 있다.

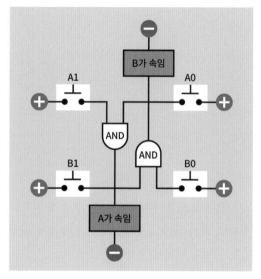

그림 16-3 두 개의 AND 게이트를 추가해서 참가자들이 두 버튼을 한꺼번에 누르는 식으로 속이고 있는지 확인할 수 있다.

실패 알려주기

마지막으로 '실패' 표시기다. 만일 참가자들이 서로 다른 값의 버튼을 누른 경우 실험이 실패한 것이다. 비교적 이건 쉽게 표시할 수 있을 것이다. 이 부분은 다음과 같이 설명할 수 있다.

"만일 A0과(AND) B1이 눌리거나(OR), A1과(AND) B0이 눌린 경우 참가자의 실험이 실패한 것이다."

그림 16-4의 논리도는 위의 문장을 나타낸 것이다.

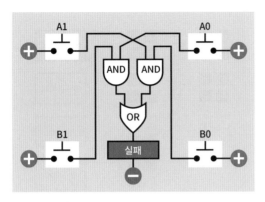

그림 16-4 두 개의 AND 게이트를 사용하고 이 결과를 OR 게이트로 보내면 서로 다른 버튼 조합이 눌린 것을 알려줄 수 있다.

위의 기능을 그림 15-8에 있는 브레드보드 회로에 추가할 수 있을까? 회로도에 있는 칩에는 사용하지 않는 게이트가 몇개 더 내장되어 있다는 것을 알고 있을 것이다. 칩 안에 내장된 모든 게이트는 독립적으로 동작하기 때문에 앞에서 설명한 초기 동작의 구현에서는 사용하지 않았던 게이트들을 사용할 수 있다. 예를 들어, '준비'를 확인할 때는 2개의 OR 게이트가 필요한데, 74HC32의 내부에는 4개의 OR 게이트가 들어있으므로 사용하지 않는 것들이 있다.

"네. 계속합시다. 새로운 기능을 넣자!"고 말하고 싶은 유혹도 있다. 하지만 여러분이 제대로 동작하지 않은 것을 만드는 시간을 허비한 후에 필자에게 화를 내는 것을 원하지는 않기 때문에 이렇게 말하지 않는 편이 좋을 것 같다. 사실 위에서 이야기한 기능을 추가하면 제대로 동작하지 않을 것이다. 이제 실험 과정에서 몇 가지를 시도하면서 이 부분을 증명하려 한다.

충돌

보리스가 B0과 B1을 동시에 눌러서 속이려고 하는 경우를 가정해 보자. 이때 애너벨은 규칙을 지켜서 하나의 버튼(A0)만 누른다고 가정하자. 어떤 일이 생길까?

버튼 A0, B0, B1이 동시에 눌러있는 상태다. B0와 B1가 동시에 눌리면 속임수가 되므로 원했던 것처럼 '속임수' 표시기가 켜진다.

하지만 조금만 더 생각해 보면, 애너벨이 A0를 누르고 있다. A0와 B0가 동시에 눌린 것이므로 '성공' 표시기 역시 켜진다.

이것 만이 아니다. B1과 A0 역시 동시에 눌린 상태이므로 '실패' 표시기도 켜진다. 또한, 각 참가자가 적어도 하나 이상의 버튼을 누른 상태라서 '준비' 표시기도 켜진다.

이건 일종의 대참사다. 모든 표시기가 켜졌다.

뭐가 잘못된 걸까? 문제는 설명이 정확하지 않았다는 것이다. 오직 각 논리 출력을 만들기 위해서 눌러야 하는 버튼만 생각했으며 이 출력을 만들 때 어떤 버튼이 눌리지 않아야 하는지 생각하지 않은 것이다. 예를 들어, '준비'를 만들기 위한 논리는 아래와 같이 설명했다.

"만일 버튼 A0 혹은 A1을 누르면, 표시기를 이용해서 애너벨이 준비되었음을 보리스에게 알린다."

하지만 이 부분은 아래와 같이 적는 것이 맞다.

"만일 A0이나 A1이 눌렸으며 B0과 B1이 아직 눌리지 않은 경우(NOR), 표시기를 이용해서 애너벨이 준비되었음을 보리스에게 알린다."

바꿔 말하면, 애너벨이 준비되었다고 알려주기 전에 보리스가 버튼을 눌렀는지 확인해서 아직 버튼을 누르지 않은 경우에만 버튼 입력을 기다리고 있다는 사실을 알렸어야 한다.

비슷하게 '성공' 혹은 '실패' 표시 역시 A와 B 모두 속이지 않았을 때(NOR)만 켜져야 한다.

지금까지 NOR라는 단어가 두 번 나왔다. 분명히 회로 어디선가 NOR 게이트를 사용할 것이며 이제 슬슬 아주 복잡해지기 시작하는 것처럼 보인다. 이런 간단한 놀이에서도 생각하지 못한 문제들이 발생할 것이라 누가 생각했을까? 혼란스런 부분을 풀어내기 위해서는 도표가 도움이 될 것이라 생각한다.

복잡한 부분 풀어내기

그림 16-5를 보자. 버튼이 눌린 경우와 눌리지 않은 경우를 고려해 보자. A0, A1, B0, B1은 4개의 버튼을 의미하고 빨간색은 버튼이 눌린 경우를, 검은색은 버튼이 눌리지 않은 경우를 나타낸다. X표가 있는 회색은 논리 확인에 별다른 영향을 주지 않기 때문에 버튼의 상태가 어떻든 상관없다는 의미다. 오른쪽은 각 버튼 조합에 의해서 만들어지는 메시지들을 나타낸다. (눌리지 않은) 검은색 버튼의 상태는 (눌린) 빨간색 버튼의 상태 만큼이나 중요하다는 것을 기억하자.

첫 줄에서는 애너벨이 두 버튼 중 하나(동시에 누르면 속임수가 되기 때문에 하나만)를 눌렀으며, 보리스가 B0나 B1을 누르지 않은 경우 보리스에게만 '준비' 표시를 보여준다.

두 번째 줄은 애너벨에 대한 '준비' 표시등으

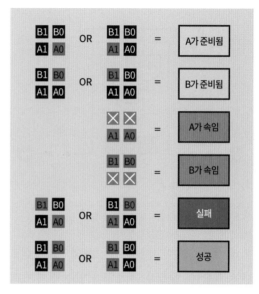

그림 16-5 위의 도표에서 A0, A1, B0, B1은 버튼이 눌렸는지(빨간색), 눌리지 않았는지(검은색) 나타낸다. 회색 X표는 해당 버튼의 상태가 특정한 확인 과정과 무관하거나, 무시할 수 있는 경우다. 오른쪽에 있는 색깔이 있는 상자는 각 버튼 조합에 반응해서 불이 들어오는 표시기들이다.

로 앞에서와 같은 논리를 사용하고 있다.

세 번째와 네 번째 줄은 누군가 두 버튼을 동시에 눌러서 속임수를 쓰는 경우로, 다른 사람이 어떤 것을 했는지 중요하지 않다.

'실패'나 '성공' 표시는 특정한 빨간색 버튼들이 눌렸으며, 다른 버튼은 눌리지 않았을 때만 켜진다.

도표 해석하기

다른 버튼의 조합으로 인해서 예측하지 못한 결과가 나올 것인지 궁금할 수 있다. 하지만 그림 16-5에는 가능한 버튼의 조합을 모두 정의하고 있다. (만일 세 개 혹은 네 개의 버튼이 동시에 눌린 경우는 모두 '속임수' 확인 부분에 해당한다.)

이제 도표의 각 줄을 논리도로 바꿀 수 있으며 이번에는 제대로 동작할 것이라는 자신이 있다. 여하튼 여기서는 NOR와 XOR이라는 두 가지 형태의 새로운 논리 게이트가 필요하다. 이 게이트의 기능이 기억나지 않는다면 뒤로 돌아가서 그림 15-5를 확인해 보자.

NOR와 XOR 게이트의 동작은 다음과 같이 글로 설명해 볼 수 있다.

- NOR 게이트는 두 입력 중 하나라도 높은 수준 전압일 때 낮은 수준의 전압을 출력한다. 두 입력 모두 낮은 수준 전압일 때 높은 수준 전압이 출력된다.
- XOR 게이트는 두 입력이 모두 높은 수준 전압 혹은 낮은 수준 전압일 때 낮은 수준 전압을 출력한다. 둘 중 하나의 입력만 낮은 수준 전압일 때 높은 수준 전압을 출력한다. XOR는 exclusive-OR (상호 배제적 OR)의 약자이며 "엑스오어"라고 발음한다.

그림 16-6에서 이 게이트를 이용해서 그림 16-5에 있는 각 부분을 모사한 모습을 볼 수 있다.

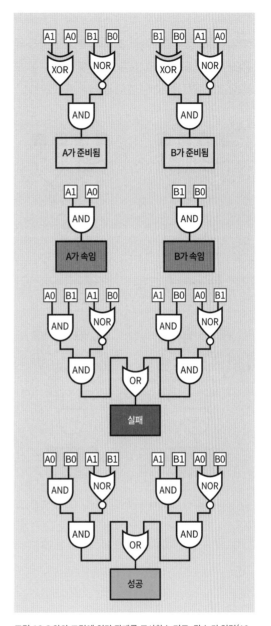

그림 16-6 앞의 그림에 있던 관계를 모사한 논리도. 각 논리 입력(A0, A1, B0, B1)은 푸시 버튼과 연결된다. 각 버튼은 눌릴 수도 눌리지 않을 수도 있지만 버튼이 눌린 경우 높은 수준의 전압 입력을 제공하며 버튼이 눌리지 않은 경우에는 풀다운 저항(그림에는 따로 표시하지 않았다)을 이용해서 낮은 수준 전압을 입력으로 제공한다.

그림 16-7에서는 'A가 준비됨'을 나타내는 표시가 어떤 경우에 켜지는지 논리도에서 각 버튼 조합에 대해서 표시하고 있다. 그림에서 아래쪽 두 가지 조합에서는 '준비' 표시가 켜지지 않는다.

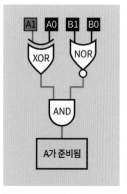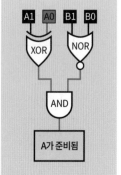
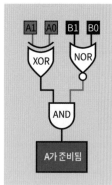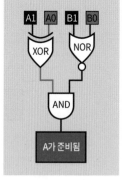

그림 16-7 임의의 푸시 버튼 조합 4가지에 따른 참가자 A의 준비 표시.

그림 16-6의 논리도는 다음과 같이 요약할 수 있다.

- '참가자 A가 준비됨'에 대한 확인: 만일 A0이나 A1이 하나라도 높은 상태 전압이며(두 개 모두는 아니며), B0과 B1이 모두 눌리지 않은 경우 'A가 준비됨' 표시에 불이 들어온다.
- '참가자 B가 준비됨'에 대한 확인: 만일 B0이나 B1이 하나라도 높은 상태 전압이며(두 개 모두는 아니며), A0과 A1이 모두 눌리지 않은 경우 'B가 준비됨' 표시에 불이 들어온다.
- '참가자 A가 속임'에 대한 확인: 만일 A1과 A0이 모두 눌린 경우 'A가 속임' 표시에 불이 들어온다.
- '참가자 B가 속임'에 대한 확인: 만일 B1과 B0이 모두 눌린 경우 'B가 속임' 표시에 불이 들어온다.

이제부터는 약간 더 복잡해진다.

- '실패' 상황에 대한 확인: 만일 A0과 B1이 모두 눌렸으며, A1과 B0은 눌리지 않은 경우에 '실패' 표시에 불이 들어온다. 또한 A1과 B0 모두가 눌렸으며, A0와 B1은 눌리지 않은 경우에도 '실패' 표시에 불이 들어온다.
- '성공' 상황에 대한 확인: 만일 A0과 B0 모두가 눌렸으며, A1과 B1은 눌리지 않은 경우에는 '성공' 표시에 불이 들어온다. 또한 A1과 B1 모두가 눌렸으며, A0과 B0은 눌리지 않은 경우에도 '성공' 표시에 불이 들어온다.

위의 문장들은 그림 16-5에 나타나 있는 버튼 조합을 기초로 만든 것이다. 만일 버튼 눌림 기호들을 보면서 위의 문장을 읽어보면 각 패턴이 하나씩 맞아 들어간다는 것을 알 수 있을 것이다.

이제 회로를 만들 수 있다. 필요한 모든 게이트를 구성할 수 있을 만큼 충분히 논리칩이 있어야 하며 각 버튼의 출력을 다양한 게이트의 입력으로 정확히 연결하도록 주의해야 한다. 하나의 버튼을 여러 게이트의 입력에 연결해도 별 문제가 없다는 것을 기억하자.

문제는 처음에 예상했던 것보다 훨씬 큰 프로젝트인 것으로 밝혀졌다는 점이다. 그림 16-6에서 표시된 모든 논리 게이트를 확보하려면 쿼드 2입력 AND 칩 3개, 쿼드 2입력 OR칩 1개, 쿼드 2입력 NOR 칩이 2개, 쿼드 2입력 XOR 칩이 1개 필요하다. 전부 합치면 7개가 되기 때문에 브레드보드 한 개에 들어가지 않을 수도 있다.

간단하게 만드는 방법이 있을까? 음. 사실 방법이 있다. 이것을 논리 회로의 '최적화(optimizing)'라고 생각할 수 있다.

최적화

앞에서 '속임' 조건을 확인하는 것이 모든 것보다 앞선다고 이야기한 것을 기억하는가? 이 생각을 이용해서 간단하게 만드는 것이 가능하다. 여기서 고려하고 있는 것은 애너벨이나 보리스가 속였다면 '성공' 혹은 '실패' 조건을 확인해 볼 필요조차 없다. '속임' 표시는 켜고 다른 표시들이 켜지지 않도록 하면 되는 것이다.

논리 게이트로 좀 전에 설명한 작업을 하는 방법은 속임수 감지 부분을 만들고 속임수가 없을 때 해당 부분에서 성공/실패 부분으로 'okay' 신호를 전달하는 것이다. 'okay, 속임수 없음' 신호가 전달되지 않으면 '성공' 혹은 '실패'에 불이 들어오지 않는다. 그림 16-8의 흐름도에 이런 개념을 그렸다. 이 흐름도를 보면, A와 B 모두가 속이지 않은 것이 확실한 경우에 'okay' 신호가

발생해서 성공 여부를 판단할 것인지 알려준다.

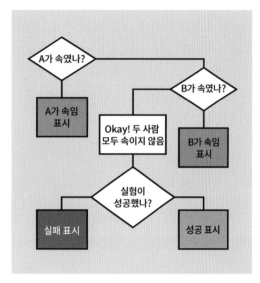

그림 16-8 이 흐름도는 성공인지 실패인지 판단하기 전에 속임수가 없는지 먼저 확인하는 방식에 대해서 보여준다.

이 부분을 어떻게 논리 게이트로 바꿀 수 있을까? NOR 게이트 두 입력 모두가 낮은 수준 전압인 경우에만 높은 수준 전압을 출력한다. 만일 각 사람들이 속이지 않았음을 낮은 수준 전압으로 표현한다면 NOR 게이트의 출력이 높은 수준 전압인 경우에는 두 사람 모두 속이지 않았다는 것을 의미한다.

그림 16-9의 아랫부분을 보면, A와 B의 '속임' 표시 부분을 입력으로 가져오는 NOR 게이트가 추가되어 있다. 애너벨과 보리스가 속임수를 사용하지 않는 동안에는 NOR 게이트의 출력이 높은 상태 전압을 유지할 것이다. 이 신호를 '성공' 혹은 '실패'를 나타내는 불빛을 켜기 바로 전에 있는 3입력 AND 게이트로 연결한다. 이 말은 어떤 참가자라도 속임수를 쓰면 '성공'이나 '실패' 표시

가 켜지지 않게 된다고 이야기하는 것과 같다.

3입력 AND 게이트를 적용시키기 위해서 논리도의 아랫부분에 네 개의 XOR 게이트를 이용해서 작업을 다시 진행했다. 이 부분이 어떻게 동작하는지 이해하는 것은 여러분의 몫으로 남겨두겠다. 뒤로 돌아가 그림 16-5를 참조하면 된다.

여기서 어떤 방식으로 시스템의 논리도를 간단하게 하거나 최적화시킬 수 있을까? 가장 정석적인 방법은 적당한 불리언(Boolean) 표기법을 배워서, 중복된 부분이나 서로 모순되는 부분을 찾아내는 것이다. 위키피디아에 이런 작업에 대한 예가 있는데, 찾기 쉽지는 않다. 필자가 더 선호하는 방법은 논리도를 곰곰이 보면서 가능한 상태들을 상상해 보고 요구사항을 만족시킬 수 있는 다른 방법을 찾기 위해서 노력하는 것이다. 간략하게 만들어진 논리를 생각하고 난 이후에는 가능한 모든 입력의 조합에 대해서 동작하는지 확인해 본다. 이 방식은 매우 직관적인 접근 방법이며 전통적인 방식은 아니지만 쓸만하다.

만들자

이제 회로가 최적화 되었으므로 만들 때가 되었다. 1개의 쿼드 2입력 AND 칩, 1개의 트리플 3입력 AND, 1개의 쿼드 2입력 NOR와 2개의 쿼드 2입력 XOR 칩이 필요하다. 7개의 칩이 아닌 5개의 칩만 있으면 된다. (OR 칩은 간신히 모두 제거했다.)

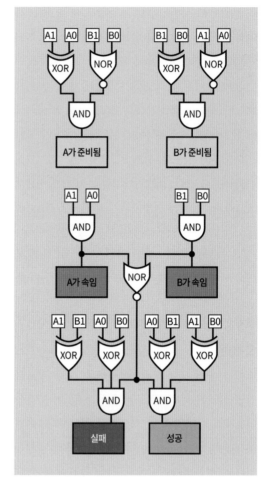

그림 16-9 이전의 논리도에 A와 B가 모두 속임수를 쓰지 않은 경우에 높은 수준 전압을 출력하는 NOR 게이트를 '성공' 혹은 '실패' 표시기에 빛을 내는 부분 앞에 추가해서 간단하게 만든 논리도.

추가된 칩의 핀 배치는 그림 16-10과 그림 16-11에 있다. AND, OR, XOR 게이트 내부와는 다르게, NOR 칩 내부의 게이트 방향은 거꾸로 되어 있다는 점을 잊으면 안 된다. 연결할 때 주의해야 한다.

브레드보드에서 이 회로가 서로 연결된 것은

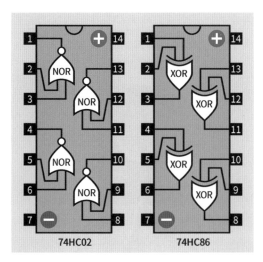

그림 16-10 14핀 논리칩은 네 개의 2입력 NOR 게이트 혹은 네 개의 2입력 XOR 게이트를 위의 형태로 포함하고 있다. NOR 게이트의 입/출력은 다른 2입력 게이트가 네 개 들어 있는 칩의 배치와 뒤바뀌어 있다는 점을 기억하는 것이 중요하다.

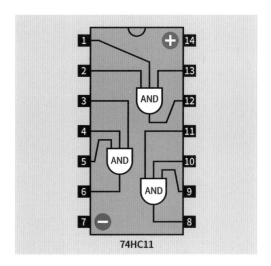

그림 16-11 여기 보이는 것처럼 14핀 논리칩은 3개의 3입력 게이트를 가질 수 있다.

그림 16-12에서 볼 수 있다. XOR 게이트는 안쪽에 X표시가 되어 있으며 AND 게이트는 & 기호, NOR 게이트는 N으로 표시했다. (이 기호들은 표준으로 사용하는 약자가 아니다.)

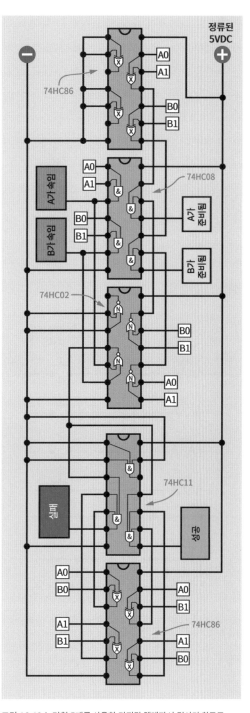

그림 16-12 논리칩 5개를 사용한 마지막 텔레파시 검사기 회로도.

전체 회로도를 책의 한 면에 표시하는 것은 어렵기 때문에 그림 16-12의 회로도에서는 푸시 버튼 부분을 따로 그리지 않았다. 이 부분은 그림 16-13에 있으며, 따로 연결돼야 한다. 각 버튼의 출력은 5개의 이름표가 붙어있는 부분으로 나가고 이 부분이 그림 16-2에 있는 이름표에 연결된다. 즉 그림 16-13의 첫 번째 있는 이름표 A0는 그림 16-12의 맨 위에 있는 XOR칩과 연결된 이름표 A0 부분과 연결되며, 다른 것들도 같은 방식으로 연결된다. 이 부분을 연결하는 가장 간단한 방법은 여러 색으로 구분된 리본 케이블을 사용하는 것이다.

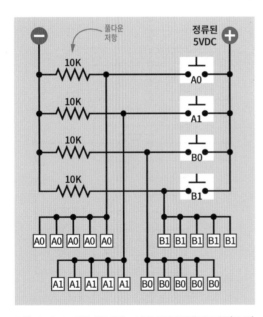

그림 16-13 ESP 검사 회로에서는 4개의 평상시 열림 단극단투(SPST) 푸시 버튼이 사용된다. 각 버튼의 출력은 5개의 칩으로 나뉘어져서 연결된다. 5개의 버튼 입력들은 한 번에 높은 수준 혹은 낮은 수준 전압만 가질 수 있으므로 각 버튼에는 풀다운 저항이 하나씩만 있으면 된다.

이 버튼들을 각각 LED 메시지 표시기와 연결할 것이다. 이때 각 LED에는 220Ω 직렬 저항을 붙

여서 논리칩의 출력에 과부하가 걸리지 않도록 해야 한다는 점을 주의하자.

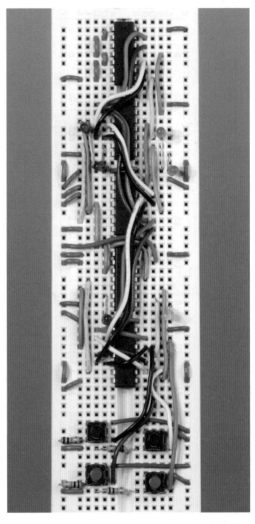

그림 16-14 5개의 논리칩을 사용해서 브레드보드에 구현한 완전한 텔레파시 검사기.

6개의 LED는 회로도에서 표시되었던 출력들을 표시한다. 여기서는 내부에 직렬 저항을 가진 LED를 사용했으므로 직렬 저항은 보이지 않는다. 참가자 A가 사용할 푸시 버튼은 아래쪽에 있

는 빨간색 버튼이며, 참가자 B가 사용할 푸시 버튼은 바로 위에 있는 검은색 버튼이다. 회로의 구성은 보여주기 위한 목적으로 구성되어 있다. 텔레파시 검사 기능을 위해서, 참가자들이 서로의 선택을 볼 수 없도록 버튼을 다른 곳에 위치시킬 수도 있다.

이 회로를 브레드보드에서 구현한 것이 그림 16-14에 있다. 5개의 칩들을 연결한 다음, 브레드보드 아랫부분에 4개의 텍타일 스위치를 끼울 수 있는 충분한 공간이 있다는 것을 확인했기 때문에, 여기에 버튼을 배치하고 논리 게이트 입력과 연결했다. 하지만 보드에는 위치에서 나온 연결을 바로 옆에 붙일 정도의 공간이 없으므로 스위치에서 나온 전선 중 일부는 가운데 부분까지 연결했다.

상세한 내용

'속임수' 표시를 위해서 사용하는 LED(회로도에서 오렌지색 사각형)가 AND 게이트의 출력 전압에 너무 큰 영향을 주지 않도록 주의해야 한다. AND 게이트의 출력이 LED로 전력을 공급할 뿐 아니라, 다음 칩인 NOR의 입력으로도 연결되기 때문이다. AND 게이트가 높은 상태 전압일 때 이 게이트가 공급하는 전원을 입력으로 받는 모든 부분의 전압은 최소한 4V가 되어야 한다. LED가 전압을 떨어트리므로 계측기를 통해서 확인할 필요가 있다.

만일 브레드보드에서 동작하는 데모가 아니라 제대로 동작하는 회로를 만들기로 결정했다면 각 참가자를 위해서 '성공'과 '실패'를 나타내는 LED도 따로 있어야 한다. 두 LED를 동시에 제어해서 켜기 위해서는 직렬 저항의 값을 증가시키거나 칩의 출력을 증폭시켜야 한다. 출력을 증폭시키는 가장 간단한 방법은 ULN2003과 같은 달링턴 어레이(Darlington array)의 트랜지스터들을 통과시키는 것이다. 7개 혹은 8개의 입력을 증폭시킬 수 있는 달링턴 어레이칩은 쉽게 구할 수 있다.

대신 LED를 직렬로 배치해서 구동시킬 수도 있다. 이 방식의 장점은 칩에서 출력되는 전력이 저항에 의해서 낭비되지 않는다는 점이다. 하지만 안타깝게도 LED는 전압보다는 전류에 더 민감하며 LED마다 완전히 다른 사양을 가지고 있으므로 결과를 예측하기 어렵다. LED가 연결될 부분의 전류를 계측기로 측정해서 LED가 처리할 수 있는 것보다 많은 전류가 흐르는 경우에는 작은 저항을 추가해야 한다.

이 회로는 한번 만들어 보라고 권장하고 싶다. 아주 적은 부품만 추가되기 때문에 만들기도 쉽다. 실제로 전선을 정확하게 연결하도록 주의하는 것만 잘하면 된다. 한번 만들어보기로 결정한 경우에, 이 정도는 할 수 있을 것이라 생각한다.

이 회로의 한 버전을 실제로 사용할 때는, 어떤 참가자의 행동에는 어떤 규칙이 있을 수 있으므로 다른 참가자가(참가자 서로가 전혀 모르는 사이라도) 그 행동 규칙을 배워서 예상할 수도 있다는 점을 염두에 둬야 한다. 뒤에서 좀 더 다루겠지만 이 문제를 해결하기 위해서 난수(randomicity)의 세계로 발을 들여놓게 된다.

디지털의 차이

그림 16-12의 회로도를 대충 확인해 보면 이전의 OP 앰프를 가진 회로와는 아주 다르게 보인다. 일단 커패시터가 없고 저항은 풀다운을 위해서만 사용됐다. 트랜지스터 역시 없다. 논리칩은 다른 부품의 도움 없이 서로 신호를 교환할 수 있도록 만들어졌기 때문이다. 같은 패밀리의 칩을 사용한다면, 한 칩의 출력이 다른 칩의 입력으로 받아들여질 수 있다는 것이 보장된다.

한 게이트의 출력을 공유해서 다수 게이트의 입력으로 연결할 수 있다. 예를 들어, 그림 16-12의 왼쪽 아래의 74HC02 칩의 NOR 게이트 출력은 그 밑에 있는 두 AND 게이트의 입력으로 공유된다. 출력에서 여러 입력을 구동시키는 것을 팬 아웃(fanout)이라 부르며, HC 계통의 칩은 대략 10개 정도의 논리 입력이 하나의 논리 출력을 공유할 수 있다.

더 좋게 만들기

이제 회로를 조금 더 최적화할 수 있을까? 아마도 그럴 것이다. '실패'와 '성공'을 따로 확인하는 대신, 가운데 있는 NOR 게이트의 출력이 두 참가자가 모두 속이지 않은 상태라는 것을 나타내는 경우에는 참가자들이 각각 버튼을 누른 것이므로 '실패'가 아니라면 '성공'일 수밖에 없다는 점을 이용할 수 있다. 다른 말로, '성공'은 '실패가 아님'과 같은 이야기가 된다.

여하튼 이 부분을 해결할 생각을 하면 머리가 좀 아프기 때문에 더 이상 회로를 최적화시키지는 않을 것이다. 만일 논리 회로에 관심이 있

다면 이 부분을 직접 해 보자. 칩의 수를 5개에서 4개로 줄이는 데 성공했다면 저자에게 알려주면 좋겠다. 하지만 다음 실험에서 디코더라 불리는 부품 하나를 더 쓰면 칩의 수를 2개로 줄일 수 있다는 것을 보여 줄 예정이기 때문에 너무 많이 노력하지는 않아도 된다. 관심의 끈을 놓지 말자.

아주 간단하지는 않다?

여러분이 텔레파시 검사기에 대해서 읽기 시작했을 때는 너무 간단해서 별다른 관심이 가지 않는다고 생각했을 수도 있다. 하지만 이제는 관심을 가지기에 너무 복잡해졌다고 느낄 수도 있을 것이다. 맞다. 다시 한 번 말하지만 원하지 않는다면 논리 회로를 붙잡고 씨름할 필요는 없다. 하지만 디지털 회로를 사용하는 것에 대해서 계속해서 제기되는 부분들이 있으므로 결론을 내기 전에 조금만 더 생각해 보자.

- 논리 회로의 문제는 처음에 보기에는 간단해 보이지만 추가적인 확인과 조건들이 추가되면 아주 복잡해진다. 논리의 충돌 역시 발생할 수 있다. 있으면 좋은 새로운 기능을 생각하기는 쉽지만, 추가하기 전에 다시 한 번 생각해 봐야 한다.
- 사용자의 입력은 항상 문제가 된다. 즉 사람들의 가능한 모든 기발한 행동을 상상하고 거기에 대해서 적절하게 처리해야 한다.
- 체계적인 방식으로 논리 회로를 만들지만 회로를 가장 적은 칩의 숫자로 가장 간단하게 구성할 수 있다는 것은 아니다. 최적화를 통

해서 칩의 수를 줄일 수 있지만 반대로 이해하기가 더 어려워지는 문제가 있기 때문에 오류를 포함할 확률도 증가하고 결과적으로 바꾸기 쉽지 않다.

데스크톱 컴퓨터는 항상 마이크로 프로세서를 사용하지만 논리 회로 역시 필요하다. 예전에는 논리칩의 가격이 싸지 않았으므로 사용되는 논리칩의 숫자(칩의 수)는 매우 중요했다. 텔레파시 검사기를 통해서 컴퓨터의 개척자들이 했었던 과정과 비슷한 과정을 경험했다. 오늘날까지도 CPU를 설계하는 사람들은 논리 상태를 다루지만 설계 소프트웨어가 좋아졌을 뿐 아니라, 시뮬레이션 소프트웨어 역시 모든 것을 확인해 볼수 있을 정도로 강력해졌기 때문에 이전보다는 편해졌다.

마이크로컨트롤러를 사용할 수 있을까?
글쎄. 쓸 수 있을까? 답은 당연히 그렇다. 절대적으로 그렇다. 각 버튼을 마이크로컨트롤러의 입력에 연결하고 코드를 짜서 버튼이 눌리는 서로 다른 패턴에 대해서 반응하도록 하면 된다. IF-THEN 문장으로 각 경우에 서로 다른 출력을 하도록 분기하면 된다.

논리 에러는 여전히 발생할 수 있지만(실제로는 아마도 발생할 것이다) 전반적인 설계 과정을 생각해 봤을 때 이전보다는 훨씬 머리가 아프지 않을 것이며 하드웨어 역시 명확해진다. 5개의 논리칩에 있는 15개의 논리 게이트를 사용하는 대신 하나의 마이크로컨트롤러만 사용하면 된

다. 누군가 내일 텔레파시 검사기를 만들어 달라고 한다면 의심의 여지없이 마이크로컨트롤러를 사용할 것이다.

하지만 여기서 여러분에게 보여주려고 했던 것은 기본적인 작업이다. 논리 회로는 디지털 회로에 있어서 분명히 기본이 되는 부분이고 논리를 배우는 가장 좋은 방법은 (항상 그렇지만) 실험을 통해서 배우는 것이다. 이런 목적으로는 조금 구식의 논리칩을 사용하는 것을 대신할 만한 것이 없다.

그럼에도 실제로는 두 가지 정도 대체할 만한 것도 있다. 앞에서 이야기한 것처럼 다양한 논리 게이트를 가지고 있는 디코더를 사용해서 매우 많은 게이트를 연결하지 않을 수 있다. 이 부분에 대해서 실험 19와 20에서 다룬다.

두 번째 가능성은 논리 게이트 대신 구식 전기기계적 스위치 한 쌍을 이용하도록 바꾸는 것이다.

다음에는 스위치로도 만들 수 있는 게임 회로 하나를 만드는 것을 보여주겠다. 일단 칩으로 만들어 볼 텐데, 원한다면 스위치와 칩을 조합해서 만들 수도 있다.

가위바위보는 오래되었고, 전세계에서 하고 있는 놀이지만 한 번도 해 보지 않은 사람도 있을 수 있으므로 규칙을 다시 한 번 이야기해 보자. 상대와 얼굴을 마주보고 셋을 센 다음에 각각 손모양을 만들어서 낸다. 손모양은 다음과 같다.

- 주먹은 바위를 나타낸다.
- 손을 펴면 보를 나타낸다.
- 두 손가락만 펴면 가위를 나타낸다.

결과를 비교해서 승자를 판단한다. 바위는 가위를 무디게 만들고 가위는 보자기를 자를 수 있고, 보자기는 바위를 둘러쌀 수 있다.

가위바위보는 두 사람이 마주보고 다른 사람의 의도를 짐작한다는 점에서 앞에서 했던 텔레파시 테스트와 비슷한 부분이 있다. 하지만 몇 가지 차이가 있으며 이로 인해서 놀이를 전자회로로 만들 때 약간 영향을 받는다. 우선 첫 번째로 각 참가자는 두 가지가 아닌 세 가지 중에 하나를 선택한다. 두 번째로 참가자 모두 같은 선택을 하는 경우 비기게 된다. 세 번째로 서로 다른 선택을 하는 경우에는 한 명은 이기고, 한 명은 진다.

배경지식: 확률

잠깐 동안 텔레파시는 없다고 생각해 보자. 가위바위보는 순전히 우연의 산물일까?

두 사람이 놀이를 할 때 사람의 선택이란 완벽하게 무작위로 고르는 것이 아니기 때문에 아니라고 할 수 있다. 사실 많은 사람들이 무작위라는 부분에 대해서 합리적이지 않은 생각을 가지고 있다.

예를 들어, 누군가 동전을 던졌을 때 앞이 10번 연속해서 나온 경우 그 다음에는 뒷면이 나올 확률이 높다고 생각하는 것이 일반적인 믿음이다. 이런 생각을 몬테 카를로 오류(Monte Carlo fallacy)라 부르는데, 이 이름은 1913년 8월 18일에 몬테 카를로 카지노에 있는 룰렛에서 스물여섯 번 연속해서 검은색이 나온 것에서 유래되었다. 많은 사람들이 이 과정에서 연속해서 빨간색 쪽에 돈을 걸면서 많은 돈을 잃었다. 어쨌든 10번, 15번, 혹은 20번 연속해서 검은색이 나오면 이제 곧 빨간색이 나올 것이라고 믿는다.

룰렛은 기억장치가 없으므로 이런 믿음은 완전한 오류다. 동전 역시 그렇다. 만일 동전을 던져서 12번 연속해서 앞면이 나왔다 하더라도 동전은 그 사실을 알지 못한다. 결과적으로 그 다음에 동전을 던졌을 때 앞면이 나올 확률은 이전과 정확히 같다.

하지만 사람들은 다르다. 이전 것을 기억하고, 기억이 결정에 영향을 준다. 가위바위보를 하고 있는 중에 세 번 연속으로 바위를 냈다면 다음에는 바위가 아닌 다른 것을 낼 확률이 조금 더 높다. 예측 불가능하게 움직여야 한다고 느끼기 때문에 어떤 것을 연속해서 내지 않는 것이다. 따라서 다음에는 가위나 보를 낼 확률이 조금 더 높아지는 것이다.

이 점을 생각해서 상대는 가위를 내서 이길 확률을 높일 수 있다. 가위를 내는 경우에는 비기거나 이길 수 있기 때문이다. 어떤 것이나 지지 않을 수 있는 것이다.

문제는 경험이 많은 상대와 게임을 하는 경우다. 이 경우에는 상대가 같은 것이 나오지 않을 것이라 예상하고 있기 때문에 여러분의 예상을 깨고 같은 것을 낸다.

하지만 상대가 경험이 많은지 알고 있다면 어떻게 해야 할까? 여러분도 다시 한 번 상대의 행동을 예측해서 여러분의 전략을 바꿔야 하지만 상대가 이 부분을 알아챘다면 상대도 전략을 바꿀 것이다.

이렇게 사람들이 반복적으로 서로 다른 사람의 의도를 계속해서 추정해 나가는 부분은 1960년대에 미국의 외국인 정책과 원자력 무기 경쟁에 많은 영향을 준 수학의 한 분야인 게임 이론(game theory)에서 가장 보편적으로 다루고 있는 흥미진진한 주제이기도 하다.

배경지식: 게임 이론

게임 이론은 1944년에 컴퓨터 부분의 천재인 존 폰 노이만(John von Neumann)과 오스카 모르켄슈타인(Oskar Morgenstern)이 함께 쓴 『게임 이론과 경제적 형태(Theory of Games and Economic Behavior)』라는 책이 출판되면서 한 분야로 인정받게 되었다.

이 이론의 개념은 1950년대 초기에 발전되어 워싱턴 DC에 있는 싱크탱크(think tank)[1]인 RAND의 이론가들 사이에서 크게 유행했다.

게임이론은 두 명 이상의 참가자(player)가 서로에 대한 완전한 정보를 가지지 않으며, 서로를 믿는 것도 아니지만 자신의 이득을 취할 수 있는 전략을 찾는 상황을 설명할 수 있다. 예를 들어, 포커 게임에서 참가자가 허세를 부릴 수도 있으므로 다른 참가자는 허세를 부리는지 알아내기 위해서 노력해야 하고 허세라고 판단된 경우에는 어떤 방식으로 대응해야 한다. 이런 대응은 일종의 피드백으로 작용해서 허세를 부린 참가자에게 영향을 주는데 이런 과정은 카드를 공개해서 어떤 참가자가 이길 때까지 반복된다.

군사적인 대결 역시 허세 부리기, 도전, 상대를 다시 추정하는 등의 과정을 포함하고 있다. RAND에 있는 허먼 칸(Herman Kahn) 같은 전문가들은 소련의 미국에 대한 첫 번째 타격이 일어

---

1 (옮긴이) 정책이나 관련 연구를 수행해서 정부나 특정 집단에 결과와 의견을 제공하는 전문가 집단.

나는 등의 환경에서 이 내용이 '합리적'이라 주장했다. 즉, 두 국가 모두 첫 번째 타격을 입은 후에 두 번째 타격을 돌려줄 수 있는 능력이 있어야지만 서로의 첫 번째 타격을 저지할 수 있다는 것이다.

http://www.gametheory.net를 가보면 게임이론의 몇 가지 가정에 대해 간단하게 설명한 것을 볼 수 있을 것이다. 이 중 하나는 자신의 이득을 극대화하기 위해서 합리적으로 움직인다는 것이다. 어떤 정치가가 이득을 취하기 위해서 다른 나라 국민 수억 명을 죽이고, 다른 나라를 방사능으로 오염된 땅으로 만들겠다는 '합리적'인 판단을 할 수 있을까?

아마 못할 것이지만 게임이론에서는 이 부분에 대한 확신을 주지는 못했다. 따라서 미국은 수소폭탄과 선제 공격에도 살아남을 수 있도록 설계된 격납고에서 발사될 수 있는 시설을 개발하기 위해서 수 십억 달러를 사용했다.

가위바위보 같은 게임과는 상당히 동떨어진 이야기지만 규모, 변수의 수, 결과의 심각성에 차이가 있다는 점만 다르다.

논리

가위바위보 게임을 위한 논리 회로를 어떻게 나타내야 할까? 텔레파시 검사기의 개발 단계를 충실히 따랐다면 이번 것도 별로 어렵지 않을 것이다. 그림 17-1은 참가자 A를 위한 기본적인 논리도를 보여준다. 애너벨과 보리스는 앞에서 표시했던 것처럼 참가자 A와 참가자 B라는 이름으로

게임을 진행하고 있으며 각 선택은 가위, 바위, 보라는 이름이 붙어있는 세 개의 푸시 버튼을 통해서 이루어 진다. 간편하게 표시하기 위해서 애너벨의 푸시 버튼을 AS, AR, AP, 보리스의 것은 BS, BR, BP라는 약자를 쓴다.

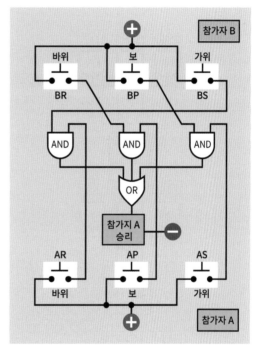

그림 17-1 위의 논리 게이트 간의 연결은 가위바위보 게임에서 참가자 A가 이길 수 있는 세 가지 경우에 대해서 '승리' 표시를 보여줄 수 있다.

만일 보리스가 가위 버튼을 눌렀을 때 애너벨이 바위 버튼을 눌렀다면 바위가 가위를 망가트릴 수 있기 때문에 애너벨의 승리다. 만일 A가 보, B가 바위를 낸 경우에는 보자기로 바위를 감쌀 수 있으므로 A의 승리다. 만일 A가 가위, B가 보를 냈다면 가위가 보자기를 자를 수 있으므로 역시 A의 승리가 된다. 그림에서 연결을 따라가 보

면 이 세 가지 승리의 경우가 표시되어 있다.

보리스의 경우 역시 승리할 수 있는 경우가 세 가지 있으며, 애너벨과 보리스가 같은 버튼을 눌러서 둘이 비길 수 있는 경우 역시 세 가지 경우가 있다. 이 내용은 그림 17-2에 요약되어 있다.

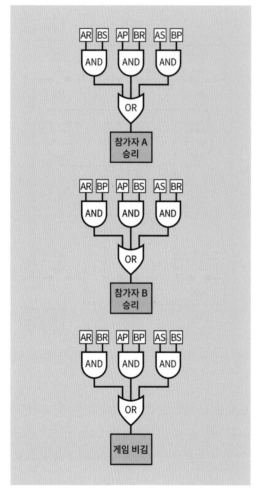

그림 17-2 세 개의 논리 연결을 이용해서 가위바위보 게임에서 스위치 조합에 따라 누가 이겼는지 혹은 비겼는지 적당한 메시지를 줄 수 있다.

지금까지는 아주 간단하다. 하지만 게임의 확률과 속임수 등의 문제를 생각해 볼 때부터 복잡한 문제가 시작된다.

누가 켰을까?

텔레파시 검사와 마찬가지로 참가자 앞의 푸시 버튼은 다른 참가자가 볼 수 없어야 한다. 하지만 이 경우에는 한 게임이 끝날 때 각 참가자가 실제로 어떤 버튼을 눌렀는지 확인할 수 있는 방법도 없다. '참가자 A 승리' '참가자 B 승리' '비김'을 나타내는 세 가지 표시기만 있다.

두 참가자가 모두 버튼을 눌러서 경기가 끝난 후에 각 버튼 옆에 있는 LED를 켜 보자. 이 동작은 어떻게 만들 수 있을까? 논리 회로로 적어보자.

우선 참가자 A의 승리, 참가자 B의 승리, 비김 중 하나의 결과로 한 게임이 끝날 때까지 기다려야 한다. 3입력 OR 게이트 하나를 써서 그림 17-2의 출력 부분을 입력으로 받으면, 게임이 끝났는지 판단할 수 있다. 그 결과는 그림 17-3과 비슷한 형태가 될 것이다. 게임의 세 가지 결과는 3입력 OR 게이트의 입력으로 들어가고, 이 게이트의 출력이 높은 수준 전압을 보이면 게임이 어떤 식으로든 끝났음을 나타낸다. 이 출력을 각 버튼의 출력과 AND 시켜서 버튼이 LED를 켜게 하는 부분 앞에 두면 된다. 회로도나 논리도에서 LED는 공간을 줄이기 위해서 노란 원으로 그려져 있다. 각 LED는 연결된 버튼과 같은 약자로 구분되어 있다.

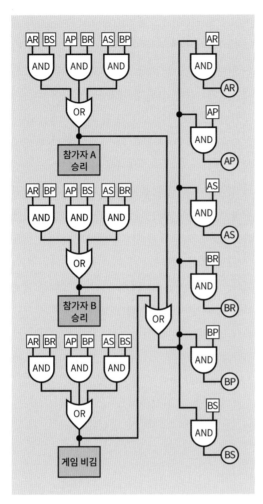

그림 17-3 게임의 결과가 나올 때까지 스위치 옆에 있는 LED가 켜지지 않도록 만드는 논리 연결.

누가 속였을까?

다시 복잡해 보이는 부분의 시작이다. 하지만 속임수 문제 때문에 더 힘든 부분이 남아있다. 두 버튼을 한꺼번에 눌러서 규칙을 어기는 사람이 있다는 것을 어떻게 알릴 수 있을까? 텔레파시 검사에서는 두 신호 중 하나만 높은 상태 전압인 경우에 높은 상태 전압을 출력하고 두 입력이 모

두 높은 상태 전압일 때는 낮은 상태 전압을 출력하는 XOR 게이트 하나를 사용해서 이 문제를 풀 수 있었다. 텔레파시 검사에서는 XOR에서 높은 상태 전압이 출력되는 것으로 속임수를 사용하지 않고 동작을 취했음을 확인할 수 있다.

하지만 XOR는 대부분 2개의 입력만 가지고 있는 반면, 가위바위보 게임의 경우 각 참가자마다 세 개의 버튼을 사용한다는 점이 문제다.

내용을 정확히 확인하면 도움이 된다. AR과 (AND) AP가 동시에 눌리거나(OR), AP와(AND) AS가 동시에 눌리거나(OR), AS와(AND) AR이 동시에 눌리면 애너벨이 속인 것이다. (물론 버튼 세 개를 동시에 눌러도 속인 경우가 되지만 세 버튼을 눌렀을 때는 반드시 두 개의 버튼이 눌릴 수밖에 없으며, 이미 두 개의 버튼이 눌릴 수 있는 모든 경우를 확인하고 있으므로 세 개의 버튼이 눌린 경우를 따로 확인할 필요는 없다.)

속임수를 쓴 경우에는 경보 표시기 불을 켜고 게임에서 나오는 모든 일반적인 출력을 막아야 한다. 보리스가 속임수를 쓴 경우도 마찬가지다. 다시 설명해 보면, 만일 애너벨이 속임수를 썼거나(OR) 보리스가 속임수를 쓴 경우에는 '승리' 표시와 '비김' 표시가 출력되는 것을 막는다.

이 기능을 구현하는 것은 물론 가능하다. 각 참가자가 여러 버튼을 눌렀는지 확인하기 위한 세 개의 AND 게이트와 AND 게이트에서 나온 출력을 합치기 위한 OR 게이트 한 개, 두 참가자 모두 속이지 않았다는 것을 확인하기 위한 NOR 게이트 한 개, 게임의 일반적인 출력을 막아주기 위해서 NOR 게이트의 출력을 받는 AND 게이트

가 필요하다. 하지만 설명만으로는 구성이 쉽지 않을 것처럼 들린다.

배경 지식: 게이트 어레이

1970년대 초반부터 제조사들은 프로그램이 가능한 논리 게이트 어레이(logic gate array)가 들어 있는 칩을 판매했다. 이 칩들은 모두 '일반적인' 논리 게이트를 프로그램 가능한 연결로 연결해서 칩에서 특정 응용에 적합한 논리 회로가 만들어지도록 한 것이다. 이 목적을 위해서 PLA, PAL, GAL, CPLD등의 약자를 가진 칩들이 있다. (관심이 있다면 인터넷을 검색 해보자.) 결국에는 간단한 논리 게이트뿐만 아니라 상당히 복잡한 기능을 가진 필드 프로그래머블 게이트 어레이(field-programmable gate arrays: FPGAs)가 개발되어, 원한다면 사용할 수 있다.

안타깝지만 FPGA를 프로그래밍 하려면 하드웨어 기술 언어(HDL)을 사용할 수 있어야 하며 적합한 소프트웨어(보통은 칩 제조사에서 라이선스를 얻을 수 있다)와 몇 가지 적합한 하드웨어가 있어야 한다. 이 책에서 다룰 정도의 용도를 위해서 이런 장비를 집에 구비하는 것은 약간 과하기 때문에 여기서는 구식이지만 칩을 사용하겠다.[2]

아님 한번 해볼까? 한 페이지를 넘기는 게이트를 사용하는 논리도보다 간단한 방식을 선호하는데, 다행히 그런 방법도 있다.

---

2 (옮긴이) 간단한 FPGA 키트의 경우 요즘엔 비싸지 않고 소프트웨어도 대부분 무료 버전이 있으므로 한번 시도해 보는 것도 좋다.

그림 18-1은 새로운 개념을 보여준다. 그림에서는 한 쌍의 평범한 스위치를 이용해서 논리 게이트의 동작을 모사하는 방법을 보여주며 각 스위치는 논리 게이트의 입력으로 보면 된다.

스위치가 눌린 경우에는 높은 수준 전압이 논리 입력으로 사용된 것과 같다. 스위치가 열린 경우에는 낮은 수준 전압이 논리 입력으로 사용된 것과 같다. 따라서 그림에서 맨 위에 있는 스위치 쌍의 출력은 마치 AND 게이트처럼 왼쪽 스위치와 오른쪽 스위치가 모두 눌린 경우(AND)에만 높은 수준 전압을 출력한다.

하지만 완전히 그런 것은 아니다. AND 게이트는 높은 수준과 낮은 수준 전압을 모두 출력한다. 그림 18-1에서 스위치가 모두 열린 경우 출력 또한 열린 회로가 된다. 즉, 출력이 플로팅(floating)되어서 그 전압이 어떤 값이라 말할 수 없는 상태가 된다. 플로팅된 경우 출력의 상태를 잡아주기 위해서, 풀다운 저항을 붙여줘야 한다. 여기서는 그림을 간단하게 하기 위해서 저항을 생략했다.

한 쌍의 스위치와 논리 게이트의 다른 중요한 차이점은 스위치의 경우 전기적으로 양방향성을 가지지만 논리 게이트는 그렇지 않다는 점이다. 논리 게이트의 출력으로 전류를 흘려 보낼 수 없으며 입력에서 전류를 끌어올 수도 없다. 이 차이점은 골칫거리지만 가끔은 회로를 간단하게 만들어 주기도 한다.

배경 지식: XNOR은 전등 스위치에서 만들어졌다

간단하게 이야기해서 여러분 집에 있는 전등의 스위치 연결이 XNOR 게이트와 아주 비슷하다는 것을 알고 있었나? 이 스위치는 보통 계단 앞에서 사용된다. 계단의 위와 아래, 양쪽 끝에 스위치가 있는 것을 보았을 것이다. 전등이 켜졌을 때 두 스위치 중 어떤 것으로든 전등을 끌 수 있으며, 전등이 꺼졌을 때도 두 스위치 중 어떤 것으로도 전등을 켤 수 있다.

전등 스위치의 논리를 그림 18-1의 XNOR에서 확인해 보자. 각 스위치의 조합에서 전력이 어떻게 전달될지 확인해 보고, 두 스위치가 변했을 때의 전력 흐름도 생각해 보자.

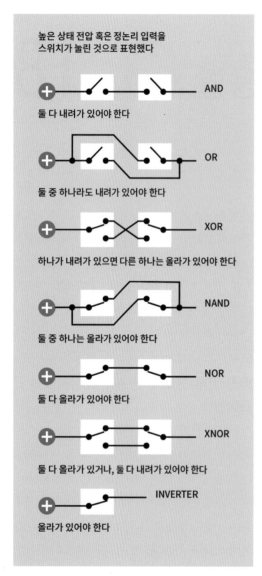

높은 상태 전압 혹은 정논리 입력을
스위치가 누른 것으로 표현했다

둘 다 내려가 있어야 한다 — AND

둘 중 하나라도 내려가 있어야 한다 — OR

하나가 내려가 있으면 다른 하나는 올라가 있어야 한다 — XOR

둘 중 하나는 올라가 있어야 한다 — NAND

둘 다 올라가 있어야 한다 — NOR

둘 다 올라가 있거나, 둘 다 내려가 있어야 한다 — XNOR

올라가 있어야 한다 — INVERTER

그림 18-1 각 스위치는 논리 게이트의 입력과 동일하고, 스위치에 압력이 가해져서 눌리는 것이 입력에 높은 수준 전압을 가하는 것과 같다. 스위치가 열려서 출력이 플로팅되는 것을 막기 위해서는 풀다운 저항을 써야 한다.

세 개의 스위치를 써서 같은 동작을 할 수 있는 논리 회로를 생각해 보자. 이 말은 세 개 중 어떤 스위치라도 전구의 상태를 바꿀 수 있어야 한다

는 의미다. 힌트를 하나 주자면, 가운데 스위치는 두 개의 극(pole)을 가져야 한다.

가위바위보로 돌아가자

그림 18-2를 보고 앞의 그림 17-1과 비교해 보자. 두 회로는 같은 기능을 하지만 새로운 회로의 경우 논리 게이트를 사용하지 않는다. 한 쌍의 스위치를 직렬로 연결해서 참가자 A가 이겼는지 나타내는데, 이것은 이전의 AND 연결과 같다. 세 개의 스위치는 같이 연결되어 있는데, 이것은 앞에서 OR 게이트로 연결한 것과 같다.

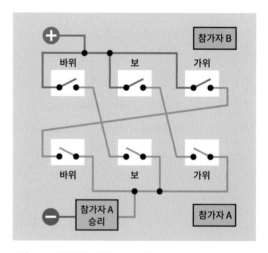

그림 18-2 가위바위보 게임에서 스위치만 이용해서 참가자 A가 승리할 수 있는 3가지 조합에서 '승리' 표시를 출력할 수 있는 회로. 보기 편하도록 전선의 색을 추가했으며, 전선 피복의 색이라 생각해도 된다.

회로도에서 푸시 버튼 대신 스위치를 보여주는 이유는 무엇일까? 나중에 이 스위치들을 여러 개의 극을 가진 쌍투(double-throw) 형식의 스위치들로 바꿔줘야 하는데, 푸시 버튼에도 다극쌍투 형식이 있기는 하지만 회로도에 표현할 때 훨씬 많은 공간이 필요해서 그리기가 어렵기 때문

이다. 스위치 밑에 스프링이 있어서 눌리지 않았을 때는 열리는 형태의 스위치라고 가정하자.

그림 18-2에서는 이후 실험에서 전선을 추가해야 하므로 전선에 색을 칠해서 좀 더 명확히 구분했다. 이 색은 연결선 피복의 색이라 생각해도 된다.

이제 그림 18-3을 보면 참가자 B가 이기는 경우에 반응하도록 스위치와 전선을 연결했다. 이 두 회로를 합칠 수 있을까? 논리 게이트를 썼을 때 한 스위치의 출력을 여러 게이트의 입력에 연결했던 것과는 다르게 한 스위치의 출력을 여러 스위치의 입력에 연결할 수는 없다. 전선을 통한 연결은 전기가 입력 쪽으로도 흐를 수 있기 때문에 오류를 발생시키기 쉽다. 그 대신 각 회로를 분리된 상태로 유지하기 위해서 그림 18-4처럼 극을 여러 개 가진 스위치를 사용해야 한다.

이 회로는 두 개의 극을 지닌 스위치가 필요

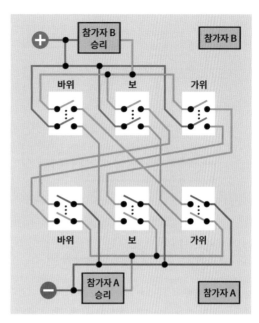

그림 18-4 앞의 두 회로도를 조합해서 회로를 만들 때는 쌍극 스위치를 사용해야지만 두 회로를 전기적으로 분리시킬 수 있다.

하지만 기능을 추가함에 따라 극이 더 있어야 한다. 다행히 푸시 버튼과 똑딱 스위치(push-twice switch: 한번 누르면 켜지고, 또 한번 누르면 꺼지는 형식의 스위치)도 2개, 4개, 6개, 8개의 극을 가진 것들이 있다. (이 스위치들은 보통 비교적 저렴한 스테레오 장치에 많이 사용된다.)

어떤 버튼인지 알려주기

실험 17에서 모든 것을 논리 게이트로만 처리하려고 하는 것은 쉽지 않다고 이야기했었다. 이 이야기는 모든 참가자가 버튼을 누른 이후에 어떤 버튼을 눌렀는지 LED로 보여줄 수 있는 그림 17-4의 논리도를 본 다음이었다.

논리 게이트를 이용하지 않고 전선을 이용하면 조금 더 쉽게 만들 수 있었을까? 그렇다고 생

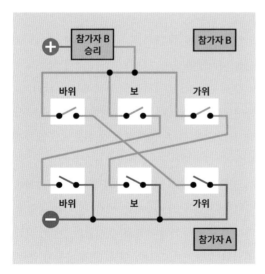

그림 18-3 가위바위보 게임에서 참자가 B가 이길 수 있는 모든 경우에 대해서 '승리' 출력을 생성시킬 수 있는 스위치 회로.

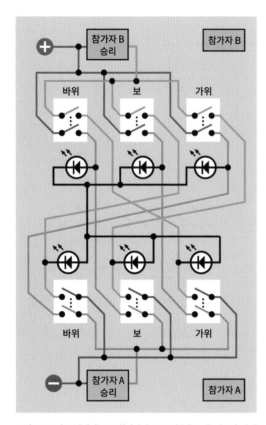

그림 18-5 이 구성에서는 두 참가자가 모두 버튼을 누른 경우에 어떤 버튼이 눌렸는지 LED를 통해서 보여줄 수 있다.

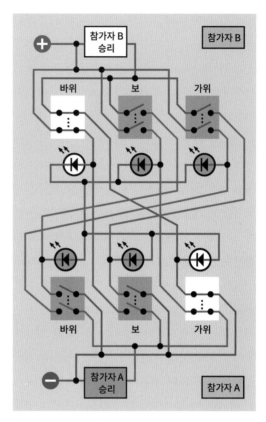

그림 18-6 이 예제에서는 참가자 A가 가위를, 참가자 B가 바위를 선택했을 때 두 개의 스위치로 적절한 LED를 켜는 방법을 보여준다.

각한다. 그림 18-5는 그 방법을 보여준다. 전원의 양극을 회로에서 참가자 B 쪽의 윗부분에, 전원의 접지를 참가자 A의 아래에 연결했으므로 LED는 회로의 중간에 연결될 수 있다.

그림 18-6의 예제는 참가자 A가 '바위', 참가자 B가 '가위'를 누른 경우 회로의 동작을 보여준다. 전원의 양극과 직접 연결된 부분은 빨간색, 접지와 직접 연결된 부분은 파란색으로 표시했다. 전기가 통하고 있지 않은 전선, 스위치, LED, 표시 등은 회색으로 표시했다. 자홍색으로 표시된 전선은 하나의 LED를 통과해서 전류가 약간 감소

되었으며 두 번째 LED를 아직 통과하지 않은 부분을 나타낸다.

전자 부품이 동작하려면 한쪽에는 양극이, 다른 한쪽에는 음극이 연결돼야 한다. 따라서 "참가자 B 승리" 표시에는 불이 들어오고, "참가자 A 승리" 표시에는 불이 들어오지 않는다.

전류는 하나의 LED를 통과해서 다른 LED에 도달한다. 두 LED 사이는 중간 정도의 전압을 가지기 때문에 자홍색으로 표시했다. 서로 직렬 연결되어 있는 두 LED의 한쪽 끝에 전원의 양극, 다른 부분에 전원의 음극이 연결된 경우를 생각

해 보면 닫힌 스위치들과 연결된 LED에는 불이 들어오고 그 이외에는 불이 들어오지 않는 이유를 알 수 있을 것이다. 또한 LED 역시 다이오드라서 극성이 다른 경우는 입력을 막아준다는 부분도 기억할 필요가 있다.

스위치 조합을 따라가다 보면 각 경우에 대해서 적합한 LED와 표시기에 불이 들어온다는 점을 알 수 있을 것이다.

실제 회로에서 LED 두 개를 직렬로 연결할 때 두 LED가 내부 저항을 가진 것이면 빛이 아주 흐릿하게 빛나는 모습을 볼 수 있다. 위의 경우에는 전류가 두 개의 LED와 두 개의 저항을 직렬로 통과하는 것이기 때문이다. 일반적인 LED 2개를 저항 없이 연결한 후, 계측기를 이용해서 각 부품으로 들어가는 전류가 부품에서 필요한 가장 낮은 전류값보다 떨어지는지 확인할 필요가 있다. 두 그룹의 LED를 연결해 주는 회로도 왼쪽의 자홍색 전선들은 대부분의 경우에는 최적의 성능을 위해 낮은 값을 가진 저항으로 대체해야 한다. 저항의 값은 220Ω부터 시작해서 값을 낮춰가면서 적절한 전류가 나올 때까지 여러 번 시도를 하면서 선택하면 된다. 대부분 LED의 동작에는 20mA 정도의 전류가 필요하지만 일부는 더 낮은 전류에서도 동작한다.

속이지 못하게 만들기

이제 어려운 부분을 할 것이다. 바로 속임수를 방지하는 것이다. 여기서는 이미 만든 회로에 스위치를 추가해서 각 참가자의 회로에 공급되는 전원을 제어하는 방법을 쓸 것이다.

이 부분의 원리는 그림 18-7에서 볼 수 있으며, 3개의 쌍극 스위치가 다른 조합을 이룬 것을 보여준다. 여기서 사용된 모든 스위치는 보통의

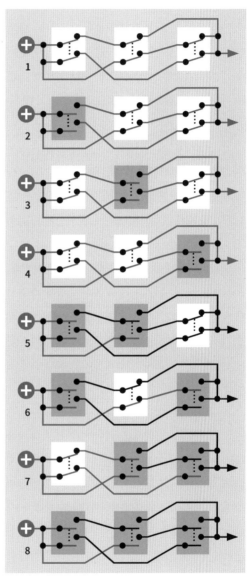

그림 18-7 이런 방식으로 연결하면 눌린 스위치가 없거나 하나의 스위치만 물린 경우에는 평상시에 닫힌 상태가 되는 세 개의 쌍극 스위치로 전류가 흐르지만 두 개 혹은 세 개의 버튼이 눌리면 전류의 흐름이 차단된다. 녹색으로 표시된 것들은 스위치가 눌린 것을 나타낸다.

경우에 닫힌 상태가 되며, 스위치를 누르면 열린 상태가 되는 형식이다. 더욱 명확하게 확인할 수 있게 스위치를 눌러서 열린 상태인 경우에는 스위치를 녹색으로 표시했다.

맨 위에는 모든 스위치가 눌리지 않아서 닫혀 있는 상태이므로 전기가 통과한다. 그 밑에 있는 세 개의 예제들은 스위치 중 하나만 눌리고 다른 두 개는 닫힌 경우라서 적어도 전기가 흐를 수 있는 경로가 하나 이상 생긴다. 그 다음에 있는 세 개의 예에서는 두 스위치가 동시에 눌린 경우(녹색 스위치가 눌린 경우임을 잊지 말자)이며 이 경우 전력을 통과시키기에는 눌리지 않은 스위치가 충분치 않다. 마지막 예에서는 세 스위치가 모두 눌렸으므로 전기가 차단된다.

전류가 흐르는 전선은 빨간색으로 표시했다. 스위치가 눌리지 않은 경우 혹은 1개의 스위치가 눌린 경우에는 전원이 연결되지만 두 개 혹은 세 개의 스위치가 눌린 경우에는 전원이 차단된다. 이 회로를 가위바위보 게임에서 속임수 방지용 회로로 사용할 수 있다.

그림 18-8은 이전에 만든 회로의 스위치를 세 개의 극을 가진 스위치로 바꿔서 속임수 방지용 회로를 추가한 모습이다. 좀 더 보기 편하도록 이 회로에서 사용할 스위치의 접점만 그렸으며 사용하지 않는 스위치의 접점들은 표시하지 않았다. 따라서 모든 스위치는 두 개의 평상 열림 접점과 두 개의 평상 닫힘 접점을 가진 형태인 것을 볼 수 있다.

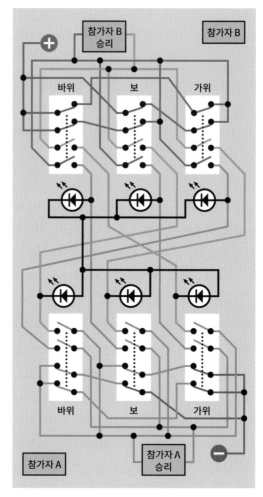

그림 18-8 속임수 방지 시스템을 추가해서 앞의 회로를 확장했으므로 각 참가자가 한 개가 아닌 여러 버튼을 누르면 전원이 꺼진다. 자세한 부분은 본문을 참조하자.

명확히 하기 위해 전선의 색을 이용했다. 항상 전원의 양극에 연결되는 전선은 빨간색으로 표시했다. 양극 전원에서 평상 닫힘 스위치를 통해서 양극 전압이 전달되는 전선은 자홍색으로 표시했다. 2~3개의 스위치를 동시에 누르면 자홍색 전선에서 더 이상 양극 전압을 전달하지 못한다.

비슷하게 회로의 가장 아랫부분에 있는 짙은 파란색 전선은 항상 전원의 음극 부분에 연결된 것이며 연한 파란색 전선 역시 두세 개의 스위치를 동시에 누르면 전원의 음극과 연결되지 않는다.

이런 방식을 이용해서 누군가 속임수를 쓰면 시스템의 전원이 차단된다.

비긴 경우 적당하게

마지막으로, 만일 애너벨과 보리스가 상대편에서 서로 같은 버튼을 눌러서 게임에서 비긴 경우에 소리를 발생시킬 수 있을까? 푸시 버튼 LED를 통해서 게임이 비겼다는 것을 확인할 수 있다. 따라서 경보를 울리고 싶은 경우에는 소리를 추가할 수 있다. 스위치에 극을 추가하지 않으면서 이 작업을 하려면 3개의 경보기가 필요하다. 다행히 경보기는 아주 저렴하다(보통 1,000원 이하). 이 경보기들은 그림 18-9에 있는 것처럼 붙일 수 있다. 회로도 기호로 경보기의 위치를 나타냈다. 이 경보기들은 극성이 있는 형태의 것이라서 전류가 한 방향으로만 흘릴 수 있어야 하며, DC 전압을 공급하면 바로 소리가 나오는 형태의 것이어야 한다. 스피커나 비슷한 형태의 경보기는 가청주파수를 입력시켜야 소리가 나기 때문에 사용하지 않는다.

그럼 하나보다 많은 경보기가 필요한 이유는 뭘까? 만일 경보기가 하나만 있다면, 스위치의 접점 각각에서 3개의 전선을 가지고 와서 전기가 한 전선으로 흘러 들어가고 다른 전선으로 흘러 나가게 만들어야 한다. 결과적으로 어떤 스위치 쌍이든 경보기를 울릴 수 있도록 만든 것이다.

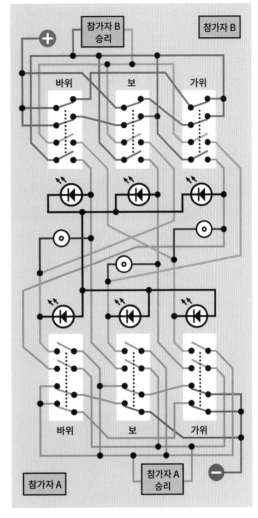

그림 18-9 (두 개의 동심원 기호로 표시한) 각 경보기는 두 스위치가 닫혀서 게임이 비기는 경우에 연결되어서 소리를 발생시킨다.

연결하자

이 회로를 만들기 위해서 전선 간을 납땜하는 방법을 사용할 것이다. 스위치 간의 간격은 0.1인치가 되지만, 스위치를 브레드보드에 끼우는 경우에는 한쌍의 핀 중 하나는 반드시 보드 옆에 있는 도체 부분에 끼워서 전원을 공유함으로써 각각 독립적으로 전력을 공급할 수 없도록 만들어야 한다. 필자가 본 스위치 중에는 쓰루홀 칩보다 핀의 간격이 좁은 경우가 있었으며, 이 경우에는 브레드보드의 가운데에 걸쳐서 끼울 수 없었다.

그림 18-10은 컴퓨터로 그린 일반적인 4PDT 푸시 버튼 스위치를 보여준다. P라는 문자로 시작하는 **빨간색** 이름표는 스위치 극(pole) 부분의 연결을 나타낸다. 4개의 극에 의해서 연결되는 접점 부분은 C1, C2, C3, C4으로 표시했다. NC는 평상시 닫힘 형태를, NO 부분은 평상시 열림 형태를 나타낸다. 스프링이 들어있는 푸시 버튼이든 똑딱 스위치를 사용하든 여러분이 원하는 것을 선택하면 된다. 이런 형태의 스위치는 내부 접점 부분이 미끄러지면서 동작하기 때문에 슬라이더(slider)라 불리기도 한다.

그림 18-11은 4PDT 슬라이더 스위치를 나타내는 2가지 일반적인 회로도 기호들이다. 이름표는 3D로 그려진 스위치에 있는 이름표와 대응하여 사용한다. 오른쪽에 있는 회색의 수직 막대는 절연체를 나타내고 그 위에 전기가 통하는 검정색 부분이 추가된 형태이다. 검정색 부분으로 인

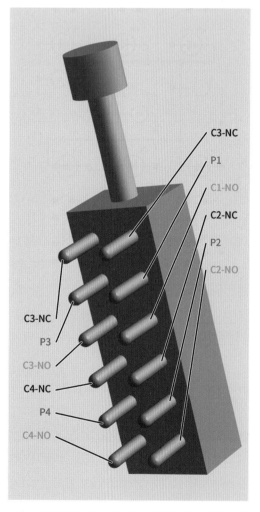

그림 18-10 일반적인 4PDT 슬라이더 스위치의 핀배치. P1에서 P4까지는 극을 나타내고, C1에서 C4는 극에 대응하는 접점을 나타낸다. 평상시 닫힘 형식의 접점은 NC로, 평상시 열림 형식의 접점은 NO로 표시되어 있다.

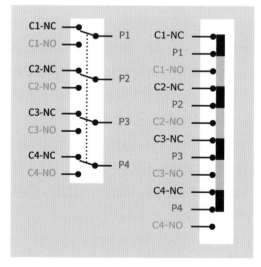

그림 18-11 4PDT 슬라이더 스위치를 나타내는 2가지 일반적인 형태의 회로도 기호.

해서 옆에 있는 접점들이 서로 연결된다. 스위치의 막대 부분을 눌러서 내리면 서로 다른 접점이 연결된다. 제조사의 데이터시트에서 두 가지 형태의 기호가 모두 사용되는 것을 확인할 수 있다. 그림 18-12는 가위바위보 게임을 만들기 위한 스위치의 연결 방법이다. 납땜으로 연결된 핀들은 검정색으로 표시했고, 사용되지 않은 핀들은 흰색으로 표시했다. 배선이 꼬이는 것을 최소화하고 한 핀에서 3개의 전선이 만나는 것을 피하기 위해서 앞의 회로도와 비교해 봤을 때 몇몇 전선들의 위치가 이동했다. 3개의 전선이 만나는 것은 납땜하기가 더 어렵다.

이 회로는 속임수 방지 기능이 빠져 있으며, 비교적 간단한(적어도 초기에는) 형태를 원하는 경우에는 그냥 써도 된다. 전선의 색은 회로도에서 사용한 색과 같은 색을 사용했지만 어떤 색깔이라도 관계는 없다. 아래쪽에 있는 스위치들은 위쪽에 있는 스위치와는 달리 위 아래를 뒤바꿔서 그려놓았다. 스위치들이 붙어 있는 반대쪽의 상자 혹은 보드가 각 참가자에 맞게 돌아가 있을 것이기 때문이다.

스위치 핀들에 납땜해서 연결할 때는 납이 옆의 핀에 붙어서 단선이 발생하지 않도록 주의해야 한다. 앞에서 브레드보드 작업에 권장한 24게이지보다 얇은 전선을 사용하면 조금 더 편하게 작업할 수 있을 것이라 생각한다. 개인적으로는 색이 있는 전선들로 분리할 수도 있는 무지개색을 가진 리본 케이블을 사용했다. 작업의 결과는 약간 지저분할 수 있지만 분리한 전선도 유연성이 있기 때문에 작업을 하기가 어렵지 않을 것이다.

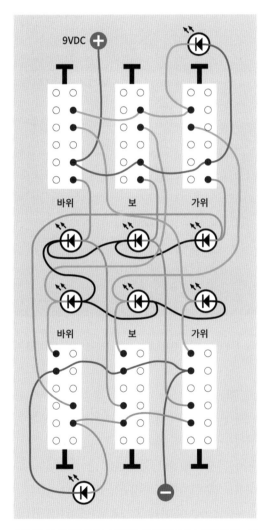

그림 18-12 6개의 4PDT 슬라이더 스위치로 속임수 방지 회로는 포함되지 않은 간단한 가위바위보 게임을 만들기 위해서 배선하는 방법. LED에 필요한 직렬저항은 표시하지 않았다.

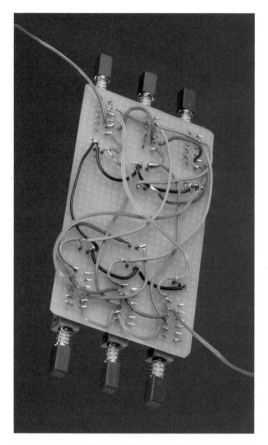

그림 18-13 '속임 방지' 기능이 들어가 있지 않은 슬라이더 스위치 회로가 구성된 직사각형 만능기판의 아랫부분.

나올 수 있도록 여기서는 LED의 긴 단자를 자르지 않고 사용했다. 이 글을 쓰는 시점에서는 아직 상자를 만들지는 않았다. 빨간색 LED는 어떤 버튼이 눌렸는지 나타내며, 참가자가 게임에서 이겼는지 나타내는 LED는 회색으로 보이지만 켜지면 파란색이 나타난다.

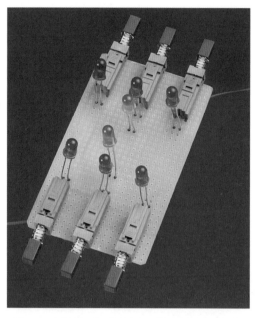

그림 18-14 가위바위보 회로를 위에서 본 것. 외관으로 사용할 상자에 있는 쓰루홀 부분으로 튀어나올 수 있도록 LED의 단자는 긴 상태를 유지했다.

여기서는 자체 저항을 가지고 있는 12V LED를 사용했기 때문에 배선에서 저항을 볼 수 없었다. 또한 2개의 LED를 직렬로 연결하는 경우에 LED 안에 있는 2개의 내부 저항을 통해서 전력이 흐르는 것을 피할 수 없음에도 전력을 공급할 수 있으며 충분한 밝기의 빛을 낼 수 있는 것을 볼 수 있었다.

그림 18-14는 같은 보드를 위에서 본 것이다. 푸시 버튼이 상자의 옆 부분에 있는 구멍을 통해서 나오고, LED는 상자의 윗면에 있는 구멍으로

이 프로젝트에서는 두 버튼이 눌리기 전까지 전기가 전혀 흐르지 않으며, LED 역시 그렇게 많은 전력을 소모하지 않기 때문에 9VDC 전원을 사용하는 것이 좋겠다. 부품들이 12V 등급이라 하더라도 9V 전지로 동작시키는 데 문제가 없다.

만일 외부 저항이 필요한 일반적인 LED를 사용하고 있는 경우에 누가 이겼는지 나타내는 LED에는 470Ω짜리 직렬 저항을 사용하면 되지

만 직렬로 연결한 LED에는 어떤 값의 저항을 사용해야 하는지 모른다. 만일 직렬 저항의 값을 줄이면 LED가 조금 더 밝아지지만 데이터시트에 있는 최대 순방향 전류를 넘어가지는 않도록 조심해야 한다.

그림 18-15는 만능기판 2장을 사용해서 상자의 맞은 편에 각각 붙이고, 위쪽에는 LED를 붙여둔 새로운 형태로 만든 게임 장치다. 이런 형태는 다른 참가자가 어떤 스위치를 선택했는지 숨길 수 있도록 해준다. 상자 안쪽에 플라스틱으로 고정해둔 9V 전지도 살짝 보인다. 전지를 교체하려면 나사 몇 개를 풀어야 하지만 여러분이 너무 빈번하게 게임을 하지만 않는다면 전지 하나로 몇 년은 버틸 수 있다.

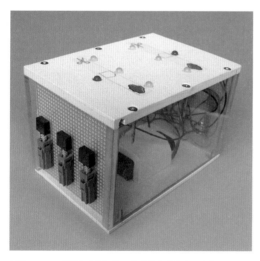

그림 18-15 스위치만 사용한 최종 형태의 가위바위보 게임.

속임수 방지를 위한 배선

속임수 방지 기능을 추가했을 때의 스위치 연결은 그림 18-16에 있다. 납땜에 시간이 그렇게 많이 걸리지 않으며, 있으면 좋은 기능이기도 하다. 이미 속임수 방지 기능이 들어있지 않은 회로의 연결을 끝낸 상태라면 그림에서 전원에 연결된 빨간색과 파란색 전선을 추가하기만 하면 된다. 이외의 다른 부분은 부수적인 부분이다.

만일 경보기를 추가하고 싶다면 이 부분은 여러분의 몫으로 남기도록 하겠다.

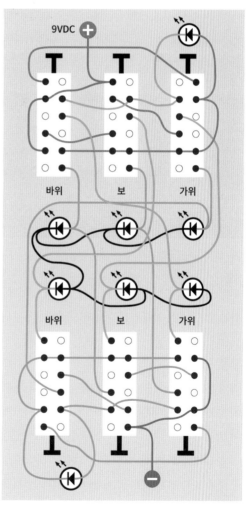

그림 18-16 스위치로 만든 가위바위보 게임에 속임수 방지 부분을 포함시켜서 향상시킨 배선도.

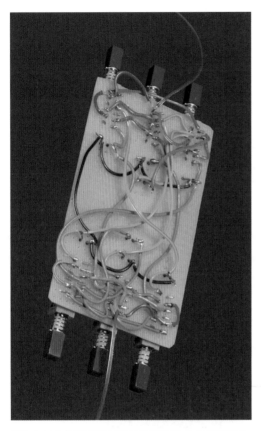

그림 18-17 앞에서 보았던 보드에 '속임 방지' 기능을 추가한 것이다.

그림 18-17은 속임수 방지 부분을 포함한 회로를 위한 만능 기판 아래의 배선을 보여준다.

결론

스위치를 사용하는 것이 처음에는 간단해 보였지만 결국에는 다른 측면에서 복잡해진다는 것이 밝혀졌다.

논리 게이트는 한 마디로 논리적인 방식으로 구성된다. AND와 OR을 이용해서 원하는 것을 적은 다음에 AND와 OR 게이트(필요하다면 다른 게이트도 쓸 수 있다)를 이용해서 논리도를 그린다. 마지막으로 적절한 게이트를 가진 칩을 선택해서 논리도로 그린 것처럼 서로 연결하면 된다. 별다른 어려움이 없다.

논리 게이트를 사용할 때 문제는 각 게이트가 아주 강력하지 않아서 많은 수를 사용해야 한다는 점이다. 결과적으로 많은 부품이 사용되면서 복잡해지고, 배선의 실수가 생길 여지가 많다.

스위치는 몇 가지 장점이 있다. 간단하고, 이해하기 쉬우며 꺼졌을 때 전원을 전혀 소모하지 않으며, 켜졌을 때는 상대적으로 많은 전력을 통과시킬 수 있다. 스위치 자체가 회로에 포함되었기 때문에 켜짐/꺼짐 스위치가 따로 필요 없는 회로를 만들 수 있다는 점에서 아주 좋다고 생각한다.

문제는 회로에서 다양한 기능을 처리하려고 할 때다. 극이 많은 스위치를 사용해야 하기 때문에 정말 주의하지 않으면 전선들이 꼬이면서 그 결과를 예상할 수 없게 될 수도 있다. 만일 회로를 최적화하려고 하는 경우에는 좀 더 주의를 기울여야 한다.

가장 문제가 되는 것은 스위치를 이용해서 회로 전체를 설계하려면 약간은 특별한 직관 능력이 필요하다. 스위치에서는 논리 시스템에서 했던 것처럼 글로 설명할 때 AND와 OR를 이용해서 풀어내고 이를 회로에서 논리칩으로 바꾸는 것과 같은 과정이 없다. 따라서 실제로는 스위치만 이용해서 쓸모 있는 회로는 만들려 하는 사람이 별로 없다. 이 실험도 만들어 보면서 스위치를 사용하는 감각을 익힐 수 있도록 하기 위해서 포함시킨 것이다.

논리칩과 게이트 이외의 다른 방법도 있을까? 당연하다. 세 가지 정도의 가능성이 있다.

1. 릴레이를 이용할 수 있다. 예전 전화 시스템은 릴레이를 이용해서 만들었었다. 릴레이와 트랜지스터의 동작은 아주 비슷하기 때문에 릴레이를 사용하는 논리 회로가 트랜지스터를 이용하는 것과 아주 비슷하다고 가정할 수 있다. 하지만 릴레이는 스위치처럼 다수의 극을 가질 수 있어서 한 입력을 이용해서 다수의 분리된 출력에 전력을 가할 수 있다.

2. 앞에서 이야기 한 것처럼 디코더를 사용할 수 있다. 디코더는 미리 전선이 연결된 논리 게이트 여러 개를 포함하고 있으므로 직접 하나씩 다룰 필요는 없다. 다음 두 실험에서 디코더를 좀 더 자세히 다뤄보겠다.

3. 다시 한 번 이야기하지만, 마이크로컨트롤러를 이용할 수도 있다. 가위바위보 게임 역시 텔레파시 검사처럼 마이크로컨트롤러를 이용해서 훨씬 쉽게 구성할 수 있는 반면, 텔레파시 검사에서처럼 논리에 대해서 깊이 있게 배울 수 있는 기회를 놓칠 수도 있다.

그림 19-1은 디코더 칩을 이용해서 텔레파시 검사의 논리도를 다시 그린 것이다. 앞에서 이야기했던 가능한 모든 기능들을 구현한 반면, 이 회로에서는 3개의 칩만 있으면 된다. 회로를 이것보다 간단하게 만들기는 쉽지 않다.

디코더 사용해 보기

어떤 신비로운 부품이 모든 것을 이렇게 간단하게 만든 것일까? 회로를 만들기 전에 디코더만 따로 실험하는 것부터 시작해 보자. 여기서 추천하는 디코더는 74HC4515이다. 칩을 살 때는 나중에 사용할 수 있다는 점을 생각해야 하는데 나중에라도 (하다못해 회로를 점검할 때라도) LED에 전력을 공급할 수 있도록 HC 패밀리를 선택했다. 74HC00 칩들은 20mA의 전력을 공급하거나 받을 수 있는 반면 4000 시리즈 칩들의 출력은 훨씬 제한되어 있다.

여하튼 74HC4514는 상대적으로 비싸지만(1개를 살 때 2000원 정도) 이 칩과 유사한 4514라는 번호를 가진 구식 CMOS 형식의 칩은 좀 더 널리 사용되고 가격도 저렴하다. 이 실험에서는 디코더로 LED를 구동시키지 않을 것이므로, 두

칩중 어떤 것이나 사용할 수 있다. 두 칩은 그림 19-2에 있는 것처럼 핀 배치가 같다.

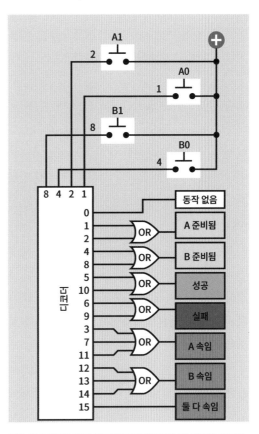

그림 19-1 디코더 칩을 사용해서 텔레파시 검사 프로젝트에 사용되는 논리 게이트의 수를 상당히 줄일 수 있었다. 이 회로도에서는 꼬이지 않게 배선하기 위해서 실제 칩의 핀 위치와 다르게 배치했다.

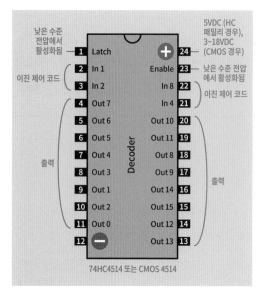

그림 19-2 텔레파시 검사 프로젝트를 간단하게 만들어줄 수 있는 디코더 칩의 핀 배치.

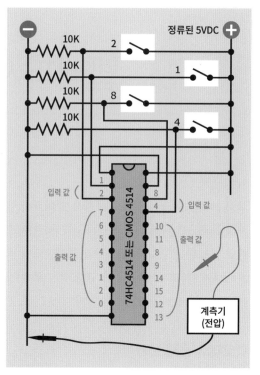

그림 19-3 인코더 칩의 동작 점검을 위한 배치. 계측기의 탐침은 연결되지 않은 핀 중 어디든지 확인해 볼 수 있다. 자세한 부분은 본문을 보자.

그림 19-3에 있는 것처럼 칩을 연결한다. 두 개 이상의 버튼을 동시에 누르기 편하도록 회로도의 맨 윗부분에 푸시 버튼 대신 스위치를 사용했다. 하지만 푸시 버튼이나 스위치 모두 동작은 같다. 그림 19-4는 브레드보드에 회로를 만든 것이다.

DC 전압을 측정할 수 있도록 계측기를 설정하고 양끝에 악어클립이나 작은 고리가 있는 연결선을 이용해서 탐침의 음극 부분과 회로의 음극 부분에 연결한다. 계측기의 양극 부분을 회로도에서 출력으로 표시된 핀들에 접촉시킨다.

칩에서 간단한 산술 연산이 가능하기 때문에 그림에 있는 것처럼 칩의 핀에는 값이 지정되어 있다. 입력 핀은 1, 2, 4, 8 값을 가진다. 이 숫자들은 해당 핀에 전원을 공급해 줄 수 있는 스위치 옆에도 있다. 출력 핀은 0에서 15까지의 값을 가

그림 19-4 브레드보드에 구현된 디코더 점검 회로. 일부 제조사에서 나오는 디코더 칩은 여기 있는 것보다 가느다란 크기를 가진 것도 있지만, 기본적인 기능은 같다.

진다. 이 핀들이 숫자 순서대로 나열되지 않은 것을 볼 수 있을 것이다. (그림에서의 오류가 아니다.) 혼돈을 겪지 않기 위해서 (만일 얇은 펜을 이용해서 작게 적을 수 있다면) 브레드보드에서 칩의 핀 옆에 숫자를 적어서 붙여두는 것이 좋다.

일단 모든 스위치를 열고 시작하자. 칩에 있는 모든 출력에 대해서 계측기로 값을 확인해보면, 0 값을 가진 출력만 높은 상태 전압을 나타내고 나머지는 모두 낮은 상태 전압을 나타내는 것을 알 수 있다. 이제 스위치 1을 닫으면 출력 핀이 1이 높은 상태 전압을 나타내고 다른 출력들은 모두 낮은 상태 전압을 가지게 된다. 다시 스위치 1, 2, 4를 동시에 닫으면, 출력 핀 중 7의 값을 가진 핀이 높은 상태 전압을 나타내며 다른 출력들은 모두 낮은 상태 전압을 나타낸다.

디코더는 작은 덧셈기처럼 동작한다. 높은 상태 전압을 가지는 입력 핀의 값들을 모두 더한 다음, 결과에 해당하는 값을 가진 핀에 전력을 공급한다.

디코더 칩의 가장 중요한 기능은 다음과 같다.

- 입력의 특정 조합을 통해서 각각의 출력이 선택될 수 있도록 1, 2, 4, 8의 입력값을 선택한다.
- 따라서 출력 값을 통해서 어떤 스위치를 닫아야 하는지 알 수 있다.

이 부분이 명확하지 않다면 그림 19-5를 통해서 칩에서 발생할 수 있는 4가지 임의 상태에 대한 입출력을 살펴보자. 그림을 간단하게 만들기 위

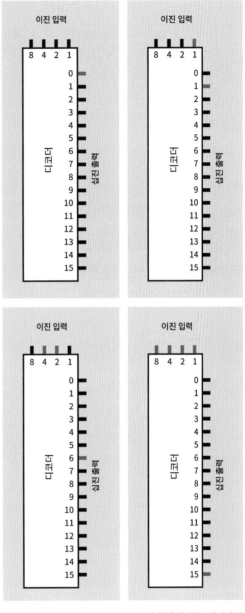

그림 19-5 높은 상태 전압을 가지는 입력의 합에 해당하는 값의 출력에서 높은 상태 전압이 나타나는 디코더 칩의 동작에 대한 4가지 예제. 회로도의 핀은 동작을 명확히 보여주기 위해서 숫자 순서대로 나열되어 있다. 실제 칩은 순서대로 정렬되어 있지 않다.

해서 디코더의 입력은 순서대로 위쪽에, 출력 역시 디코더의 오른쪽에 순서대로 배치했다. 빨간색 입력은 입력 스위치가 닫힌 상태라서 높은 수준 전압이 들어가는 것을 나타내며, 빨간색 출력은 높은 수준 전압이 발생하는 것을 나타낸다. 만일 윗부분에 높은 수준 전압을 추가하는 경우, 거기에 해당하는 값을 가지는 출력이 높은 수준 전압을 가지게 된다.

이진수 기억하기

이제 그림 19-1로 돌아가 보자. 이 그림은 논리 게이트와 연결하기 편리하도록 출력의 숫자들을 이동시켜 놨다는 점을 제외하면, 그림 19-5와 거의 같다.

이제 텔레파시 검사에서 보리스가 어떤 스위치를 눌렀고, 어떤 스위치를 누르지 않았는지, 또한 애너벨이 어떤 스위치를 눌렀고 어떤 스위치를 누르지 않았는지 쉽게 알 수 있다. 예를 들어, 1이나 2의 값을 가진 디코더의 출력 핀에 높은 수준 출력이 나타나면 입력 스위치 A0이나 A1(각각 1이나 2의 값을 가진다)이 닫혀있으며, 다른 스위치는 닫혀있지 않은 것이다. 따라서, 텔레파시 점검에서 A는 선택을 한 것이며 B는 선택하지 못한 것이다.

6의 값을 가진 출력 핀에 높은 상태 전압이 출력되는 경우를 생각해 보자. 이 의미는 스위치 A1과 B0가 눌렸으며(각각 2와 4의 값을 가진다), 다른 스위치는 모두 열렸음을 의미한다. 비슷하게 만일 9의 값을 가진 출력 핀에서 높은 상태 전압이 출력되는 것은 A0와 B1(각각 1과 8의 값을 가진다) 스위치가 닫혔으며 다른 스위치는 열렸다는 것을 의미한다. 따라서, 출력에서 6 혹은 9의 값을 가진 핀이 높은 상태 전압을 가지는 경우, 각 참가자는 스위치를 눌러서 닫았지만 같은 스위치를 누른 것은 아니므로 텔레파시 검사는 실패한 것이 된다.

출력에서 발생할 수 있는 모든 조합에 대해서도 확인해 보자.

그림 19-1를 보면 4개의 스위치가 모두 눌려서 두 참가자가 모두 속였을 때를 나타내는 추가적인 출력 표시가 있는 것도 알 수 있다. 또한, 스위치가 하나도 닫혀있지 않은 상태에는 회로가 "동작 없음" 상태를 나타내는 출력도 추가되었다.

디코더로 들어가는 입력들은 이진수의 자리수와 같은 값을 가지기 때문에 이진(binary) 입력이라 이야기한다. 이진 코드에 대해서는 『짜릿짜릿 전자회로 DIY』에서 설명했었기 때문에 그림 19-6에서는 이진수와 디코더 칩의 핀 출력 간의 관계만 나타낸다. 이진수를 받아서 십진수 표기를 사용하는 출력 핀 중 하나로 높은 상태 전압을 출력하기 때문에 '디코더'라 부르는 것이다.

> 이진수에서 각 숫자는 보통 비트(bit)라고 부른다. 74HC4514 디코더(혹은 비슷한 예전의 4514 역시)의 경우 4개의 이진 입력을 가지고 있으므로 보통 '4비트' 디코더라 이야기한다. 4개의 입력을 받아서 16개의 출력을 나타내므로 '4/16 디코더'라는 표현도 사용한다.

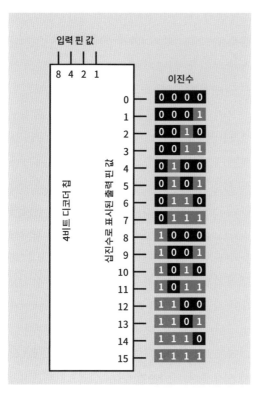

그림 19-6 디코더 입력 핀에 높은 상태 혹은 낮은 상태의 입력이 들어가는 것을 이진수 1이나 0이 입력되는 것으로 생각할 수 있다. 디코더의 출력 핀 값은 10진수에 해당하는 값을 가진다.

보드에 만들어 보자

이제 텔레파시 검사 회로를 만드는 것은 아주 쉬워졌다. 전체 회로도가 그림 19-7에 있다. 이 회로에서 조금 더 저렴한 CMOS 기반의 디코더(4514) 혹은 조금 더 비싼 HC 패밀리(구식 4514와 같은 핀 배치를 가지고 있는 74HC4514) 중에 어떤 것을 사용해도 된다. 구식 CMOS칩은 LED를 직접적으로 구동시킬 수 있을 정도로 충분한 전력을 공급하지 못할 수 있다는 점을 생각할 필요가 있다. 이 문제 때문에 실험 초기에 계측기

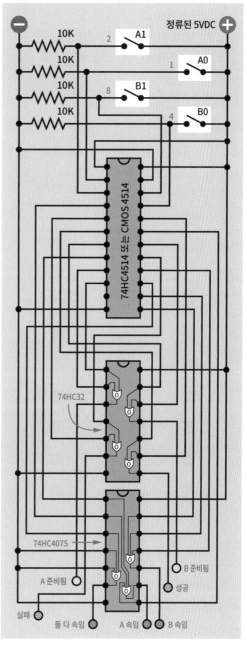

그림 19-7 1개의 디코더칩과 2개의 논리칩을 이용한 텔레파시 검사를 위한 회로도.

를 이용해서 정말 무시할만한 전력만 사용하는지 확인해 보라고 한 것이다.

이 회로에서는 앞에서 사용했던 쿼드 2입력 OR칩(74HC32)이 필요하다. 이 칩의 핀배치는 그림 15-7에 있다. 다른 칩으로는 트리플 3입력 OR 칩(74HC4075)이 있는데, 이 칩에 대해서는 앞에서 상세히 다룬 적은 없다. 이 칩의 핀배치는 그림 19-8에 있다. 칩 내부의 연결은 앞에서 그림 16-11에 있는 트리플 3입력 AND 게이트와 거의 비슷하다. 다만 완전히 같지는 않기 때문에 연결할 때 주의해야 한다.

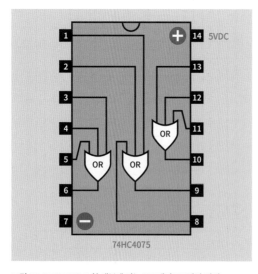

그림 19-8 74HC4075 칩 내부에 있는 OR 게이트 3개의 연결.

앞으로 돌아가서 그림 19-1을 확인해 보면 디코더의 출력은 대부분 적절한 LED의 불을 밝히기 전에 논리 게이트를 통과한다는 것을 확인할 수 있다. 만일 74HC00 계통의 논리 게이트를 사용하는 경우에는 LED를 밝히기에 충분한 전력을

제공할 수 있지만 좀 더 저렴한 4000 계통 칩을 사용하는 경우에는 어떻게 될까? 0과 15 값을 가진 출력은 표시용 LED와 직접 연결되어 있는 것을 볼 수 있다.

출력 값 0번에 연결되는 '동작 없음' 표시는 생략할 수 있으며, 15번에 연결된 '둘 다 속임' 표시는 세 번째 3입력 OR 게이트(그림 19-1에는 나타나 있지 않음)를 통과시켜서 이런 문제를 피해 갈 수 있다. 만일 3입력 OR 게이트에서 하나의 입력에만 신호를 연결하고 남는 두 개의 입력을 음극 접지와 연결하면 OR 게이트는 신호를 그대로 통과시킨다. 이 경우 OR 게이트는 입력의 상태와 같은 상태의 출력을 가지는 버퍼(buffer)처럼 동작한다. 그림 19-7은 이 부분을 보여준다.

모든 LED는 하나의 직렬 저항을 같이 공유해서 사용한다. 한 번에 하나의 LED에만 전원이 공급될 것이므로 이런 구성으로도 충분하다.

연결선을 이용할 때는 그림 19-7에 있는 회로도를 종이에 인쇄한 다음에 브레드보드에서 연결을 할 때마다 회로도의 연결선을 하나씩 지워가는 것이 좋다. 이런 방식으로 작업을 하면 여러 개의 전선을 촘촘히 연결할 때 발생할 수 있는 배선 오류를 줄일 수 있다.

그림 19-9는 이 회로를 브레드보드에 구현한 모습을 보여준다. 여기서 사용된 디코더 칩의 경우 다른 칩보다 훨씬 넓은 형태를 보여준다. 74HC4514중 일부는 여기 있는 것처럼 넓은 형태인 것도 있고 일반적인 넓이를 가진 것도 있다. 기능상으로는 같다.

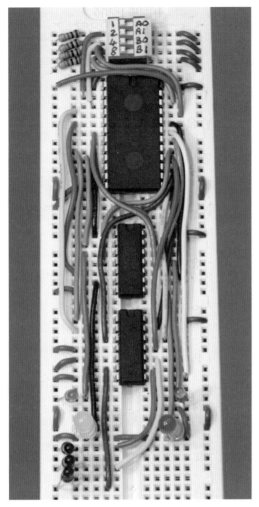

그림 19-9 칩의 숫자와 회로의 복잡도를 줄이기 위해서 디코더 칩을 사용해서 만든 텔레파시 검사기.

이 회로에서는 4514 칩을 사용해서 동작시킬 수도 있지만 이후에 다른 회로에서 HC 패밀리 칩과 같이 사용할 때는 주의해야 한다.

디코더 핀 배치

그림 19-2에 있는 4514와 74HC4514의 핀 배치로 돌아가서 보면, 두 가지 핀의 번호에 두 가지

형태로 번호가 붙어 있는 것을 볼 수 있을 것이다. 검정색 사각형 안에 하얀 색 숫자가 써져 있는 것은 표준화된 핀의 번호로 어떤 칩에서든 적용되는 부분이다. 핀번호는 항상 왼쪽 윗부분에서 시작해서 칩의 가장자리를 따라서 반시계 방향으로 번호를 붙여나간다. 여기서는 '1번 핀' '2번 핀' 같은 이름으로 부르도록 하겠다.

여기서 칩의 안쪽에 추가된 숫자들은 높은 상태 전압일 때 그 핀이 가지는 값을 나타낸다. 예를 들어 22번핀이 높은 상태 전압을 가지면 그 입력 값은 8이 되며, 20번 핀이 높은 상태 전압을 가지면 10의 출력을 가진다.

이 부품의 데이터시트에서는 핀의 기능을 조금 다른 방식으로 나타내고 있는데, 이 부분은 표준화되어 있지 않다. 예를 들어 입력 핀들은 A0, A1, A2, A3와 같은 형식 혹은 A, B, C, D, 또는 DATA1, DATA2, DATA3, DATA4와 같은 형식으로 표시된다. 이 부분은 표준화되어 있지 않아서, 이 책에서처럼 핀의 기능을 좀 더 명확히 알 수 있도록 해주는 것이 좋다고 생각한다.

데이터시트에서는 출력 핀들을 Y0에서 Y15, 혹은 S0에서 S15 같은 형식으로 표시한다. 이 책에서처럼 Out0에서 Out15 같은 형식으로 표현하는 것이 구분하기에 좀 더 명확하다고 생각한다. (데이터시트를 만드는 사람들이 위에서처럼 "Out"과 같은 세 문자로 표현하는 것을 별로 좋아하지 않는다는 점은 정말 의아하다.)

핀 번호를 부여하는 부분으로 다시 돌아가보면 아직 이야기하지 않은 칩의 기능이 몇 가지 있다. 1번 핀은 래치 허용(Latch Enable) 핀이며,

낮은 수준 전압일 때 동작한다. 다르게 설명하자면, 이 핀에 낮은 수준 전압을 제공하면 출력의 상태를 유지하면서 모든 칩의 입력 변화를 무시한다. 이 기능은 텔레파시 검사 회로에서는 필요한 기능이 아니기 때문에, 브레드보드 회로에서 1번 핀은 전원의 양극 부분과 연결되어 있다. 래치 허용 핀의 경우 데이터시트에서는 보통 LE 혹은 스트로브(Strobe)라는 이름으로도 표기하지만, 그 이유는 잘 모르겠다.

23번 핀은 좀 더 일반적인 허용(Enable) 핀이며, 마찬가지로 낮은 수준 전압일 때 동작한다. 즉, 23번 핀에 낮은 수준 전압이 공급될 때 칩의 기능이 동작한다는 의미이다. 만일 23번 핀으로 높은 수준 전압이 들어가면 칩의 기능이 정지하는데, 여기서는 칩의 기능을 정지시키고 싶은 생각이 전혀 없으므로 23번 핀은 브레드보드에서 음극 접지와 연결된다. 데이터시트에서 허용 핀은 보통 E와 같은 형태로 나타나지만, 억제(Inhibit)와 같은 이름이 붙어 있는 경우도 있다.

요즘에는 디코더 칩이 그렇게 많이 사용되고 있지 않지만 작은 프로젝트에서는 여전히 쓸모 있다. 여러 스위치에 특정한 값을 지정한 다음에 입력을 해석하도록 하는 것은 사용자의 입력을 평가하는 데 있어서 아주 간단하고도 강력한 방식이다.

이걸 사용하는 다른 응용 분야를 생각해 볼 수 있을까? 가위바위보 게임은 어떨까? 게임에서 6개의 스위치를 사용하기 때문에 6-비트 디코더에 연결하면 어떨까?

이 생각은 두 가지 장애물 때문에 쉽지 않다. 우선 6비트 디코더 칩은 없다. 두 번째로 이런 칩이 있다고 하더라도 64개의 출력 핀을 가져야 하는데, 이건 다루기에 너무 많다. 특히 대부분의 출력이 두 개 이상의 스위치를 눌렀는지 확인해서 참가자가 속이지 않았는지 나타내는 데만 사용되고, 직접적인 출력에는 관련성이 없다. 이 경우 말 그대로 '속임' 표시를 나타내기 위해서 많은 수의 출력을 OR로 연결해야 한다.

하지만 3비트 디코더가 있다. 각 참가자를 위한 스위치들에 디코더를 하나씩 사용할 수 있을 것이다. 도움이 될까? 이 부분에 대해서는 "아마도"라고 대답해야 할 것이며, 다음 실험에서 설명하도록 한다.

가위바위보 해석하기

20

그림 20-1을 살펴보자. 이 회로는 가위바위보 게임을 위한 모든 기능을 갖춘 가장 간단한 회로로, LED와 경보기를 동작시키는 부분의 스위치는 유지하면서도 2개의 디코더를 이용해서 논리회로를 간단하게 만들었다. 스위치 역시 논리 게이트로 사용한 것이므로 이 회로는 두 가지 형식이 혼합된 회로라고 생각할 수 있다.

논리 회로

일단 논리 회로 부분부터 다룰 것이다. 실험 17의 끝부분에서 논리 게이트는 어떤 참가자가 속임수를 썼을 때 이를 확인하는 작업이 아주 복잡하고 쉽지 않다고 결론을 내렸었다. 이제 그런 어려움은 사라질 것이다.

이 회로도에서 각 스위치는 3비트 디코더의 이진수 1, 2, 4의 값을 가진 입력에 각각 연결된다. 이제 0에서 7까지의 출력 8개 만으로 가능한 모든 스위치의 조합을 표시할 수 있다. 회로에서 전선의 연결을 간단하게 만들기 위해서 숫자의 순서를 약간 바꿨으며, 출력 0은 연결하지 않았다.

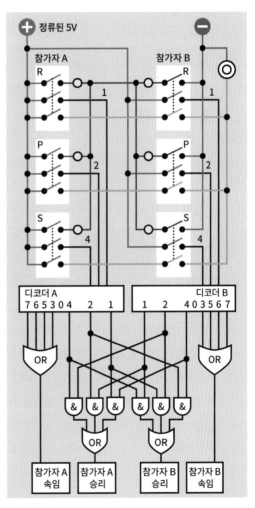

그림 20-1 디코더, 논리 게이트, 다극 스위치를 같이 사용해서 가위바위보 게임을 가장 간단한 방식으로 구현한 것.

연결은 거의 비슷하므로, 디코더 하나만 살펴보자. 참가자 A가 스위치 1과 스위치 2를 동시에 누른 경우에만 디코더 A에서 출력 값 3이 발생한다. 출력값 5는 스위치 1번과 스위치 4번을 동시에 누른 경우에만 만들어지며, 이외의 경우도 비슷하다. 결과적으로 디코더 A에서 3, 5, 6, 7 값이 출력되면 참가자 A가 속임수를 썼다는 것을 알 수 있다. 이 출력들을 4입력 OR게이트와 연결하고, 그 출력을 '속임수' 표시로 연결하기만 하면 된다.

남은 논리 회로는 이미 이전에 만들었던 것과 비슷하다. 논리 게이트로 연결하는 부분에 대각선을 이용해서, 연결을 조금 더 따라가기 쉽게 만들었다. 예를 들어, 참가자 A가 ('가위'를 의미하는) 스위치 4를 눌렀고 참가자 B가 ('보'를 의미하는) 스위치 2를 누른 경우, 가위가 보자기를 자를 수 있기 때문에 참가자 A의 승리다. 그림 20-2는 위의 예에서 양극 전압이 전달되는 부분을 빨간 색으로 표시한 것이다.

이런 방식으로 모든 가능한 조합을 확인할 수 있다.

하지만 두 참가자가 모두 같은 번호가 있는 스위치를 누르면 게임이 비겼다고 나올까? 비기는 경우는 AND 게이트를 동작시키지 않기 때문에 '누가 이김' 표시는 켜지지 않는다. 비교적 배선이 간단하기 때문에 스위치를 이용해서 비기는 경우를 처리했다. 그림 20-1에서는 이 부분과 관련된 전선에 임의로 녹색을 칠했다. 어떤 스위치든 상대방과 같은 스위치를 누르면 오른쪽 윗부분에 있는 경보기가 켜진다. 그림에서는 하나

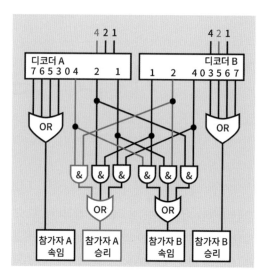

그림 20-2 이 예에서는 앞에서 본 회로도의 스위치들에서 참가자 A가 '가위', 참가자 B가 '보'를 낸 경우를 보여준다.

의 경보기만 동작하도록 간략하게 전선 연결을 그렸다.

위의 과정 동안 어떤 스위치가 눌렀는지 알려주는 LED는 스위치에 의해서 동작한다. 회로도에서 각 LED는 공간을 줄이기 위해서 노란색 원으로 표시했으며, 갈색 전선과 연결했다. 이전과 마찬가지로 LED는 직렬로 연결되어, 모든 참가자가 스위치를 눌러야지 LED에 불이 들어온다. 비기는 경우에는 경보기가 울리고, 맞은편에 있는 LED가 모두 켜진다. 다른 더 좋은 생각이 있을 수 있겠지만 필자의 생각으로는 이런 형태가 가위바위보 게임을 전자회로로 표현하는 가장 간단한 방법이다.

사양

만일 논리게이트나 스위치를 사용하는 다른 시스템이 생각났다면 당연히 살펴볼 생각이 있다.

다만 아래의 항목은 만족해야 한다.

- 어떤 참가자든 하나 이상의 버튼을 누른 경우에는 '속임' 표시가 떠야 한다.
- 각 참가자의 승리를 나타내기 위한 두 개의 표시기가 있어야 하며, 이 표시기는 아무도 속이지 않았을 때만 동작해야 한다. 하나의 버튼만 눌린 경우에만 디코더 A와 B의 1, 2, 4번 출력이 높은 상태 전압을 가질 수 있기 때문에 필자의 회로는 이 요구 사항을 만족시킨다. 버튼이 여러 개 눌리면 디코더는 다른 값을 출력한다.
- 비긴 경우에는 경보가 울려야 한다.
- 어떤 스위치가 눌렸는지 나타내기 위해서 LED가 켜져야 하지만 두 참가자가 모두 선택하기 전에 켜지면 안 된다.

존재하지 않는 OR 게이트

그림 20-1에서와 같이 게임을 구현하려면 6개의 스위치 또는 푸시 버튼, 2개의 디코더, 2개의 쿼드 2입력 AND 게이트, 1개의 트리플 3입력 OR 게이트, 1개의 듀얼 4입력 OR 게이트가 필요하다. 칩의 수를 모두 더해도, 논리칩만으로 만들었을 때보다 칩의 수가 훨씬 적다. 또한 만들기도 쉽고 이해하기도 쉽다.

회로 배선 역시 아주 간단해야 한다.

잠깐. 간단'하다'는 말 대신 간단'해야' 한다는 말을 쓴 이유가 뭘까? 간단해야 할 것 같은데, 실제로는 그렇지 않기 때문이다. 사용할 수 있는 부품에 약간의 문제가 있다.

> HC 패밀리에는 DIP 패키지로 만들어진 듀얼 4입력 OR 게이트가 없다. 오래된 4000 시리즈로는 있지만, LED를 구동시킬 만큼 충분한 전력을 제공하지는 못한다.

귀찮은 일이지만 흔히 발생하는 일이기도 하다. 회로를 설계하다 보면 정확히 원하는 부품을 찾을 수 없는 경우도 있고 부품이 단종된 경우도 있다.

이 회로에서 사용하려고 하는 다른 부품들은 어떨까? 모두 사용할 수 있을까?

74HC237은 HC 패밀리 3비트 디코더이며, 사용에 문제가 없다. HC 패밀리의 트리플 3입력 OR 게이트와 쿼드 2입력 AND 게이트는 앞에서 사용한 적이 있기 때문에 이 부품들이 있다는 것은 이미 알고 있다. 듀얼 4입력 OR게이트만 문제가 된다.

어떻게 하면 될까? 원하는 논리 게이트의 동작을 할 수 있도록 다른 논리 게이트를 조합해서 만들 수 있으며, OR 게이트의 경우 비교적 만들기도 쉽다. 그림 20-3에서 3개의 2입력 OR게이트로 1개의 4입력 OR 게이트와 같은 동작을 하도록 만드는 법을 확인할 수 있다. 따라서, 이 방법을 사용해서 4입력 OR게이트를 대체할 수 있다. 물론 만들 수 있더라도 1개의 듀얼 4입력 논리칩 대신 2개의 쿼드 2입력 논리칩을 써야 하기 때문에 번거로운 건 사실이다. 브레드보드에 모든 칩을 배치하고 싶은데, 다른 방법이 없을까?

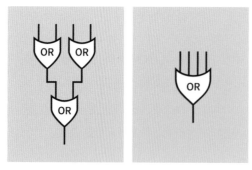

그림 20-3 위의 형태로 2입력 OR 게이트 3개를 구성하면 4입력 OR 게이트 1개와 완전히 같은 동작을 한다.

NOR을 써서 줄이기

각각의 4입력 OR 게이트(구할 수는 없지만)가 의미하는 것은 "디코더의 3, 5, 6, 7 핀 중의 하나에서 높은 상태 전압이 보이면, 두 개 이상의 버튼이 눌린 것이므로, 속임수를 쓴 것"을 의미한다. 다음과 같이 바꿔 생각할 수도 있다. 디코더의 출력 중의 하나는 높은 상태 전압을 가져야 하기 때문에, 3, 5, 6, 7번 핀 중 하나가 높은 상태 전압을 가졌다는 것은 0, 1, 2, 4에서 높은 상태 전압을 가지지 못했다는 말이 된다. 다른 말로 속임수를 나타내는 핀에서 높은 상태 전압이 출력되는지 보는 대신, 다른 핀에서 높은 상태 전압을 가지지 못했는지 보는 것이다. 이건 결과적으로 같다.

디코더의 0, 1, 2, 4번 핀을 4입력 NOR 게이트으로 연결하는 것은 실질적으로 OR 게이트를 3, 5, 6, 7번 핀에 연결하는 것과 같은 동작을 한다. 이제 HC 패밀리에 듀얼 4입력 NOR 게이트 칩이 있는지 확인해 보자. 바로 74HC4002가 있다.

왜 4입력 NOR 칩은 있는데, 4입력 OR 칩은 없을까? 글쎄, 잘 모르겠다. 그럼 각 패밀리에서 어떤 형태의 칩이 나오는지 알 수 있는 방법

은 있을까? 위키피디아에 모든 논리칩을 나열해 둔 페이지가 있다. "List of 7400 series integrated circuits"를 검색하면 간단하게 찾을 수 있다. 문서상으로 칩이 있는지 확인했으면 실제로 이 칩이 아직 만들어지고 판매되고 있는지 확인할 때는 인터넷의 부품 상점을 이용하면 된다.

그림 20-4는 OR 게이트 대신 NOR을 사용하

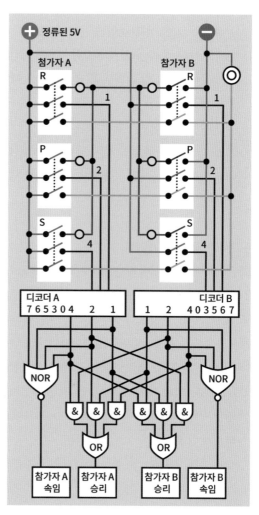

그림 20-4 쓰루홀 패키지 형태의 4입력 OR게이트를 HC 패밀리에서는 찾을 수 없으므로 대신 4입력 NOR 게이트를 2개 이용하도록 배선을 바꾼 것.

도록 배선을 바꾼 것이다. 각 디코더의 3, 5, 6, 7 값을 가지는 출력은 연결되지 않고 남아있다.

간단해진 회로를 브레드보드에 설치하기

이제 논리 회로가 정해졌으니 칩을 연결할 때가 되었다. 이전에 사용했던 74HC08 쿼드 2입력 AND 칩이 2개 필요하며 칩의 내부 동작은 그림 15-7을 참조하자. (이 칩들에서 두 개의 AND 게이트는 사용하지 않은 채로 둘 것이다.) 실험 19에서 썼던 74HC4075 트리플 3입력 OR 칩도 한 개 사용할 것이다. 칩의 내부 동작은 그림 19-8을 참고하자. (세 번째 OR 게이트는 사용하지 않는다.) 마지막 논리칩은 74HC4002 듀얼 4입력 NOR 칩이다. 이 칩의 핀 배치는 그림 20-5에 있다.

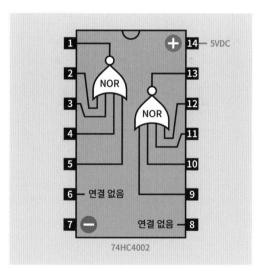

그림 20-5 74HC4002 듀얼 4입력 NOR 칩의 핀 배치.

물론 74HC237 디코더 칩도 2개 필요하다. 그림 20-6에 이 칩의 핀 배치와 기능이 있다. 2개의 출

력 허용(output-enable) 핀이 있는데, 하나는 높은 수준 전압을 받으면 동작하고, 다른 하나는 낮은 수준 전압을 받으면 동작한다. 두 핀 모두 출력이 나오도록 만들어준다. 따라서, 5번 핀은 접지에, 6번 핀은 브레드보드의 양극 쪽에 연결되어 있어야 한다.

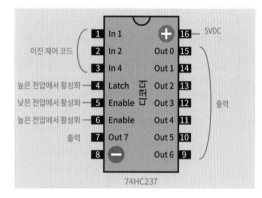

그림 20-6 74HC237 디코더 칩의 핀과 기능.

4번 핀은 입력의 변화를 무시할 수 있도록 출력을 고정시키는 역할을 한다. 4번 핀은 높은 상태 전압에서 동작하기 때문에 디코더가 입력에 반응할 수 있도록 접지와 연결되어 있어야 한다.

여기서는 그림 19-2에서 사용된 것과 같은 핀 이름을 사용했다. 따라서, 출력은 Out0에서 Out7까지의 이름을 가지며 입력 역시 이진수 위치에 따라 In1, In2, In4의 이름을 가진다.

이런 정보를 이용하면 비교적 간단하게 여러 부품이 사용된 가위바위보 게임을 브레드보드에 구현할 수 있다. 여기서도 스위치는 별도의 회로도에 그려 두었으며 이 부분은 그림 20-7을 보면 된다. 이 스위치 간의 연결 방법은 그림 20-8에 있다.

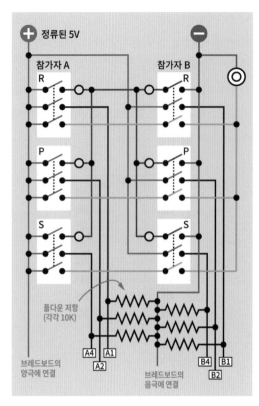

그림 20-7 스위치의 출력은 브레드보드 회로도에서 같은 이름표가 붙은 부분과 연결된다.

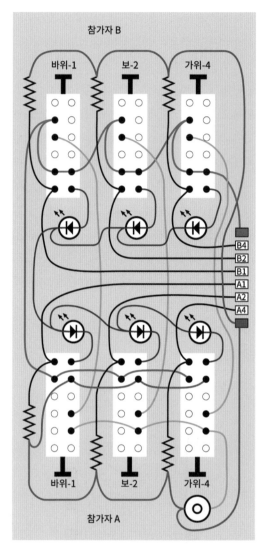

그림 20-8 앞의 회로에 있던 슬라이더 스위치의 배선. 오른쪽 옆면의 커넥터는 브레드보드의 회로와 연결에 사용되며, 이 연결은 전원의 양극과 음극 부분을 포함하고 있다.

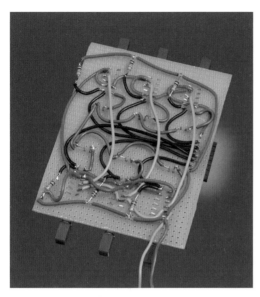

그림 20-9 논리칩과 스위치가 사용된 가위바위보 게임에 연결되는 슬라이더 스위치. 브레드보드의 주회로와 연결될 옆면의 커넥터는 오른쪽에 배경이 밝아지는 부분에 있다.

그림 20-9에는 만능 기판에 붙어 있는 실제 슬라이더 스위치가 있다.

스위치들의 출력(A1, A2 등)은 그림 20-10에서 같은 이름표가 있는 곳을 통해서 칩의 입력으로 연결한다.

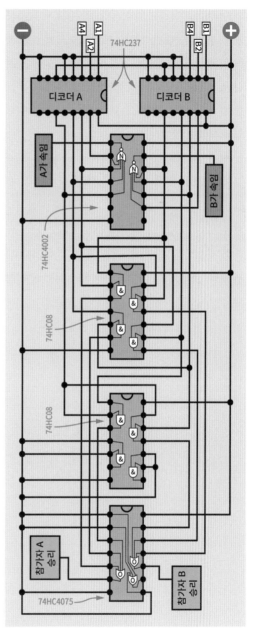

그림 20-10 여러 부품이 사용된 가위바위보 게임의 브레드보드 회로의 모습.

여러분도 이제는 알겠지만, 이 책에서 회로도를 그릴 때는 일반적으로 브레드보드에서의 부품 위치와 대충 비슷한 위치가 되도록 그렸다. 하지만, 이번에는 지면이 부족해서 모든 칩을 수직으로 나타낼 수 없었으므로, 어쩔 수 없이 이 규칙을 어기고 디코더 칩을 옆으로 돌려서 그렸다.

그림 20-11은 브레드보드에 모든 부품을 배치한 회로다. 확인을 위해서 브레드보드의 한 열(column) 정도의 크기인 작은 텍타일 스위치 6개를 사용했다. 사진의 윗부분에서 노란색과 빨간색 작은 버튼을 볼 수 있을 것이다. 이 버튼들은 SPST 스위치라서 비김 확인이나 LED에 연결하지는 않았다. 이런 작업을 하려면 그림 20-9에 있는 다극(multipole) 스위치가 필요하다.

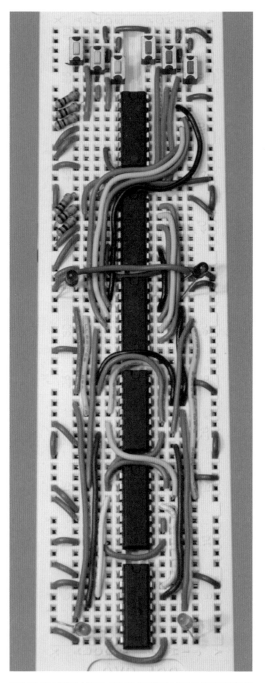

그림 20-11 다양한 부품이 사용된 가위바위보 회로의 브레드보드 회로도.

조금 더 만들어 보자

프로젝트에 기능을 더 추가하고 싶다는 생각을 억누를 수 없어서 회로의 스위치에 기능을 몇 개 더 추가했다. 3극 슬라이드 스위치 또는 푸시 버튼은 좀처럼 찾기 쉽지 않으므로, 대부분의 경우 4극 슬라이드 스위치나 푸시 버튼에서 극 하나를 연결하지 않고 사용할 것이다. 남아있는 극을 이용해서 뭔가 재미있고 유용한 일을 할 수 있지 않을까?

아마도 그럴 것이다. 회로 나머지 부분의 전원을 켜고 끄는 데 사용할 수도 있을 것이다. 스위치만으로 구성했던 가위바위보 게임에서는 별도의 전원 스위치 없이 사용했었다. 푸시 버튼이 각 게임의 출력을 판단하는 데 사용되는 동시에 전원에도 연결되어 있었다.

스위치와 논리칩을 사용한 회로에서도 같은 것을 할 수 있다. 참가자 A의 스위치에서 사용하지 않았던 접점을 모두 전원의 양극 부분과 연결하면 어떤 스위치를 누르든지 전원의 양극과 디코더와 논리칩의 양극 부분을 스위치로 연결시킨다. 참가자 B의 경우도 같은 방식으로 연결할 수 있다. 두 참가자가 모두 스위치를 누르면 논리칩에 전원이 공급되며 스위치의 입력을 해석할 준비가 된 것이다. 스위치에서 손을 떼면, 자동적으로 시스템의 전원이 꺼진다.

개선된 회로를 실제로 만들지는 않고, 대략적인 설명만 했다. 실제로 만드는 것은 여러분의 몫으로 두겠다.

디코딩의 반대

인터넷 부품 상점에서 "decoder"를 검색하면 인코더(encoder), 멀티플렉서(multiplexer), 디멀티플렉서(demultiplexer) 등 세 가지 유형의 칩을 만날 수 있을 것이다. 아마 아주 혼란스럽겠지만 같은 칩을 디코더나 멀티플렉서로 부르기도 한다. 그럼 멀티플렉서가 정확히 어떤 걸까?

저자의 역할이 혼란스러운 부분을 없애는 것(혹은 적어도 납득할 수 있는 수준으로 줄여주는 것)이므로 이 주제에 대해서는 다음 장에서 짚고 넘어가겠다.

앞에서 동전은 기억 장치를 가지고 있지 않기 때문에 동전을 던질 때마다 앞면이 나올 확률과 뒷면이 나올 확률은 같을 수밖에 없다고 이야기 했었다. (17장을 참고하자.) 확률은 언제나 같다. 마찬가지로 전통적인 '운명의 수레바퀴(wheel of fortune)'[1] 역시 이전에 돌렸을 때 어디서 멈췄는지 기억할 수 없으므로 매번 임의의 값이 나오고, 어떤 숫자든 발생 확률이 변할 수 없다.

모든 게임이 이런 것은 아니다. 예를 들어, 배틀쉽(Battleship)이란 보드 게임을 해봤다면 게임이 진행되는 동안 성공 확률이 바뀌며 특히 많이 비어 있는 부분을 공략하는 경우에는 그곳에 적의 배가 숨어 있을 확률이 높아진다는 것을 알 수 있다.

두 명의 참가자가 즐길 수 있는 확률이 변하는 동전 게임을 하나 만들어 보기로 하자. 처음에는 판돈이 낮을 것이므로 승리할 확률 역시 낮지만 각 참가자가 더 많은 동전을 추가하면서 대박이 날 확률도 높아지고 이길 확률도 점점 더 증가한다. 돈 대신 게임용 동전을 사용하더라도 이런 형태로 동작시키는 것이 긴장감도 높이고

게임을 더욱 박진감 넘치게 만든다고 생각한다.

이것이 핫슬롯(Hot Slot)이란 게임을 만들게 된 계기다.

만일 『Make』 매거진을 열심히 읽은 사람이라면 동전을 전자회로의 일부로 사용하는 게임을 설명해서 상을 받았던 필자의 칼럼을 봤을 것이다. 핫슬롯 게임은 이 칼럼의 내용과 기본적인 개념은 같지만 세세한 부분은 아주 많이 다르다.

먹싱

이 게임을 통해 앞장에서 멀티플렉서(multiplexer)를 소개하겠다는 약속을 지킬 수 있을 것이다. '먹스(MUX)'는 사람들이 이 부품을 편하게 부를 때 사용하는 용어다.

다양한 변종들이 존재하지만, 이 실험에서는 4067B를 선택했다. 이 칩은 구식 CMOS 형식이지만 그 당시의 많은 CMOS 부품들과는 다르게 출력 전류가 적지 않다. 이 칩은 한 채널을 통해서만 전류를 통과시킬 수 있다고 생각해도 된다.

브레드보드에 4067B를 끼우고 4개의 스위치와 풀다운 스위치를 그림 21-1의 형태로 끼운다.

---

1 (옮긴이) 카지노에서 사용하는 장치로, 룰렛과 비슷하지만 공 대신 바퀴를 돌렸을 때 화살표가 멈추는 위치에 따라 베팅하는 게임.

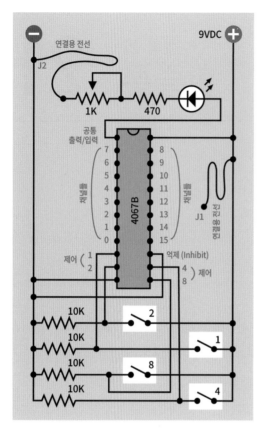

그림 21-1 아날로그 멀티플렉서를 점검하기 위한 간단한 회로.

이 회로는 16개의 출력 핀 대신 16개의 '채널'이라 불리는 핀을 입력으로 받는다는 점만 제외하면 4514 디코더의 기능을 확인하기 위해서 만들었던 검사 회로(그림 19-3)와 아주 비슷하다.

칩의 밑부분에 스위치와 연결되는 핀들이 있기 때문에 스위치 역시 밑부분에 있다. 이런 형태로 배치하면 최대한 복잡하지 않게 회로도를 만들 수 있다.

멀티플렉서는 LED를 동작시킬 수 있으므로 동작 확인을 위해 계측기를 사용할 필요는 없다. LED는 1번 핀인 '공통 출/입력' 핀에 연결되는데

그 이유에 대해서는 잠시 후에 설명할 것이다. 직렬 저항이 LED로 과도한 전류가 흐르지 않도록 막아주며 미세조정 가변저항으로 전류를 변화시킬 수 있다는 것을 보여줄 것이다.

미세조정 가변저항에 연결된 전선은 보통은 잘 사용되지 않지만 꼬불꼬불한 형태로 되어 있어서 이쪽저쪽에 모두 연결할 수 있을 정도로 유연하며 끝에는 작은 플러그가 있다. 이런 연결선의 경우 이쪽저쪽 움직이면서 연결하기 쉽기 때문에 여기서는 '연결용 전선(roaming jumper)'이라 부른다. 이제 연결선 끝부분에 J2라는 이름이 있는 부분을 음극 접지와 연결한다. 만일 이런 형태의 연결선이 없다면 적절한 길이의 24-게이지 단심 전선에서 양끝의 피복을 1.5cm 정도씩 벗겨서 사용해도 된다.

회로도 오른쪽에 다른 '연결용 전선'이 있다. 연결선 끝에 있는 J1이라는 이름이 붙어 있는 부분을 채널에서 0부터 15번까지의 값을 가지고 있는 부분과 연결할 생각이다.

전지를 이용해서 회로에 9VDC 전력을 공급할 수 있다. 전지에서 나오는 것이므로 정류할 필요도 없고 평활 커패시터를 사용할 필요도 없다. 그러나 CMOS의 경우 정전기에 민감하기 때문에 보통은 다루기 전에 신체를 접지시켜야 한다.

이쪽저쪽 연결해 보기

이제 2와 4라는 이름이 붙어 있는 두 스위치를 닫고 어떤 일이 벌어지는지 살펴보자. 인코더에서 사용한 스위치와 같은 방식으로 동작한다면 활성화되는 채널은 입력에서 닫혀 있는 스위치

의 값을 더해서 결정되기 때문에 6번 채널이 될 것이다.

연결선 J1을 6번 핀에 연결하면 LED가 켜진다. 양극 전력은 전원의 양극 부분에서부터 나와서 J1을 통과해서 6번 채널로 흘러 들어간다. 칩 내부의 연결을 통해서 1번 핀의 공통 출력/입력 단자와 전원이 연결된다. 이 단자에서부터 LED와 직렬 저항을 통과하고 J2로 나가서 음극 부분으로 들어간다.

1K 미세조정 가변저항을 조정하면, LED의 밝기가 변한다. 출력 전류를 변화시키는 것이 아니라 전체 칩을 통해서 흐르는 전류를 조정하는 것이라는 점을 생각할 필요가 있다. 계측기로 mA 전류를 측정할 수 있도록 설정한 다음 J1에 직렬로 연결해서 출력과 마찬가지로 입력에서 흐르는 전류가 변함을 확인할 수 있다.

위의 작업에는 작은 단점이 존재한다. 위의 동작을 위해서 칩에서 약간의 전압을 떨어트린다는 점이다. 계측기를 전압 측정 상태로 놓고 6번 핀과 공통 출력/입력 핀 사이의 전압을 측정해서 이 사실을 확인해 볼 수 있다.

이제 흥미로운 부분이다.

- J1을 다른 채널에 해당하는 핀 중 하나와 연결하면 LED는 켜지지 않는다.
- 만일 스위치의 조합을 바꾸면 다른 채널이 활성화된다.

예를 들어 모든 스위치를 켜면, 그 값을 모두 더한 값(8+4+2+1)에 해당하는 15번 핀이 활성화

된다.

지금까지 배운 것이 어떤 것일까? 그리고, 어떤 것을 더 배워야 할까?

먹스에 대한 몇 가지 사실

- 여기의 먹스에는 디코더처럼 4개의 바이너리 값을 가진 제어 핀이 있다.
- 하지만 전력을 0에서 15번 핀까지의 출력 핀으로 내보내는 디코더와는 반대로, 0번에서 15번 핀으로 전력을 받아들인다. 이 핀들은 칩 내부에서 '채널'을 통해 하나로 연결된다.
- 제어 핀에서 낮은 전압 또는 높은 전압 상태를 가지는 형태에 따라 여러 채널 중 하나의 채널을 선택한다.
- 선택된 채널로 들어오는 입력 전류를 공통 핀으로 보낸다.
- 선택되지 않은 채널로 전류를 통과시키지 않는다. (사실 아주 미세한 누설전류(leakage)가 있기는 하지만 무시할 만하다.)
- 입력 최대 전류는 25mA지만 전압이 높아지는 경우 받아들일 수 있는 전류의 양이 줄어든다. 각 트랜지스터가 통과시킬 수 있는 최대 전력은 100mW이다.
- 칩은 3VDC에서 20VDC 범위의 전원을 사용할 수 있다.
- 채널에 입력되는 전압은 공급 전압보다 높을 수 없고, 음극 접지보다 낮을 수 없다.
- 멀티플렉서의 동작을 이해하는 좋은 방법은 그림 21-2에 있는 것처럼 반도체로 만들어진 로터리 스위치(rotary switch)라 생각하는 것

이다. 그림에서는 2와 8 값을 지닌 제어 핀을 임의로 선택했고 이로 인해서 공통 입/출력과 채널 10번 간에 내부 연결이 만들어진다.

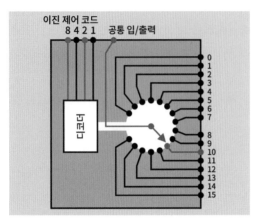

그림 21-2 멀티플렉서는 반도체로 만들어진 로터리 스위치처럼 동작한다. 제어 입력에 입력된 이진수 값에 따라 보라색 연결이 만들어진다.

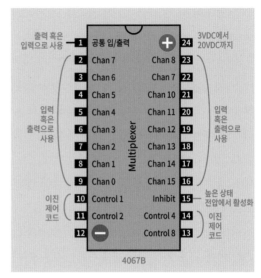

그림 21-3 4067B 멀티플렉서의 핀 배치.

먹스 핀 배치

4067B의 핀 배치는 그림 21-3에 있는 것처럼 핀 번호 순서를 어느 정도 따라가기 때문에 조금 더 일반적인 형태를 가진다. 제어 핀에는 이진수의 자릿수에 따라 1, 2, 4, 8라는 이름이 붙어 있다. (데이터시트에 따라 A, B, C, D라는 이름을 사용하는 경우도 있다.) 채널 핀들은 Chan 0에서 Chan 15의 이름이 붙어 있다. (데이터시트에 따라 Y0에서 Y15 혹은 비슷한 이름을 사용하는 경우도 있다.)

지금까지 설명했던 핀 외에, 15번 핀인 억제 (inhibit) 핀이 있다. 이 핀은 높은 상태 전압이 인가될 때 활성화(active high)되며, 이 의미는 해당 핀에 양극 전압이 인가되면 칩에 있는 제어 핀에 대해서 반응하는 것을 억제(inhibit)한다는

것이다. 테스트용 회로에서는 런 형태의 동작이 필요하지 않기 때문에 억제 핀을 접지에 연결하도록 한다. 이 핀을 전원의 양극 부분과 연결하면 그 시점부터 칩 내부의 트랜지스터를 끈다.

먹스의 응용 분야

우리가 만들 생각을 하고 있는 동전 게임에 멀티플렉서를 사용할 예정이다. 하지만 일반적으로는 어디에 사용될까?

먹스의 기능에 대해서 생각해 보자. 제어 입력에 따라 아주 빨리 16개의 입력 중 하나를 선택해서 공통 핀으로 신호를 출력한다. 실제로 이 동작이 아주 빠르기 때문에 각각의 채널 핀으로 들어오는 2개 혹은 4개, 또는 더 많은 수의 통신 신호를 순서대로 한꺼번에 샘플링해서 하나의 채널로 출력할 수 있다. 즉, 한 개의 전선으로 2개, 4개 혹은 더 많은 신호를 전송할 수 있다. 물론 다

른 쪽 끝부분에는 들어오는 신호를 원래 채널들의 신호들로 분리하는 것이 필요하다. 이를 위해서 디멀티플렉서(demultiplexer)가 필요하다.

이미 이야기한 4067B 멀티플렉서칩은 양방향성을 가진 칩이기 때문에 디멀티플렉서 기능도 할 수 있다. 이것 때문에 채널 핀에 '입력 혹은 출력으로 사용'이라 이름이 붙어 있으며, 공통 핀에 '출력/입력'이란 이름이 붙어 있다. 먹스는 전류의 방향에 관여하지 않는다.

그림 21-4에 있는 것처럼 테스트 회로를 약간 바꿔서 이 사실을 직접 확인해 볼 수 있다. 이번에는 연결용 전선 J1 부분을 음극 부분에 연결하고, 연결선 J2를 양극 부분에 연결한 후 역방향으로 흐르는 전류에 반응할 수 있도록 LED의 방향도 거꾸로 뒤집어둔다.

멀티플렉서를 동작 방식 그대로 멀티플렉서/디멀티플렉서라 부르지 않은 이유에 대해서 궁금할 수 있다. 데이터시트에는 보통 멀티플렉서/디멀티플렉서라 적혀 있지만 너무 길기 때문에 사람들은 보통 먹스라 부른다.

다양한 입력을 천천히 바꿀 필요가 있는 경우에도 먹스를 사용한다. 예를 들어, 컴퓨터 내부에 여러 영상 출력을 선택할 수 있다.

스테레오 오디오 장치에서 CD 플레이어, DVD 플레이어, MP3 플레이어, 혹은 다른 여러 음향 입력 중에서 하나를 선택할 수 있다. 먹스는 제어 핀에 공급되는 이진 코드에 따라 하나의 입력을 선택해서 공통 출력으로 연결한다. 이런 작업은 전자기계 형식의 로터리 스위치 또는 푸시 버튼을 써도 가능하지만 반도체 기반의 장치

가 훨씬 안정적이며, 스위치의 접점 특성에 의해서 발생하는 잡음도 없다.

스테레오 오디오 장치에는 두 개의 음향 채널(돌비 5.1 채널을 사용하는 홈시어터 장치를 가지고 있다면 더 많을 것이다)이 있다. 이 요구 사항을 만족시키기 위해서 제어 핀으로 제어할 수 있는 2개 이상의 스위치를 가진 멀티플렉서를 구입하면 된다. 먹스는 몇 개의 멈춤 지점을 가진 로터리 스위치와 비슷하며, 두 스위치 모두 제어기로 동작을 제어할 수 있다.

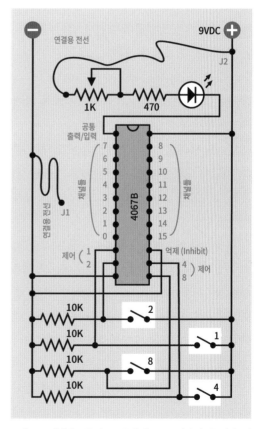

그림 21-4 연결선 J2를 양극 부분에 끼우고, J1에서 전류를 받아들일 수 있도록 음극 부분에 연결해서 멀티플렉서의 양방향 능력을 확인할 수 있다. 이때 전류의 흐름에 맞춰서 LED도 거꾸로 뒤집어 두어야 한다는 점을 잊으면 안 된다.

아날로그 먹스와 디지털 먹스

4067B는 아날로그 먹스다. 이 말은 중간값[2]을 기준으로 위, 아래로 움직이는 AC 신호를 통과시켜도 값이 유지된다는 것을 의미한다. 예를 들어, 간단한 음성용 인터컴을 멀티플렉서에 연결하면 집안에 있는 여러 방으로 분배해서 출력할 수 있다.

디지털 멀티플렉서도 있다. 입력의 범위는 보통 논리칩에서와 마찬가지로 높은 수준 혹은 낮은 수준의 전압 범위 안에 있어야 한다. 디지털 멀티플렉서는 (아날로그 멀티플렉서와 마찬가지로) 한 채널을 선택하기 위해서 제어 핀에 가해지는 이진 코드를 사용하고, 그 입력이 높은 수준의 전압인지 혹은 낮은 수준의 전압인지 감지한다. 칩에서는 디지털의 사양에 맞도록 칩에서 출력 신호를 만들어 출력한다.

디지털 멀티플렉서는 반대로 동작할 수는 없다. 채널은 입력을 받으며 공통 핀은 출력을 제공하는 것으로 끝이다. 또한, 교류 신호를 사용할 수도 없다.

디지털 먹스는 반대로 동작할 수 없다고 했는데 만일 출력을 해석하고 싶은 경우에는 어떻게 해야 할까? 이 경우 디코더를 사용하면 된다. 디코더의 제어 입력을 들어오는 데이터 패킷의 데이터 전송율(data rate)에 맞춰주면 입력되는 데이터를 정확한 크기의 조각들로 잘라낼 수 있다.

디코더는 실제로 디지털 디멀티플렉서(좀처럼 사용되는 용어는 아니지만[3])와 같다. 또한 디지털 멀티플렉서는 인코더와 비슷하다. 이제 전자 부품 판매하는 곳에서 인코더, 디코더, 멀티플렉서, 디멀티플렉서를 같은 범주에 넣는 이유를 알 수 있을 것이다. 부품 판매하는 곳에서는 약간씩 차이가 있는 부분을 명확하게 구분해 놓지 않는다. 단지 모든 옵션들을 보여주고 "직접 해결하라"고 이야기하는 것이다.

여러분에게 이 부분을 도와주기 위해 몇 가지를 요약해 두었다.

먹스 간의 차이에 대한 몇 가지 사실

- 디코더에는 2개, 3개 혹은 4개의 제어 핀이 있다. 이 핀에 가해지는 이진 코드 값에 의해서 0에서부터 증가하는 값을 가진 출력 핀 중 하나가 선택된다. 선택된 핀은 논리적으로 높은 출력을 가지며, 다른 핀들은 논리적으로 낮은 출력을 가진다. 디코더는 높은 혹은 낮은 논리 상태를 사용하는 디지털 장치이며, 입력과 출력의 방향이 바뀔 수 없다.

- 인코더는 디코더와 반대다. 십진수 0에서부터 증가하는 값을 가진 다수의 입력을 가지고 있으며, 한번에 오직 한 핀만이 논리적으로 높은 입력을 가질 수 있다. 인코더는 이 입력 값을 2, 3, 4비트 이진수로 바꿔서 2, 3, 4 출력 핀을 통해서 출력한다. 이 칩은 디지털 장치이기 때문에 높은 혹은 낮은 논리 전압을 사용하며, 입/출력의 방향이 뒤집힐 수 없다. (이 책에서는 아직 인코더를 보여주지 않았지

---

2 (옮긴이) 바이어스되지 않은 경우 보통 0V.
3 (옮긴이) 먹스와 마찬가지로 보통 '디먹스'라고 줄여서 부른다.

만, 이후에 보게 될 것이다.)

- 디지털 멀티플렉서는 인코더와 비슷하게 다수의 핀으로 입력을 받으며, 각 핀에는 0에서부터 시작하는 십진수가 할당되어 있다. 하지만 단 하나의 공통 혹은 출력 핀만을 가지고 있다. 이진 상태로 2, 3 혹은 4 핀짜리 제어 핀을 통해서 어떤 입력 핀이 출력 핀과 연결될지 제어할 수 있다. 이 칩은 디지털 장치라서 높은 혹은 낮은 논리 상태를 사용하며, 입/출력의 방향이 뒤집힐 수 없다.

- 아날로그 멀티플렉서는 디지털 멀티플렉서와 비슷하지만 칩에서 출력 전압을 새로 만들지는 않는다. 이 장치는 앞의 실험에서 사용했었다. 이 칩은 단지 선택된 채널의 핀을 내부의 연결을 통해서 공통 핀으로 연결하는 동작만 수행한다. 이런 방식으로 동작하기 때문에 디지털로 제어되는 반도체 로터리 스위치같이 동작한다. 이 칩은 AC 신호와 DC 신호 모두 전달할 수 있고 넓은 범위의 전압을 받을 수 있으며, 전류의 방향이 거꾸로 바뀌어도 괜찮다.

- 아날로그 디멀티플렉서는 보통 아날로그 멀티플렉서에서 전류의 흐름을 거꾸로 뒤집어서 공통 핀이 입력이 되고, 제어를 통해 특정 채널핀으로 출력되게 만든다.

- 디지털 디멀티플렉서는 디코더와 같다.

게임 설계

핫슬롯 게임을 만드는 작업으로 돌아가기 전에 설명해야 할 부분이 많다. 여하튼 여기서는 상상

하고 있는 게임의 형태부터 살펴보자. 상자에 16개의 슬롯이 있으며 각각 동전을 넣을 수 있을 정도의 크기다. 슬롯에 동전을 끼우면 동전으로 인해 내부에 있는 접점이 서로 전기적으로 연결된다.

임의로 슬롯 중 하나가 선택되어 특정 접점에만 전기가 인가되는데, 이 슬롯이 바로 핫슬롯이 되는 것이다. 이 작업은 게임이 시작되기 전에 멀티플렉서를 통해서 이루어지고, 게임을 참가하는 사람들은 이 사실을 알 수 있는 방법이 없다.

한 참가자 순서가 되면, 슬롯에 동전을 끼운다. 만일 해당 슬롯이 핫슬롯이 아니라면 아무 일도 생기지 않으며, 다른 참가자가 슬롯에 동전을 끼울 차례가 된다. 이 과정은 참가자 중 한 명이 핫슬롯에 동전을 끼울 때까지 반복되며, 핫슬롯에 동전을 끼웠을 때 경보가 울린다. 승리한 참가자는 슬롯에 끼워져 있는 모든 동전을 가진다. 이후 참가자들 중 한 명이 버튼을 눌러 게임을 리셋시키면 먹스가 새로운 핫슬롯을 선택하고 게임이 다시 반복된다.

그림 21-5에서 이 과정에 대한 간단한 흐름도를 볼 수 있다. 555 타이머는 비동기 방식으로 동작하면서 초당 5만번, 즉 50KHz로 펄스를 발생시킨다. 이 타이머는 반복적으로 0에서부터 15까지의 값을 만들어내는 카운터를 동작시키고 이 출력은 4비트 이진수로 출력된다. 이 4비트 숫자가 멀티플렉서의 제어 입력 부분으로 연결되어 있다.

참가자가 버튼을 눌러 카운터가 동작하면 카운터는 임의의 시점에 정지하고 이로 인해 임의

의 슬롯이 선택된다. 『짜릿짜릿 전자회로 DIY』에서도 비슷한 방법을 사용했었기 때문에 이 책을 읽었다면 상당히 익숙할 것이다.

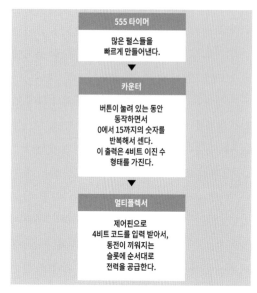

그림 21-5 이 시스템은 멀티플렉서로 들어가는 임의의 숫자를 선택함으로써 16개의 동전 슬롯 중 하나를 선택한다.

슬롯을 세어나가기

내부 저항에 의한 효과를 최소화시키기 위해서 멀티플렉서 회로에는 9VDC 전원을 사용하려 한다. 9V 전원을 사용할 수 있는 카운터 칩이 있을까? 당연히 있다. 4520B 카운터는 아직도 상당히 많이 생산되고 있는 구식 CMOS 부품 중 하나다. 이 칩의 핀 배치는 그림 21-6에 있다.

4520B는 두 개의 4비트 카운터를 가지고 있으므로 둘을 연결해서 0에서 255까지를 셀 수 있는 8비트 카운터로도 사용할 수 있다. 여기서는 4비트만 필요하기 때문에 칩의 절반 부분은 사용하지 않도록 한다.

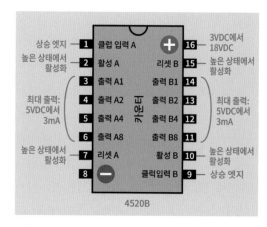

그림 21-6 CMOS 4520B 칩의 핀 배치. 십진수 0에서 15를 반복하며, 그 결과를 4비트 이진 출력으로 나타낸다.

그림 21-6에서는 임의로 한 카운터에 'A', 다른 카운터에 'B'라는 이름을 붙였다. 제조사의 데이터시트에서는 같은 방식을 사용할 수도, 다른 방식으로 이름을 붙일 가능성도 있다. 출력 역시 여기서는 이진 자릿수에 따라 1, 2, 4, 8로 지정했지만 데이터시트에서는 보통 Q1, Q2, Q3, Q4 혹은 이와 비슷한 방식으로 숫자를 붙인다. 이름을 붙이는 것에는 별다른 표준이 없다.

높은 상태일 때 활성화되는 리셋 핀은 모든 출력을 0으로 만드는데 여기서는 임의의 출력을 만들려 하는 것이기 때문에 별로 관심이 가지 않는다. 따라서 여기서는 리셋 핀을 핫슬롯 게임에 연결되는 전원의 음극과 연결해서 동작하지 않도록 만든다.

활성(Enable) 핀 역시 높은 상태일 때 활성화되며, 활성 핀에 양극 전원이 연결될 때 카운터가 동작하며 활성 핀에 음극 접지가 연결될 때는 카운터가 정지한다. 이 기능은 핫슬롯 회로도에서 카운터를 정지시켜 임의의 슬롯을 선택하기 위해서 사용된다.

클럭 핀으로 입력되는 신호가 낮은 상태에서 높은 상태로 바뀔 때 카운터가 증가한다. (만일 높은 상태에서 낮은 상태로 바뀔 때 카운터를 증가시키려면 클럭 입력은 낮은 상태 전압에 연결하고 활성 핀으로 클럭 신호가 들어가게 만들면 된다. 하지만, 핫슬롯 게임에서 이 기능은 별로 쓸모가 없다.)

회로 설계

이제 0에서 15까지의 숫자 중의 하나를 임의로 선택하는 회로를 만들 때가 되었다. 브레드보드 부분은 그림 21-7에 있다.

카운터와 멀티플렉서는 모두 비슷한 세대의 CMOS 칩을 사용할 것이므로 서로 신호를 주고 받는데 아무런 문제가 없다. 또한, 555 타이머의 출력과도 호환돼야 한다. 잠재적인 문제가 될 수 있는 유일한 부분은 쌍극성 555 타이머의 경우 전압이 튀는 경우가 가끔 있는데 이를 카운터에서 클럭으로 판단할 수 있다는 점이다. 타이머의 전원 핀과 접지 사이에 100μF 커패시터를 넣으면 이 문제를 줄일 수 있다. 되도록 커패시터를 전원 핀에 가깝게 배치하고 커패시터 핀은 최대한 짧게 해야 한다.

왼쪽 위에 있는 전원 스위치를 켜면, LED에 불이 들어오고 555 타이머가 바로 동작하며 커플링 커패시터를 통해서 클럭 펄스가 4520B 카운터로 전달된다. 하지만, 카운터의 2번 핀(활성 핀)에 있는 10K 풀다운 저항으로 인해 카운터의 숫자가 증가하지는 않는다.

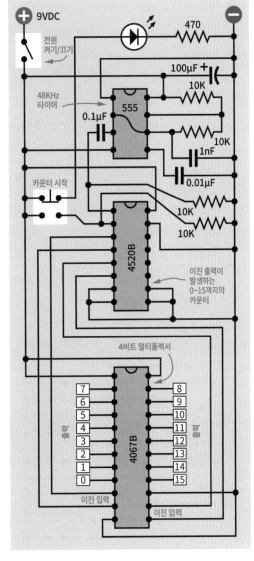

그림 21-7 핫슬롯 게임을 위한 회로의 브레드보드 부분.

임의의 숫자를 선택하기 위해서는 푸시 버튼이 눌려 있어야 한다. 이 부분은 카운터의 2번 핀이 전원의 양극 부분과 직접 연결돼서, 풀다운 저항을 이기고 카운터를 활성화시켜서 타이머에서 오는 펄스에 동작하게 만든다. 푸시 버튼에서 손을 떼면 다시 카운터가 비활성화되면서 임의의 숫자가 선택된 상태에서 정지하고, LED가 켜지면서 게임이 준비되었음을 알려준다.

카운터가 정지했을 때의 값이 4067B 멀티플렉서로 들어가면, 해당 채널 핀과 공통 입출력 핀 사이에 내부 연결이 만들어진다. 전원의 양극 전압을 공통 입력으로 받아서 채널 핀으로 통과시킨다. (따라서, 정확히 이야기하자면 이 부분에서 멀티플렉서는 실질적으로 디멀티플렉서처럼 동작한다.)

그림 21-8에 있는 것처럼 16개의 채널 핀들은

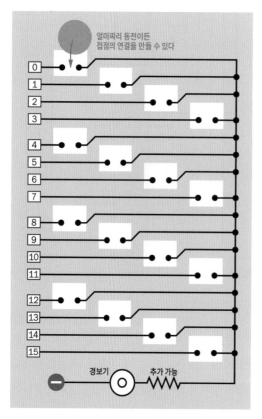

그림 21-8 이 회로도에 있는 접점은 각각 핫슬롯 게임에서 동전이 들어가는 슬롯 부분을 나타낸다. 동전을 이용해서 접점 사이에서 전기적인 연결을 만든다.

16개의 동전 슬롯에 각각 연결되어 있다. 이 회로도 왼쪽에 있는 숫자들은 멀티플렉서에서 같은 번호를 가진 채널 핀과의 연결을 나타낸다.

한 번에 하나의 채널만 멀티플렉서에서 전원을 받을 수 있으므로 하나의 슬롯만 활성화 될 수 있다. 이 슬롯에 동전이 끼워져 있는 경우, 경보기와 음극 접지 사이에 전류를 연결시킬 수 있다. 이 접지 부분은 회로를 만들기 위해서 음극 접지와 연결한다. 멀티플렉서에 과부하가 걸리는 것을 막기 위해서 경보기에 직렬로 저항을 연결해서 대략 15mA 정도로 전력 소모를 제한한다.

슬롯에서 동전을 빼면, 경보기가 멈춘다. 브레드보드에 있는 버튼을 다시 누르면 임의의 숫자가 새로 선택된다. 버튼을 누르지 않는 경우에는 앞에서 선택된 슬롯으로 전원이 다시 공급된다.

핫슬롯 게임을 위한 회로를 만드는 것은 3개의 칩만 사용하면 되기 때문에 비교적 쉽고, 동전 슬롯을 만드는 부분이 훨씬 어렵다. 만일 이 문제를 겪지 않고 단순하게 회로의 동작만 확인하려고 하는 경우에는, 동전 슬롯을 만들지 않고 8개 접점을 가지고 있는 딥 스위치 2개를 사용하고 동전이 들어갔을 때의 동작을 확인하기 위해서 스위치 하나를 달아 볼 수 있다. 그림 21-9는 이 게임을 브레드보드에 구현한 것이다. 여기서는 잠깐 연결해서 사용하는 것을 생각하고 있으므로 딥 스위치와 멀티플렉서를 연결시키기 위해서 잘 휘어지는 연결선을 사용했다. 17개의 전선이 같이 붙어있는 리본 케이블을 사용하는 것이 가장 이상적이다. (17번째 전선은 주회로 부분의 접지를 스위치 부분으로 전달하기 위해 사용한다.)

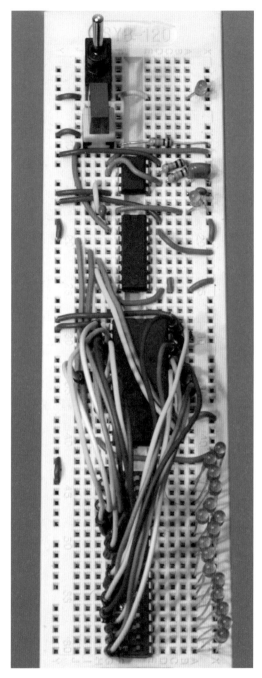

그림 21-9 동전 슬롯대신 딥 스위치를 사용한 핫슬롯 게임을 브레드보드에 구현한 것.

슬롯의 설계

필자가 『Make』 매거진에서 동전을 슬롯에 넣는 방식을 사용한 칼럼에서는 그림 21-10에 있는 것처럼 철물점에서 구입한 길고 얇은 알루미늄을 작게 잘라서 사용했다. 16개의 슬롯을 만들려면 이렇게 생긴 것을 4개 만들어야 한다.

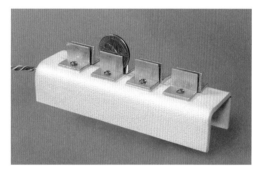

그림 21-10 핫슬롯 게임에서 사용할 수 있는 간단한 형태의 동전 슬롯으로 동전을 끼웠을 때 신뢰성 있는 접점을 제공하면서도 쉽게 만들 수 있다.

여기서 사용한 ABS 플라스틱 대신 작은 나무 조각을 사용해도 되며, 이 슬롯들은 윗부분에 슬롯 모양의 틈을 가진 상자 안에 설치할 수도 있다. 동전이 걸리지 않는 더 멋진 형태의 슬롯이 있다고 생각한다면 그 방식을 사용하도록 하자. 최종적으로는 적외선 센서를 사용해서 동전을 감지하도록 바꿀 예정이지만 실험 31에서야 바꿀 것이다.

핫슬롯 회로 점검

회로를 점검할 때는 일단 555 타이머에 들어가는 타이밍 커패시터의 값을 47μF 같이 큰 값으로 시작해서 타이머가 느리게 동작하게 만드는 것이 좋다. 타이머의 출력과 카운터에서 나오는 4

개의 출력 부분에 LED를 추가하는데, 이때 1K 직렬 저항을 공유해서 회로의 전압에 영향을 주지 않도록 만든다.

회로도에 있는 DPDT 푸시 버튼이 눌리지 않은 경우 멀티플렉서에서 나오는 채널 중에 어떤 것에서 전력이 나오는지 확인해 보고 그 값이 이진 입력에서의 값과 일치하는지 확인하자.

게임이 제대로 동작한다는 것이 확인되면 타이머의 동작 속도에 맞춰서 커패시터를 바꾸고, LED를 제거하면 이제 게임을 시작할 준비가 된 것이다.

누가 이겼을까?

회로에서 한 가지 확인하지 않았던 아주 중요한 질문이 있다. 핫슬롯 게임에서 두 참가자가 게임을 진행했을 때 두 사람이 같은 승리 확률을 가지고 있을까? 혹은 첫 번째(혹은 두 번째) 참가자가 유리할까?

이 부분을 알아내는 것은 논리 회로를 설계하는 과정과 비슷하다. 첫 번째 단계는 게임에 대해 아주 명확하게 적어보는 것이다.

- 첫 번째 동전을 끼우는 사람은 16개 슬롯 중에서 하나를 고를 수 있고, 슬롯 중 하나는 게임에서 이길 수 있다.
- 따라서 첫 번째에 이길 확률이 1/16이다.

다르게 생각하면, 첫 번째 참가자가 이길 수 없는 확률은 15/16이다. 이 경우 두 번째 참가자가 자신의 순서를 얻게 된다. 15개의 슬롯이 남았으므로 두 번째 참가자는 1/15의 승리 확률을 가진다.

두 번째 시도에서 게임이 끝날 확률은 어떻게 될까? 다음 두 가지 일이 발생해야 한다.

- 첫 번째 참가자가 핫슬롯을 고르는 데 실패할 확률: 15/16
- 두 번째 참가자가 핫슬롯을 고를 확률: 1/15

위의 두 사건이 한꺼번에 발생할 확률을 구하려면 각각의 확률을 서로 곱해야 한다. 만일 C가 두 번째 순서에서 게임이 끝날 확률이라고 하면, 아래 식을 통해서 계산할 수 있다.

C = 15/16 * 1/15

만일 고등학교 수준의 수학을 배웠다면, 15를 지울 수 있다는 점을 알 것이므로 다음과 같이 바꿀 수 있다.

C = 1/16

- 즉 두 번째 시도에서 게임이 끝날 확률도 1/16이 된다.

이제 한 단계 더 가보자. 두 번째 참가자가 두 번째 기회에서 이길 확률은 1/15이기 때문에 이기지 못할 확률은 14/15가 된다. 만일 방법대로 진행해 가면 다음은 다시 첫 번째 참가자가 시도할 순서가 된다. 이때 14개의 슬롯이 아직 비어있으므로, 3번째 기회에서 게임이 끝날 확률은

1/14이다. 만일 이런 일이 일어날 확률을 C라 하면 다음과 같이 계산할 수 있다.

$$C = 15/16 * 14/15 * 1/14$$

역시 15와 14를 지우면 다음과 같다.

$$C = 1/16$$

사실 첫 번째 순서, 두 번째 순서, 혹은 열여섯 번째를 포함한 모든 순서에서 게임이 끝날 확률은 항상 1/16이 된다.

동전을 끼워 넣는 시점에서 핫슬롯을 맞출 확률이 항상 같다는 이야기를 하려는 것이 아니다. 그 반대로, 게임이 진행됨에 따라 점점 적은 수의 슬롯만 남기 때문에 그 확률이 점점 높아진다. 만일 수십, 수백 번 게임을 진행하다 보면, 첫 번째 시도에서 게임이 끝날 확률이 1/16 정도가 되며 두 번째 시도, 혹은 그 외에서도 1/16 정도의 확률로 게임이 끝난다는 것을 나타낸 것이다.

필자가 직관적으로는 이 부분이 이상하다고 생각했기 때문에, 짧은 BASIC 프로그램을 작성해서 1000번 정도 실험해 봤다. 컴퓨터 언어에서 임의의 수를 생성할 때는 일정하지 않은 분포를 보여주기 때문에 여러 번 시뮬레이션을 해야 했다. 그 결과 수식이 정확하다는 것을 확인할 수 있었다.

각 참가자가 이기는 데 얼마나 많은 동전을 사용할지 생각해 보는 동안, 이 부분이 직관적이지 않다고 생각해서 잠시 멈춰야 했다.

지급률

첫 번째 참가자가 첫 번째 동전을 끼운다. 아주 운이 좋아서 첫 시도에서 핫슬롯에 동전을 끼웠다고 가정해 보자. 이겼을 때 슬롯에 있는 동전은 방금 전에 사용한 것 하나밖에 없다. 따라서 이겼음에도 아무런 소득이 없다.

만일 첫 번째 참가자가 실패한 경우, 두 번째 참가자가 동전을 끼운다. 만일 두 번째 참가자가 이겼다면 끼운 동전을 돌려받고 다른 참가자의 동전까지 가져가게 되므로 돈을 두 배로 불린 것이다. 분명히 항상 두 번째 참가자는 첫 번째 참가자보다 더 많은 보상을 받게 된다.

하지만 처음 두 번의 시도가 모두 실패했다고 가정해 보자. 이제 다시 첫 번째 참가자의 순서가 된다. 만일 이번 시도에서 핫슬롯을 찾은 경우 참가자가 조금 전에 끼운 동전과 첫 번째 사용한 동전에 두 번째 참가자가 두 번째 순서에서 끼운 동전까지 돌려받게 되기 때문에 전부 해서 자신의 것 2개, 상대편의 것 1개를 돌려받게 된다. 따라서 돌아오는 수익은 50%가 된다.

반면 처음 3번의 도전이 실패한 경우 두 번째 참가자에게 순서가 돌아오고 이 기회에서 승리한 경우 자신이 사용한 동전 2개와 다른 참가자가 사용한 동전 2개를 돌려 받게 된다. 따라서 자신이 건 동전의 2배를 얻게 된다. 즉, 100%의 수익을 얻게 된다.

두 번째 참가자가 분명히 유리하다! 그렇다면 만일 게임을 계속 해나가면 평균적으로 얼마나 큰 이득이 있을지 확인할 수 있을까?

그림 21-11은 게임에서 가능한 모든 경우에

대한 결과를 보여준다. 만일 게임이 첫 번째 순서에서 끝나면 첫 번째 참가자는 자신이 하나의 동전을 끼우고, 그것이 핫슬롯에 끼워져서 투자했던 동전을 그대로 받게 된다. 이 경우 승리로 인한 수익은 0이 된다. 두 번째 참가자는 동전을 전혀 사용하지 않았기 때문에 이로 인한 손실 역시 0이 된다.

게임이 끝날 때까지 진행된 횟수	첫 번째 참가자		두 번째 참가자	
	사용한 동전의 수	최종적인 수익 혹은 손실	사용한 동전의 수	최종적인 수익 혹은 손실
1	1	0	0	0
2	1	-1	1	+1
3	2	+1	1	-1
4	2	-2	2	+2
5	3	+2	2	-2
6	3	-3	3	+3
7	4	+3	3	-3
8	4	-4	4	+4
9	5	+4	4	-4
10	5	-5	5	+5
11	6	+5	5	-5
12	6	-6	6	+6
13	7	+6	6	-6
14	7	-7	7	+7
15	8	+7	7	-7
16	8	-8	8	+8
합	72	-8	64	+8
평균	4.5	-0.5	2	+0.5

그림 21-11 이 표는 각 참가자가 1번에서 16번의 순서를 거치면서 이기거나 졌을 때에 대한 사항과 평균을 보여준다. 평균적으로 두 번째 참가자가 동전 반 개 정도 이득이다.

표의 맨 밑 부분에 있는 두 줄은 각 줄에 있는 숫자들의 합과 이 값을 16으로 나눠서 각 참가자에 대한 평균을 구한 것이다. 게임이 한 번 만에, 혹

은 16번 만에, 혹은 그 중간 어느 시점에 끝날 확률은 균등하게 분포된다는 것을 잊지 말자. 따라서 평균값을 통해서 각 참가자가 평균적으로 얼마나 이기고, 질 수 있는지에 대한 정보를 정확히 알 수 있다.

마지막 줄을 보면, 평균적으로 첫 번째 참가자는 매 게임마다 동전 반 개 정도를 잃게 되고 두 번째 참가자는 매 게임마다 동전 반 개 정도를 얻게 된다.

확률에 대해서 이해하기

이런 이상한 결과가 나오게 된 숨겨진 이유는 먼저 시작하는 첫 번째 참가자의 경우 두 번째 참가자가 동전 잃을 위험을 걸기 전에 돈을 잃을 위험 부담을 가져야 한다는 것 때문이다. 이 불리함은 첫 번째 참가자의 순서가 돌아올 때마다 반복된다. 즉, 상대방이 위험부담을 가져가기 전에 먼저 새로운 동전을 투자해야 한다는 위험을 가져가야 하는 것이다. 결과적으로 표에서 봤던 것처럼 평균적인 게임이 끝났다고 가정했을 때 첫 번째 참가자는 평균적으로 대략 4.5개의 동전을 걸어야 하는 반면, 두 번째 참가자는 4개의 동전만 걸면 된다.

두 번째 참가자는 64개의 동전을 사용해서 대략 8개 정도의 동전을 추가로 벌어들일 수 있기 때문에, 예상 수익은 8/64 = 0.125, 즉 12.5%가 된다. 이 정도 확률이면 라스베가스에서 슬롯 머신으로 벌어들이는 정도의 확률이 되고, 36/38 = 95% 정도의 돈을 내기하는 사람들에게 돌려주고 5% 정도의 돈을 가져가도록 만들어진 카지노

의 룰렛보다 약 2배의 확률이 된다. (사실 대부분의 카지노는 0과 00이 룰렛에 올라올 때 서로 다른 확률을 적용하기 때문에 이 확률을 계산하는 것은 조금 더 복잡하지만, 확률 자체는 거의 비슷하다.)

이런 게임에서는 게임에 참가하는 사람들이 이득을 볼 확률이 아주 작기 때문에, 개인적으로는 확률에 관련된 게임을 하지 않는다. 자기 자신의 행운을 믿고 있더라도 결국에는 수학적인 확률이 항상 맞아 들어간다.

핫슬롯 게임에 대해서 전혀 아는 것이 없는데, 친구가 이 게임에 초대하면서 "처음 해 보는 거니까 먼저 해"라고 이야기했다고 가정하자. 얼마나 좋은 친구인가! 친구에게 이득을 취하고 싶다는 이야기를 한 것과 마찬가지다. 처음으로 핫슬롯 게임을 익힐 기회를 가지게 된 것이겠지만 사실 이전에 본 것처럼 불이익이 된다. 즉 결과적으로 그 친구는 아주 좋은 친구는 아닌 것이다.

돈을 벌기 위해서 핫슬롯 게임을 시도할 만한 가치가 있을까? 두 사람이 10원짜리 동전을 가지고 게임을 하며, 동전 100개를 가지고 게임을 시작한다고 가정하자. 두 번째 참가자가 게임마다 약 5원 정도의 이득을 가질 수 있으므로 대략 200게임을 하면 첫 번째 참가자의 돈을 모두 딸 수 있을 것이다.

아주 오랜 시간이 걸릴 것처럼 보인다. 한 사람이 동전 하나를 끼우는 데 2초가 걸리고 슬롯에서 동전들을 빼내고 다음 게임을 위해서 게임을 리셋시키는 데 10초가 걸린다고 가정해 보자. 평균적으로 게임이 8번 정도 차례가 바뀌면 끝

나기 때문에 대략 한 게임에 30초 정도 걸린다. 따라서 200 게임을 하려면 약 1시간 40분이 걸리는데, 이렇게 많은 시간을 투자하고 얻는 돈은 1,000원에 불과하다.

만일 10원짜리가 아닌 100원짜리를 사용하면 10,000원 정도를 벌어들일 수 있다. 만일 500원짜리를 사용하면 상대의 돈을 대략 시간당 30,000원 정도를 벌어들일 수 있다. 물론 모든 게임에서 상대에서 첫 번째 순서를 가져가도록 해야 한다.

다시 한 번 이야기하지만, 교훈은 아주 명백하다. 도박을 하기 전에 수학을 하라.

배경지식: 다른 게임 방식

만일 두 번째 참가자가 16개의 동전을 사용하는 게임에서 12.5%의 우위를 가지고 있다면, 게임에서 동전 슬롯의 수를 늘리거나 줄여도 확률이 같아질까?

아마 같아지지 않고 예상되는 이익만 달라질 것이다. 그 이유를 확인하기 위해서 조금 극단적인 예를 준비했다. 게임에 단 두 개의 슬롯만 있다고 가정하자. 이 게임의 경우 첫 번째 동전을 끼우는 사람은 이겨도 자신의 동전만 되찾아 오는 반면, 두 번째 참가자가 이기는 경우 동전을 잃게 된다. 따라서 첫 번째 참가자는 절대 동전을 벌지 못한다. 평균적으로 첫 번째 참가자는 절반의 게임에서 이기고, 절반의 게임에서는 지기 때문에 평균적으로 절반의 동전을 잃게 되고, 두 번째 참가자는 평균적으로 절반의 동전을 얻게 된다.

사실 슬롯이나 동전을 얼마나 많이 사용하는지(슬롯의 수가 짝수인 경우)와 관계없이 첫 번째 참가자는 평균적으로 게임마다 동전 반 개를 잃고, 두 번째 참가자는 게임마다 평균적으로 동전 반 개를 얻는다. 추가적인 동전이나 슬롯은 결국 각각의 게임을 좀 더 오랫동안 지속시키고, 두 번째 참가자가 동전 반 개를 벌어들이기 위해서 좀 더 많은 돈을 걸도록 만드는 것만 차이가 있다.

동전과 슬롯을 추가하는 것은 두 번째 참가자에게 게임의 우위가 있다는 점을 숨기게 도와준다. 슬롯이 2개밖에 없는 게임의 경우 두 번째 참가자가 이득을 볼 것이라는 점이 아주 명확하지만 슬롯이 16개가 되면 더 이상 이 부분을 명백하게 알기가 쉽지 않다.

마이크로컨트롤러?

그렇다. 마이크로컨트롤러를 이용해서 이 게임을 동작시킬 수 있지만 좀 더 간단해 질 것이라 생각하지는 않는다. 마이크로컨트롤러로는 핫 슬롯 게임에서 사용하는 16개의 출력을 모두 활성화시킬 수 없을 것이므로 0000에서 1111까지의 4비트짜리 이진 코드만 출력해야 할 텐데, 이 경우 디코더, 아날로그 멀티플렉서 혹은 디멀티플렉서가 필요하다.

마이크로컨트롤러를 사용했을 때 추가되는 비용과 프로그램을 작성하는 데 걸리는 시간을 고려하면, 이 실험은 마이크로컨트롤러보다 개별적인 부품을 사용하는 것이 더 간단하다고 생각한다.

논리 신호 들어보기

22

이 실험에서는 논리 문제나 확률 문제를 떠나 잠시 쉬도록 하자. 여기서는 재미있고, 괴상하면서도 간단한 (물론 뒷부분에서는 좀 더 복잡하게 만드는 방법을 찾아보겠지만) 뭔가를 만드는 것을 보여줄 것이다. 음향 신호를 논리칩에 어떻게 통과시킬 수 있을지 보여줄 것이다.

배경 지식: 여기도 아니고 테라민도 아니다[1]

전자회로 초창기에 공포 영화의 사운드 트랙에 들어갈 만한 기괴한 소리를 만드는 테라민(theremin)이라는 악기가 만들어졌다. 테라민은 테라민과 접지 간의 커패시턴스 변화에 대해서 아주 민감한 두 개의 막대가 있어서 연주자가 이 막대 근처에서 손을 움직이며 연주하는 악기다. 능숙한 연주자는 테라민을 이용해서 바이올린 활로 톱을 켤 때 나는 것과 비슷한 음색의 곡을 연주할 수 있다.

인터넷을 검색해보면 테라민의 동작에 대한 제대로 된 설명을 찾아 볼 수 있을 것이다. 또한 테라민으로 연주된 MP3 파일이나 테라민을 직접 만들기 위한 부품 킷도 찾을 수 있을 것이다.

실험 3에서 광트랜지스터로 타이머의 주기를 조절했을 때 테라민 소리와 비슷한 결과를 만들었었다. 이제는 논리칩에 상당히 익숙해졌으니 이 지식을 이용해서 슈퍼 테라민처럼 두 개 이상의 음향 신호를 합쳐보도록 하자.

논리적 음향

음량 신호에는 논리칩이 적합하지 않다고 생각하겠지만 아래 3가지는 염두에 두고 있어야 한다.

1. 1MHz 이상의 주파수를 처리하기 위해 만들어진 칩의 관점에서 봤을 때 가청 주파수는 20Hz에서 15KHz 정도로 아주 느린 신호다.
2. 타이머에서 나오는 구형파(square wave)는 사인파처럼 좋은 음색을 내지 못하지만 들을 수는 있다.
3. 요즘 대부분의 음악은 이미 디지털 형식이다. CD에서부터 MP3까지 여러분이 듣는 대부분의 음악은 디지털 샘플링을 통해 만들어지고 처리된다.

---

1 (옮긴이) 테라민(Theremin)에 here라는 단어가 포함되어 있다는 점을 이용한 말장난.

XOR의 소리

그림 22-1은 앞의 그림 5-1과 뭔가 비슷하다는 걸 알 수 있을 것이다. 가장 큰 차이는 이 회로에서는 타이머의 출력이 XOR 게이트와 연결되어 있고, XOR의 출력이 트랜지스터를 통해 스피커와 연결되어 있다는 점이다. 물론, 이런 구성은 좀처럼 사용되지 않지만 모든 부품들이 사양에 맞게 동작하며 그 결과 또한 흥미로울 것이라 생각한다.

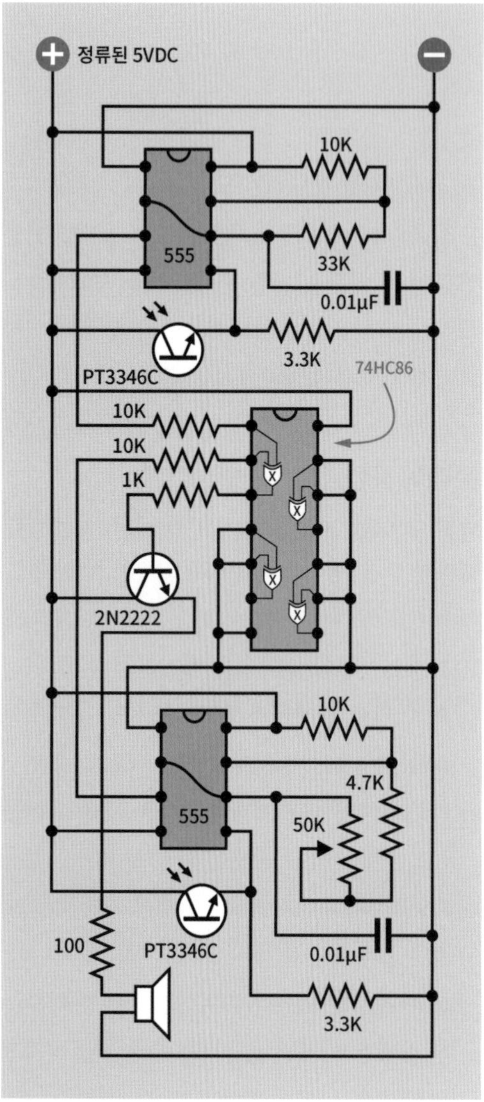

배선의 실수가 없다면 50K 미세조정 가변저항을 위 아래로 조정하면서 광트랜지스터로 들어가는 빛의 양을 바꾸면 여러 종류의 소리를 얻을 수 있다. 어떤 일이 일어난 걸까?

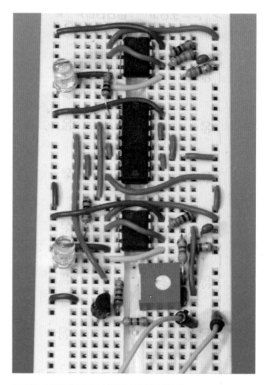

그림 22-2 앞의 회로도를 브레드보드에 구현한 것.

모두 섞어버리기

XOR의 동작을 기억해 보자. XOR 게이트는 두 입력 중 하나만 높은 상태 전압을 가질 때 높은 상태 전압을 출력한다. 따라서 입력으로 두 개의

그림 22-1 두 타이머로 가청 주파수를 받는 XOR 회로의 회로도.

가청 주파수 신호를 보내면 XOR의 출력은 두 신호의 위상이 다를 때는 높은 상태 전압을, 위상이 같을 때는 낮은 상태 전압을 출력한다.

그림 22-3은 이 부분을 XOR뿐 아니라 AND, OR의 경우를 포함해서 그림으로 보여준다. 74HC08 쿼드 2입력 AND 칩과 74HC32 쿼드 2입력 OR 칩, 74HC86 쿼드 2입력 XOR 칩의 핀배치는 모두 같기 때문에 다른 효과를 주기 위해 칩을 바꾸는 경우에도 배선을 바꿀 필요는 없다.

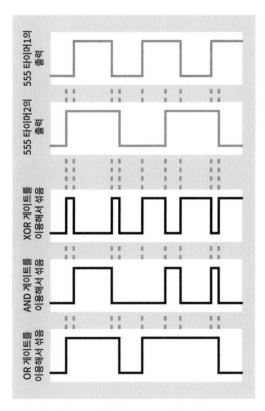

그림 22-3 두 가청 주파수 신호가 겹치는 경우, 서로 다른 논리 게이트를 사용하면 서로 대비되는 음향 효과를 얻을 수 있다.

OR 게이트는 두 타이머 중 어떤 것이든 펄스를 출력할 때 출력을 만드는 반면, AND 게이트는 까다롭게 두 타이머가 모두 높은 상태 신호일 때만 출력을 만든다. XOR의 동작이 가장 흥미롭기 때문에 가장 먼저 해 보라고 한 것이다.

다른 경우에 대해서도 쉽게 상상해 볼 수 있을 것이다. 예를 들어, 두 번째 33K 저항을 50K 미세조정 가변저항으로 바꿀 수 있지만 이때 4.7K 저항을 직렬로 연결해서 가변저항을 끝까지 돌려서 저항이 0이 되는 경우에도, 타이머의 6번 핀에 저항이 걸리지 않는 경우가 없도록 해야 한다. 위와 같은 회로의 보강을 통해서 555 타이머가 좀 더 잘 견딜 수 있도록 만들 수 있다.

회로에 있는 555 타이머에서 낮은 수준 전압을 가지는 주기와 높은 수준 전압을 가지는 주기의 비율은 R1과 R2의 비율에 의해서 결정되는데, 여기서 R1의 값을 증가시켜 볼 수 있다. 한 주기를 작은 조각으로 나누는 XOR 게이트의 경우에는 괜찮은 생각이다. 예를 들어, 33K 저항을 470K 저항으로 바꾸면 어떤 일이 일어날까? 33K 저항 대신 1M 혹은 그보다 큰 저항으로 바꾸면 어떤 일이 일어날까?

첫 번째 타이머가 두 번째 타이머보다 훨씬 느리게 동작하는 경우에는 두 주파수가 서로 영향을 주는 것을 실제로 들을 수 있다. 1M 저항을 사용하고, 첫 번째 타이머에 0.01μF 대신 0.1μF 커패시터를 사용해 보자. 이 경우 두 개의 음색이 수시로 바뀐다. 만일 두 개의 555 타이머에서 나오는 출력을 그려보면 왜 이런 현상이 발생하는지 알 수 있을 것이다.

이 회로의 응용 분야를 생각해 볼 수 있을까? 아마도 로봇이 돌아다니면서 서로 다른 형태의 빛이 광트랜지스터로 들어왔을 때 로봇의 소리로 만들 수 있을 것이다. 효과를 높이기 위해서 서로 다른 방향으로 광트랜지스터를 기울여 보자. 광트랜지스터를 제거하고 다른 전자회로 프로젝트에서 사용할 수 있는 최적의 소리를 찾기 위해서 미세조정 가변저항을 조정할 수 있다.

만일 같은 회로를 더 만들어서 XOR 출력끼리 XOR시키면 어떻게 될까? 이 부분은 여러분의 몫으로 두겠다.

이 실험의 이면에는 숨겨진 의도가 있다. 뒤의 실험 26에서 이 회로의 개념을 완전히 다른 목적으로 사용할 것이다. 바로 눈으로 볼 수 있는 펄스들을 임의로 발생시키는 데 사용한다.

실험 23
퍼즐 프로젝트

23

이 장에서도, 혼자할 때는 너무 간단하기 때문에 두 명이 같이 해야하는 게임 하나를 논리 회로를 써서 만들어 볼 것이다. 앞의 핫슬롯 게임처럼 이 게임도 책의 뒷부분에서 다시 다룰 것이다. 실험 32에서 센서를 이용하는 법을 배울 때 사용자 입력을 개선하는 방법을 제시할 것이지만 여기서는 일단 푸시 버튼 스위치를 이용해서 게임을 할 것이다.

배경지식: 영국의 퍼즐 왕

텔레비전이나 라디오가 없던 시절, 영국의 신문들은 독자를 즐겁게 하기 위해서 간단한 게임과 퍼즐을 게재하곤 했다. 이 퍼즐들은 요즘의 십자 퍼즐보다 훨씬 어려웠다.

영국에서 퍼즐 제작자로 가장 유명한 사람은 한 문장의 질문을 이용해서 답을 찾는 데 며칠 혹은 몇 주가 필요한 질문을 만드는 것의 대가인 어니스트 듀드니(Ernest Dudeney)였다. 그가 만든 질문은 대부분 기하학 혹은 산술 분야의 질문이었다. 예를 들어, 11,111,111,111, 111,111 같은 숫자들의 두 소인수를 종이와 연필만으로 구하게 했으며, 듀드니는 해답을 제시할

수 있었다. (이 문제들은 숫자가 커서 컴퓨터를 이용한다 하더라도 간단한 문제가 아니다.)

정교한 퍼즐에서 알 수 있듯 듀드니는 이런 종류의 문제를 즐겼다.

> 각 변의 길이가 2피트인 창을 만들어 줄 건축가를 찾는 손님이 있다. 창은 8개의 조각으로 나눠져 있어야 하며 모든 조각의 각 변은 1피트여야 하고 남는 공간이 없어야 한다. 불가능해 보이지만 가능하다. 어떻게 해야 할까?

위의 창문 문제에 대한 답을 알고 싶다면 209페이지의 '퍼즐의 답' 부분을 보면 되지만 그 전에 풀기 위해 노력해 보자. 힌트 하나. 비밀은 문제를 설명하는 방식 자체에 있다.

움직이는 말

듀드니는 움직이는 말(Moving Counters)이라 부르는 문제를 즐겼다. 한 사람이 이길 때까지 말이 보드 위의 이곳저곳을 움직이기 때문에 말판은 당연히 한 개만 사용한다. 틱텍토(Tic-tac-toe)

의 경우는 종이 위에 표식을 남긴 후에 표식이 움직이지 않기 때문에 말이 움직이는 형식의 문제가 아니지만 말을 움직일 수 있게 만들면 더 재미있어진다. 듀드니는 이런 형태로 바꾼 게임을 '오비드 게임(Ovid's Game)'이라 불렀는데, 로마의 시인 오비드의 작품 중에서 이 게임에 대해서 언급된 것을 찾았기 때문이다. 이 이야기가 진실인지는 알 수 없지만 게임 진행 규칙이 아주 간단한 반면, 미묘한 전략들이 있다.

- 게임은 각각 3개의 말을 가진 2명의 참가자가 있어야 한다. 각 참가자가 가지고 있는 말의 색은 서로 달라야 한다.
- 게임판은 틱택토 게임처럼 9개의 사각형으로 이뤄진다.
- 각 참가자는 자신의 순서에서 자기가 가진 말을 한 번에 하나씩 게임판 내에 있는 빈 칸에 놓을 수 있다.
- 각 참가자가 자기 순서에서 3개의 말을 모두 놓은 다음부터는, 자신의 순서에 말 하나를 움직일 수 있다. 말은 주변으로 한 칸 움직일 수 있지만 대각 방향으로 움직이는 것은 안 된다.
- 한 참가자가 가진 모든 말이 수직, 수평, 대각으로 나란히 배치되면 이긴다.
- 가운데 칸이 가장 중요하기 때문에 첫 번째 참가자는 첫 말을 가운데 칸에 둘 수 없다.

이 게임의 핵심은 자신의 말로 다른 참가자를 방해하는 것이다. 말을 게임판 위에 이쪽저쪽에 두

었다고 해도, 한번에 한 칸만 이동할 수 있고 다른 참가자의 말을 뛰어넘을 수도 없다.

예를 들어, 그림 23-1에서 백이 움직일 차례에서 6번 네모에 있는 말을 5번 네모로 움직이면 검정말 2개의 움직임을 막을 수 있다. 이제 혹은 백이 다음 차례에서 3번 네모에 있는 말을 6번으로 옮겨서 승리하는 것을 막을 수 있는 방법이 없다. 게임은 끝났다.

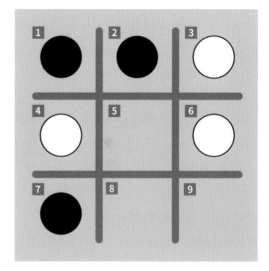

그림 23-1 오비드 게임에서 일어날 수 있는 가상의 상황 중 하나이다.

하지만 혹이 움직일 순서라고 가정해 보면 어떨까? 이 경우엔 2번에 있는 말을 5번으로 움직여서 백이 이 네모 부분을 점유하는 것을 막아야 한다. 이후의 게임 진행을 예상하기 쉽지 않다.

이런 게임을 할 수 있을 정도로 똑똑한 회로를 어떻게 만들어야 할지 모르겠지만 누가 이겼는지 알아낼 수 있는 회로는 보여 줄 수 있을 것 같다. 틱택토 게임의 경우는 너무 간단해서 독자들이 별로 관심이 없겠지만 이 회로 역시 3개의

말이 직선으로 배치된 경우에 반응하기 때문에 틱택토 게임에서 승자를 판단하는 회로와 같다.

세 개의 말이 일렬로 나열된 것은 누구든 볼 수 있기 때문에 승리 조건을 판단하는 것이 무의미하다고 느낄 수 있다. 맞는 말이다. 하지만 여러분이 이겼을 때 소리를 낸다면 재미있을 것이고, 회로가 이 조건을 판단할 수 있다는 것 자체도 호기심을 충족시킨다. 어떻게 동작해야 할까?

논리 회로를 이용한 말판

첫 번째로 결정해야 할 질문은 사용자의 입력을 어떻게 처리해야 할 것인지에 관한 것이다. 누군가 말을 움직였다는 것을 어떻게 알아낼 것인가? 가장 간단한 방법은 말판 위에 배치할 두 가지 색의 말 대신 두 종류의 스위치로 바꿔서 말판 위에 있는 네모칸마다 하나씩 배치하는 것이다. 게임을 시작할 때는 3개의 스위치가 켜질 때까지 각 참가자가 스위치를 하나씩 켜 나간다. 이후에는 이동을 위해서 한 개의 스위치를 끄고 바로 옆에 비어 있는 부분에 있는 스위치를 켠다. 물론 상대편이 이미 점유하고 있는 곳에 있는 스위치를 켤 수는 없다.

이런 작업에는 래치 푸시 버튼(한 번 누르면 켜지고, 다시 한 번 누르면 꺼지는 형식의 버튼)이 가장 이상적이다. 만일 각 버튼 옆에 색이 있는 LED(한 참가자는 빨간색, 다른 참가자는 파란색 정도가 될 것이다)를 붙여두면 해당 네모 부분을 누가 점유했는지 확인하기 쉬울 것이다. 그림 23-2에 생각하고 있는 형태를 표시했다.

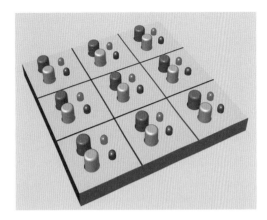

그림 23-2 오비드 게임에서 전자적으로 사용자의 입력을 받는 가장 간단한 방법은 래칭 푸시 버튼과 각 참가자를 나타내는 LED를 사용하는 것이다.

또 다른 방법으로는 3개의 위치를 가지고 가운데 위치일 때 꺼지는 ON-OFF-ON 스위치를 사용하는 것이다. 각 참가가 해당 위치를 점유하려면 스위치를 자기 쪽으로 당기고 위치를 비우려면 스위치를 가운데로 두어서 끄면 된다. 단극 ON-OFF-ON 스위치를 아주 저렴한 가격에 구입할 수 있으며, 이 스위치는 두 개의 '켜짐' 위치가 있으므로 18개의 래칭 푸시 버튼 대신 이 스위치 9개만 사면 된다.

논리 이용하기

승리하는 경우의 움직임을 확인하기 위해 논리 게이트를 이용한다고 가정하자. 이 경우 평소처럼 논리를 글로 설명해 보겠다. 만일 그림 23-1처럼 각각의 네모에 1에서 9까지의 번호가 붙어 있다면, 문제를 아래와 같이 이야기 할 수 있다.

참가자가 1과 2와 3, 또는 4와 5와 6, 또는 7과 8과 9, 또는 1과 4와 7, 또는 2와 5와 8, 또는 3과

6과 9, 또는 1과 5와 9, 또는 3과 5와 7의 위치를 점유하면 이겼다고 할 수 있다.

만일 책을 순서대로 읽었다면 위의 문장을 일련의 논리 게이트로 바꾸는 연습이 충분히 되어 있을 것이다. AND로 연결된 3개 조건의 조합 8개가 OR로 연결되어 승리 조건이 만들어진다. 논리도를 그릴 수 있을까? 기본적인 개념은 그림 23-3에 있으며, 그림 23-4는 스위치를 포함한 완전한 논리도를 보여준다.

각 논리도 아랫부분에는 8 입력 OR 게이트가 있다는 점을 주목하자. 이런 게이트가 있을까? 실제로 있기 때문에 큰 문제가 안 된다. 마찬가지로 3 입력 AND 게이트 또한 찾아내기 쉽다. 얼마나 많이 필요할까? 이길 수 있는 8가지 방법이 있으므로 8개의 3 입력 AND 게이트가 필요하다. 14편 칩에는 이런 게이트가 3개 들어 있기

때문에 칩이 3개 있으면 될 것 같다.

위의 회로도는 한 참가자의 승리와 패배 조건만을 확인할 수 있다. 다른 사람의 상태도 알려면 같은 스위치와 논리칩이 필요하지만 어떤 참가자의 순서인지 나타낼 수 있는 스위치를 하나

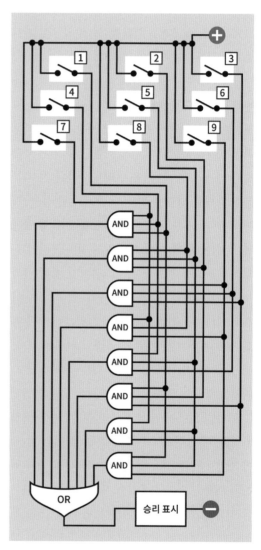

그림 23-4 게임판에 있는 한 참가자의 말을 표현하는 스위치까지 포함하는 오비드 게임의 논리도.

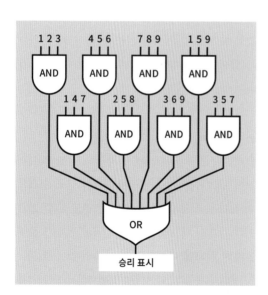

그림 23-3 오비드 게임을 위한 논리도의 기본 부분. AND 게이트로 들어가는 각 숫자는 3x3크기의 게임판에서 참가자가 자신의 말을 둔 네모 부분의 위치를 의미한다.

두어서 어떤 참가자의 스위치 출력이 논리칩으로 입력될지 결정하게 하는 방식으로 작업을 줄일 수 있다.

두 가지 구현 방식 모두 딱 마음에 들지는 않기 때문에 다른 방법을 제안해 보겠다.

스위치로 오비드 게임 만들기

오비드 (혹은 틱테토) 게임은 논리 게이트를 사용하지 않고 다극 스위치를 이용해서 회로를 구성하는 것이 이상적일 수 있다는 것을 밝혀보자. 지금까지 이런 종류의 회로는 직접 해결해야 했지만, 여기서는 뒤의 그림 23-5를 통해 전체 회로를 보여줄 것이다. (이것보다 더 간단한 회로를 만들 수 있을까?)

동작 방법을 보기 위해서 일단 스위치 중의 하나가 닫혀 있다고 가정하고 양극 전류가 다른 스위치를 타고 음극 접지 쪽으로 가는 것을 따라가 보자. 처음 보기에는 아주 간단해 보일 것이다.

노란색 작은 원은 스위치가 눌렸는지 확인하는 작은 LED를 의미한다. 당연히 이 LED들은 음극 접지 부분과도 연결될 것이지만 여기서는 회로도를 간단하게 유지하기 위해서 이 부분을 생략했다.

각 스위치는 3개 혹은 4개의 극이 있다. 사실 쌍극 스위치로도 구현할 수 있지만 이 경우에 LED는 사용할 수 없다.

이 작업에서 사용할 4PDT 래칭 푸시 버튼은 아주 저렴하게 살 수 있다. 아래쪽에 있는 큰 LED는 어떤 참가자가 세 스위치를 일렬로 누른 경우에 켜진다.

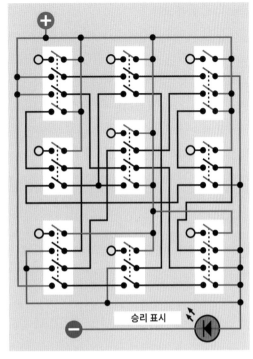

그림 23-5 논리 게이트를 사용하지 않고 스위치만 이용해서 오비드 게임을 구성할 수 있다.

각 참가자마다 9개의 스위치가 필요하기 때문에 앞의 그림 23-2에서 이야기 한 것처럼 합쳐서 18개가 필요하다.

이 게임의 논리칩 버전과 스위치 버전 중에 어떤 것이 좋아 보이는가?

여러분이 알다시피 센서를 이용해서 게임판에서 움직이는 말의 위치를 감지하는 것이 가장 좋을 것이므로 이 부분은 나중에 다시 한 번 살펴볼 것이며, 게임의 회로를 직접 만드는 것은 충분히 연습했다고 생각한다. 스위치나 논리 게이트를 연결해서 구성한 후 나중에 센서를 이용해서 개선하도록 하자.

조금 더 만들어 보자

앞에서 이 게임을 즐길 수 있도록 회로를 만드는 방법은 모르겠다고 이야기했었다. 하지만 소프트웨어를 이용하는 방법이 있다고 생각한다. 일반적인 마이크로컨트롤러는 아주 작은 메모리를 가지고 있지만 오비드 게임은 움직일 수 있는 가능성이 제한되어 있으며, 우선 순위를 가지는 4개의 규칙에 의해서만 움직이기 때문에 프로그램으로 처리할 수도 있다. 이 규칙들을 사용할 마이크로컨트롤러에 입력하면 된다. (동작 확인은 다른 사람과 게임을 하는 것처럼 게임을 해보면 된다.)

- 만일 말을 움직여 3개의 말을 일렬로 배치할 수 있다면 움직인다.
- 그렇지 않은 경우, 상대가 말을 움직여 3개의 말을 일렬로 만들 수 있다면 막는다.
- 그렇지 않은 경우, 말을 가운데 네모로 움직일 수 있는 경우 움직인다.
- 그렇지 않은 경우, 말을 점유되지 않은 네모 중 어디로든 움직인다. 불가능한 경우 게임은 비긴다.

이 프로그램으로 많이 이길 수는 없지만 동작은 한다. 문제는 게임판과 말을 컴퓨터 코드로 구현해야 하며 이 과정에서 정수 배열이 사용돼야 한다는 점이다. 아두이노에서 C 언어를 사용해 보면 그다지 많이 사용하지 않는 기능들이 잔뜩 있고 배열의 범위가 벗어나는 오류가 발생하는지 확인해 주는 부분이 없다.

지금까지도 대부분의 마이크로컨트롤러는 필자가 마이크로소프트 BASIC으로 게임을 짤 때 사용했던 1980년대의 IBM-PCjr보다 강력하지도, 사용자 친화적이지도, 에러에 잘 대응하고 있지도 못하다. 얼마나 슬픈 일인가!

이 책의 내용을 같이 검증해준 핀란드의 물리학자이자 필자의 친구인 프레드릭 얀슨(Fredrik Jansson)은 데스크톱 컴퓨터로 앞부분의 어려운 일들을 먼저 처리해두면, 마이크로컨트롤러에서 오비드 게임을 구현할 수 있다고 알려주었다. 프레드릭은 3개의 흑색 말과 3개의 백색 말이 게임판 위에서 움직일 수 있는 경우의 수는 1680가지라는 것을 알려주었다. 흑색 말의 위치가 백색 말의 위치와 바뀌어도 논리적으로 같으므로 실제로는 논리적으로 다른 위치가 840가지 있는 것이다. 이 정도 숫자는 크지 않기 때문에 컴퓨터가 가능한 모든 상황을 고려하면서 각 상황에서 최선의 움직임을 찾을 수 있다.

만일 모든 상황에 맞는 최선의 움직임 표를 컴퓨터로 해석하려면 마이크로컨트롤러의 제한적인 메모리에 이 표를 올려야 한다. 프레드릭은 각각의 움직임을 말을 선택하기 위한 2비트, 움직일 방향을 알려주기 위한 2비트로 구성하면 4비트로 표현될 수 있다는 점을 알려줬다. 따라서 논리적으로 위치할 수 있는 840개의 위치에 대한 움직임 지시를 420 바이트에 넣을 수 있다. 이외에 초기에 3개의 말을 배치하는 것에 대한 명령들을 추가시켜야 하지만 그래도 이 방법은 해 볼 만하게 보인다. 사람이 말을 움직이면 마이크로컨트롤러는 강력한 사촌인 데스크톱 컴퓨

터가 미리 계산해 둔 최선의 반응을 찾아서 말을
움직이는 것이다.

이 프로그래밍 방법을 따를 수도 있고 만일
다른 프로그래밍 방식을 사용하기로 결정했다면
잘 동작하는지 필자에게 알려주길 바란다.

퍼즐의 답

듀드니가 만든 창문 퍼즐의 답은 그림 23-6에 있
다. 창의 각 변은 길이가 2피트이고, 각 삼각형
의 변은 1피트가 된다. 따라서 이 형태는 문제의
요구를 만족한다. 잠깐! 문제를 풀면서 당연히
창문은 사각형일 것이고, 창문을 자르는 각각의
면은 4개의 변을 가질 것이라 생각하지 않았나?

이런 종류의 퍼즐을 좋아하거나, 친구를 헷
갈리게 만들고 싶으면, 듀드니의 퍼즐집『The
Canter-bury Puzzles and Puzzles and Curious
Problems』를 보자. 이 책들은 오래 전에 출판된
책이라 이미 저작권이 소멸되었으므로 구텐베르
그 프로젝트를 통해 인터넷에서 무료로 읽어볼
수 있다.

만일 오비드 게임을 컴퓨터 상대로 연습하고

그림 23-6 이 장의 앞부분에 있는 '창문 퍼즐'의 답.

싶다면 안드로이드 앱이 있으니 해보자. 하지만
여러분이 직접 한번 만들어 보는 것이 훨씬 흥미
로울 것이다.

논리 게이트에서 다른 주제로 이동하기 전에 논리 응용에 있어서 아주 기본적인 부분이지만 아직 다루지 못한 것들을 살펴보자. 바로 숫자를 더하는 것이다. 아마도 많은 분들이 직접 만드는 것보다 훨씬 강력한 계산기를 이미 가지고 있겠지만, 경험에 의하면 기본적인 연산을 할 수 있는 회로를 만들 때는 뭔가 약간 마법 같은 일이 벌어진다.

이진수의 다섯 가지 규칙

논리칩은 높은 상태와 낮은 상태의 2가지 상태만 가지고 있기 때문에 이진수의 0과 1로 표현하기에 적합하다. 따라서 숫자를 더하는 회로를 만들 때는 이진수 덧셈을 사용할 것이다. 좋은 소식은 이진수를 더할 때 5가지 규칙 밖에 없다는 점이고 그 중에 3가지는 정말 당연하다는 점이다. 이 부분을 먼저 보자.

- 규칙 1: 0+0 = 0
- 규칙 2: 0+1 = 1
- 규칙 3: 1+0 = 1

이 부분은 쉽게 동의할 수 있을 것이다. 이제 약간은 이상해 보일 수 있는 네 번째 규칙을 보자.

- 규칙 4: 1+1 = 10 이진

위의 숫자를 "일 더하기 일은 십"으로 읽었다면 잘못 읽은 것이다. 십진수를 사용하는 사고 방식에서 벗어나야 한다. 규칙 4번에 있는 '이진'이란 단어는 10이란 이진수라서 10이 '십'과는 관계가 없다는 것을 알려준다.

누구나 1+1 = 2라는 것을 아는데, 왜 2라고 적지 않은 걸까? 이진 코드에서는 0과 1만 사용할 수 있기 때문이다. 따라서 이제 다음 다섯 번째 규칙을 적용해 보자.

- 규칙 5: 십진수 2에 해당하는 출력이 나오는 경우, 합은 0이 되고 자리올림수 1이 2의 값을 가지는 왼쪽 자리로 넘어간다.

이 책의 앞부분에서 디코더 등의 칩으로 들어가는 이진 입력에 대해서 이야기할 때 자리수의 개

넘을 봤었다. 이진수에서 1은 가장 오른쪽 자리의 수가 1일 때이며, 십진수 2는 왼쪽으로 그 다음 자릿수, 십진수 4는 그 다음 자리, 십진수 8은 그 다음 자리가 되는 식으로 자릿수가 결정된다.

따라서, 1+1=10이 의미하는 것은 가장 오른쪽 자리에는 값이 없고, 왼쪽으로 다음 자리인 2의 자리에는 값이 있음을 의미한다.

두 개의 이진수를 조합하면 그림 24-1에 있는 것처럼 4가지 조합이 가능하다.

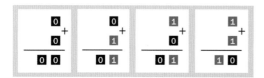

그림 24-1 1비트 이진수를 이용해서 이진수 덧셈의 기본 규칙을 나타낸 것.

이제 그림 24-2를 보면 2자리의 이진수들을 다루는 경우가 나타나 있는데, 역시 같은 규칙이 적용된다. 이 그림에는 두 개의 2비트 이진수를 이용할 때 발생할 수 있는 모든 경우가 있다.

아직 한 가지는 명확하지 않은 것 같다. 이진수 11+11의 결과는 정확히 어떻게 될까?

항상 그렇지만 가장 오른쪽자리부터 시작한다. 1+1을 해서 그 결과인 0을 적고 자리올림수 1을 왼쪽 자리로 보낸다. 하지만 이 자리에서도 이미 1+1이 덧셈을 기다리고 있다. 따라서 1+1+1을 처리해야 한다.

이미 1+1이 이진수로 10이라는 것을 알고 있으므로 여기에 1을 다시 더하면 결과는 11이 될 것이다. 이 내용을 그림 24-2의 마지막 예에서 볼 수 있다.

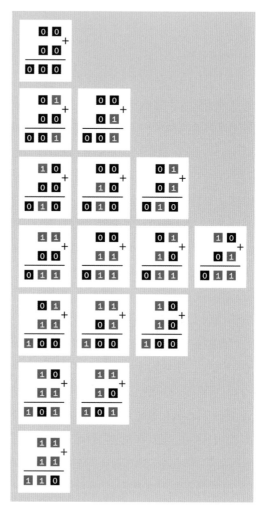

그림 24-2 2비트 이진수를 이용한 이진 덧셈의 기본 규칙들.

비트에서 상태로

지금까지 이진 연산의 기본 규칙을 살펴봤으며, 이제 이진 덧셈기를 만들기 위한 모든 지식을 갖추게 되었다. (이진수가 사용자들에게는 별로 친숙해 보이지 않기 때문에 다음 실험에서 십진수와 이진수 사이에서 값을 변환하는 예를 살펴볼 것이다.)

논리칩에서 1을 높은 상태로, 0을 낮은 상태로 표현해서 논리칩으로 이진수의 규칙을 나타내는 방법을 확인해 보자. 이진 덧셈의 규칙들 중 앞의 4가지 규칙을 숫자가 아닌 문장으로 아래와 같이 적을 수 있다.

- 낮은 상태 입력+낮은 상태 입력=낮은 상태 출력
- 낮은 상태 입력+높은 상태 입력=높은 상태 출력
- 높은 상태 입력+낮은 상태 입력=높은 상태 출력
- 높은 상태 입력+높은 상태 입력=낮은 상태 출력 (다음 자리로 넘어가는 자리올림수는 높은 상태를 출력함)

어떤 것이 연상되는가? 조지[1]에 의하면 만일 "자리올림수"의 동작을 잠시 잊는다면 이 표현은 XOR의 입출력을 설명한 것과 완전히 같다. 더하려는 두 숫자를 높은 혹은 낮은 상태로 표현해서

XOR로 입력해 보면, XOR의 출력과 같을 것이다. 출력 부분에 LED를 붙여서 0인 경우에 꺼지고, 1인 경우에 켜지게 하면 결과를 나타낼 수 있다.

왼쪽 자리로 넘어가는 자리올림수 1은 어떻게 해야 할까? 다음과 같이 이야기할 수 있다.

- 높은 상태 입력+높은 상태 입력=높은 상태 자리올림수
- 나머지 경우들=낮은 상태 자리올림수

어떤 것이 연상되는가? 당연히 AND 게이트다. 두 입력을 이 게이트의 입력과 연결하면, 출력은 두 번째 LED로 표시할 수 있다.

그림 24-3은 'A'와 'B'라는 가상의 이름이 붙어 있는 두 개의 1비트짜리 이진수를 더하기 위해서 어떤 방식으로 게이트가 조합되는지 나타내고 있다. 그림 24-4는 4가지 가능한 입력들에 대한 출력이다. 여기서 빨간색은 1, 검정색은 0을 나타낸다.

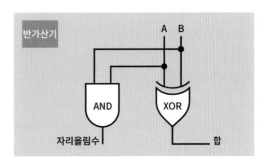

그림 24-3 논리 게이트를 이용해서 두 이진수를 더하고 필요한 경우 자리올림수를 만들기 위한 가장 간단한 방법으로 XOR과 AND 게이트를 사용한다.

---

1 (옮긴이) 논리 연산을 만든 조지 부울(George Bool)을 의미한다.

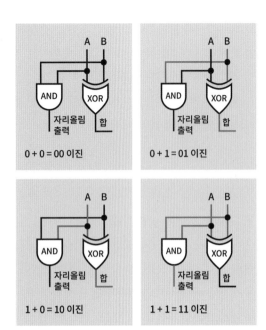

그림 24-4 4가지 가능한 입력의 조합을 반가산기로 보냈을 때의 결과 출력. 빨간색은 1을 의미하고, 검정색은 0을 의미한다고 해석할 수 있다.

위의 아주 간단한 회로를 '반가산기(half adder)'라 부른다. 이 가산기는 더 낮은 자리에서 넘어와서 입력되는 자리올림수를 처리할 수는 없기 때문에 이진수의 덧셈에서 가장 낮은 자리를 더할 때만 사용할 수 있다.

하지만 오른쪽에 자리올림수를 만들 수 있는 낮은 자리가 있는 경우에는 어떻게 해야 할까? 어떤 방식으로 처리해야 할까?

'전가산기'가 필요하다.

이 부분은 조금 더 복잡하다. XOR을 이용해서 한번에 2개의 입력을 비교할 수 있지만 여기서는 2개의 이진수 입력과 이전 자리의 계산 결과에 따라 0혹은 1이 되는 1개의 자리올림수까지 총 3개의 숫자를 다뤄야 한다. 즉, 1+1+0 혹은 0+1+1 또는 1+1+1까지의 모든 조합을 다

룰 수 있는 방법을 찾아야 한다.

가장 좋은 방법은 이 과정을 두 단계로 나누는 것이다. 그림 24-5는 그 방법을 보여준다. AND 게이트와 XOR 게이트로 이루어진 2개의 반가산기와 반가산기들에서 나오는 자리올림수가 있는지 확인하기 위한 OR 게이트를 추가해서 만들 수 있다.

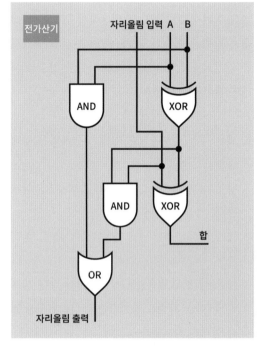

그림 24-5 전가산기는 이전 자리에서 만들어진 자리올림수와 새로운 이진수 2개를 같이 더할 수 있다.

첫 번째 XOR는 앞에서와 마찬가지로 두 이진 입력을 더한다. 이제 XOR에서 출력된 한 자리 숫자와 들어오는 자리올림수를 더하면 된다. 다시 말하면, 첫 번째 XOR 게이트 밑으로 또 다른 XOR을 둬야 하는 것이다.

전가산기를 이용할 때는 아래와 같은 2가지

상황에서 자리올림수 출력이 1로 만들어진다.

1. 이진 입력으로 1과 1을 받는 경우 이전처럼 첫 번째 AND 게이트를 이용해서 자리올림수 출력 1을 만들어낸다.
2. 또는 첫 XOR의 출력이 1이고 입력되는 자리올림수도 1인 경우 자리올림수 출력 1을 만들어낸다.

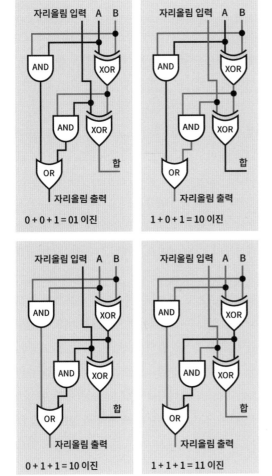

그림 24-6 3개의 입력을 가지는 전가산기는 8가지 조합이 가능하다. 여기서는 덧셈기의 동작을 나타내기 위해 그 중 4가지를 보여준다.

2개의 입력과 자리올림수 입력을 가지므로 8가지 입력 조합이 있다. 그림 24-6에 그 중 4가지 예가 있다.

이제 직접 덧셈기를 만들 준비가 거의 다 됐다. 하지만 그 전에 짧게 요약을 해보자.

배경 지식: NAND로 대신 만들기

논리 게이트는 배선하는 방법에 따라 다른 게이트의 동작을 모사할 수 있기 때문에 XOR/AND 게이트의 조합이 아니더라도 반가산기를 만들 수 있다. 이 게이트를 이용하는 것이 가장 이해하기 쉽기 때문에 사용했지만 보통은 NAND 게이트를 사용한다. 이 경우에는 게이트를 더 사용(반가산기의 경우 게이트 2개가 아닌 5개, 전가산기의 경우 게이트 5개 대신 9개를 써야 함)해야 하지만 다른 종류의 게이트를 사용하지 않고 NAND 게이트 한 가지만 사용해서 작업을 할 수 있다는 장점이 있다. NAND로만 구성된 컴퓨터가 만들기에 여러 측면에서 편하기 때문에 NAND는 연산에 있어서 가장 기본적인 게이트로 받아들여지고 있다. 수많은 74xx 논리칩 시리즈 중에서 NAND에 7400이라는 부품 번호가 할당되어 있다.

그림 24-7은 5개의 NAND 게이트로 반가산기를 구성하는 방법이며 그림 24-8은 9개의 NAND 게이트로 전가산기를 구성하는 방법이다. 다시 한 번 이야기하지만 전가산기는 2개의 반가산기를 쌓아서 만든다.

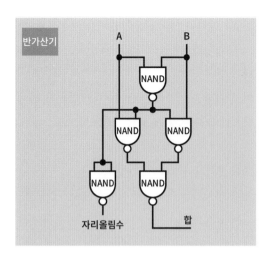

그림 24-7 NAND 게이트만으로 반가산기를 구성할 수 있다.

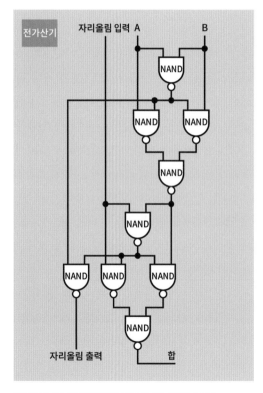

그림 24-8 NAND 게이트만으로 전가산기를 구성할 수 있다.

꼼꼼하고 인내심이 있다면 위의 논리도를 출력한 다음 전기가 통하는 경우를 빨간색으로 칠하면서 가능한 입력 조합 8가지에 대한 논리 회로의 경로를 확인해 나갈 수 있다. 개인적으로는 이런 작업을 하지는 않을 것이다. NAND로 구성하는 것이 더 복잡하기 때문에 그냥 XOR과 AND를 조합하는 방식을 계속 사용하겠다.

직접 만든 작은 덧셈기

실습은 어디서 할까? 여기? 보통 부품들을 모두 끼운 상태에서 어떻게 동작하는지 알아보는 방법을 사용한다. 이런 방식이 '발견을 통한 학습'이라고 이야기하는 방법의 기본이 되는 것이다.

이번 경우에는 이론을 먼저 설명하지 않으면 잘 이해되지 않을 것이라 생각했다. 하지만 이제 2개의 3비트 이진수를 더해서 4비트 출력을 만들어내는 계산기를 만들 수 있을 것이라 생각된다.

이 작업에는 1개의 반가산기와 2개의 전가산기가 필요하다. 모두 합쳐서 5개의 XOR 게이트와 5개의 AND 게이트, 2개의 OR 게이트가 필요하다. 쿼드 2입력 칩에는 4개의 2입력 게이트가 들어 있으므로 몇 개의 게이트는 사용하지 않고 놔둬야 한다. 사실 칩에는 두 개의 4비트 이진수를 더해서 5비트 출력을 생성할 수 있는 계산기를 만들기에 충분한 게이트가 있다. 하지만 5비트는 다음 단계에서 하려고 하는 간단한 탐험에는 너무 크기 때문에 더 크게 만들지는 않을 것이다. 다음 실험에서 어떤 걸 보여주겠다고 약속

했는지 기억할 것이며 4비트 이진수를 처리하는 경우에는 훨씬 간단하다.

브레드보드에서의 덧셈

그림 24-9에서와 같이 실제로 2개의 3비트 입력을 받아서 4비트 출력을 만들어내는 완전한 논리도를 구현하기 위해서는 1개의 반가산기와 2개의 전가산기를 만들어야 한다.

논리도의 윗부분에 있는 스위치를 눌러서 더해질 두 이진수를 입력할 수 있다. 그림에서 첫 번째 3자리 이진수를 입력하기 위한 스위치와 두 번째 3자리 이진수를 입력하기 위한 스위치를 구분하기 위해서 진한 파란색을 이용해서 영역을 구분했다. 각 자리가 의미하는 자릿수는 녹색으로 표시했다.

앞에서 봤던 전가산기 논리도와 비교하면, 논리도가 약간 옆으로 밀려 있는 형태지만 연결은 완전히 같다.

임의의 예로 간단한 산술 연산인 십진수 5+7을 계산하려면 5를 만들기 위해서 윗줄의 스위치 4와 1을 닫고, 7을 만들기 위해 아랫줄의 스위치 4, 2, 1을 닫는다. 덧셈기가 잘 동작한다면 LED 8과 4로 불이 들어오고, LED 2, 1은 불이 꺼진 상태를 유지해서 십진수 12라는 결과를 보여줄 것이다.

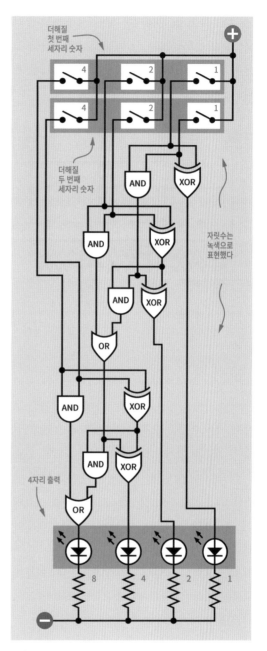

그림 24-9 2개의 3비트 이진수를 더해서 4비트 출력을 만들 수 있는 게이트들을 보여주는 논리도.

그림 24-10은 스위치가 열린 경우에도 논리 게이트로 플로팅(floating)된 입력이 들어가는 경우가 없도록 회로를 만들 때 풀다운 스위치를 포함시킨 모습을 보여준다.

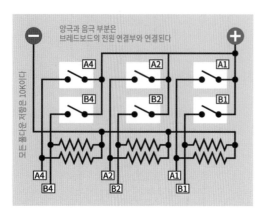

그림 24-10 3비트 덧셈기에 사용되는 풀업 저항이 붙어있는 입력 스위치들.

스위치와 그 출력들은 그림 24-11에 나와 있는 것처럼 논리칩 회로 부분의 입력과 연결되는 부분에 맞게 이름표를 붙여 놨다. 작은 노란색 원들은 공간을 줄이기 위해서 LED를 간단하게 표시한 것이다. 만일 자체 저항을 가지고 있지 않은 LED를 사용하는 경우에는 LED와 접지 사이에 직렬저항을 사용해야 한다는 점을 기억해야 한다.

회로에서 나란히 연결된 부분이 많기 때문에 혼동을 줄이기 위해 전원의 음극과 양극 부분을 나타낼 때 파란색과 빨간색을 사용했다.

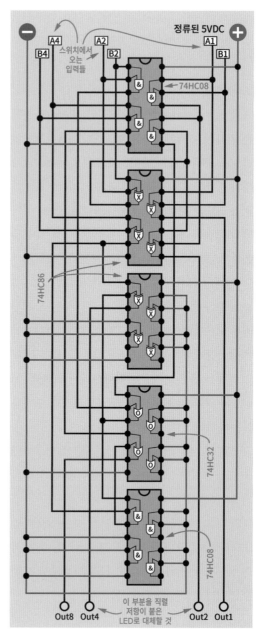

그림 24-11 4비트 출력을 만들어내는 3비트 덧셈기 부분의 브레드보드 회로도. 위쪽에 있는 이름표는 앞에서 따로 보여준 입력 스위치와 연결한다. 입력의 이름 옆에 있는 숫자는 이진수의 자릿수를 의미한다.

이 프로젝트의 전체 사진은 그림 24-12에 있다. 입력으로는 보드에서 차지하는 공간이 적은 딥(DIP: Dual-inline) 스위치를 사용했다.

따라서 이제 여러분은 실생활에서 동작시킬 수 있는 반도체 덧셈기를 가지게 되었다. 이 덧셈기는 1930년대까지만 해도 완전히 불가능해 보였던 것이다. 아직 연산할 수 있는 길이가 길지 않다는 부분 이외에 이 계산기에 남아 있는 다른 한 가지 문제는 입력할 때 십진수를 이진수로 바꿔야 하고, 이후에 이진 출력을 십진수로 다시 되돌려야 한다는 점이다. 게다가 키보드는 커녕 숫자 키패드도 없다.

사실 세계 최초의 개인용 컴퓨터(키트 형태로 1975년부터 판매된 알테어 8800)의 경우도 데이터를 입력하려면 모두 플립(flipping) 스위치를 사용해서 입력해야 했다. 따라서 프로그램을 "토글시켜 입력(toggling in)"한다고 이야기했었다. 키보드를 사용하는 경우 인터페이스를 위해서 칩을 더 많이 사용해야 하는데 당시에는 칩의 가격이 매우 비쌌기 때문에 초기 컴퓨터들은 키보드가 없었다.

하지만 지금은 더 이상 1975년이 아니기 때문에 여러분이 만든 3비트 덧셈기의 데이터 입력 과정을 간단히 만들고 표시 장치를 개선해 보도록 하겠다. 이것이 다음 실험이다.

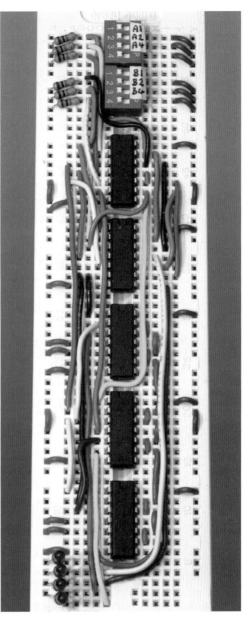

그림 24-12 3비트 덧셈기를 브레드보드에 배치한 전체 사진. 덧셈에 사용될 각 이진수(A와 B)의 자릿수 1, 2, 4 부분 입력을 위한 딥 스위치가 자리를 차지하고 있다. 아랫부분에 있는 LED는 위에서부터 1, 2, 4, 8의 값을 가진다.

덧셈기에 십진수 출력 부분을 추가하는 것이 십진수 입력을 추가하는 것보다 쉬우므로 출력 부분부터 다루도록 하자.

디코더가 돌아왔다

출력으로 7-세그먼트 숫자 표시장치를 사용하면 좋겠지만, 이를 위해서는 입력으로 이진화된 십진수(BCD)를 사용하는 구동기(driver)가 필요하다. 다른 말로, 각 구동기로 들어가는 입력은 이진수 0000에서 1001(십진수로 0에서 9)의 범위를 가져야 한다. 덧셈기는 0000에서 1110 범위의 값을 출력하기 때문에 한 쌍의 7-세그먼트 숫자를 써야하는데, 이 부분이 쉽지 않다.

따라서 각각의 십진수 값을 표현하는 LED들을 사용하는 것으로 충분하다고 가정할 것이다.

이 부분을 처리하기 위해서 실험 19에서 다뤘던 4-16 디코더를 사용할 수 있다. 각 출력에서 LED를 구동시킬 수 있어야 하기 때문에 그때 사용했던 구식 4514 CMOS 형식이 아닌 HC 패밀리의 74HC4514를 사용할 것이다. 덧셈기에서 나오는 1, 2, 4, 8의 자릿수를 가진 4비트 출력이 칩의 이진 입력으로 들어간다. 칩에서 나오는 출력 핀들은 0에서 14까지(덧셈기 출력에서 나올 수 있는 가장 큰 값은 이진수 111+111=1110, 즉 십진수로 14까지를 다루기 때문에)의 십진수 값을 가진 LED를 동작시킨다.

3비트 덧셈기를 만들어 둔 브레드보드에 이 부분까지 넣을 수는 없겠지만, 필자가 권장하는 양쪽 가장자리에 한 가지 전원을 끼울 수 있는 형식의 브레드보드는 비교적 저렴하게 살 수 있다. 이 실험에는 두 개의 브레드보드를 이용할 것이라 가정하고 이야기를 진행하겠다.

그림 25-1은 출력부분의 회로도다. LED가 숫자 순서에 맞게 정렬되어 있기를 바라겠지만 74HC4514의 출력 핀 배치는 칩 안쪽에 적어둔 것처럼 일정한 순서를 가지지 않는다.

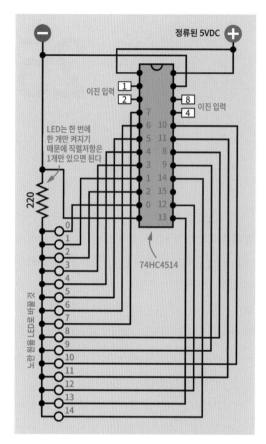

정류된 5VDC

이진 입력 [1] [2]

이진 입력 [8] [4]

LED는 한 번에 한 개만 켜지기 때문에 직렬저항은 1개만 있으면 된다

220

74HC4514

노란색 원들은 LED로 바꿀 것

그림 25-1 실험 24에서 만든 덧셈기의 이진 출력이 74HC4514 디코더의 칩의 입력으로 들어온다. 0에서 14의 값을 해석해서 만들어진 출력은 LED와 연결된다. 한 번에 하나의 출력에서만 높은 상태 전압을 가질 수 있으므로 LED는 하나의 직렬 저항을 공유할 수 있다.

이런 문제를 해결하는 가장 간단한 방법은 그림에서 그려둔 것처럼 LED를 브레드보드에서 비교적 멀리 떨어트려 두는 것이다. 그림에서 노란색 원들은 LED를 나타낸다. 만일 직렬 저항을 내장하고 있지 않은 LED라면 직렬저항을 달아야 하지만 한 번에 하나에만 불이 들어오기 때문에 직렬저항 1개를 모든 LED에 연결해도 된다. 브레드보드에 연결부 버스가 몇 부분으로 나뉘어 있는 경우, 모든 LED는 직렬저항을 통해 윗부분과

연결된 가운데 버스 부분을 공유할 수 있다.

많은 부분을 했다. 이제 조금 더 어려운 부분을 할 차례다.

딥 스위치로 입력하기

십진수 데이터를 입력하기 위해 간단한 SPST on-off 스위치를 사용할 수 있다. 0에서 7까지의 값을 가진 8개의 스위치를 2열로 배치할 수 있다. 이후 첫 번째 줄의 스위치와 두 번째 줄의 스위치에 각각 해당하는 값을 켜는 방법으로 입력한다.

이런 목적으로는 딥 스위치가 가장 작고 저렴하고 간단하다. 보통 8개의 딥 스위치가 모여 있는 모듈에서는 1에서 8까지의 값을 가지지만 여기서는 0에서 7번으로 다시 번호를 매겨야 한다.

가구 스위치에서 나오는 8개의 전선은 8:3 인코더 칩에 있는 8개의 입력과 연결된다. 상상할 수 있듯 이 칩은 디코더의 반대 역할을 한다. 즉, 8개의 입력 중에 높은 수준 입력을 가진 입력핀(0에서 7의 값을 가지는)을 받아서 1, 2, 4의 자릿수를 가지는 출력 핀으로 이진 값을 출력한다. 인코더 중 하나의 출력은 그림 24-11에 있는 것처럼 A1, A2, A4라는 이름이 붙어 있는 덧셈기의 입력 부분과 직접 연결되고 다른 인코더의 출력은 B1, B2, B4라는 이름이 붙은 덧셈기의 입력과 바로 연결된다.

그림 25-2는 두 인코더의 배선을 보여준다. 이 그림대로 잘 만들면 동작한다. 하지만 어떻게 동작하는지에 대해서, 특히 스위치가 전원의 양극 부분이 아닌 음극 접지 부분에 붙어 있는 것

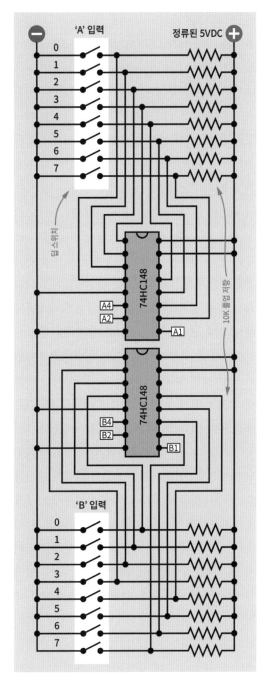

그림 25-2 두 쌍의 딥 스위치들에서 나온 출력들은 74HC148의 입력과 연결된다. 입력은 낮은 수준의 전압이 되므로, 풀다운이 아닌 풀업 저항을 이용했다는 점에 주의하자. 이 부분은 대부분의 논리칩과 반대다.

에 대해서는 약간의 설명이 필요할 것 같다. 왜 그럴까?

인코더

인코더는 많이 사용되지 않게 되었으며, 아직까지도 낮은 수준 전압에서 활성화되는 형식을 가진 장치 중 하나다. 다른 말로 설명하자면 낮은 수준의 전압이 1의 논리를 나타내고 높은 수준의 전압이 0의 논리를 나타낸다. 덧셈기 회로를 구성하는 칩들은 일반적인 높은 수준에서 활성화되는 논리를 가지고 있었기 때문에 이 부분이 이상하게 보일 수 있다. 예전에 인코더가 이렇게 만들어진 이유를 확인할 필요 없이 가장 일반적인 칩인 74HC148를 사용해서 이상하게 보이는 부분을 피해갈 수 있다.

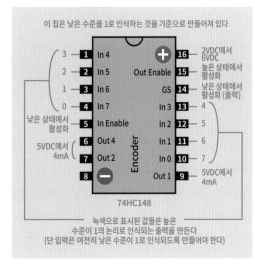

그림 25-3 74HC148 인코더 칩의 핀 배치. 입력과 출력에 관한 자세한 내용은 본문을 보자.

인코더에서 높은 상태에서 활성화(active-high) 되는 출력을 받을 수 있는 묘수가 있다. 입력 핀들을 거꾸로 뒤집어서 사용하는 것이다. 이 부분은 핀 배치도에서 녹색으로 표시되어 있다.

아직도 혼동이 되는가? 짧게 요약해 보자. 74HC148에서 자주 사용되고 선호하기도 하는 높은 수준을 1로 인식하는 출력을 만들려면 다음과 같이 하면 된다.

- 0의 값을 가진 스위치를 7번 값을 가진 핀과 연결
- 1의 값을 가진 스위치를 6번 값을 가진 핀과 연결
- 중간의 값들도 비슷한 형식으로 연결
- 7의 값을 가진 스위치를 0번 값을 가진 핀과 연결

각 입력은 여전히 낮은 상태를 1로 인식한다. 이 부분은 바꿀 방법이 없다. 번호를 거꾸로 할당하는 방식은 회로의 다른 부분에서 이해할 수 있도록 높은 상태를 1로 인식하는 출력을 만들게 바꿀 수 있을 뿐이다. 따라서, 그림 25-2에 있는 것처럼 모든 입력핀에 풀다운이 아닌 풀업 저항을 붙여서 보통 상태에서 높은 상태 입력(0을 나타낸다)을 유지하도록 만들어 준다. 딥 스위치들은 음극 접지 부분과 붙어있으므로, 스위치를 닫으면 필요한 낮은 상태 전압(1을 나타낸다)의 신호를 칩에 공급할 수 있다.

인코더의 다른 기능

흥미를 위해 약간 더 이야기하면 74HC148는 약간 헷갈리는 기능들도 있다. 'Group Select' 핀은 대부분의 데이터시트에서 'GS'로 표기한다. 이 핀은 낮은 상태를 1로 인식하는 출력 핀으로 칩이 입력 신호를 처리하고 있을 때 낮은 상태 전압을 출력한다. 출력 핀이기 때문에 별로 신경 쓸 필요가 없으며 그냥 연결하지 않아도 된다.

칩에는 두 개의 활성화(Enable) 핀이 있다. 입력 활성 핀(보통 데이터시트에는 EI라 표기)은 낮은 상태 전압에 활성화되기 때문에 음극 접지 부분과 연결하면 된다. 출력 활성 핀의 경우 이유는 알 수 없지만 높은 상태 전압에서 활성화되기 때문에, 전원의 양극 부분과 연결하면 된다.

이 정도쯤 되면 인코더 칩의 실제 응용분야로는 어떤 것이 있을지 궁금할 수 있다. 사실 인코더 칩은 산업 공정 제어 등에서 사용될 수 있다. 예를 들어 어떤 물건들이 일련의 센서를 지나면서 센서를 켜거나 끄는 경우에 입력의 수가 제한된 마이크로컨트롤러를 사용한다면 센서 장치를 8:3 인코더로 통과시켜 입력의 수를 3개로 줄일 수 있다. 이런 방식은 입력의 수가 증가하는 경우 각 인코더 칩을 서로 연결시켜서 입력을 급격히 증가시킬 수 있다는 강점이 있다. 만일 입력의 수가 두 배가 되었을 때 출력은 한 비트만 늘리면 된다. 이는 이진수에서 각 자릿수가 가지는 값은 이전 자릿수가 가지는 값의 두 배이기 때문이다. 아직 자릿수의 강점을 설명하지 않았으므로 이 부분을 잠시 설명하자.

배경 지식: 이진수의 힘

이 책에서는 지금까지 1, 2, 4, 8의 자릿수의 이진 입출력만 다뤘다. 사람들이 보통 사용하는 숫자체계인 십진수에서는 자릿수가 올라갈 때 이전 자릿수의 값보다 10배가 증가하기 때문에 자릿수가 올라갈 때마다 이전 자릿수 값의 두 배가 된다는 점은 별로 중요해 보이지 않는다. 하지만 값을 두 배로 하는 것은 예상치 못한 결과를 가져올 수 있다.

임의의 8비트 숫자는 가장 왼쪽에 있는 값이 128의 자릿수를 가지기 때문에 0부터 255까지의 값을 표현할 수 있다. 컴퓨터에서 이 값은 아주 일반적으로 사용된다. 컴퓨터 메모리에서 한 바이트는 보통 8비트로 이뤄져 있다. 보통의 JPEG은 세가지 색(빨간색, 녹색, 파란색)으로 이루어져 있고 각 값은 가장 어두운 값을 나타내는 0에서 가장 밝은 경우인 255까지의 값을 가진다. 명암을 256 단계로 표현하는 것은 그리 많아 보이지 않지만 3가지 색에 대해서 각각 조정할 수 있다는 것을 생각하면 조합의 수는 다음과 같다.

$$256 \times 256 \times 256 = 16,777,216$$

만일 컴퓨터의 그래픽 카드가 "1,600만가지 색상"을 만든다는 소리를 들어본 적이 있다면, 이제 그 이유를 알게 되었을 것이다.

이진수의 자릿수를 증가시키면 상황이 조금 더 재미있어진다.

16비트 이진수는 0에서 65,535까지의 수를 표현할 수 있다.

32비트 이진수는 40억을 약간 넘는 수까지 표현할 수 있으며 32비트 운영체제를 가진 컴퓨터는 이런 이유로 4기가 이상의 메모리를 접근 할 수 없는 것이다.

'기가바이트'라는 용어를 좀 더 들여다 보자. '기가(giga)'라는 용어는 국제 정의로 10억을 나타내지만 컴퓨터에서는 1뒤에 0이 30개 붙어 있는 이진수를 의미한다. 이 값은 십진수 1,073,741,824에 해당한다. 이런 상황은 이진수 10000000000, 즉 십진수 1,024를 킬로바이트라 정의하면서 시작되었다. 메가바이트는 1,024킬로바이트이며 기가바이트는 1,024메가바이트가 된다. 하지만 하드드라이브의 경우 기가바이트는 십진수 10억을 나타낸다. 이 경우가 궁금했을 것이다.

하지만 이제 다시 이진수의 힘을 알아보자. 필자의 경우 십진수 999,999,999,999 즉 1조까지의 숫자를 표현할 수 있는 만 원짜리 계산기를 하나 가지고 있다. 이 정도의 값을 처리하려면 내부적 얼마나 많은 자릿수의 이진수를 사용해야 할까? 사용하는 비트들 중에 한 비트로 양수와 음수를 구분한다고 가정했을 때 41비트면 충분하다고 생각한다.

이진수로는 0과 1만 사용할 수 있지만 매우 큰 수를 처리할 수 있다.

배경지식: 직접 인코드하기

만일 74HC4514칩을 사용하고 싶지 않다면, 논리가 상당히 간단하기 때문에 직접 인코더를 만들 수 있다. 그림 25-4는 이 회로를 보여준다. 예를 들어 6번 스위치가 눌린 경우를 따라가 보면, 이진 출력 4와 2가 활성화되는 것을 확인할 수 있을 것이다. 실제로 이 회로를 만들 때는 각 스위치의 출력에 풀다운 저항을 붙여야 한다는 점을 잊지 말자.

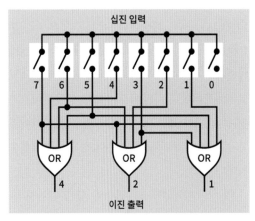

그림 25-4 3개의 4입력 OR 게이트만 있으면 8:3 인코디 칩의 동작을 하는 회로를 만들 수 있다. 그림에서는 나와 있지 않지만 각 스위치 출력에는 풀다운 저항이 붙어 있어야 한다.

앞에서 4입력 OR게이트를 사용하려 했을 때 HC 패밀리에는 이런 형태의 칩이 없었던 것을 기억할 것이다. (실험 20번을 보자). 그 부분이 문제가 될까? 여기서 사용할 OR 게이트는 LED를 구동시키지 않을 것이므로 문제가 되지 않는다. 이부분의 출력은 그림 24-11에 있는 덧셈기 회로를 구성하는 칩의 입력과 바로 연결된다. 따라서, 구식 CMOS 4000B 계통의 칩을 이용해도 된다.

이 작업에는 4072B 듀얼 4입력 OR 칩을 사용하면 될 것이다.

칩의 수를 줄이는 것이 좋기 때문에 이 책에서는 OR 게이트를 가지고 있는 칩을 2개 쓰는 대신 74HC148 인코더 칩을 이야기했다.

조금 더 만들어 보자: 다른 형태의 입력

데이터 입력을 위해 딥 스위치 대신 8가지 위치를 가진 로터리 스위치를 사용할 수도 있다. 이 스위치를 이용하면 한 번에 한 개 이상의 숫자가 선택되는 것을 방지할 수 있지만 브레드보드에 끼울 수 없기도 하고 비싸다.

만일 매트릭스 인코딩[1]을 사용하지 않는 키패드를 발견했다면, 키패드 역시 고려해 볼만하다. 배열 인코딩 형식의 키패드는 마이크로컨트롤러를 이용해서 값을 추출하기 위해 만들어진 것이다. 인코드되지 않은 키패드는 입력하는 각각의 값에 대한 별도의 출력을 가지고 있지만 보통 잘 사용되지는 않는다. (『짜릿짜릿 전자회로 DIY 1』에 있는 실험에서 이런 형태의 키패드를 썼었다.)

마지막으로 숫자를 선택하기 위해 휠 스위치를 사용하는 방법도 있다. 이 스위치는 보통 0에서 9의 값을 갖지만 0에서 15의 값을 가지는 것도 있다. 이 스위치를 인코더라 부르는 경우가 많기 때문에 헷갈리지 않도록 주의해야 한다.

스위치 할 수 있을까?

지금까지 이진 덧셈기의 입출력을 십진수로 바꿨으니 여러분이 생각할 때는 이제 할 만큼 했다

---

1 (옮긴이) matrix encoding : 모든 키마다 출력이 나오는 것이 아니라 키의 가로 세로의 조합에 대한 출력이 나오는 방식.

고 생각할 수 있지만 사실 제안할 것이 한 가지 더 있다. 이전에 텔레파시 검사, 가위바위보 게임, 오비드 게임을 논리칩 대신 스위치로 바꿔서 만드는 방법을 설명했던 것을 기억하고 있을 것이라 생각한다. 필자가 아주 기본적인 전자기계적인 스위치들로 이진 계산기를 만들고 싶어했을 것이라 생각하지 않는가?

사실 이런 생각을 참을 수 없기는 하다. 하지만 이 부분은 별도의 실험으로 넣기보다, 내용에서 잠시 벗어나 재미난 생각들을 이야기하는 '좀 더 만들어 보자' 부분에서 다루도록 하자. (LED를 포함시키지 않는다면) 전자 부품을 전혀 사용하지 않는 이진 덧셈기를 만드는 것은 재미있다.

사실 이런 작업으로 만든 것들이 실제 응용분야가 있지는 않지만 컴퓨터가 생각하는 것처럼 생각해 볼 수 있는 기회가 되기 때문에 좋은 논리 회로(혹은 좋은 소프트웨어)를 설계하는 기본 준비가 된다고 생각한다. 따라서 이 작업은 어느 정도 가치가 있다고 생각한다.

조금 더 만들어 보자: 스위치를 이용한 이진 덧셈기

그림 18-1에서 논리 게이트와 같은 동작을 하는 스위치들을 보여줬었다. 반가산기는 한 개의 XOR 게이트와 1개의 AND 게이트로 만들 수 있으므로 그림 25-5처럼 스위치 두 개만 사용하면 만들 수 있다.

논리 게이트 대신 스위치를 사용할 때는 스위치를 눌러서 입력을 구성한다. 따라서 1+0과 같은 이진 덧셈을 입력하려면, 왼쪽 스위치는 누르

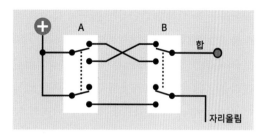

그림 25-5 한 쌍의 DPDT를 이용해서 반가산기의 동작을 나타낼 수 있다. 합 부분의 결과를 나타내는 부분은 직렬 저항을 통해 접지된 LED로 바꿔줘야 한다.

고 오른쪽 스위치는 열린 상태로 둔다. LED의 1 부분에 불이 들어올 것이고 자리올림으로는 아무런 출력이 나가지 않아서 정확한 답을 얻을 수 있을 것이다. 만일 두 스위치를 모두 눌러서 1+1을 입력한다면 자리올림 출력은 나타나고 LED는 꺼진 상태가 유지되면서 제대로 된 값인 10을 얻을 수 있다.

여기까지는 아주 쉽지만, 전가산기는 조금 더 어렵다. 그림 24-5를 확인해서 전가산기의 논리도에 대한 기억을 되살려 보자. 윗부분은 좀 전에 다뤘던 반가산기와 같다. 여기까지는 아무런 문제도 없다. 하지만 첫 번째 XOR 게이트의 출력이 다른 XOR 게이트로 입력되어, 이전 자리에서 올라오는 자리올림수와 비교를 하게 된다.

문제는 손가락으로 누르는 스위치를 입력으로 사용했다는 점이다. 하지만 두 번째 XOR은 전기적 입력만을 받아서, 스위치를 누를 손가락이 없다는 것이 문제다.

다른 문제도 있다. 논리 게이트에서 낮은 수준의 출력은 높은 수준 출력이 있는 것과 별반 다르지 않게 해석될 수 있다. 하지만 스위치를 쓸 때 낮은 수준 출력이란 결국 스위치가 열린

것이라 전압 상태를 판단하기 어렵기 때문에 해석할 수도 없다.

이 문제들을 해결하는 방법은 반가산기에서 자리올림 출력처럼 '자리올림 없음' 출력을 만들어내는 것이다. 이 출력으로 그 다음 자리의 덧셈기에 전압을 공급해서, 새로운 자리의 덧셈기가 전류를 통과시키거나 막을 수 있게 만들 수 있다.

그림 25-6은 바뀐 반가산기의 회로를 보여준다. 두 스위치가 모두 눌리지 않았거나 두 스위치 중 한 스위치가 눌린 경우에 활성화되며, 두 스위치가 모두 눌렀을 때는 활성화되지 않는다. '자리올림' 출력은 두 스위치가 모두 눌렀을 때만 활성화된다. 즉 두 출력은 서로의 반대 값을 가진다.

출력의 모든 가능한 조합들과 해당 출력을 만들 수 있는 모든 입력의 조합들을 표시했다.

스위치 A	스위치 B	자리올림 입력	자리올림 없음 입력	출력
열림	열림	1	0	
열림	닫힘	0	1	합 = 1
닫힘	열림	0	1	
닫힘	닫힘	1	0	
열림	닫힘	1	0	
닫힘	열림	1	0	자리올림 출력 = 1
닫힘	닫힘	1	0	
닫힘	닫힘	0	1	
열림	열림	0	1	
열림	열림	1	0	자리올림 없음 출력 = 1
열림	닫힘	0	1	
닫힘	열림	0	1	

그림 25-7 전가산기의 출력에 따른 모든 가능한 입력들의 조합.

예를 들어, 표의 두 번째 줄의 경우 스위치 A는 열리고(0 입력을 표현) 스위치 B는 닫혔으며(1 입력을 표현) 이전 자리에서 올라오는 자리올림 입력이 없어서 합이 1이 되는 경우를 보여준다. 표의 11번째 줄은 같은 입력이 있을 때 '자리올림 없음' 출력이 1이 된다는 것을 보여준다. 만일 스위치 중 1개만 눌렀고 자리올림 입력도 없는 경우에는 자리 올림 출력이 나가지 않기 때문에 당연한 결과라 할 수 있다.

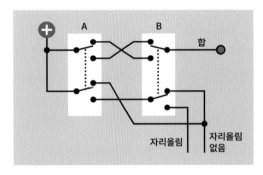

그림 25-6 앞의 반가산기 회로에 다음 단계에 전압을 공급하기 위한 '자리올림 없음' 출력을 추가해서 변형한 것.

표를 만들자

다음으로 해야 할 일은 전가산기에서 어떤 것을 얻고 싶은지 정확히 나타내는 것이다. 이를 위해서 그림 25-7에 있는 것 같은 형태의 작은 표를 하나 만들었다. 이 표는 덧셈기가 만드는 3가지

스위치의 사양

약간 어려움이 있지만 표에 있는 요구 사항들을 충족시킬 수 있는 스위치의 패턴을 풀어냈다. 그 회로도는 그림 25-8에 있다.

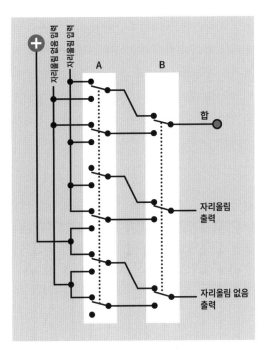

그림 25-8 앞의 표에 6극 스위치와 3극 스위치를 이용해서 만든 전가
산기.

이후에 볼 수 있겠지만 6극 스위치와 3극 스위치
가 필요하다. 이런 스위치는 래칭 푸시 버튼 형
식으로 쉽게 구할 수 있지만, 아직 다 끝난 것이
아니다. 스위치가 눌렸는지 확인하기 위해서 각
각의 스위치에 LED를 붙일 것이다.

스위치 B의 경우 접점을 3개만 가지고 있기
때문에 LED를 활성화시키기 위해서 접점을 추
가하는 것이 어렵지 않다. 하지만, 스위치 A의
경우 이미 6개의 접점을 가지고 있는 상태라서
접점을 추가하는 것이 쉽지 않다. 물론 8극 스위
치가 없는 건 아니지만 eBay 등을 통해서 중국
에서 구입하지 않는 경우 상당히 비싸다.

잠시 이 문제를 잘 생각해 보자. 컴퓨터 프로
그래머인 영국의 그레험 로저스(Graham Rog-

ers)는 필자가 관심을 가지는 퍼즐에 대해서 관
심을 보이는 경우가 많았는데, 몇 년 전에는 스
위치로 만들어진 이진 덧셈기를 만들었던 것이
기억났다. 그 회로도를 찾지는 못했지만 같이 이
야기를 해보니, 기본적으로 같은 회로를 각자 만
들었다는 것을 확인할 수 있었다. 여하튼 그
의 회로에서는 LED를 구동시키기 위해서 왼쪽
스위치에 있는 극 중에 합을 만들어 내는 부분의
기능을 바꿔서 사용한다.

그림 25-9는 이 부분이 변경된 회로다. 이 회
로는 이전 것처럼 간단하지는 않지만 6극 스위
치만 있으면 된다.

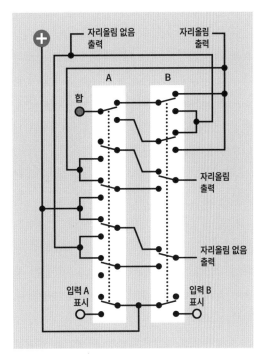

그림 25-9 스위치를 이용한 전가산기 회로를 변경한 것으로, LED 표
시기를 위해서 각 스위치에 극을 추가했다.

원하는 크기의 이진수를 다루기 위해서 스위치

로 만들어진 덧셈기들을 원하는 만큼 연결시켜서 사용할 수 있다. 그레햄이 만든 것은 2개의 8비트(2 바이트) 숫자를 더할 수 있으며 뺄 수도 있었다. 이진 수에서 빼는 방법을 기억하지 못하기 때문에, 이 문제는 여러분에게 남겨 두겠다.

조금 더 만들어 보자: 다른 가능성들

나중에라도 스위치로 만들어진 이진 덧셈기의 배선이 좀 더 간단해질 수 있을까? 사용되는 스위치 접점의 수가 줄어들 수 있을까? 그럴 수 있다고 생각하지는 않지만 그것을 증명할 생각은 없다. 만일 좋은 생각이 있다면 알려주길 바란다.

그림 25-4에 있는 OR 게이트를 없애고 스위치를 써서 10진 입력을 이진수로 바꾸는 인코더를 만드는 방법이 있는지 궁금함을 참기 쉽지 않다. 그림 25-4에 있는 간단한 게이트들을 보면, 스위치로 해당 게이트들의 동작을 나타내는 것이 가능할 것이라는 생각이 든다.

게다가 이 부분은 아주 쉽다. 그림 25-10에 이 회로가 있다.

만일 딥 스위치를 없애고 대신 SPST, DPDT, 3PDT 스위치로 바꾸는 데 별다른 꺼리낌이 없다면, 이 회로의 출력은 그림 24-11에 있는 칩을 이용해서 만든 덧셈기의 입력으로 사용할 수 있다.

하지만 스위치를 사용하는 덧셈기와 연결할 수 있는 방법은 없다. 문제는 스위치를 사용하는 덧셈기의 경우 스위치가 입력을 제공하는 것뿐만 아니라 연산 동작까지 두 가지 역할을 같이 수행한다는 점이다. 만일 가능한 숫자의 극만 사용해서 십진 입력을 받는 스위치를 사용하는 덧셈기가 가능하다면 아주 놀라울 것이다. 반면 이런 구성이 불가능하다는 것도 증명할 수 없었으며, 인간의 창의력이란 가끔 아주 놀라운 결과를 만들기도 한다.

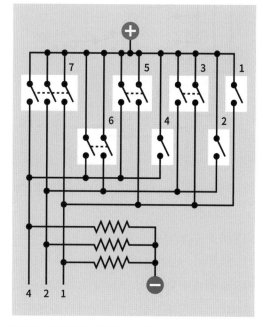

그림 25-10 여기 있는 스위치를 이용하는 회로는 8:3 인코더 칩의 동작을 보여준다.

전자 계산기의 시대가 오기 전에는 기계를 이용해서 덧셈기(곱셈도 할 수 있었다)를 동작시켰다. 그 내부를 살펴보면 기어들과 레버들이 엄청나게 복잡하게 조립되어 있으며 컴퓨터를 통해서 설계하던 시대가 아니었으므로, 설계 역시 연필과 종이로 이루어졌다.

좀 더 과거로 돌아가 보면, 찰스 배비지(Charles Babbage)의 차분 엔진(Difference Engine: 첫 부

분은 1832년에 만들어졌다)은 계산기였으며, 좀 더 범용적인 프로그래밍 가능한 기계식 계산기인 해석 기관(Analytical Engine)의 기초가 되었다. 누군가 어떤 문제에 집중할 수 있는 충분한 돈과 시간이 있는 경우, 이런 통찰력과 인내가 결합하면 괄목할 만한 결과를 만들 수 있다.

하지만 이제부터는 링 카운터와 시프트 레지스터로 넘어가도록 하자. 이 부품들은 이 책의 마지막 주제이기도 한, 다양한 형태의 센서들이 가지고 있는 '임의성'을 탐험할 수 있는 단초를 제공할 것이다.

링 카운터(ring counter)는 카운터의 한 종류로 '디코드된 출력'을 가진다. 이 말은 한 번에 하나의 핀만 활성화된다는 것이므로, 0을 표현하는 핀에서 시작해서 핀의 개수로 제한된 값만큼 숫자를 증가시킨 다음, 이후 이 과정이 다시 반복한다.

비교해 보자면 이진 카운터는 '코드화된 출력'을 가진다. 다른 말로, 출력 핀에는 높은 혹은 낮은 상태를 이용해서 이진 코드를 표현한다.

여기서 사용할 링 카운터는 10진 카운터라 불리는 74HC4017로, 10까지 (실제로는 0에서 9까지) 숫자를 증가시킬 수 있는 카운터다. 이 카운터를 이용해서 하나는 LED를 순서대로 점멸시키고 다른 하나는 LED를 임의로 점멸시키는 두 가지 형태로 반사 신경 확인 게임을 만들 것이다.

링 카운터 동작 보기

링 카운터의 동작을 확인해 보는 것은 아주 쉽다. 카운터의 10개 출력에 10개의 LED를 붙이고 천천히 동작하는 타이머가 이 칩을 동작하게 하면 된다. 필자의 경우는 전통적인 쌍극성 555 타이머를 이용했을 때 잡음이 많이 발생해서 링 카운터가 두 펄스를 하나로 인식하는 경우가 자주 발생했다. 아마도 이런 문제는 평활 커패시터를 사용해서 해결할 수 있겠지만 좀 더 잡음이 적은 부품인 7555 타이머를 사용하는 것이 더 좋다는 확신이 있다. 이 칩은 기존의 555 타이머와 같은 핀배치를 보유하고 있으며, 타이밍 특성 역시 같지만 잡음이 적은 출력을 나타내기 때문에 논리 칩에 사용하기가 좀 더 적절하다.

주의: 타이머는 호환되지 않는다

7555 타이머는 기존의 555 타이머와 혼동되지 않도록 따로 보관해야 한다는 점에 주의해야 한다. 두 타이머는 같아 보이고 동작도 같지만 7555 타이머 중 일부 버전은 출력 전류가 제한되어 있다. 이런 타이머를 이용해도 칩을 구동시키거나 LED 한 개 정도는 켤 수 있지만 릴레이에 이용하면 안 된다.

또한 7555의 경우 아주 깔끔한 출력을 만드는 반면, 입력에 대해서는 약간 까다롭다. 예를 들어, 커플링 커패시터를 통해서 입력핀을 구동시키는 경우에는 커패시터의 값이 아주 중요하다. 입력 전압에 스파이크가 발생하는 경우에 타이머에서 현재 주기가 영원히 지속될 수도 있다. 이 부분은 데이터시트에서 적혀 있지 않지만 발생할 수 있다.

짜증나는 핀의 순서

그림 26-1에 예제 회로도가 있다. 앞의 실험에서 본 것처럼 제대로 된 기호를 사용하기에 충분한 공간이 없으므로 노란색 원을 이용해서 LED를 나타냈다. LED가 내부에 저항을 가지고 있지 않은 형태인 경우 직렬 저항을 추가해야 한다. LED는 한 번에 하나만 켜질 것이기 때문에 직렬 저항은 1개만 있으면 된다.

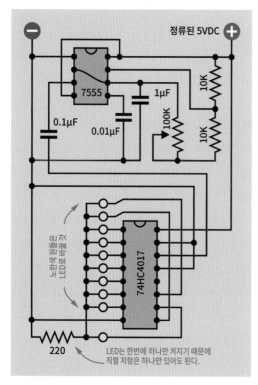

그림 26-1 74HC4017 십진 카운터의 리셋과 활성 핀을 낮은 상태 전압에 연결한 상태에서 클릭 핀에 아주 느린 펄스를 입력시키면 간단하게 동작을 확인해 볼 수 있다.

링 카운터의 8번 핀은 칩의 전원 핀이기 때문에 LED와 연결하지 않고 음극 접지와 직접 연결한다.

회로를 꾸미고 전원을 인가하면, 타이머로 들어가는 펄스 입력에 반응해서 한 번에 하나씩 LED가 켜지는 것을 볼 수 있다. 안타깝게도 74HC4017의 경우 핀들이 순서대로 배치된 것은 아니며 켜지는 순서 역시 실험 25에서 사용했던 74HC4514의 핀보다 이상하다. 그림 26-2에 이 칩의 핀 배치가 있다.

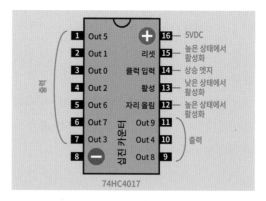

그림 26-2 74HC4017의 핀 배치. 이 칩은 링 카운터이기 때문에 출력은 이진수가 아닌 한 번에 하나의 출력이 나오는 디코딩된 형식을 가진다. 10개의 출력을 가졌기 때문에 십진 카운터로 분류된다.

LED를 브레드보드 밑으로 약간 멀찍이 떨어트리고 연결선을 약간 꼬아주면 실험 25의 디코더 칩에서 봤던 순서로 정렬시킬 수 있다. 염두에 두고 있는 응용에서 사용하려면 더 많은 칩을 끼우기 위한 공간이 필요하다. 따라서 LED를 끼우기 위한 별도의 브레드보드가 필요하다. 이후에 그림 26-3에 있는 것처럼 연결선을 꼬아서 연결하면 된다. 그림에서는 연결을 색으로 구분했으니 비교적 따라가기 쉬울 것이다.

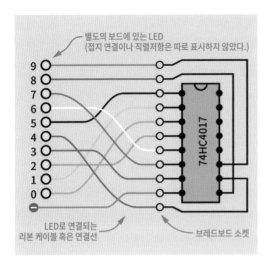

그림 26-3 LED에 불이 순서대로 들어올 수 있도록 74HC4017 링 카운터의 출력 핀 순서를 뒤바꾼 것. 색으로 표시된 연결은 연결선이나 리본 케이블이다.

그림 26-4에 있는 검사 회로를 위해서 유연한 연결선을 이용할 수 있다. 한 보드에서 다른 보드로의 연결을 쉽게 확인하기 위해서 되도록 많은 색의 연결선을 쓰자.

그림 26-4 연결선은 LED를 숫자 순서대로 켜지게 하기 위해 카운터 출력을 꼬아주고, LED로 전력을 공급하기 위해서 사용된다. 이 사진의 브레드보드 위쪽에 있는 부품들은 아래 설명된 것처럼 카운터의 동작을 보여주기 위해서 만든 것이다.

그럼에도 필자의 경험으로 봤을 때, 연결선 끝에 있는 작은 플러그로는 튼튼하고 신뢰성 있는 연결이 만들어지지 않는 경우가 있다. 이 경우 헤더 부분이 납땜된 리본 케이블이 조금 더 좋은 해결책이 될 수 있다.

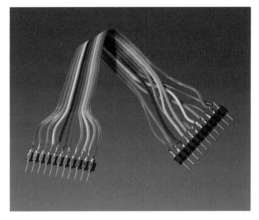

그림 26-5 끝부분이 각각 헤더 핀에 납땜된 짧은 리본 케이블. 케이블의 전선들은 앞의 그림에서 있던 것과 같은 형태를 가지기 위해 꼬여 있을 수 있다.

이전에는 '헤더(header)'란 용어를 들어본 적이 없을 수 있다. 괜찮다. 이 용어의 사용법이 약간 혼동될 수도 있으니 잠깐 설명하고 지나가도록 하자.

헤더에 대한 몇 가지 사실

'헤더'라는 용어는 모호하다. 보통은 얇은 플라스틱 조각에 길쭉한 형태의 '헤더 핀'들이 일렬로 끼워져 있으며, 끼워진 반대쪽에는 짧은 단자 조각들이 튀어나온 형태를 가진 형태의 것을 의미한다. 그림 26-5에서 본 것이 이런 형태다. 플라스틱을 이용해서 원하는 수의 핀들을 한번에 끼우고 뺄 수 있으며 브레드보드에 비교적 단단히 끼울 수 있다. (브레드보드의 소켓 간격과 같은 것을 사도록 주의해야 한다.) 단자의 끝부분에 리본 케이블에 있는 전선들을 각각 납땜할 수 있으며, 이 과정에서 그 순서를 바꾸는 것이 가능하다.

만능기판을 이용할 때 제대로 고정시키려면 보드 상에 '헤더 소켓'을 부착해야 한다. 이후에는 헤더 핀을 헤더 소켓에 끼울 수 있다. 약간 혼동되지만 핀과 소켓 모두 카탈로그에서는 '헤더'라는 이름으로 찾아야 한다.

그림 26-6에 헤더 핀의 길쭉한 조각 부분과 헤더 소켓이 있다.

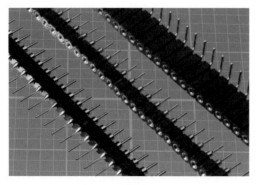

그림 26-6 헤더 핀과 헤더 소켓은 원하는 만큼 핀과 소켓을 끊어서 쓸 수 있도록 길쭉한 조각의 형태로 판매된다. 핀이나 소켓 모두 헤더라 불리며, 오른편 위쪽에 있는 것처럼 금속 조각이 구부러진 형태를 포함해서 다양한 구성이 가능하다.

링 카운터에 대한 몇 가지 사실

검사 회로를 좀 더 살펴보기 전에 링 카운터에 대한 중요한 사실 몇 가지를 요약하고 넘어가도록 하겠다.

- 74HC4017는 순서대로 한 개씩 활성화되는 10개의 출력을 가진 십진 카운터다.
- 이런 카운터를 링 카운터라 부른다.
- 링 카운터는 보통 8, 10, 16개의 출력을 가진다.
- 이진 출력을 가진 카운터는 모든 출력이 낮은 상태 전압일 때 0을 나타낸다. 링 카운터의 경우 0을 나타내기 위한 출력이 따로 있어서, 카운터가 0인 경우 이 핀의 출력에 높은 상태 전압이 나타난다.
- 링 카운터는 클럭 입력이 계속해서 동작하는 한 출력이 나타나는 순서를 무한히 반복한다.
- 보통 74HC4017에서 리셋(reset) 핀은 낮은 상태 전압으로, 활성(enable) 핀은 높은 상태 전압으로 유지시켜야 한다. 출력 핀 중 자리올림 핀은 연결하지 않아도 된다. 클럭 핀은 낮은 상태에서 높은 상태로 상태가 변할 때 즉, 클럭 신호의 상승 엣지(rising edge)라 부르는 시점에 반응한다.
- 자리올림 출력은 카운터의 값이 9에서 다시 0으로 돌아갈 때 낮은 상태에서 높은 상태로 변하기 때문에, 한 카운터의 자리올림 출력은 다른 카운터의 클럭 입력과 연결해서 값을 99까지 표현할 수 있다.

- 리셋 핀에 높은 수준 전압이 들어가는 경우 카운터의 값은 강제로 0이 된다.
- 일부 링 카운터는 십진 카운터가 아니며, 일부 십진 카운터 역시 링 카운터가 아니다. 링 카운터는 항상 한 시점에 한 개의 출력만 활성화되는 디코드된 출력이 나오며, 출력은 10개 이상 혹은 그 이하일 수도 있다. 10진 카운터는 항상 0에서 9까지를 세지만 이진 출력이나 디코드된 출력을 가질 수 있다. 십진 카운터에서 나오는 이진수를 보통 데이터시트에서는 이진화된 10진수(binary-coded decimal) 혹은 'BCD'라 부른다.

게임을 만들자

라스베가스에 거대한 바퀴 주위에서 순서대로 점멸하는 LED들이 있으며 참가자는 자신 앞에 있는 LED에 불이 들어왔을 때 버튼을 눌러야 하는 게임이 있다고 생각해 보자. 다시 게임을 하기 위해 돈을 내기 전까지 버튼을 제한된 횟수만큼 누를 수 있다.

이 게임의 간단한 형태를 만들 수 있지만 브레드보드를 사용하는 한 LED를 원형으로 배치하는 건 어렵다. 대신 LED를 세로로 배치하고 가장 밑에 있는 LED가 켜졌을 때 참가자가 버튼을 누르는 형식으로 하자. 원한다면 나중에 언제든지 원형으로 LED를 배치하도록 회로를 다시 만들 수 있다.

참가자가 버튼을 계속 눌러서 이기는 것을 막기 위해, 한 번만 동작하도록 구성된 타이머를 추가할 수 있다. 보통 타이머는 입력에 낮은 전압 상태가 들어오는 동안에는 자체적으로 계속 동작을 반복하지만 커플링 커패시터를 통해 연결된 푸시 버튼이 타이머의 입력으로 들어오는 경우에는 커패시터에서 처음 높은 수준에서 낮은 수준으로 바뀔 때의 변화만 전달한다. (실험 7의 시간과 빛으로 동작하는 전등 스위치에서 사용한 한 번만 동작하는 타이머와 비슷하다.) 또한, 적절한 값의 커패시터를 사용하면 버튼이 눌렸을 때 '접점의 바운싱(contact bounce)'으로 인해 발생하는 전압의 짧고 급격한 변화들을 무시하게 만들 수도 있다. (접점의 바운싱에 대해서는 『짜릿짜릿 전자회로 DIY』를 보자.)

또한 푸시 버튼이 눌리지 않았을 때는 커패시터가 전원의 양극 부분과 연결되도록 2개의 극(DPST, DPDT 등의 형태)이 있는 푸시 버튼을 사용해야 한다. 그렇지 않은 경우 버튼이 눌렸을 때 전하를 방전시킬 수 없다.

그림 26-7는 블록도로 게임의 개념을 그려둔 것이다.

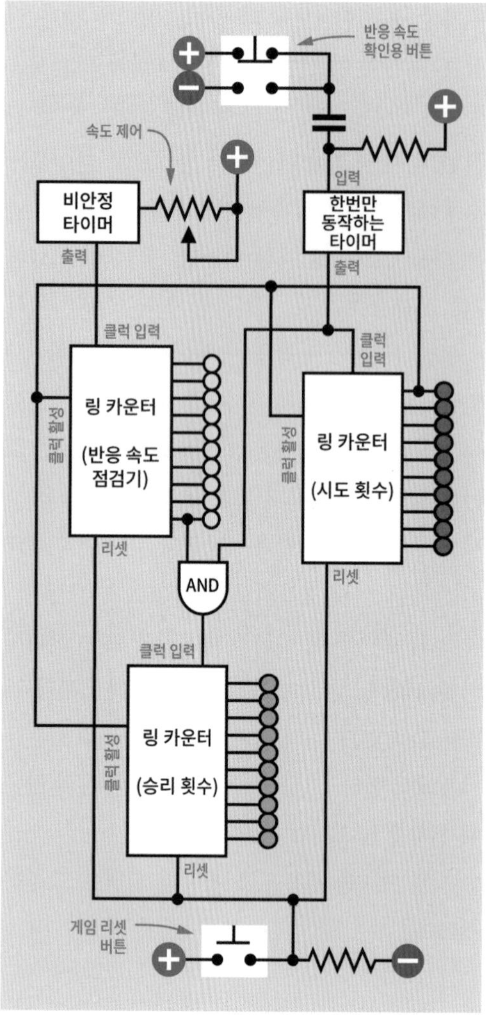

반응 속도
확인용 버튼
속도 제어
비안정
타이머
출력
입력
한번만
동작하는
타이머
출력
클럭 입력
클럭
입력
링 카운터
(반응 속도
점검기)
클럭 활성
링 카운터
(시도 횟수)
클럭 활성
리셋
리셋
AND
클럭 입력
링 카운터
(승리 횟수)
클럭 활성
리셋
게임 리셋
버튼

그림 26-7 이 블록도는 링 카운터 게임의 간단한 논리를 보여준다.

추가 기능

참가자가 성공했을 때를 블록도에서 확인할 수 있으며, AND 게이트가 푸시 버튼이 링 카운터의 동작과 같은 시점에 눌렸는지 감지한다. AND 게이트는 10개의 녹색 LED로 점수를 표시하는 다른 링 카운터(어떤 것일지 추측해보자)를 동작시킨다.

10개의 빨간색 LED를 가진 세 번째 링 카운터가 게임을 종료시킨다. 이 카운터는 참가자가 이겼는지에 관계없이 버튼을 누를 때마다 매번 숫자를 증가시킨다. 카운터의 값은 0에서 9까지 증가하는데, 9에 해당하는 출력은 세 카운터의 클럭 활성화(clock enable) 핀과 연결되어 있어서, 이 활성 핀의 값이 낮은 수준에서 높은 수준으로 변할 때 모든 카운터가 정지한다.

이 상황에서 새로운 게임을 시작할 수 있는 유일한 방법은 블록도 아래쪽에 있는 리셋 버튼을 누르는 것이다. 이 버튼은 3개의 모든 카운터에 리셋 핀으로 높은 상태 신호를 보내서 값을 0으로 되돌린다. 클럭 활성 핀에 높은 상태 입력이 들어갈 때의 동작보다 리셋 핀의 동작이 우선한다.

볼 수 있듯이 이 게임을 만들려면 30개의 LED가 필요하다. 다행히 요즘 LED는 상당히 저렴하고(몇 십원 정도면 살 수 있음), 링 카운터는 한 번에 하나의 LED만 켜기 때문에 10개의 LED 한 줄에 1개의 직렬 저항을 공유해도 된다. 저항이 내장된 LED의 경우 추가로 돈을 사용할 필요가 없다.

이 게임의 회로도는 그림 26-8에 있다. 공간이 부족하므로 여기서는 LED를 생략했다. 각 카운터에 있는 노란색, 빨간색, 녹색 숫자는 이 핀들이 해당 색의 LED에 숫자의 순서대로 연결되는 것을 의미한다. 이 색들은 그림 26-7에서 사용했던 것과 같다.

회로도의 공간을 줄이기 위해서 칩의 대각방향으로 연결하기도 했다. 브레드보드에서는 자연스럽게 칩 위로 연결을 만들 것이며, 이렇게 연결하는 것이 어울린다는 것도 알게 될 것이다.

만일 앞에서 사용한 검사 회로를 기반으로 게임을 만들었다면 첫 번째 링 카운터의 13번, 15번 핀이 음극 접지에 연결된 것을 끊어야 한다. 처음에는 리셋을 사용하지 않고 계속해서 동작하도록 해당 핀들을 접지시켰었다. 전체 회로에서는 이 기능들이 각각 새로운 게임을 시작하고, 10번 게임이 진행된 후에 게임을 멈추기 위해서 사용된다.

그림 26-9과 그림 26-10은 두 브레드보드 회로의 사진이다.

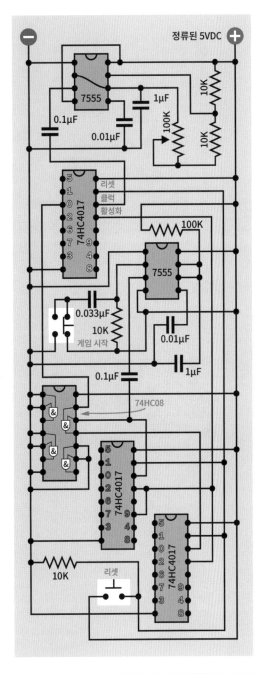

그림 26-8 링 카운터 게임을 위한 회로. 세 카운터 안쪽에 있는 숫자들은 순서대로 나열된 같은 색의 LED들과 연결되는 핀들을 나타낸다.

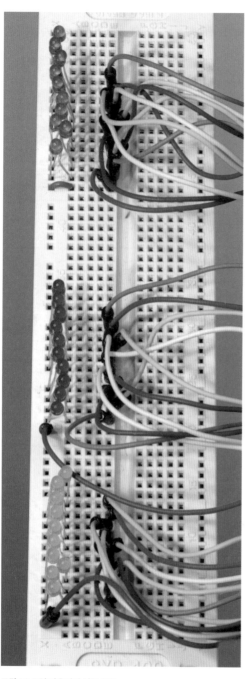

그림 26-9 링 카운터의 왼쪽 부분.

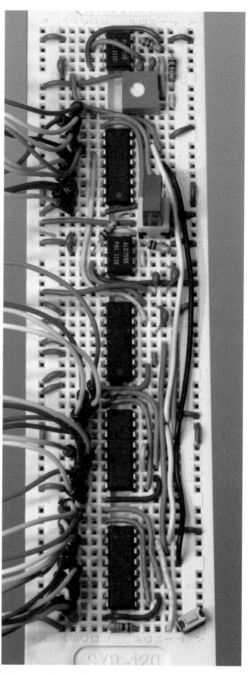

그림 26-10 게임의 오른쪽 부분. 연결선을 이용해서 다른 부분과 연결된다.

게임성

게임의 속도를 조절하기 위해서 미세조정 가변저항을 이용할 수 있다. 어느 정도 게임을 해 본 후에는 이 가변저항을 딥 스위치와 연결된 2~3개의 고정 저항으로 바꿔서 게임의 난이도 조정에 사용할 수 있다.

3개의 다른 푸시 버튼을 이용해서 게임을 점검했으며 한 번 동작하도록 설정된 타이머의 입력에 0.033μF 커패시터를 붙였을 때 잘 동작하는 것을 확인했다. 이 부분에서 7555는 약간 명확하지 않을 수 있다고 이야기했던 것을 기억해야 한다. 만일 타이머가 가끔 반응하지 않거나 출력 펄스가 없어지는 경우에는 더 높거나 낮은 값의 커패시터를 이용하거나 다른 푸시 버튼을 이용해 보자.

한 번 동작하는 타이머(one-shot timer)에서 나오는 펄스 폭도 매우 중요하다. 이 펄스의 발생 시간 동안 LED가 '켜짐' 상태이기 때문에, 만일 펄스 폭이 너무 긴 경우에는 가장 밑에 있는 LED가 켜지기 전에 버튼을 눌러서 참가자가 이기는 경우도 생길 수 있다. 100K 저항과 1μF 커패시터는 1/10초 동안 지속되는 펄스를 만든다. 게임을 조금 더 어렵게 만들기 위해 47K 혹은 22K 저항으로 바꿔서 펄스 폭을 각각 1/20 혹은 1/40초로 만들 수 있다.

조금 더 만들어 보자

만일 LED들이 켜지는 속도가 변해서 예측이 어려워지면 게임이 더욱 재미있어질 것 같다. 듣기에는 상당히 어려워 보이지만, 실제로는 그렇지 않다. 실험 22에서 2개의 타이머를 XOR 게이트로 연결해서 출력을 만들어서 신호의 위상을 앞뒤로 움직여서 예측 불가능한 음향 효과를 만든 적이 있다.

여기서 해야 할 것은 예전 실험에서 만든 신호를 1000배 정도 느리게 만들고 XOR 게이트의 출력을 처음에 썼던 비안정 타이머의 출력 대신 반사 신경 점검용 링 카운터의 클릭 입력과 연결하는 것이다.

이 모든 부분을 브레드보드 하나에 넣기에 충분한 공간이 없는 경우, 임의 주기에 가까운 신호를 만드는 회로는 별도의 브레드보드에 구성하고(별도의 전원과 접지가 필요함), 보드들은 신호선을 이용해서 연결한다. 원하는 만큼 불빛이 진행하고 정지하는 과정을 반복할 때까지 두 미세조정 가변저항을 조절한다. 실제로 임의의 주기를 가진 신호가 만들어질까? 아니다. 그렇지는 않지만 거의 임의의 주기를 가진 신호인 것처럼 보이도록 원하는 것이다. 빠르든 늦든, 같은 과정을 반복하게 되겠지만 타이머의 위상이 약간씩만 틀어지면서 동작하도록 만들면 반복 주기를 최대한 늦출 수 있다.

이 회로를 브레드보드에 구현한 것이 그림 26-11이다. 이 회로는 그림 22-1에 있는 회로를 기반으로 바꾼 것이며, 이번에는 십진 카운터 입력으로 XOR된 타이머의 출력이 연결되었다는 점만 다르다.

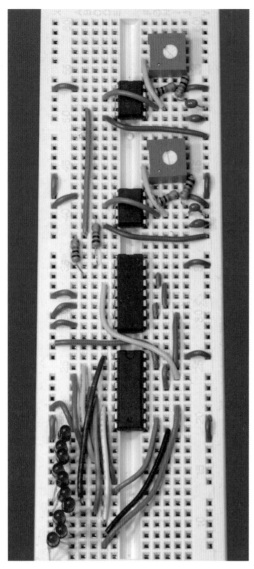

그림 26-11 실험 22에서 처음 언급되었던 두 타이머의 출력을 XOR 시켜서 약간씩 위상이 어긋나게 만드는 방식으로 카운터가 10개의 LED를 제어할 때 제어 속도에 임의의 편차가 발생하는 것처럼 보이게 할 수 있다.

마이크로컨트롤러는?

마이크로컨트롤러를 이용해서 이 게임을 만들 때 가장 어려운 부분은 LED를 제어하기 위해 30개의 출력이 필요하다는 것이다. 그래도 해보려면 어떻게 해야 할까? 사실 10개의 노란색 LED만으로도 게임을 만들 수 있으며, 점수와 시도 횟수는 LCD 화면을 이용할 수 있다. 10개의 LED를 쓰는 경우에도 출력이 부족한 경우에는 4개의 이진 입력을 가지는 10진 디코더를 이용해서 LED를 깜박거리도록 제어할 수 있다. 물론 이 경우에는 디코더로 이진수를 보내줘야 하다는 것을 의미한다.

마이크로컨트롤러에서 사용자 입력 버튼을 확인하는 것은 인터럽트를 이용하면 된다. 하지만 0 값을 지닌 LED가 켜지기 전에 버튼을 눌렀으면 마이크로컨트롤러가 버튼 입력을 무시할 수 있는 루틴이 필요할 것이다. 버튼을 미리 누르고 있는 것은 일종의 속임수일 수 있다.

대부분의 마이크로컨트롤러는 C나 BASIC 계통의 고수준 언어를 사용할 수 있으므로 의사난수를 만드는 부분이 내장되어 있다. 따라서 XOR로 연결된 타이머를 없앨 수 있다. 게임의 속도를 조절하기 위해서 사용하는 미세조정 가변저항의 출력은 아날로그-디지털 변환기의 입력과 연결하면 된다.

결과적으로 이 정도의 칩만 있으면 되기 때문에 사용하는 칩의 수를 상당히 줄일 수 있을 것이다. 약간 이상할 수 있지만, 그럼에도 마이크로컨트롤러를 써서 게임을 만드는 것이 쉽지 않다고 생각하는 이유는, 다양한 칩의 기능들을 코드 안에 넣어야 해서 프로그램을 작성하고 디버깅하는 것이 쉽지 않기 때문이다. LED를 임의에 가까운 주기로 점멸시켜야 하고 LED가 켜졌을 때는 사용자 입력 버튼과 리셋 버튼을 확인하며, 최대 시도 횟수에 도달한 경우 게임을 정지시켜야 할 뿐 아니라 LCD 화면을 갱신하고 게임의 속도를 결정하는 미세조정 가변저항의 입력을 받아서 해석한 후 내부 클럭에 연관된 변수를 바꿔줘야 한다. 이런 작업들 중 일부는 인터럽트로 처리될 수 있지만 이 경우 인터럽트가 일어났을 때 반응하고 처리할 코드를 작성해 줘야 한다.

가끔은 칩들을 그냥 연결하는 것이 더 쉽다. 그리고 어떤 경우든 필자는 색색의 LED 30개를 게임의 표시 장치로 쓰는 것을 더 좋아한다.

디코드된 출력을 만드는 카운터는 게임이나 빛을 반짝거리는 표시 장치를 만드는 데 사용할 수 있지만 항상 한 번에 LED를 하나씩 순서대로 켜고 싶지는 않을 것이다. 아마도 원하는 순서를 직접 만들고 싶을 것이다.

이런 작업을 할 수 있는 부품이 시프트 레지스터이다. 아주 흥미롭지만 왜 이 부분이 흥미롭게 느껴지는 걸까? 어디에 쓸모가 있는 걸까?

이 부분에 대한 실질적인 답변을 몇 가지 해줄 수도 있지만 일단 시프트 레지스터를 동작시킬 회로를 만들고 난 후에 실험을 통해 제어해 보려 한다. 이 부품은 앞의 실험(그림 26-8)에서 봤던 7555 타이머처럼 고정된 길이의 깔끔한 펄스를 만든다.

바운싱이 없다!

『짜릿짜릿 전자회로 DIY』에서 접점의 바운싱이라고도 이야기하는 스위치의 바운싱에 대해서 이야기했었다. 이 부분은 접점이 열리거나 닫칠 때 잠시 접점이 진동하면서 발생하는 것으로, 기계식 스위치 접점이 가지고 있는 귀찮은 속성이

다. 디지털 칩은 매우 민감하고 빠르게 반응하기 때문에 접점의 진동으로 인해서 스위치가 여러 번 눌린 것처럼 잘못 해석할 수 있다.

대부분의 실험에서는 칩에 펄스를 보내서 그 수를 세기 위한 목적으로 스위치나 푸시 버튼을 사용하지 않았으므로 스위치 바운싱은 크게 문제가 되지 않았다. 예를 들어, 그림 26-1에서는 비안정 형식으로 동작하는 타이머로 카운터를 제어했었다.

앞으로 진행할 실험의 목적인 시프트 레지스터 점검 회로를 동작시키기 위해서는 이 부분을 직접 해결해야 할 텐데, 일단은 바운싱이 없는 스위치를 사용하는 것이 가장 편리한 해결 방법이다.

특징

『짜릿짜릿 전자회로 DIY』에서 2개의 NOR 게이트 또는 2개의 NAND 게이트를 플립플롭 형태로 구성했을 때 입력에서 발생하는 바운싱을 줄일 수 있다는 점을 배웠다. 하지만 타이머에서 고정 주기를 가지는 펄스를 만들 수 있기 때문에 이런

작업에는 타이머를 사용하는 것이 더 좋다. 물론 이 자체로도 아주 쓸모 있다.

그림 27-1에 이 회로가 있다. 평상시에 '올라감' 위치를 유지해야만 0.033μF 커플링 커패시터에 양극 전하를 계속해서 공급할 수 있으므로 여기서는 반드시 쌍투(double-throw) 형식의 푸시 버튼이 필요하다. 그동안 타이머의 입력인 2번 핀은 10K 풀업 저항을 통해서 계속해서 높은 상태 전압을 유지하게 된다. 입력 핀이 높은 상태인 동안에는 아무런 일이 발생하지 않는다.

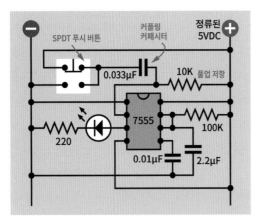

그림 27-1 고정된 길이의 깔끔한 펄스를 제공할 수 있는 기본적인 회로의 모양으로, 보통 푸시 버튼에서 발생하는 접점의 바운싱 현상을 억제할 수 있다.

푸시 버튼을 누르면 커플링 커패시터가 접지에 연결된다. 이런 변화가 타이머의 입력으로 전달되고, 한 번 동작하는 형태로 설정된 타이머를 활성화시키기에 충분한 시간 동안 낮은 상태 전압으로 입력을 끌어내린다. 100K 타이밍 저항과 2.2μF의 타이밍 커패시터는 대략 1/4초 정도 지속되는 펄스를 만들어낸다. 이 신호가 지속되는 동안에는 스위치 접점에서 발생하는 모든 진동이 무시된다.

> 타이머의 출력은 반드시 접점의 바운싱 기간보다 길어야 하지만 사실 접점의 진동은 대략 수 밀리 초를 넘어가지 않는다.

타이머에서 펄스 출력이 끝났을 때, 입력 핀이 아직 낮은 전압 상태라면 보통은 타이머가 다시 동작하게 된다. 여하튼 이 회로에서는 버튼을 계속 누르고 있는 경우에도 커플링 커패시터가 DC 연결을 끊어 주며, 풀업 저항은 높은 상태 전압을 입력으로 공급하기 때문에 입력에는 높은 상태 전압이 들어간다.

> 만일 타이머에서 나오는 출력이 끝날 때까지도 푸시 버튼을 누르고 있으면 타이머는 푸시 버튼을 무시하고 현재 주기를 마치면서 펄스를 끝낸다.

이제 타이머에서 출력 간의 간격이 끝나기 전에 푸시 버튼에서 손을 뗀다고 가정한다. 커패시터는 즉시 다시 충전되고, 풀업 저항은 입력을 높은 수준 전압으로 유지시킨다.

> 만일 타이머의 출력이 끝나기 전에 푸시 버튼에서 손을 떼더라도, 타이머는 주기를 완료해서 펄스 출력을 끝낸다.

오류가 발생할 수 있는 유일한 가능성은 실제적으로 펄스가 끝나는 순간에 버튼에서 손을 떼는

경우 밖에 없다. 이런 경우에는 스위치가 열리면
서 접점이 진동해서 다시 타이머를 동작시킬 가
능성이 있다.

> 타이머는 1/4초 이하의 짧은 펄스를 발생시
> 키거나 타이머의 펄스가 끝나는 순간에 스
> 위치 접점이 열려서 진동하는 경우가 겹치
> 는 경우를 피하기 위해서 1초 이상의 상대적
> 으로 긴 펄스를 만든다.

회로도에서는 타이머의 출력을 보여주기 위해서
LED를 붙여놓았다. 응용 분야에 따라 DC 전류
는 막으면서 타이머에서 출력되는 짧은 펄스를
회로의 다음 부분으로 전달하기 위해서 출력 부
분에 커플링 커패시터를 추가할 수 있다.

비트 시프팅 보여주기

이제 시프트 레지스터를 동작시킬 준비가 되었
다. 앞에서 이야기한 것처럼 디바운스 회로를 통
해서 수동 제어된다는 점을 제외하면 그림 27-2
에 있는 회로는 그림 26-1의 링카운터 점검 회로
와 비슷한 점이 많다. 구식 555 대신에 여전히
7555 타이머를 사용한다는 점도 확인해 보자.

그림 27-3은 이 회로를 브레드보드에 만든 것
이다.

앞에서 사용한 링 카운터 핀의 값은 (그 앞에
서 사용한 디코더 역시) 숫자 순서대로 배치되어
있지 않았지만, 74HC164 시프트 레지스터의 출
력은 3번 핀부터 칩을 반시계 방향으로 돌아가
면서 순서대로 배치되어 있으므로 훨씬 편하다.

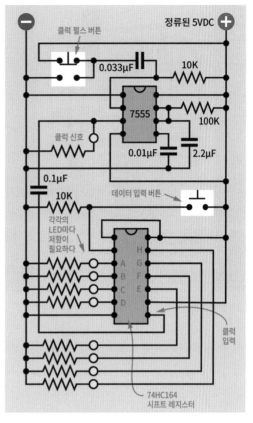

그림 27-2 검사용 회로는 클럭 신호에 반응해서 시프트 레지스터 내부
저장 공간의 내용이 어떻게 이동하는지 보여준다. 푸시 버튼은 데이터
를 시프트 레지스터 내부로 들어가도록 만든다.

이런 형태를 가지고 있으므로 수직으로 배열된
LED가 아래에서 위로 켜지는 것이 아니라 위에
서 아래로 순서대로 켤 때 도움이 된다.

앞에서와 마찬가지로 그림 27-2의 노란색 원
들은 LED를 나타낸다. 만일 LED 내부에 저항을
가지고 있지 않은 경우에는 각각의 LED마다 하나
씩 저항을 붙여야 한다. 디코더와 링카운터의 경
우 한 번에 1개의 LED만 켜졌지만 시프트 레지스
터의 경우에는 8개의 LED가 같이 켜지는 경우를
포함해서 어떤 조합으로든 불이 켜질 수 있다.

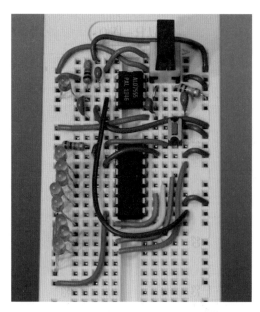

그림 27-3 시프트 레지스터 검사 회로를 브레드보드에 구현한 것.

이 회로에 전원을 공급해도 시프트 레지스터에 데이터를 넣기 전까지는 메모리가 비어 있기 때문에 8개의 출력 LED가 아무것도 켜지지 않아서 동작하지 않는 것처럼 보일 수 있다. 따라서 출력이 제대로 동작하는지 확인하기 위해 '클럭 신호' LED를 붙였다.

이제 데이터 입력(Data Input) 버튼을 누른다. 또한 이 버튼을 누르고 있는 동안에 클럭 펄스 (Clock Pulse) 버튼을 반복적으로 누른다. 데이터 입력 버튼은 시프트 레지스터의 입력 버퍼에 높은 상태 입력을 가하며, 이때 시프트 레지스터의 메모리 중 첫 번째 위치(회로도에서 'A'로 표시되어 있다.)로 입력 버퍼의 상태가 복사되고, 다른 위치의 메모리는 공간을 만들기 위해서 옆으로 밀려간다.

이제 데이터 입력 버튼을 놓으면 10K 풀다운 저항에 의해서 입력 버퍼로 낮은 상태 전압이 입력된다. 만일 클럭 펄스 버튼을 계속 누르고 있으면, 시프트 레지스터의 '클럭 입력'으로 낮은 상태 전압이 입력되면서 앞에서처럼 메모리의 내용들이 공간을 만들기 위해서 옆으로 이동한다. 이때 회로에서 'H'로 표시된 마지막 위치에서는 어떤 일이 벌어질까? 그 값은 버려진다.

그림 27-4는 시프트 레지스터가 한번 시프트 될 때의 동작을 보여준다. 8개의 메모리 위치 각각에는 하나의 이진 수, 즉 한 비트가 저장된다고 생각할 수 있다. 그림에서는 C와 H 위치에 처음부터 높은 상태 값이 들어 있다. 첫 번째로 푸시 버튼은 입력 버퍼로 높은 상태를 집어넣는다. 두 번째에서는 클럭의 상승 펄스로 인해 시프트 레지스터의 모든 비트가 움직이면서 입력 버퍼에 있는 높은 상태의 값이 A 위치로 복사되는 것을 보여준다.

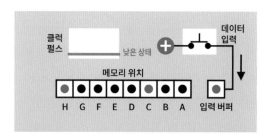

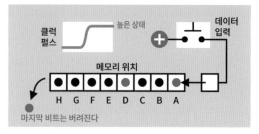

그림 27-4 시프트 레지스터에서의 데이터 이동과 흐름.

시프트 레지스터는 클럭 펄스가 낮은 상태에서 높은 상태로 바뀌는 순간의 입력 상태만을 검사하기 때문에 회로도에 있는 텍타일(tactile) 스위치는 따로 바운싱을 없애기 위한 처리를 할 필요가 없다. 시프트 레지스터는 클럭이 변하는 순간 이외에는 입력을 무시하기 때문에 클럭 펄스 사이에 잠깐 동안 버튼을 누른다 하더라도 시프트 레지스터는 그 사실을 알아채지 못할 것이다.

시프트 레지스터에 대한 몇 가지 사실

- 시프트 레지스터 안에는 메모리 위치들이 있으며, 각 메모리는 높은 상태의 값 혹은 낮은 상태의 값을 저장할 수 있다. 이 값들을 이진수라 생각해도 된다.
- 대부분의 시프트 레지스터는 8비트만 사용할 수 있지만 일부는 여러 개의 시프트 레지스터를 연결해서 사용할 수 있도록 만들어졌다.
- 시프트 레지스터의 클럭 핀으로 들어가는 신호는 마지막 위치의 메모리를 버리고, 이전 위치 비트 들을 하나씩 옆으로 이동시키면서 첫 번째 메모리 위치로 새로운 값을 읽게 만든다.
- 새로운 값은 새로운 클럭 주기가 시작할 때 입력 핀으로 가해진 높은 혹은 낮은 상태 전압에 의해서 결정된다. 대부분의 시프트 레지스터는 클럭 펄스의 상승 엣지에 반응한다.
- 시프트 레지스터는 클럭이 변하면서 동작하기 전까지는 입력 핀의 상태를 무시한다.
- 일부 시프트 레지스터는 병렬화된 데이터를 직렬 데이터로 바꾸거나 반대로 직렬로 입력

된 데이터를 병렬 데이터로 바꿔 줄 수 있다.
- TPIC6A595라는 부품 번호를 가지는 시프트 레지스터들은 100mA 이상의 전류를 보낼 수 있는 '고전력 논리(power logic)' 출력을 가진다. 이것들은 일부 응용 분야에서 아주 유용하게 쓸 수 있다.

핀 배치

그림 27-5는 74HC164의 핀 배치다. 8개의 핀들은 칩 내부에 있는 메모리 위치들과 연결되어 있으며, 여기서는 A에서 H까지의 이름을 붙여놨다. 일부 데이터시트에서는 이 핀들에 1A에서 1H 혹은 QA에서 QH와 비슷한 이름을 붙인다. 지우기(Clear) 입력은 낮은 상태에서 활성화되며 모든 메모리 위치의 값을 0으로 바꾼다. 따라서, 이 입력은 보통 높은 상태 전압으로 유지시킨다.

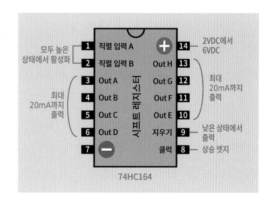

그림 27-5 74HC164 시프트 레지스터의 핀 배치.

이 칩은 두 개의 직렬 데이터 입력 1번과 2번 핀을 가지고 있다. 여기서는 다른 쪽에서 데이터를 받아들이는 동안 다른 하나의 입력은 높은 상태 전압을 유지하도록 한다. 1번과 2번 핀의 기능이

같기 때문에 서로 대체 가능하다.

74HC164는 14개의 핀을 가진 상대적으로 간단한 칩이다. 다른 시프트 레지스터들은 부가적인 기능을 가지고 있지만 여기서는 이런 칩들에 대해서 다루지는 않을 예정이다.

배경지식: 비트 스트림

예전에는 컴퓨터 사이에서 통신할 때 내부에 3개의 전선을 가진 직렬 통신을 사용했었다. 이 전선 중 하나는 음극 접지에 사용하고 다른 전선은 데이터 전송의 시작과 종료를 나타내기 위해서 사용하며, 세 번째 전선은 데이터를 전달한다.

데이터를 받는 장치에서 7개의 이진수를 누적시키는 경우 0000000에서 1111111까지의 이진수(즉, 0에서 127의 십진수)가 되며, 각각의 값은 영문 알파벳의 대문자와 소문자로 해석될 수 있다. 이외에 '문자에서 새로운 줄을 시작함'과 같은 몇 가지 제어 코드도 있다. (결과적으로 위의 코드 시스템은 8비트를 사용하도록 확장되었지만 추가된 코드 부분의 의미는 표준화되지 않았다.)

이 방식이 예전에 문자를 전송하는 데 사용된 방식이다. 여기에서 사용된 문자 코딩 시스템이 ASCII 즉, 정보 교환을 위한 미국 표준 코드(American Standard Code for Information Interchange)라 불리는 아주 기본적인 시스템이다.

직렬 전송 시스템은 단 하나의 전선만 사용해서 한 번에 한 비트씩 데이터를 전송하기 때문에 느리고 기초적이지만 아직까지도 사용되고 있다. USB 장치나 내부 하드 드라이브를 연결하기 위한 SATA도 이런 형식을 사용한다. 전송 속도는 엄청나게 증가했지만 기본적인 원리는 같다.

ASCII 코드는 역시 각 문자마다 32비트까지 사용할 수 있어서 일본어 같은 외국어를 표시하기 위해서 사용할 수 있는 유니 코드의 일부가 되기는 했지만 여전히 사용된다.

설명을 하면서 약간은 다루기 어려운 부분을 건너뛰었는데, 받는 장치에서 직렬 스트림을 어떻게 데이터로 '조립'할 것인가 하는 부분이다. 초창기의 컴퓨터는 한 번에 8비트(즉 한 바이트)를 처리할 수 있었다. 따라서 8비트를 직렬로 받기 위해서 들어오는 데이터를 8개의 메모리 위치로 시프트시키고, 병렬로 늘어선 8개의 전선으로 구성된 데이터를 한번에 보내서 처리하는 방법을 취했다.

여러분들도 추측할 수 있듯이 이런 동작을 하는 것이 시프트 레지스터다. 이 레지스터는 비트들을 시프트시키면서 데이터를 받을 수 있다. 따라서, 이 기능을 직렬-병렬 변환이라 한다.

최근 응용 분야

최근에는 조금 더 큰 칩 안에 시프트 레지스터의 기능이 내장되는 경우가 대부분이지만 구식 칩들도 아직 사용된다.

예를 들어, 마이크로컨트롤러를 이용해서 8개의 장치를 켜거나 끄는 동작을 하고 싶지만 출력 핀의 수가 8개보다 작은 경우가 있을 수 있다. 이 경우 하나의 전선으로 8개의 켜고 끄는 상태를 빠르게 시프트 레지스터로 보내고 다른 전선으로 클럭 신호를 줘서 각각의 비트가 들어갈 때마다 클럭을 보낸다. 시프트 레지스터의 8개 출력 핀에서 나오는 상태들로 8개의 장치를 제어할 수 있으며 이 레지스터를 아주 빠르게 갱신시킬 수 있기 때문에 즉시 결과가 나타나는 것처럼 보일 것이다.

게다가 여러 개의 시프트 레지스터를 연결해서 16개, 24개, 32개 이상의 장치를 제어할 수 있으며 이 경우에도 데이터를 보내기 위해 사용하는 전선은 하나만 있으면 된다. 이런 개념은 아주 강력하다.

하나만 더 생각해 보자. 시프트 레지스터에 이진수를 표현할 수 있는 7비트가 데이터가 있다고 가정해 보자. 만일 모든 숫자를 왼쪽으로 한 자리 이동시키고 가장 오른쪽의 값을 0으로 만들면 원래 있던 값을 2배로 만드는 것이다. 왜 그럴까? 이진수를 왼쪽으로 한 번 이동시킬 때 각각의 이진 자릿수는 이전 자리의 2배가 되는 것이기 때문이다.

음. 그렇다면 이런 개념을 이용해서 이진 덧셈기에서 곱셈을 하도록 만들 수 있지 않을까? 흥미로운 생각이지만 이로 인해 내용의 진행을 해치고 싶지는 않다. 이제 시프트 레지스터(실제로는 3개를 사용할 것이다)를 이용해서 여러분의 행운을 이야기해 줄 수 있는 장치를 만들려고 한다.

괘 표시기 28

이번 실험에서는 주역에서 나오는 6줄을 가진 한 쌍짜리 괘(hexagram) 형태를 전자회로로 보여주는 장치를 만들 것이다. 이 장치를 여기서는 괘 표시기(The Ching Thing)라 부르겠다.

만일 이 용어를 처음 들어보는 것이고 이런 이름을 붙이는 이유를 알 수 없더라도 계속 읽어 보자. 이 내용에 대해서 곧 설명할 것이다.

『MAKE』 잡지에서는 여기 나온 프로젝트의 간단한 버전이 있다. 몇 페이지 안 되는 내용으로 압축하기에는 내용이 너무 복잡했기 때문에 여기서는 더 많은 그림과 자세한 설명을 이용해서 새롭게 설명할 것이다.

또한 4000 시리즈 논리칩만으로 컴퓨터를 만든 경험이 있는 필자의 친구 프레드릭 얀슨(Fredrik Jansson)의 도움으로 회로를 간략하게 만들었다. 사실 프레드릭과 처음 연락을 한 것은 프레드릭이 잡지에 있는 이메일 주소로 메일을 보내서 회로도에 있는 OR 게이트 하나를 없앨 수 있다는 점을 알려주었을 때부터다. 받은 메일을 꼼꼼히 읽은 후에 이 부분을 진지하게 받아들이게 되었다.

괘

괘 표시기로 돌아가자.

주역은 중국의 고대 경서 중의 하나로 현재 상황과 미래에 대한 불가사의한 조언을 담고 있다. 여러분의 운을 이야기해 준다고 생각할 수 있다.

이것들은 2000년이 넘은 이상하고 진기한 조언들로, 그 기원은 3000년이 훌쩍 넘었다. 몇몇 사람들은 주역에 실제로 예지력이 있다고 믿고 있다. 이것이 맞는지는 잘 모르겠지만 다른 한편으로 이것이 틀렸다는 것도 증명할 수 없다.

주역을 영어로 번역한 많은 책들이 있으며 일부는 인터넷에서 무료로 구할 수 있다. 어떤 책이든지 여러분의 상태에 대해서 기초적인 설명을 주는 64가지 설명이 있으며 이 설명들은 괘라 불리는 그림 형태로 표시된다.

그림 28-1은 괘의 두 가지를 예로 보여주고 그 의미에 대해 간단한 설명을 붙여 두었다. 주역을 진지하게 보고 있는 사람들이라면 이 설명이 너무 간단해서 불만이 있을 수 있지만 내용은 맞다. 필자는 주역에 대한 전문가가 아니다. 단

지 이 부분을 어떻게 전자회로로 만들 수 있는지 보여주려고 하는 것이다.

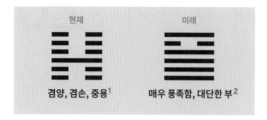

그림 28-1 2가지 괘의 예와 아주 간단한 대략적인 의미.

각 괘에는 6개의 줄이 있는데, 그 줄들은 이어져 있거나 끊어져 있을 수 있다. 다른 말로 각각의 줄은 2가지 상태를 가질 수 있으며 6개의 줄이 있으므로 가능한 상태는 다음과 같이 64개가 된다.

$$2 \times 2 \times 2 \times 2 \times 2 \times 2 = 64$$

괘에서 중요한 부분은 왼쪽 부분의 괘가 현재 상황을 나타내는 반면, 오른쪽 괘는 미래를 알려준다는 점이다. 한 쌍의 괘를 해석하면 현재 어떤 상황이고 어떻게 될 것인지 알 수 있다.

표시 장치

이 프로젝트를 계획하기 시작했을 때 괘를 전자회로에서 표시할 때는 여러 개의 LED가 안쪽에 들어 있는 작은 사각형 부품인 라이트 바(light bar; LED bar array)[3]를 사용하기로 결정했다. 라이트 바의 형태는 그림 28-2에 있으며 괘 표시기

에서 어떤 방식으로 사용할 것인지는 그림 28-3에 있다.

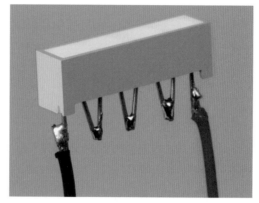

그림 28-2 LTL-2450Y 라이트 바(혹은 비슷한) 부품을 이용하면 깔끔하게 표시할 수 있다.

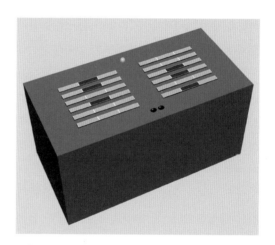

그림 28-3 괘 표시기를 3D로 표시한 것으로 2개의 괘를 표시한다.

괘 표시기를 이용할 때는 2개의 괘가 만들어질 때까지 버튼을 누르고 있다고 가정하겠다. 이후에 선택된 괘에 대한 해석은 주역의 64괘에 대한

---

1 (옮긴이) 지산겸(地山謙) 괘라 부름.
2 (옮긴이) 화천대유(火天大有) 괘라 부름.
3 (옮긴이) 국내에서는 LED bar array라는 표현도 많이 사용되므로, light bar로 찾을 수 없는 경우 LED bar array로 검색하자.

해설 부분에서 찾아서 여러분의 운명을 풀어보도록 하자.

어려운 부분은 전통적으로 괘를 만들어 내는 방법을 정확히 따라가도록 만들어내는 것이다. 이 부분에 대해서는 약간 연구가 필요하다.

서양 톱풀 줄기

예전에 한 쌍의 괘에 있는 각 줄이 끊기게 할 것인지 결정하기 위해서 '서양 톱풀 줄기를 뽑는 방식'을 썼다. 서양 톱풀(yarrow stalks)은 일종의 잡초로 서양 톱풀 줄기를 뽑아내는 것은 결국 이 잡초를 말려서 사용하는 것이다. 서양 톱풀 줄기를 뽑아내는 것은 마른 줄기들을 여러 번에 걸쳐 세면서 나눠 나가는 아주 복잡한 과정을 가지고 있지만, 그 밑에 있는 원리는 아주 명확하다. 여러분의 행운은 우연히 어떤 줄기가 떨어지는지에 달려 있다는 것이다.

서양 톱풀 줄기를 세는 과정은 상당히 복잡하기 때문에 1960년대 주역이 크게 유행해서 접하는 사람들이 크게 늘었을 때에는 대부분의 사람들이 정확한 절차를 따르지 않았다. 또한 당시에는 인터넷이 보급되기 전이라서 서양 톱풀 줄기를 살 수 있는 곳도 별로 없었고, 어떤 것인지 제대로 아는 것도 쉽지 않았다. 믿기 어렵겠지만 1960년대에는 이런 물품들을 아마존이나 이베이에서 구입할 수 있는 방법이 없었다.

결과적으로 사람들은 동전을 던져서 괘를 만들어내는 아주 간단한 방식을 고안했다. 불행하게도 이 방식은 톱풀 줄기를 이용해서 괘를 만드는 것과는 다른 확률이 적용된다는 단점이 있다.

이 부분을 전자회로로 만들려고 생각했을 때, 최대한 원래의 것에 가깝게 만들겠다고 생각했다. 즉 원래 방식을 따라서 줄기를 사용할 때의 확률을 사용하려고 하지만 어떻게 이 확률을 풀어낼 수 있을까? 문제 없다. 주역에 대해서 알아보기 시작하기에 좋은 시작점인 위키피디아를 살펴보면 된다.

기억하겠지만 두 개의 괘에서 왼쪽 부분은 현재 상태를 설명하며 오른쪽 부분은 여러분의 미래와 관련이 있다.

주역에서는 왼쪽에 있는 괘에서 끊어진 줄이 오른쪽 괘에서는 연결된 선이 되는 상황에 대해서 상당히 자세히 설명하고 있으며, 그 반대의 상황에 대해서도 상세히 설명되어 있다. 이런 현상을 '변화'라 이야기하기 때문에 주역은 보통 '변화의 책'이라 부른다. 사실 처음에는 1960년대 지미 핸드릭스(Jimi Hendrix)의 노래를 버디 마일스(Buddy Miles)가 녹음한 "내 인생은 수많은 변화를 겪게 될 것이다"라는 곡에서 따온 것이라 생각했지만 완전히 틀린 생각이었다.

따라서 이 작업을 제대로 하려면 끊긴 선이 이어진 선으로 바뀔 확률, 이어져 있는 선이 끊긴 선으로 바뀔 확률, 끊긴 선이 그대로 있을 확률, 이어져 있는 선이 그대로 있을 확률을 알고 있어야 한다. 즉, 괘가 어떻게 구성되는지에 대한 것으로, 한 번에 한 쌍의 줄씩 만드는 과정이 6번 연속되는 것이다. 간단하게 설명하기 위해서 한 쌍의 괘에 있는 한 쌍의 줄을 두 괘를 만드는 수평 '조각'이라 부르도록 한다.

숫자들

그림 28-4에서 각 조각에 있는 한 쌍의 줄이 이루는 연결된 줄과 끊긴 줄의 네 가지 조합을 확인할 수 있다. 각 조합은 서양 톱풀 줄기를 세는 방법의 복잡한 방식들을 따르고 있기 때문에 균등하지 않은 확률을 가지고 있다. 각 확률은 오른쪽에 있다.

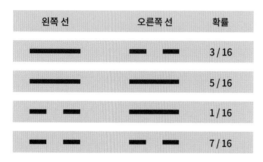

왼쪽 선	오른쪽 선	확률
▬▬▬	▬ ▬	3 / 16
▬▬▬	▬▬▬	5 / 16
▬ ▬	▬ ▬	1 / 16
▬ ▬	▬ ▬	7 / 16

그림 28-4 괘에 있는 조각들이 왼쪽 형태에서 오른쪽 형태로 바뀔 때 가질 수 있는 조합들의 확률.

이걸 어떻게 전자회로로 동작하게 만들 수 있을까? 디코더가 16개의 출력을 가지고 있기 때문에 16이란 숫자는 아주 일반적으로 사용하는 숫자이다. 타이머가 아주 빠르게 동작하며 이진 카운터를 제어하고 있고, 카운터의 출력이 디코더로 입력되는 경우를 가정해 보자. 이제 임의로 디코더 출력 중 하나가 선택되도록 어떤 시점에서 타이머를 정지시킨다고 가정한다. 디코더의 출력을 몇 개씩 묶으면 1/16, 8/16 등 원하는 확률을 만들 수 있다.

그림 28-5는 일반적인 방식을 보여준다. 디코더는 0에서 15까지 16개의 출력을 가지고 있다. 아래쪽에 있는 8개 출력 중 어떤 것이든 높은 상태 전압을 가지면 왼쪽 괘는 연결된 줄의 형태가

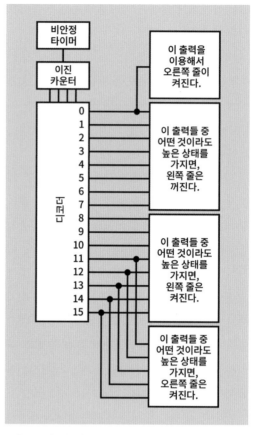

그림 28-5 디코더의 출력을 어떤 방식으로 묶어서 괘의 한 쌍에서 한 줄을 만들 확률을 임의로 선택할 수 있는지 보여준다.

된다. 즉 모든 라이트 바가 켜진다.

이전의 그림 28-4을 다시 보면, 왼쪽의 괘가 일직선이 될 확률은 8/16이고 오른쪽이 끊긴 선의 형태가 될 확률은 3/8, 오른쪽도 일직선이 될 확률은 5/8이다. 그림 28-5를 볼 때 이 부분을 잘 확인해 보자.

이제 디코더에서 나오는 8개 출력 중 하나라도 높은 상태를 가지는 경우 왼쪽 괘는 끊긴 줄의 형태를 가지므로, 양쪽 끝에 있는 라이트 바는 켜지지만 가운데 있는 라이트 바는 꺼진 상

태가 된다. 이 8개중 1개는 오른쪽을 연결된 선의 형태로 만든다. 이 부분을 확인해 보면 그림 28-4에 있는 확률과 맞는다.

라이트 바는 평상 상태에서 꺼짐 상태를 가지고 있으므로, 켜는 것에 대해서만 확인하면 된다. 디코더 출력 번호에 따라 라이트 바가 켜지는 순서는 다음과 같다.

- 규칙 1: 만일 출력 8, 9, 10, 11, 12, 13, 14, 15번 중 하나라도 높은 상태 출력을 가지면 조각 왼쪽 줄 부분의 스위치가 켜진다.
- 규칙 2: 만일 1, 11, 12, 13, 14, 15번 중 하나라도 높은 상태 출력을 가지면 조각 오른쪽 부분의 스위치가 켜진다.

아주 거대한 OR 게이트가 있어야 할 것처럼 들린다. 하지만, 잠깐. (프레드릭 얀슨이 알려준 것처럼) 규칙 1번을 보면 8에서 15번 범위(이진수로 1000에서 1111)에 있는 모든 숫자는 왼쪽 줄을 일직선으로 만드는 반면, 나머지(이진수로 0000에서 0111)인 경우 꺼진다. 1000에서 1111까지의 이진수 중에서 어떤 것이 같은가? 바로 가장 왼쪽 자리에 있는 1이 같다. 따라서 이 규칙은 다음과 같이 바꿔서 쓸 수 있다.

- (바뀐) 규칙 1: 만일 이진 카운터의 8에 해당하는 값이 높은 상태를 가지는 경우 조각의 왼쪽 줄은 켜진다.

따라서 규칙 1번에서는 더 이상 OR 게이트가 필요하지 않다.

규칙 2번을 위해서는 6개의 입력을 가진 OR 게이트가 필요하다. 이런 게이트가 있을까? 없다. 하지만 OR 출력을 가지는 8입력 게이트가 있으며(여기서는 다루고 있지 않지만 NOR 역시 있다.) 입력 중 2개를 음극 접지와 연결해서 남은 6개의 입력을 사용할 수 있다.

이로써 한 쌍의 괘에서 조각 하나를 만들었다. 괘에는 6 조각이 있으므로 이 과정을 6번 반복해야 한다.

임의 선택

임의의 숫자를 선택할 때 필자가 생각하는 방법은 아주 빠르게 동작하는 카운터를 어떤 시점에서 정지시키거나 그 값을 가져오는 것이다. 좋다. 그런데, 어떻게?

사용자가 여섯 번에 걸쳐서 버튼을 누르는 것은 원하지 않기 때문에 이 과정이 자동적으로 이루어지도록 만들어야 한다. 이렇게 하는 것은 어떨까? 느리게 동작하는 비동기 형식의 타이머를 하나 두고(대충 1초에 1개의 펄스를 만드는) 그 속도를 예측할 수 없이 다양하게 변하게 만든 후, 이때 생성되는 펄스를 이용해서 빠르게 동작하는 카운터의 값을 임의로 여섯 번 가져오는 것이다.

어떻게 하면 예측할 수 없게 만들 수 있을까? 한 가지 아이디어가 있다. 손가락을 촉촉하게 만들면 피부의 두 지점간 저항은 500K에서 2M 정도 범위에 가까운 값을 가진다. 이 저항을 이용해서 느린 속도로 동작하는 타이머에서 펄스 생성 속도를 제어할 수 있다.

이제 두 괘의 맨 아래 조각을 자동적으로 만들어서 이 조각을 하나 위로 밀어 올리고, 새로운 조각을 만들어 올리는 작업을 6개 조각이 만들어질 때까지 반복하는 자동화된 시스템을 만들기만 하면 된다. '올리는 과정(shift up)'이라는 말 자체에서 시프트 레지스터가 필요할 것이라는 것을 알 수 있다.

사실 괘의 왼쪽 부분을 저장하고 표시하기 위한 것과 오른쪽 부분을 저장하고 표시하기 위한 것 두 개의 시프트 레지스터가 필요하다. 이것을 레지스터 1, 레지스터 2라 부르도록 한다. 그림 28-6을 보면 3번째 시프트 레지스터도 있지만, 이 부분은 조금 뒤에 다룰 것이다.

카운터가 계속해서 동작하면서 출력이 시프트 레지스터의 입력 데이터 부분과 연결되어 있는 디코더 역시 계속 동작한다. (다행히 칩은 계속 동작하더라도 닳지 않는다.) 하지만 실험 27에서의 기억을 되살려보면 클럭을 입력하지 않으면 시프트 레지스터가 동작하지 않는다. 클럭 신호가 시프트 레지스터 안에 저장된 내용을 시프트 시켜서 클럭 입력에 따라 새로운 데이터를 받고, 결과를 출력한다.

천천히 동작하는 타이머에서 클럭 펄스를 제공한다. 시프트 레지스터는 각 펄스의 상승 엣지에 대해서만 반응하기 때문에 이 펄스의 길이가 얼마인지는 별로 중요하지 않다.

룩앤필

이제 사용법을 생각해 보자. 괘 표시기를 켜고 손가락 끝을 촉촉하게 만든 후 단자 양쪽을 손가

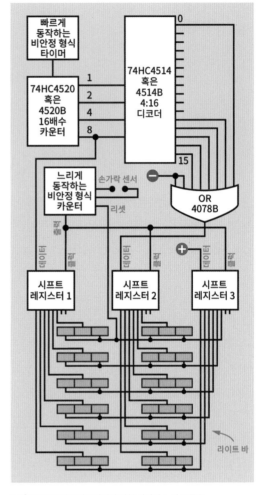

그림 28-6 두 괘를 만들어내기 위한 디지털 논리 부품들.

락으로 누른다. 피부가 얼마나 촉촉한지와 얼마나 강하게 눌렀는지에 따라서 천천히 동작하는 타이머의 속도가 바뀐다. 이 펄스를 이용해서 빠르게 동작하는 타이머의 값을 임의로 가져올 수 있으며, 이 값에 따라서 라이트 바가 천천히 올라가면서 두 괘가 표시된다.

느리게 동작하는 타이머의 경우 손가락으로 단자를 누르기 전에는 동작하지 않기 때문에 위

의 형태로 꾸미는 것을 좋아한다. 두 단자 간의 저항은 거의 무한대이기 때문에 느리게 동작하는 타이머에 있는 타이밍 커패시터가 충전되지 않는다. 따라서 따로 '시작' 버튼을 만들 필요가 없다. 즉 괘 표시기에 전원을 인가한 다음에는 손가락이 눌리기만 기다리면 된다.

이상적으로는 자동적으로 멈추는 것이 가장 좋을 것이다. 아마 괘에서 맨 위에 있는 조각이 만들어진 다음에는 펄스를 만드는 것을 멈추기 위해서 느리게 동작하는 타이머로 리셋 신호를 줄 수 있도록 약간의 전압을 흘려보낼 수 있을 것이다. 맨 위에 있는 조각에서의 높은 상태 전압을 리셋 핀으로 보낼 때는 낮은 상태 전압으로 바꿔야 하며 트랜지스터를 이용하면 된다.

이 과정이 완전하게 명확하지 않은 경우를 위해서 연속적인 명령어의 흐름을 그림 28-7에 요약해 두었다.

이제 한 가지 질문이 남았다. 그림 28-6에서 세 번째 시프트 레지스터를 사용한 이유는 뭘까? 그림을 보면 이 레지스터의 출력이 각각의 괘에서 양쪽 끝부분에 있는 라이트 바를 동작시킨다는 점을 확인할 수 있다. 이 라이트 바들은 가운데 라이트 바의 상태에 상관없이 항상 켜지게 만든다. 물론 이 라이트 바를 그냥 양극에 연결할 수도 있지만 괘의 각 조각들이 순서대로 위로 한 줄씩 켜지는 것처럼 보이는 쪽이 더욱 근사해 보일 것이다. 즉 이 시프트 레지스터들의 데이터 입력은 항상 전원 양극과 연결되며, 클럭 펄스마다 다른 시프트 레지스터의 동작에 맞춰 괘에 양극 전압을 공급하는 것이다.

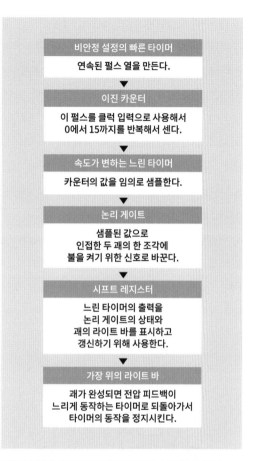

그림 28-7 괘 표시기의 기본적인 동작 원리를 흐름도로 표시했다.

세부사항

이 회로에서 세부적인 부분 몇 가지를 생략했다. 우선 3개의 시프트 레지스터에 있는 '지우기 (clear)' 핀으로 펄스를 공급할 수 있는 리셋 버튼을 추가할 수 있다. 74HC164 시프트 레지스터는 리셋 핀으로 낮은 상태 전압 입력을 요구하기 때문에 '지우기' 핀은 풀업 저항을 이용해서 높은 상태 전압을 유지해야 하며, 푸시 버튼을 이용해서 이 일시적으로 입력에 음극 접지 전압이 가해질 수 있도록 만들어야 한다.

두 번째로, 8입력 OR게이트인 74HC4078의 경우 일부 부품 공급상에서는 더 이상 판매하지 않는다고 나온다. 아직은 인터넷을 통해 하나에 500원 정도에 구할 수도 있지만, 나중에는 구할 수 없을 수도 있다. 다행히 CMOS 버전인 4078B는 아직 비교적 쉽게 구할 수 있으며, 여기서는 출력에서 충분한 전력을 공급할 필요가 없으므로 이 칩으로 바꿔 써도 된다. 즉 이 회로에서는 74HC4078나 4078B 둘 중 아무거나 사용해도 된다.

두 칩 모두 내부에는 NOR 게이트 하나와 인버터를 가지고 있으며, 인버터가 붙은 NOR의 동작은 OR과 같다. OR 출력과 NOR 출력은 그림 28-8에서처럼 각각 다른 핀으로 출력된다.

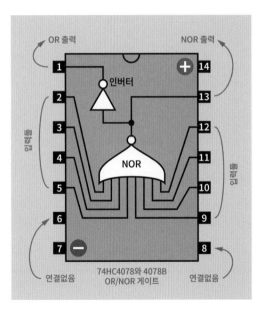

그림 28-8 74HC4078와 4078B의 핀 배치. 괘 표시기 회로에서는 두 개 중 어떤 걸 사용해도 된다. 이 회로는 OR 출력과 NOR 출력 중의 하나를 선택할 수 있게 되어 있다.

이진 카운터로는 실험 21에서 사용했던 4520B를 사용할 수 있으며 이 칩의 핀 배치는 그림 21-6에 있다.

라이트 바 혹은 LED

라이트 바의 경우 시프트 레지스터 출력을 이용해서 직접 구동시키기에는 너무 많은 전류를 사용한다. 그림 28-6에서 가장 오른쪽에 있는 레지스터의 경우 각 줄마다 4개씩의 라이트 바를 동작시켜야 하기 때문에 모든 괘가 켜지는 경우에는 총 24개의 라이트 바에 전력을 공급해야 한다. 각각의 라이트 바는 20mA의 전류를 소모하기 때문에, 모두 합치면 500mA에 가까운 전류를 사용하게 된다.

이 문제는 모든 출력에서 높은 상태 전압을 가질 때도 각 출력마다 100mA의 전류를 공급할 수 있는 TPIC6C596 '고전력 논리(power logic)' 시프트 레지스터를 이용해서 해결할 수도 있다. 하지만 이 칩의 동작 형태가 74HC164 시프트 레지스터와는 약간 다르기 때문에 여기서는 회로를 변형하지 않기 위해 이 칩을 고려하지 않겠다. 만일 이 칩을 사용하려고 한다면 반드시 데이터시트를 확인해야 한다.

필자는 라이트 바를 동작시키기 위해서 ULN2003와 같은 달링턴 어레이(Darlington array)를 사용하는 방식을 좀 더 좋아한다. 이 칩은 7개의 출력마다 각각 500mA의 전류를 처리할 수 있는 트랜지스터들로 이루어져 있다. 내부에 있는 달링턴 트랜지스터 쌍은 오픈 컬렉터 출력을 가지기 때문에 전류를 받아들일 수는 있지만 제공할 수는 없다는 점도 잊으면 안 된다.

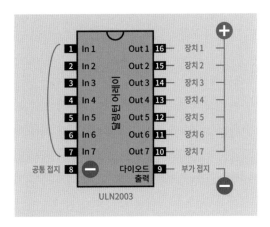

그림 28-9 7개의 트랜지스터 쌍을 내장하고 있는 ULN2003 달링턴 어레이의 핀 배치. 각 트랜지스터는 전류를 500mA까지 받을 수 있다.

ULN2003의 8번 핀에 있는 음극 접지 연결은 전류를 흘려 보내기 위해서 반드시 필요하다. 9번 핀에 있는 부가 접지의 경우 유도성 부하로 인해서 '역기전력(back EMF)'이 발생하는 경우에만 필요하다. ULN2003에 포함되어 있는 다이오드는 부가 접지를 사용하는 경우 역기전력에 의한 일시적인 전류 변화를 방지하기 위해 들어 있는 것이다. 라이트 바를 구동시키는 회로의 경우는 부가 접지를 연결할 필요가 없다.

직렬 저항을 납땜하는 귀찮은 작업을 줄이면서 라이트 바에서 소모하는 전류도 줄이는 방법도 있다. 대부분의 라이트 바의 안에는 LED들이 내장되어 있으므로 각 LED는 외부 단자를 통해서 접근할 수 있다. Lite-On사의 LTL-2450Y 라이트 바를 사용하는 경우에 그림 28-2에 있는 것

처럼 단자를 두 개씩 납땜해서 LED가 직렬로 연결되도록 만든 다음, 9V 전압을 흘려 보내면 원래 소모하는 20mA보다 조금 줄어든 16mA 정도의 전류를 소모한다. 이 경우에는 9VDC 전원이 필요하다. 9VDC 전원을 이용해서 회로를 동작시키는 경우 달링턴 어레이까지는 괜찮지만 논리칩에 대해서는 LM7805 전압 안정기를 통해서 5VDC 전압을 만들어서 전달해야 한다는 점을 잊어서는 안 된다.

LED와 달링턴 어레이를 연결하는 3가지 방법이 표시된 예제 회로도가 그림 28-10에 있다.

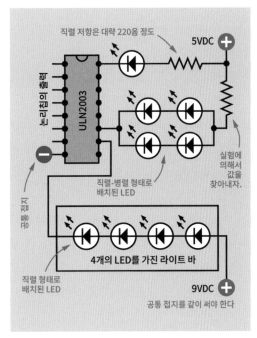

그림 28-10 달링턴 어레이와 LED를 연결하는 3가지 방법.

선택할 수 있는 것이 많지만 아래 두 가지 상황에 맞춰서 조합해 볼 수 있다.

1. 회로를 완성시키는 경우
- 이 실험의 앞부분에서 사용했던 74HC164 시프트 레지스터 이용한다.
- 시프트 레지스터의 출력을 증폭시키기 위한 ULN2003 달링턴 어레이 추가한다.
- Lite-On LTL-2450Y 라이트 혹은 유사한 라이트 바에 있는 4개의 LED를 직렬로 연결해서 사용한다.
- 라이트 바에는 정류되지 않은 9VDC 전원을 공급하고 나머지 회로에는 9V 전원을 LM7805 5V 정류기로 통과시켜 만든 정류된 5VDC를 공급한다.

2. 데모를 위한 회로
- 라이트 바 대신 저전류 LED를 이용한다. 각각의 LED는 8mA 이하의 전류를 소모해야 한다.
- 괘의 각 조각에서 바깥쪽으로 4개의 LED를 연결하는데, 이때 그림 28-10의 가운데 있는 것처럼 직렬-병렬 형태를 가지도록 만든다.
- 시프트 레지스터 각각의 출력에 걸리는 부하가 8mA를 넘지 않는지 확인한 후에 74HC164 시프트 레지스터에서 모든 LED를 직접 구동하도록 만든다. (시프트 레지스터에서 소모하는 전류의 총량은 50mA를 넘지 않아야 한다). 달링턴 어레이는 필요하지 않다.
- 모든 회로로 정류된 5VDC 전원을 공급한다.

두 경우 모두 전지로 동작시키에는 너무 많은 전류를 소모한다.

괘 표시기의 보드 꾸미기

하나의 브레드보드에 넣기에는 전체 회로가 너무 크기 때문에 두 부분으로 나눌 것이다. 그림 28-11이 첫 번째 부분의 회로도이다. 이 부분은 데모를 위한 회로나 최종 회로나 형태가 같으며, 어떤 경우에도 맞도록 칩에 약간의 여유를 두었다.

두 번째 부분의 회로도는 그림 28-12에 있다. 이 회로는 데모용으로 만든 것이므로 3개의 시프트 레지스터에서 LED를 직접 구동한다. 완성용 회로로 바꿀 때는 시프트 레지스터 출력에 달링턴 어레이를 추가하고 LED 대신 라이트 바를 추가하면 된다. 라이트 바에 전원을 공급하기 위한 별도의 9VDC 전원선도 있어야 한다.

공간 문제로 그림 28-12의 회로에서 많은 전선의 연결 부분들이 아주 가깝게 배치할 수밖에 없게 된 점은 약간 유감스럽다. 각각의 연결 부분을 따라 자를 갖다 대보면 LED로 어떻게 전력이 공급되는지 좀 더 명확하게 확인할 수 있다. LED의 각 줄마다 같은 형태로 반복되어 배치되어 있다.

공간이 부족해서 LED를 표시하기 위해 노란색 원을 사용했으며, 필요한 직렬 저항은 생략했다.

> 모든 LED의 양극 단자(에노드)는 위쪽에 있으며, 음극 단자(캐소드)는 아래쪽에 둔다.

괘의 양쪽에 항상 켜있는 LED들은 직렬-병렬 형태로 연결했으며, 만일 자체적인 저항을 가지고 있지 않다면 각각의 LED에 사용했던 것과는 다른 값의 직렬 저항을 붙여야 한다. 두 경우 모두

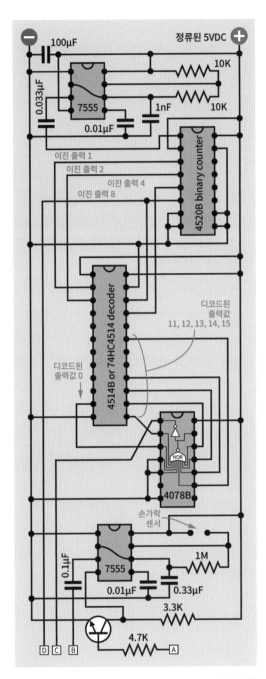

그림 28-11 괘 표시기 회로의 첫 부분은 완성용이거나 데모용이거나
관계없이 같다.

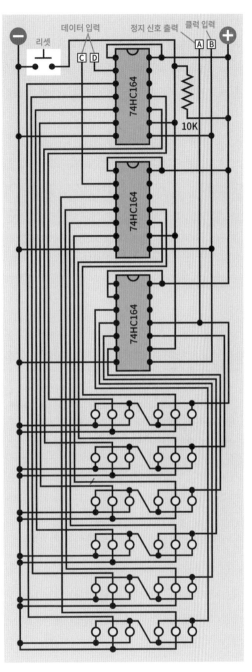

그림 28-12 괘 표시기 회로도의 두 번째 부분. (라이트 바 대신 LED를
사용한 데모용 버전)

부품을 통과하는 전류를 확인하면서 다양한 값의 직렬 저항을 사용해 봐야 한다. 단독으로 전력을 공급받는 각 LED와 직렬-병렬 형태로 연결된 4개의 LED들 모두 8mA 이상의 전류가 흘러서는 안 된다.

그림 28-13은 브레드보드에서 직렬 저항이 필요한 LED를 최소한의 공간으로 배치할 수 있는 방법이다. 여기에 있는 6개의 LED는 한 쌍의 괘에서 한 조각을 표시한다. 어떤 시프트 레지스터가 이 LED들을 구동시키는지 번호로 표시해 두었다. 두꺼운 회색 선은 브레드보드 안에 있는 도체를 나타낸다.

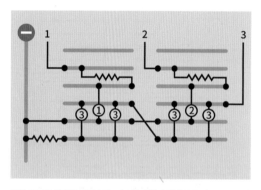

그림 28-13 시프트 레지스터 1과 2에 의해서 각각 구동되는 두 LED와 시프트 레지스터 3에 의해서 구동되며 직렬-병렬 형태로 연결된 4개의 LED를 배선하는 방법. 내부 저항이 없는 LED를 이용하는 경우에는 직렬 저항값을 조정해서 8mA이상의 전류가 흐르지 않도록 해야 한다.

이런 형태의 배치를 사용하면 LED 한 줄마다 브레드보드 5줄만 있으면 되기 때문에 LED 6줄을 배치하면 브레드보드에서 30줄을 차지하게 된다. 이 정도면 보드의 위쪽에 시프트 레지스터를 배치하기에 충분한 공간이다.

그림 28-14와 그림 28-15는 완전한 데모용 회로의 사진이다.

조립하고 점검하기

이 프로젝트의 경우 규모가 비교적 크기 때문에 만든 후에 각 부분의 동작을 확인해 볼 필요가 있다. 개념을 확인하기 위한 회로를 만들었을 때에도 아래와 같은 순서를 따라서, LED에서 시작해서 하나씩 뒤로 진행했다.

1. 두 번째 브레드보드에서 LED에 연결될 모든 연결선과 저항을 끼운 다음, LED를 끼우고 각 LED에 전원을 인가해서 잘못 연결된 것이 없는지 확인한다.

2. 3개의 시프트 레지스터를 설치하고 LED와 연결한다. 시프트 레지스터의 입력 C와 D(회로도 참고)로 입력을 넣어주고 입력 B에 클럭을 주어서 수동으로 동작하도록 만든다. 입력 B로 깨끗한 클럭 신호를 입력시키는 것이 쉽지 않은데, 이 경우 이 부분을 10K 저항을 통과시켜 접지와 연결한 다음 양극 부분의 전선으로 아주 짧게 건드리는 방법을 사용하자.

3. 두 번째 브레드보드를 옆에 둔다. 첫 번째 브레드보드의 윗부분에 빠른 7555 타이머를 설치한다. 타이머를 느리게 동작시켜 동작을 확인해 보기 위해 1nF 커패시터 대신 33μF 커패시터를 사용한다. 이 커패시터는 10단계를 수행할 때까지 그대로 둘 것이다. 타이머의 출력 핀에는 LED를 추가한다.

4. 이진 카운터를 추가하고 동작 확인을 위해 출력 핀에 LED를 붙인다. 이때 높은 저항값의 직렬 저항을 LED에 연결해서 흐르는 전류

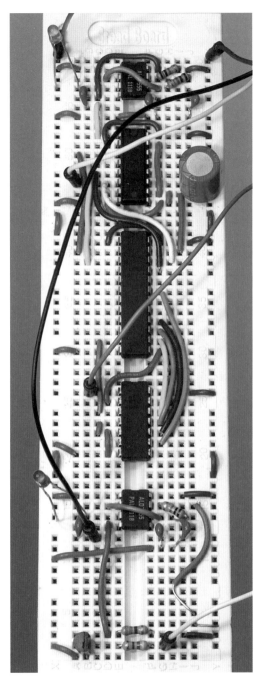

그림 28-14 괘 표시기 회로의 논리칩 부분.

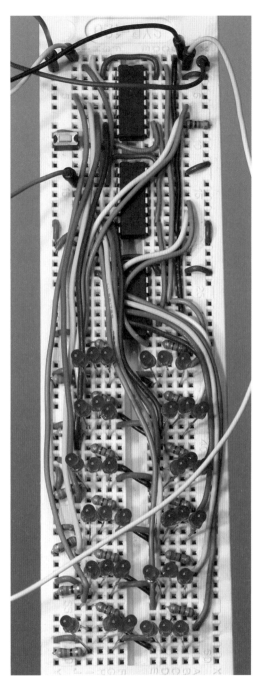

그림 28-15 괘 표시기 회로의 두 번째 부분.

가 2mA를 넘지 않도록 만든다.

5. 디코더에 높은 저항값의 직렬 저항에 연결된 LED를 붙여서 출력을 확인한다.

6. OR/NOR 게이트를 추가하고, 출력을 확인하기 위해 높은 저항값을 가진 직렬 저항을 사용한다. OR 게이트의 출력은 디코더의 출력이 이진수로 1011, 1100, 1101, 1110, 1111, 0000일 때 높은 상태 전압을 가진다.

7. LED를 이용해서 천천히 동작하는 7555 타이머의 동작을 확인한다. LED는 전원을 공급하자마자 켜질 것이다. 이건 정상적인 동작이다. 손가락 끝을 촉촉하게 만든 다음 센서의 접점 부위(피복을 벗긴 두 개의 전선)를 누른다. 접점은 0.1″이상 떨어지면 안 된다. 1~2초 후에 LED는 잠깐 꺼졌다가 다시 켜질 것이다.

8. 트랜지스터를 붙이고 두 브레드보드를 연결한다.

9. 카운터, 디코더, OR/NOR 논리칩에 붙어있는 모든 LED를 제거한다. 아주 중요하다! 이 칩들이 빠른 속도로 LED를 구동시키면 신호가 정상적으로 전달되지 않는다.

10. 빠른 7555 타이머에서 33μF 커패시터 대신 0.001μF 커패시터를 붙인다.

11. 점검을 할 준비가 되면, 두 보드로 한꺼번에 전원을 공급할 수 있도록 두 브레드보드에 있는 양극 부분과 음극 부분들을 서로 연결하는 것을 잊지 말자. 동작하는 것을 빨리 보고 싶은 마음에 전원을 뒤집어 연결하지 않도록 주의하자!

주역을 이용하기

그림 28-11의 왼쪽 윗부분에 있는 100μF 커패시터를 전원부에 이용하는 경우 일시적으로 발생하는 전압의 변화를 줄일 수 있다. 만일 커패시터가 제대로 동작하면 모든 LED는 꺼진 상태로 있을 것이다. 만일 일부가 켜져 있는 경우 두 번째 브레드보드에 있는 리셋 버튼을 사용하자. 이제 센서 접점을 손가락으로 누르자. 좀 더 빠른 반응을 얻고 싶다면 누르기 전에 손가락 끝을 촉촉하게 만들면 된다. 커패시터가 변하는데 1~2초 정도 걸리기 때문에 약간 기다려야 한다. 타이머의 출력이 낮은 상태 전압으로 바뀐 다음, 다시 높은 상태 전압으로 바뀌는 시점에서 표시 장치의 첫 번째 조각 부분이 켜진다. 이 과정은 6번 반복된 후 정지한다. 만일 표시장치가 계속 스크롤되어 올라간다면, 느린 타이머의 리셋 핀에 걸리는 전압을 계측기로 측정해 보자. 이 전압은 화면 표시가 만들어지는 동안 4.5VDC보다 높아야 하며, 표시가 끝나면 0.5VDC 이하로 떨어져야 한다.

전원을 끊었다 바로 다시 연결하는 경우 100μF 커패시터에 표시장치를 동작하기에 충분한 전압이 남아있을 것이다. 따라서 커패시터가 방전될 때까지 전원을 공급하지 않고 1~2분 정도 놔둘 필요가 있다.

두 보드를 연결하기 위해서 긴 연결선은 피할 수 없다. 양쪽 끝에 플러그가 있는 형태의 연결선은 좋은 연결을 만들지 못할 수 있다. 만일 회로가 이상하게 동작한다면 연결선을 먼저 확인해야 한다.

상자에 넣기

그림 28-3은 완성된 괘 표시기에서 두 괘를 표시하는 동안에 어떻게 보일지 그려둔 것이며, 그림 28-16은 상자의 윗부분에서 잘라내야 하는 부분을 나타낸 것이다.

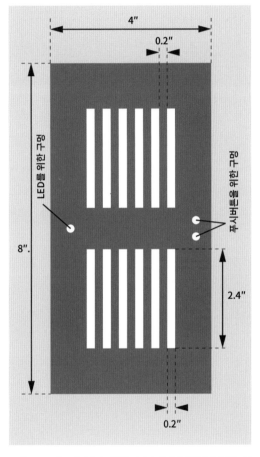

그림 28-16 괘 표시기에서 사용할 상자의 윗면에서 잘라내야 하는 부분들.

이 프로젝트는 칩 사이의 연결이 비교적 간단하기 때문에 보이는 것과는 다르게 아주 복잡하지는 않았다. 대부분의 연결은 괘를 표시하는 부분이었다. 물론 달링턴 어레이를 썼다면 연결이 조금 더 복잡했을 것이다. 라이트 바를 사용하는 경우 프로젝트 전체를 꾸미는 데 약 4만원 정도의 돈이 필요하기 때문에 비용의 문제도 있다.

필자가 아는 한 괘 표시기는 세계에서 가장 오래된 예언 방법을 전자회로로 구현한 거의 유일한 장치다. 서양 톱풀 줄기를 뽑아서 점을 치는 것과 비슷한 결과를 얻을 수 있을까? 서양 톱풀 줄기를 이용하는 방법에서는 갈대를 읽고 괘를 손으로 그려나가는 과정을 거쳐야만 한다. 하지만 운명이 톱풀 줄기의 위치를 움직이고 있다고 믿는다면 실리콘 칩 안에 있는 전자의 동작도 운명이 이끄는 대로 나타난다고 생각할 수도 있다고 본다.

따라서, 다음과 같은 결론을 얻었다. 전기적으로도 여러분에게 행운이 따르길!

이 실험부터 5개의 실험에 걸쳐 센서에 대해서 다룰 것이다. 이 부분은 아직도 활발히 개발되고 있어서 아주 흥미로운 분야다. 지금까지 사용한 논리칩의 설계와 기능들은 상당히 오래 전에 구축된 것인데 반해, 우리가 사용할 만한 센서의 진화는 모든 분야에 걸쳐 진행되고 있다.

여기서 중요한 말은 "사용할 만한"이란 부분이다. 한가지 예를 들자면 2000년에도 가속도 센서를 구입할 수는 있었을 테지만, 개인에게 판매하는 곳을 찾기도 어렵고 찾았더라도 상당히 비쌌을 것이다. 게다가 이 센서를 구입했더라도 정확히 어떻게 써야 하는지 알아내는 데 몇 가지 문제를 겪었을 것이다.

현재는 3축 가속 센서를 인터넷으로 홍콩 등지에서 4000원 정도로 구입할 수 있으며, 이 센서를 아두이노 마이크로컨트롤러에 끼워 사용할 수도 있다.

휴대용 장치의 진화와 더불어, 작고 신뢰성 있으며, 저렴하면서 사용하기 쉬운 센서들이 대량으로 생산되고 있다. 최근의 스마트폰에는 마이크, 터치 센서, 무선 안테나, GPS, 화면 밝기를 조절하기 위한 주변 밝기 센서, 어떤 방향으로 들고 있는지 확인하기 위한 가속도 센서, 온도 센서, 고도 센서, 습도 센서, 근접 센서(핸드폰을 들어서 귀 근처로 가져가는 경우 터치 입력을 무시하고 전력을 아끼기 위해 화면을 끄는 용도로 사용)를 비롯한 10개 정도의 센서를 가지고 있다.

이제 센서의 적용 분야는 매우 광범위하지만, 이 책에서는 지면 사정으로 몇 가지만 다룰 수밖에 없다. (http://www.jameco.com나 http://www.sparkfun.com 같은 사이트에서 'sensor'로 검색해 보면 나오는 결과에 놀라게 될 것이다.)

작은 자기 스위치

아마도 가장 오래된 센서는 간단한 리드 스위치(reed switch)일 것이다. 이전에 『짜릿짜릿 전자회로 DIY』에서 경보 장치를 이야기하면서, 창문이나 문이 열리는 것을 감지하기 위해서 사용되는 작은 하얀색 플라스틱 상자에 담긴 형태의 스위치를 잠시 다루긴 했었다. 여기서는 조금 더 자세히 다룰 예정이다.

이제 이 작고 유용한 장치들 중 몇 개를 조금 더 자세히 알아보도록 하자. 그림 29-1에 2개의 리드 스위치가 있다.

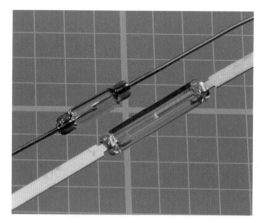

그림 29-1 리드 스위치. 사진 뒷면에 보이는 모눈 종이의 모눈 간격은 각각 0.1인치이다.

유리 캡슐 안에는 불활성 기체가 채워져 있어서 접점이 산화되는 것을 막아준다. 이 부분은 상당한 장점이지만 유리가 너무 얇고 깨지기 쉽기 때문에 리드를 빠르게 구부리기만 해도 깨질 수 있다. 리드 스위치는 정말 조심해서 다뤄야 한다. 좀 더 튼튼한 패키지가 필요한 경우를 위해 그림 29-2에 있는 것처럼 플라스틱으로 밀폐시킨 스위치도 있다.

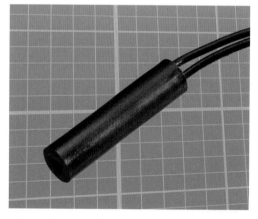

그림 29-2 일부 리드 스위치들은 외부를 플라스틱으로 밀봉해서 보호하고 있다.

리드 점검

아래 실험은 이 책에 있는 실험 중 가장 간단한 실험으로, 실험 1에 있었던 목공풀을 이용한 트랜지스터 동작 실험보다도 간단하다.

리드 스위치를 위한 표준화된 회로도 기호는 없으며, 보통 그림 29-3에 그려진 것처럼 표시된다. 그림과 같은 형태로 연결하고 작은 막대 자석을 근처로 가져가자. 청색과 적색 부분은 자석의 극을 나타낸다.

그림의 맨 위와 중간 부분의 형태로 두었을 때 스위치가 자석에 반응하는 민감도가 같다는 것을 확인할 수 있을 것이다. 맨 아래쪽에 있는 것

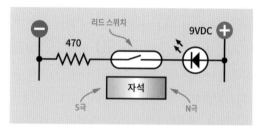

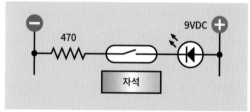

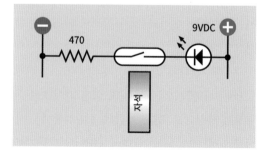

그림 29-3 리드 스위치 검사 회로.

처럼 자석의 한 극을 다른 극보다 가깝게 접근시키면 조금 덜 민감해질 것이다. 이 내용은 리드 스위치로 신뢰성 있는 반응을 얻어야 하는 경우에 아주 중요한 정보가 된다.

리드 '스위치'라 부르긴 하지만, 실제로는 푸시 버튼처럼 동작한다. 자기장에 노출된 경우에만 켜지고, 자기장에서 멀어지는 경우 꺼진다.

어떻게 동작하나

스위치 안에 있는 접점은 리드라 불리는 얇고 유연한 금속 막대에 붙어 있으며, 리드 자체가 자석은 아니지만 자력에 의해 움직일 수 있다. 자력이 다른 물체에 자력을 유도하는 자기장을 만들 수 있다는 점을 기억하자. 사실 자석이 철을 당길 때는 철에 가깝게 다가온 자석의 극과 반대되는 극이 철에 일시적으로 생성되는 것이다.

만일 스위치의 옆으로 자석이 나란히 배치되는 경우 내부의 리드들은 일시적으로 반대의 극성을 가진다. 서로 다른 극성을 가진 리드들은 서로 끌어당기면서 휘어져 연결을 만든다. 자석이 제거되면 리드 역시 다시 제자리로 돌아오면서 떨어진다.

그림 29-3의 맨 위와 가운데 있는 그림의 형태로 자석이 위치하는 경우에는 리드가 상대적으로 비슷하게 자력을 가지게 되므로, 리드 스위치가 자석에 대해 비슷한 민감도를 가진다. 자기장이 바뀌더라도 여전히 서로 끌어당기기 때문이다.

수위 센서

몇 년 전에 실험실용 급속 냉각장치의 시제품을 만들 때, 액체의 수위를 측정하는 센서가 필요했었다. 가장 기본적인 형태는 액체가 최대 혹은 최대 양에 도달했는지 감지하는 부유 스위치(float switch)로, 켜짐-꺼짐 상태를 가진 장치다. 속이 빈 원통형의 플라스틱으로 만든 떠다니는 물체, 즉 부유물이 액체의 표면에 떠 있게 된다. 부유물 가운데는 도넛 형태로 구멍이 있어서, 리드 스위치가 포함된 플라스틱 막대를 가운데 끼우고도 자유롭게 위 아래로 움직일 수 있다. 이 스위치는 부유물 안에 있는 자석에 의해서 닫힌다. 그림 29-4는 이런 형태의 센서들 중에 비교적 저렴한 센서를 보여준다.

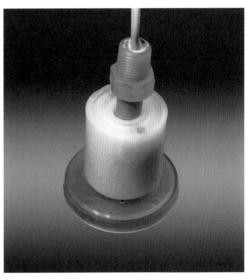

그림 29-4 부유물 안에 있는 자석이 가운데 플라스틱 막대에 있는 리드 스위치를 동작시키는 간단하고 저렴한 형태의 수위 센서.

몇 가지 응용 분야를 생각할 수 있을 것이다. 예를 들어, 수십 년간 발전했음에도 변기 안에 있는 잠금 밸브의 신뢰성은 여전히 높지 않다. 필자가 사는 광활한 사막이 펼쳐진 곳에서 물은 아주 중요한 것이라서 제대로 동작하지 않는 밸브가 달린 변기는 하찮은 것이 아니다. 변기의 물통 안에 부유 스위치를 부착하고, 스위치를 외부의 LED와 9V 전지로 연결할 수 있다. 이런 장치를 달면 잠금 밸브가 고장나서 변기 물통 안의 물이 넘치는 경우 LED로 경보를 보내줄 수 있다. LED 대신 작은 경보기를 달 수도 있다.

다른 응용도 있다. 홍수 때 지하실이 잘 침수되는 집에 사는 사람들도 있다. 이 경우에도 부유 스위치를 사용할 수 있다. 어디에 쓸 것인지 상상할 수 있을까?

유량계

몇몇 경우에는 단순히 켜지고 꺼지는 것 이외에 액체의 양에 비례해서 출력이 변하는 수위 센서가 있다면 도움이 된다. 이런 형태를 보통 유량계(Fuel Gauge)라 한다.

통상적으로는 부유물이 붙어 있는 막대의 끝부분을 가변저항의 조절부에 붙여서 구현할 수 있다. 이 방식의 시스템은 수 십년 동안 자동차의 연료통에 사용됐지만 비교적 크고 정확하지 않으며 봉인된 환경이 아닌 경우에 먼지나 습기에 취약하다는 단점이 있다.

액체의 양을 측정하는 좀 더 좋은 방식을 찾다가 인터넷에서 8인치 정도되는 금속 막대와 위아래로 움직일 수 있는 부유물로 구성된 유량 센서를 찾을 수 있었으나 어떻게 동작하는지 알

수 없어서 하나 주문을 했다. 실제로 받아서 막대를 확인해 보니, 안쪽이 비어 있는 튜브 형태에 0.25인치 정도의 얇은 기판이 들어있었으며, 여기에는 기판을 따라 일정한 간격으로 7개의 리드 스위치와 6개의 저항이 붙어있었다.

처음에는 자석을 이용해서 금속 튜브 안에 있는 리드 스위치를 어떻게 켤 수 있는지 상당히 의아했다. 하지만, 튜브가 자력에 영향을 주지 않는 스테인레스로 만들어졌다는 것을 깨달았다. 이 경우에는 움직이는 부유물 안의 자석이 만들어내는 자기장이 스위치까지 도달하는 데 아무런 문제가 없다.

부유물이 위아래로 움직이면 자기장이 스위치를 차례대로 닫으며, 스위치에 연결된 6개의 저항들은 직렬로 연결된 전압 분배기처럼 동작한다. 막대의 끝부분에서 전체 저항의 변화를 확인할 수 있다. 그림 29-5에 4개의 저항과 5개의 리드 스위치를 이용해서 간략하게 바꾼 유량 센서가 있다.

물론, 이런 센서의 저항값이 점진적으로 증가하는 것은 아니지만 7단계 정도면 자동차의 연료 게이지를 표시하기에 적당하다고 할 수 있다.

리드 스위치처럼 간단한 센서만으로도 상당히 다양한 아이디어를 이끌어 낼 수 있다는 측면에서 위의 예를 다룬 것이다. 리드 스위치 대신 홀효과(Hall-effect) 센서를 사용한다는 점만 제외하면 여전히 많은 자동차용 연료 센서가 같은 형태의 시스템을 이용하고 있다. 홀효과 센서는 실험 30에서 사용할 예정이다.

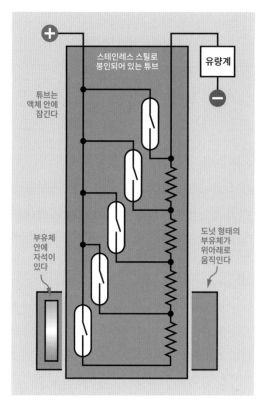

그림 29-5 리드 스위치와 저항을 이용해서 다단계 전압 분배기 형태로 만들어진 유량 센서.

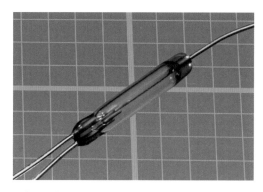

그림 29-6 단극 쌍투 리드 스위치.

리드 스위치에 대한 몇 가지 사실

- 대부분의 리드 스위치는 평상시에 열림 상태를 가지는 SPST 접점을 가지고 있다. 일부 평상시 닫힘 형식을 가진 것도 있다. 어떤 방식이든 리드 스위치는 자석을 이용해서 누름 동작이 일어나는 푸시 버튼처럼 동작한다.
- SPDT나 DPDT 형식의 리드 스위치도 있다. 그림 29-6에 단극 쌍투 형식의 리드 스위치가 있다. 스위치에서 각각의 극 끝에는 전선이 연결돼 있다. 끝부분에 있는 두 개의 전선 중 조금 더 긴 전선과 연결된 접점이 평상시 닫

힘 상태를 가진다.
- 자기장이 리드들 간에 반대되는 자극을 유도하기 때문에, 리드 스위치는 자기장의 극성과 관계없이 동작한다.
- 아주 작은 릴레이 중에는 코일로 감긴 리드 스위치 형태를 가진 것도 있다. 코일에 전류가 흐르면 자기장이 형성되면서 스위치가 닫히는 것이다.
- 접점이 닫히기 시작할 때 필요한 힘이 접점을 닫힌 채로 유지할 때 필요한 힘보다 크기 때문에, 리드 스위치에서는 자연스럽게 약간의 이력 현상이 나타난다. 따라서, 자석이 스위치를 닫을 때보다 어느 정도 거리가 떨어진 이후에 스위치가 다시 열린다.

리드 스위치는 다음과 같은 제약도 가지고 있다.

- 리드 스위치는 보통 얇은 유리 캡슐 안에 들어 있기 때문에 쉽게 금이 가거나 깨진다.
- 너무 큰 전류를 제어하는 경우에는 얇은 접점이 금방 손상될 수 있다.

- 심하게 흔들리는 경우 접점이 망가질 수 있다. 리드 스위치를 콘크리트 바닥으로 떨어트리지 않도록 주의해야 한다.
- 제조사와 관계없이 리드 스위치가 튼튼하게 만들어졌다 하더라도, 반도체 스위치보다는 신뢰성이 떨어진다.
- 주변의 자기장으로 인해 의도치 않게 스위치가 동작하는 경우도 있다.
- 자석의 방향이 맞지 않는 경우에는 스위치를 동작시키지 못하는 경우도 있다.
- 리드 스위치의 접점이 닫힐 때는 스위치 바운싱이라고도 불리는 '리드 진동'이 발생할 수 있다. 접점이 많이 움직이는 큰 스위치들에서는 이 문제가 좀 더 심각하다. 접점의 바운싱으로 인해 스위치가 여러 번 닫히는 것으로 판단되면 디지털 장치들에서 잘못 해석될 수도 있다.

반면에 리드 스위치는 반도체 스위치에 비해 다음과 같은 장점을 가진다.

- 별도의 전원이 필요하지 않다.
- 스위치가 열려있거나, 닫혀 있는지에 관계없이 전류 소모가 없다.
- 인터페이스를 위한 부품이나, 앰프 등의 회로가 필요하지 않다.
- 접점이 열렸을 때의 누설 전류(current leakage)는 무시할 만한 수준이다.
- 접점이 닫혔을 때의 저항은 무시할 만한 수준이다.

- 높은 전압을 위한 것도 있다.
- 많은 전류를 처리할 수 있는 것도 있다.
- 교류와 직류를 모두 처리할 수 있다.
- 정전기 방전에 대해서 덜 민감하다.
- 주변의 온도에 영향을 별로 받지 않는다.

쉬운 교체

리드 스위치는 SPST 스위치를 사용하는 곳이면 어디든 사용할 수 있다. 예를 들어, 모터가 회전 한계에 도달했을 때 모터를 멈추기 위해 사용되는 초과 동작 제한 스위치(snap-action limit switches)로 리드 스위치가 자주 이용된다.

실험 21의 핫슬롯 게임에서 설명했던 동전을 이용하는 접점이 있는 16개의 스위치를 16개의 리드 스위치로 대체할 수 있다. 회로의 나머지 부분은 전혀 바꾸지 않아도 된다. 물론 이때의 문제는 더 이상 동전을 사용할 수 없다는 것이며 동전 대신 원판 형태의 자석을 16개 사용해야 한다.

계속 동전을 사용할 수 있도록 센서를 추가하는 것이 더 좋다고 생각한다. 이 부분은 실험 31에서 광학 센서를 다룰 때 같이 보도록 하자.

리드 스위치 설치하기

다양한 감도의 리드 스위치가 있다. 여기서 사용한 것은 대략 1/8″×1/4″×1/16″ 크기의 얇은 네오디뮴 자석으로도 동작했다. 이 자석의 자기 축이 스위치와 나란히 위치하는 경우에는 대략 0.5인치의 거리에서도 스위치가 동작한다.

작은 자석과 작은 리드 스위치를 매우 다양한

방법으로 사용할 수 있다. 예를 들어, 스위치를 어딘가에 붙여놓고, 자석은 얇은 플라스틱 뒤에 숨겨둘 수 있다.

이 책에 있는 대부분의 프로젝트를 위해서 뚜껑을 열었을 때 스위치가 커지는 작은 상자를 만들 수 있다. 뚜껑이 열렸거나 닫힌 경우 모두, 스위치 자체는 전력을 소모하지 않는다는 점을 기억하자.

리드 스위치를 이용해서 집이나 차에 보안 장치를 할 수도 있다. 열쇠 고리에 작은 자석을 붙여두면(이 경우 신용카드 근처에 열쇠를 두지 않아야 한다) 문을 열 때 경보시스템의 래칭 릴레이에 연결된 숨겨둔 리드 스위치의 접점을 동작시키도록 할 수 있으므로, 들어갈 때 경보 시스템을 자동으로 끌 수 있다.

게임의 입력 장치로 포인터나 스타일러스 펜에 자석을 붙이는 것도 가능하다.

배경 지식: 자석의 극성

스위치나 홀효과 센서(곧 살펴볼 것이다)를 동작시키기 위해 자석이 필요하므로 여기서는 자석의 속성 몇 가지를 살펴볼 것이다.

영구 자석은 N극(north)과 S극(south)이라 부르는 두 개의 극을 가지고 있다. 아마 이 부분은 지구의 북극, 남극과 비슷하다고 생각할 것인데, 이 용어 자체가 원래는 '북쪽을 가리키는 극'이라는 말에서 기인한 것이라는 점을 이야기해야 할 것 같다.

어디선가 서로 반대의 극이 서로 끌어당긴다는 것을 배웠을 것이라 생각한다. 만일 2개의 자석이 있는 경우 N극 부분은 다른 자석의 S극 부분을 끌어당긴다. 그렇다면 자석의 N극은 어떻게 지구의 북극 쪽을 가리키는 것일까? 답은 지구의 북극은 사실 S극 극성을 가지고 있기 때문이다.

이제 와서 북극을 남극으로 바꾸기에는 너무 많은 혼란이 일어날 것이기 때문에 실제로는 N극 특성이 아니지만 계속 북극이라 부른다.

자석의 종류와 판매점

네오디뮴(Neodymium) 자석은 1980년대 만들어졌으며, 이전에 사용되던 구식 강철 자석보다 훨씬 강력하다. 최근에 사용되는 소형 DC모터의 내부에는 대부분 네오디뮴 자석이 들어 있다. 사실 네오디뮴으로 인해 카메라부터 경량 전동 도구 같은 것들에 이르기까지 많은 장치가 소형화될 수 있었다.

강력한 자석을 가지고 노는 것은 아주 재미있는 일이지만, 리드 스위치는 상당히 민감해서 이번 장에서는 강철 자석으로 충분하다. 인터넷을 통해 다양한 판매점을 찾을 수 있다. 이베이에서는 언제든 다양한 자석을 저렴하게 판매한다.

필요 이상으로 강력한 자석을 사용할 때는 실질적으로 자석이 주변에 있는 스위치나 부품에도 영향을 줄 수 있다는 단점이 있다는 것도 염두에 둬야 한다.

가장 일반적인 형태의 자석은 사각형 혹은 직사각형의 횡단면을 가지고 있는 막대 자석이다. 항상 그런 것은 아니지만 이런 형태는 대부분 막대 양쪽 끝에서 서로 다른 극을 가진다.

일부 판매점에서는 자기장이 지속되는 범위도 같이 표기한다. 만일 자석의 크기가 1/4″×3/4″×1″로 측정된 경우, 1″ 길이 부분의 양쪽 끝에 극이 형성된다. 하지만 3/4″×1″×1/4″ 크기로 측정된 자석의 경우 자석 양쪽 끝의 평평한 면에서도 서로 다른 극을 가질 수 있다. 따라서 주문하기 전에 이런 부분에 주의해야 한다.

자석의 형태

전통적인 형태인 말굽 자석은 막대 자석을 말굽 모양처럼 U자로 휘어둔 것이기 때문에, 두 극이 바로 옆에 있다. 이런 형태를 가지면 자석이 끌어당기는 힘을 크게 만들 수 있는데, 두 극 사이에 형성되는 자기력 선이 최단 거리가 될 때 끌어 당기는 힘이 최대가 되기 때문이다.

그림 29-7에 몇 가지 자석의 예가 있다. 흐릿한 회색을 가진 것이 강철 자석이고, 다른 것들은 네오디뮴이다. 사진을 찍는 동안 자석을 떨어뜨리는 것이 쉽지 않기 때문에, 모든 자석들은 서로 붙어 있다. 작은 원반형 자석은 큰 자석에 끌려가서 붙을 때 두 조각으로 깨져버렸다. 잘 기억해 두자. 네오디뮴 자석은 깨지기 쉽다.

그림 29-7 다양한 자석들(그 중 하나는 달라붙는 과정에서 깨져버렸다). 흐릿한 회색 자석은 강철 자석이고 나머지는 네오디뮴 자석이다.

원반형, 원통형, 고리 형태의 자석은 "축을 기준으로 자석화되어"있을 것이다. 원통형 자석의 경우 이 축은 그림 29-8에 있는 것처럼 원통의 중심을 통과하는 가상의 선이 된다. 원통이 이 선을 따라 대칭형으로 둘러 있다고 생각할 수 있다. 만일 축을 따라 자성을 가지는 경우 축의 반대편 끝은 반대 극성을 가진다. 즉, 그림 29-9에 그려진 것처럼 원통의 평평한 한쪽 면이 N극을 가지는 경우 다른 쪽 끝은 S극을 가지며, 그림에서 빨간색과 파란색은 각각 반대의 극을 나타낸다.

그림 29-8 원통의 중심을 통과하는 가상의 선이 원통의 축이다.

그림 29-9 축을 따라 자석화된 원통형 자석은 축의 끝부분에서 각각 서로 다른 극을 가진다.

대부분의 고리형 자석을 포함한 원형 자석은 극을 따라 자석화된다. 그림 29-10은 고리 모양 자석들이 N극이 N극을 밀어내고, S극이 S극을 밀어내도록 서로 뒤집어 끼워서 자석들이 서로 밀어내는 힘을 만든다는 것을 보여주는 전통적인 예다. 사진에 있는 자석들은 가운데 있는 막대에 붙어있는 것이 아니며, 자유롭게 움직일 수 있다.

그림 29-10 대부분의 고리형 자석은 축을 따라 자석화되어 있다. 자석화되지 않는 막대(사진의 경우 스테인레스 강)에 고리형 자석들을 서로 밀쳐낼 수 있도록 같은 극끼리 마주보게 끼운다.

고리 자석들의 무게가 누적되면서 막대의 아래쪽에 있는 자석들이 조금 더 가깝게 붙는다. 손가락으로 고리들에 조금 더 힘을 가해서 누를 수 있지만, 손을 떼는 순간 바로 튀어 오르면서 떨어지게 될 것이다. 사실 이 실험에서는 막대의 맨 위의 자석이 뛰어오르면서 고리에서 빠져 버릴 수도 있다.

이 실험은 자력을 보여주는 기본적인 실험이지만 싫증나지 않는다. 자석이 이런 식으로 동작하게 만드는 에너지는 어디서 오는 걸까? 답은 여러분이 자석을 눌렀을 때의 여러분이 사용한 힘에서 오는 것이다. 자석은 에너지를 만들지 않으며, 가끔은 힘을 저장한다.

일부 원형 자석은 원형으로 자성을 띠고 있지만 상당히 드물다. 그림 29-11은 이 자석의 개념을 보여준다. 원통의 둥그런 부분에서 한쪽 편이 다른 편과 반대의 극을 가진다.

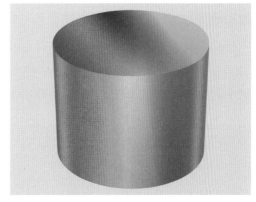

그림 29-11 원형으로 자성을 띈 원통형 자석의 경우 원통의 휘어진 면에서 서로 반대의 극을 가진다.

자석의 극성을 확인하기 위해서는 자석을 두 개 가지고 있는 것이 좋다. 자석을 돌리면서 서로 당기거나 밀어낼 때 자석의 방향을 관찰하자. 만일 축 방향으로 자성을 가지는 2개의 원형 자석인 경우에, 두 자석을 나란히 두고 돌렸을 때는 한 자석의 축을 기준으로 다른 자석이 회전하고 있는 것이기 때문에 두 자석 사이의 자기력이 변하지 않는다.

조금 더 만들어 보자: 맴돌이 전류

자석이 가진 가장 놀라운 속성 중 하나는 알루미늄과 같은 자화되지 않는 금속과도 상호 작용을 한다는 점이다. 만일 공 모양의 네오디뮴 자석을 자석보다 약간 큰 직경을 가지고 있으며 수직 방향으로 세워져 있는 알루미늄 튜브에 떨어뜨리면 밀가루를 떨어트린 것처럼 떠다니는 형태로 천천히 떨어진다. 조금 더 두꺼운 알루미늄 튜브를 사용하면 공은 더 느리게 떨어진다. 따라서 튜브가 1/8″ 정도의 두께를 지니면 1/16″짜리 튜브보다 좀 더 효과적이다. 구리 튜브를 사용하는 경우에도 같은 현상을 관찰할 수 있다.

그림 29-12는 공 모양 자석이 튜브 안에 들어간 것을 보여주며, 가운데 틈은 공을 보여주기 위해서 자른 것이다. 12″ 길이의 튜브에서 떠다

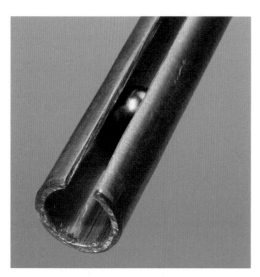

그림 29-12 네오디뮴 자석은 자기장은 통하지 않지만 전기적으로는 도체인 알루미늄이나 구리 물질 근처에서 움직일 때 맴돌이 전류를 만들 수 있을 정도로 강력하다. 맴돌이 전류를 만들 때 에너지가 필요하므로 공은 아주 천천히 떨어진다.

니며 통과하는 데 대략 1초 정도가 걸린다. 이 그림은 자석과 금속 간에 상호 작용이 있다는 것을 그림으로 보여주는 것이다.

이런 이상한 현상의 원인은 자석이 움직임에 따라 가까이 있는 알루미늄이나 구리 같은 전기적 도체 주변으로 전기적인 "맴돌이 전류(eddy currents)"가 유도되기 때문이다. 이런 형태가 전 세계에서 전기를 생산하는 데 가장 많이 사용되는 방식이기도 하다. 즉, 감겨진 구리 선을 자기장 안에서 움직이게 하는 것이다. (태양 전지는 이런 규칙의 예외가 되겠다.)

만일 생성된 맴돌이 전류에 어떤 일이 벌어진 것인지 궁금하다면, 보통 전류가 도체를 통과할 때와 마찬가지로 약간의 열이 발생한다. 이 방법을 통해서 이 실험에서는 에너지의 변환을 배웠다.

이 실험은 앞의 연료 통의 유량계 실험에서 한 것처럼 튜브의 뒷면에 리드 스위치와 저항을 직렬 형태로 붙여서 개선할 수 있다. 만일 이 저항들을 가청 주파수 대역의 주파수를 출력하는 비안정 형식 555 타이머의 방전(discharge)과 문턱전압 핀(threshold) 사이에 위치시키는 경우, 공이 떨어져서 스위치를 통과함에 따라 음색이 점점 날카롭게 변하도록 만들 수 있을 것이다.

각이 있거나 십자 모양으로 옆에 다른 관이 붙어 있는 형태의 알루미늄 관을 사용하더라도 이 실험에는 크게 문제가 없지만, 공이 아주 느리게 떨어지지는 않는다.

주의: 자석의 위험성

여기에 주의해야 할 부분을 적어 두지 않는다면 무책임한 일이 될 것이다. 자석에 의해 다칠 수 있다는 점을 믿기 어려울 수 있지만, 필자가 고난을 겪으며 몸으로 배운 결과 네오디뮴 자석은 쉽게 여러분을 다치게 할 수 있다.

고작 3/4″ 지름과 3/4″ 높이를 가진 N52급의 원통형 네오디뮴 자석이 18파운드의 무게를 들어올릴 수 있다. 이는 물 18리터 정도의 무게에 해당한다. 만일 이런 자석 두 개를 서로 반대 극 방향으로 두면 그 자기력은 두 배가 되며, 이끌려 가는 두 자석 사이에 여러분의 손가락이 있는 경우에는 최소한 피물집이 생길 것이다.

두 자석을 떼어놓으려 할 때는 다른 종류의 위험이 있다. 손톱이 찢어지는 것과 더불어 다양한 증상이 나타날 것이다. 유튜브에서 강력한 자석을 다루는 법을 설명한 좋은 동영상들을 찾을 수 있다.

네오디뮴은 니켈 도금이 되어 있음에도 깨지기 쉽기 때문에 자석끼리 끌어당길 때 예상치 못하게 깨져서 심각한 결과를 초래할 수 있다. 금속 조각은 아주 날카롭고 빠른 속도로 튀어 나갈 수 있기 때문에 강력한 자석을 사용할 때는 보안경을 써야 한다.

강력한 자석을 하드 디스크나 신용 카드를 포함한 자력 기반의 기록 장치에서 멀리 두어야 한다는 것은 너무 당연하다(여하튼 이야기는 해야 할 것 같다). 사실 자석은 모든 전자 장치에서 일정 거리를 두고 보관해야 한다.

마지막으로 심박 보조기의 경우 강력한 자기장에 영향을 받을 수 있으므로 강한 자석을 사용할 때는 충분히 주의를 기울여야 한다.

숨겨진 감지기들

홀효과 센서(Hall-effect sensor)는 어디서나 찾을 수 있다. 노트북 컴퓨터의 덮개를 닫을 때 케이스 안에 숨겨진 홀효과 센서가 이 동작을 감지해서 컴퓨터를 슬립모드로 바꾼다. 휴대용 카메라를 켰을 때 렌즈가 모두 확장되었는지도 홀효과 센서로 확인한다. 홀효과 센서는 하드 디스크 안에서 모터의 회전을 감지하고 속도를 제어할 때도 사용된다. 이 센서는 자동차의 전기점화 시스템과 열쇠로 차문을 열 때 내부 조명을 켜기 위해서도 사용된다. 최신형 세탁기들은 세탁조의 문의 닫혔는지 확인하기 위해서 홀효과 센서를 사용한다. 전자레인지 역시 마찬가지다.

각 센서는 자기장에 반응해서 약간의 전류를 만든다. 리드 스위치와 비슷한 용도로 사용되지만 반도체 부품이라는 점이 다르다. 이 센서의 동작 원리는 1879년에 발견됐지만, 효과가 너무 약해서 신호를 증폭시킬 수 있는 증폭기를 내장할 수 있는 집적회로가 개발되기 전까지는 쓸모가 없었다.

홀효과 센서의 가장 큰 장점은 저렴하고, 신뢰성 있으며, 리드 스위치와는 달리 작게 만들 수 있어서 얇은 표면 부착형 장치로 만들 수 있

다는 점이다. 이 센서는 반응 시간이 매우 빠르며 손상을 잘 받지 않고 여러분이 사용할 응용분야에 맞게 4가지 형태로 만들 수 있다. 회로 안에 이 센서를 포함시킬 때 다른 문제가 약간 있지만, 다양한 방식으로 리드 스위치를 대체할 수 있다.

그림 30-1에 몇 가지 홀효과 센서가 있다.

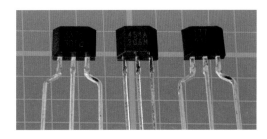

그림 30-1 다양한 홀효과 센서.

홀효과 확인하기

이번 실험에서는 '바이폴라(쌍극성: bipolar)'라고 부르는 가장 많이 사용되고 가장 저렴한 형태의 홀 센서를 사용할 것이다. 쌍극성이란 말은 스위치를 켜기 위해 자석의 한쪽 극을 사용하고 반대의 극을 이용해서 스위치를 끌 수 있다는 의미이다. (여기서 사용된 쌍극성이란 용어는 쌍

극성 트랜지스터와는 전혀 관계가 없다.) 바이폴라 센서는 상태를 바꾸기 위해서 자력을 가하지 않는다면 이전 상태를 유지하기 때문에 래칭(latching) 센서라고도 이야기한다.

그림 30-2는 다이오드 인코퍼레이티드(Diodes Incorporated)에서 만든 ATS177 센서를 간단하게 그린 것이다. 대부분의 홀 센서는 핀 배치가 같다. 부품 번호 밑에 있는 숫자는 보통 만들어진 날짜와 관계가 있으므로 여기서는 별로 신경 쓸 필요가 없다.

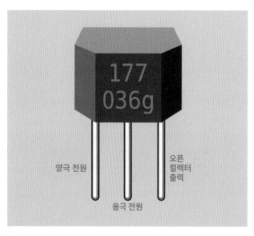

그림 30-2 다이오드 인코퍼레이티드에서 만든 ATS177 바이폴라 홀효과 센서의 핀과 기능.

데이터시트에서 양극 전원 핀은 보통 Vcc나 Vdd(여기서는 같은 의미다)로 표시한다. 음극 접지의 경우 대부분 Gnd라는 이름으로 표시한다. 출력은 보통 Out으로 표시하지만, 센서의 경우는 논리칩과의 연결을 염두에 두고 있으므로 디지털 출력(Digital Output)을 의미하는 DO라는 표기를 대신 사용한다.

실험 28에서 설명했던 네오디뮴 자석을 이용해서 센서의 동작을 쉽게 확인할 수 있으며, 막대 자석이나 원통형 자석을 사용해도 마찬가지다. 하지만 리드 스위치와는 달리 홀 센서는 한 극이 다른 극보다 센서에 훨씬 가깝게 접근했을 때 동작한다.

그림 30-3에 있는 회로도를 조립해 보자. 센서는 앞에서 다룬 적이 있는 광트랜지스터, 일렉트릿 마이크, 비교기에서 사용되었던 오픈 컬렉터 출력을 가지고 있다는 점에 주목할 필요가 있다. 만일 이 동작을 확인해 봐야 할 필요가 있다면 39페이지의 '출력' 부분을 보자.

9V 전지를 사용할 수도 있기 때문에 9VDC 전원을 추천한다. 센서는 디지털 장치가 아니므로 정류된 전원이 필요하지는 않다. 대부분의 홀 센서는 20VDC까지 별 문제없이 사용할 수 있지만 일부는 저전압 상태에서 동작하도록 설계된 것도 있다. 실수하지 않도록 항상 데이터시트를 확인하자.

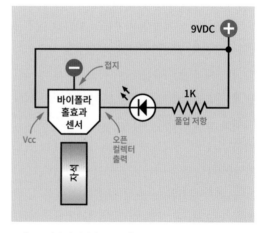

그림 30-3 홀효과 센서의 동작을 확인하기 위한 아주 간단한 회로도.

그림 30-4에 있는 것처럼 자석을 가깝게 가져가 보자. 보통 막대 자석은 극을 표시하지 않기 때문에 몇 번 정도 시도하면서 어떤 방향으로 자석을 두었을 때 LED가 켜지는지 찾아보자. LED가 켜졌으면 자석의 반대 극은 스위치를 끄게 만든다.

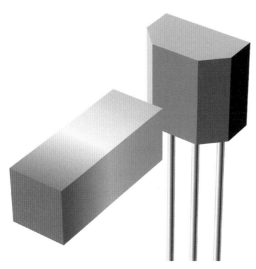

그림 30-4 자석의 한쪽 극을 바이폴라 센서의 튀어나온 부분에 가깝게 가져가고, 반대쪽 극은 비교적 멀리 떨어져 있도록 만든다. 자석을 뒤집어서 센서가 다른 상태로 바뀌게 만들 수 있다.

센서 안에 있는 슈밋 트리거(Schmitt trigger) 회로에 의해 LED는 어두워지거나 깜박거림 없이 깔끔하게 꺼지거나 켜질 것이다.

일반적으로 홀 센서는 20mA까지 전류를 받아들일 수 있으며 이 값이 거의 최대값이다. 1K 풀업 저항이 붙어 있는 9VDC 전원을 이용하면 센서에서 받아들이는 전류를 절반 정도로 줄일 수 있다. 측정기를 이용해서 전류값을 확인해 보는 것도 좋은 생각이다. 일반적인 20mA짜리 LED는 10mA전류가 흐를 때 그다지 밝게 켜지지 않지만, 트랜지스터가 켜졌는지 혹은 꺼졌는지 확인하기에는 충분히 밝다.

응용분야

바이폴라 홀효과 센서의 경우 전원을 사용할 뿐 아니라, 켜기 위해서 자석의 한 극만을 사용하고 끄기 위해서는 그 반대의 극을 사용해야 한다는 점에서, 리드 스위치만큼 편하지는 않다고 생각할 수 있다. 하지만 이 센서는 다수의 극이 연속해서 센서를 통과할 때 혹은 반대로 다수의 극 위로 센서가 통과하는 상황에서 동작하도록 쉽게 만들어진 것이다.

센서에서 발생하는 펄스들은 모터의 속도를 정밀하게 제어하기 위한 응답으로 사용될 수 있다. 그림 30-5는 이런 개념을 간단하게 그린 것으로, 회전하는 톱니바퀴의 톱니 부분마다 번갈아서 자석의 극이 반대로 배치되어 있는 경우이다.

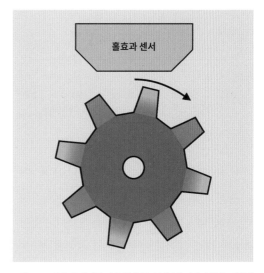

그림 30-5 홀효과 센서를 이용해서 톱니 부분에 자석의 극을 번갈아 배치된 톱니바퀴의 회전속도를 측정할 수 있다.

실험에서 자석을 90도 방향으로 돌려서 센서가 한 극에 영향을 받은 다음에 다른 극에 영향을 받을 수 있도록 만들어 보자. 이 경우에도 LED가 깔끔하게 켜지고 꺼지는 것을 확인할 수 있으며 센서가 켜짐과 꺼짐 상태를 유지하려는 경향이 있기 때문에 약간의 이력 현상이 발생함을 확인할 수 있다.

그림 30-6은 이력 현상을 그린 것이다. 비교기의 동작을 그렸던 그림 6-8와 비교해 보자. 차이점은 비교기의 경우 전압의 변화에 반응하는 반면 센서는 자기장에 반응해서 변한다.

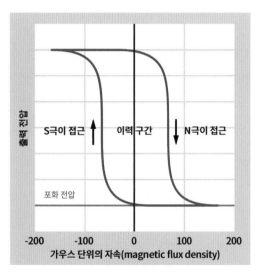

그림 30-6 바이폴라 홀 센서의 이력 현상.

자전거의 두 바퀴 중 한쪽 바퀴의 살 2개에 자석을 붙이고, 바퀴의 축 부분에 홀효과 센서를 달면 자전거의 거리계나 속도계를 만들 수 있다. 바퀴의 각도를 거리로 변환하기 위해서 센서에서 나오는 출력을 마이크로컨트롤러로 입력한다. 마이크로컨트롤러는 거리를 시간으로 나눠 서 속도를 계산할 수 있다.

홀 센서에 대한 몇 가지 사실

- 홀효과 센서의 쓰루홀(through-hole) 버전은 보통 0.1″×0.1″×0.05″ 크기를 가진 작은 검정색 플라스틱 안에 들어있고, 3개의 다리를 가진다. 이 형태는 TO-92 트랜지스터 형태와 비슷하지만 더 작다.

- 데이터시트에서 센서의 'top'이나 'front'로 표기된 부분은 부품 번호가 찍혀 있는 부분을 의미한다. 센서에서 이 부분은 평평하게 깎여진 면의 형태이지만 뒷면은 그렇지 않다. 보통 센서에서 깎여있는 앞면 부분으로 자석의 극을 가져가면 센서가 반응하도록 되어 있다.

- 부품 번호는 보통 세 자리 숫자로 짧게 적혀 있다. 세 자리 숫자 밑에 있는 코드는 보통 제조일을 나타낸다.

- 전원의 전압은 대략 3VDC에서 20VDC의 범위를 가지므로 9V 전지를 사용할 수 있다. 하지만 일부 센서들은 3VDC에서 5.5VDC 정도 범위에서만 사용할 수 있기 때문에 데이터시트에서 주의 깊게 확인해야 한다.

- 광트랜지스터처럼 홀효과 센서도 오픈 컬렉터 형식의 NPN 트랜지스터가 함께 들어있는 경우가 많다. 이 출력은 최대 20mA에서 25mA 정도의 전류를 받을 수 있다.

- 그림 30-3에 있는 것처럼 풀업 저항이 홀효과 센서의 오픈 컬렉터 출력과 전원 양극 사이에 위치하면, 센서가 동작할 때 출력에서 낮은 상태 전압이, 동작하지 않을 때는 높은 상태

전압이 나타난다.

- 많은 홀효과 센서는 슈밋 트리거(Schmitt trigger)를 가지고 있으므로 약간의 이력 현상이 있지만 깔끔하게 꺼짐-켜짐 동작을 만들 수 있다.
- 다양한 종류의 센서들이 자석의 N극 혹은 S극에 반응해서 동작한다. 데이터시트에서 관련 내용을 찾을 수 있다.
- 홀 센서는 리드 스위치에서 문제가 되는 접점의 바운싱이 없다. 따라서 논리 게이트의 입력으로 사용하기에 적합하다.

홀효과 센서의 형태들

홀효과 센서로 많이 사용되는 4가지 형식이 있다.

스위치를 켜고 끌 때 서로 다른 극의 자기장이 필요한 바이폴라(bipolar) 형식에 대해서는 조금 전에 이야기했다.

유니폴라(unipolar) 홀 센서는 한 극이 접근함에 따라 켜지고, 자석이 멀어지면 꺼진다. 스위치를 끄기 위해서 자석의 반대 극이 필요하지 않다.

유니폴라 센서는 N극으로 활성화되는 것과 S극으로 활성화되는 것 두 가지 모두 구할 수 있다. 바이폴라 센서처럼 켜짐과 꺼짐 반응을 깔끔하게 만들기 위해서 슈밋 트리거를 사용한다.

꺼짐 상태를 가질 때 홀 센서의 오픈 컬렉터 출력은 음극 접지와 출력 사이에서 높은 저항을 가지므로 풀업 저항을 이용해서 높은 상태 전압이 나타나도록 만들 수 있다. 센서가 켜짐 상태를 가지는 경우 출력 전압은 낮은 상태가 되며,

이 동작은 광트랜지스터에서 봤던 것과 같다.

선형(linear) 홀 센서라 불리는 센서는 슈밋 트리거가 없기 때문에 외부 자기장의 세기에 비례해서 전압(내부 트랜지스터에 의해 증폭된다)을 만든다. 자기장이 없는 경우 센서의 출력은 공급 전압의 절반이 된다. 센서의 출력은 한쪽 극에 반응해서 0VDC까지 감소하며 다른 극에 대해서는 거의 공급 전압에 가깝게 증가한다.

선형 홀 센서는 아날로그 센서라고도 부른다. 출력 핀은 보통 내부 NPN 트랜지스터의 컬렉터보다는 이미터쪽과 연결된다. 받아들이는 전류를 제한하기 위해서 출력 핀과 접지 사이에 최소한 2.2K저항을 달아야 한다.

출력 전압의 변화를 이용하면 자석과 센서 사이의 거리를 해석할 수 있다. 거리가 멀어짐에 따라 감지되는 자기장이 감소하기 때문에 어느 정도(대부분 10mm) 이상 거리가 멀어지는 경우 센서가 반응하지 않는다.

옴니폴라(omnipolar) 형식의 홀 센서는 리드 스위치와 가장 비슷하다. 이 스위치는 자기장의 극에 관계없이 반응해서 스위치가 켜지고, 자기장이 사라지면 스위치가 꺼진다. 이 센서는 사실 두 개의 홀 센서와 두 센서 간의 전압 차이에 반응하는 논리 부품이 들어있다. 내부에 회로가 약간 더 들어있기도 하고 이런 형식을 가진 센서에 대한 요구가 크지 않으므로 약간 더 비싸다. (다른 종류의 홀 센서는 1,000원 미만인 반면 이런 형식의 경우 1,000원을 넘는다.)

센서 아이디어

홀 센서는 디지털 논리칩과 연결하기 편하다. 그림 30-7처럼 10K 풀업 저항을 이용할 수 있다. 논리칩은 훨씬 큰 임피던스를 가지고 있으며 아주 적은 전류만 있어도 되므로 좀 더 큰 값을 가진 저항을 이용해도 괜찮다. 물론 전압이 적당한 범위에 있는지 확인할 필요는 있다.

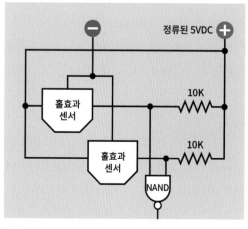

그림 30-7 회로에 있는 보통 때 낮은 전압 출력을 가지는 NAND 게이트는 두 홀 센서 중 하나라도 동작하면 높은 상태를 가진다.

이 회로에서 NAND 게이트는 두 센서 중 하나라도 동작해야 높은 상태 전압을 출력한다. NAND 게이트는 두 입력이 모두 높은 상태 전압인 경우 낮은 상태 전압을 출력하며 풀업 저항과 연결된 홀 센서는 센서가 켜졌을 때 낮은 상태 전압을 출력하기 때문에 두 입력 중 하나라도 낮은 상태를 가지면 높은 상태 전압을 출력한다. 유니폴라 센서가 이런 형태에 응용할 때 적합하다.

홀 센서가 극성을 알 수 없는 휴대용 자석에 반응해야 한다면, 옴니폴라 형식이 적합하다.

바이폴라 센서 뒤에 회로가 꺼질 때 사용하는 극의 자석을 붙여두면 유니폴라 센서처럼 동작시킬 수 있다. 예를 들어, 센서 앞으로 N극이 다가오면 이에 반응해서 켜지고 S극이 다가오면 이에 반응해서 꺼지는 형태라면, 센서 뒤에 작은 자석을 붙여서 센서가 꺼짐 상태로 돌아가게 만들 수 있다. 센서 앞에 N극을 가진 자석을 가져가면 자석이 만들어내는 자기장이 뒤에 붙여둔 작은 자석이 만드는 자기장을 이겨내면서 센서가 켜진다.

자석을 이런 방식으로 사용하려면 자석이 강력한 '항자기력(coercivity)'을 가지고 있어야 하는데, 여기서 항자기력이란 자석의 극성을 바꾸려는 것에 대항하는 힘을 의미한다. 즉, 한 자석의 극성이 다른 자석에 의해서 변화되는 것을 견디는 힘을 이야기한다. 네오디늄 자석의 경우 항자기력이 매우 강력하기 때문에, 이런 응용에 자주 사용된다.

조금 더 만들어 보자: 작은 공굴리기 게임

보통 놀이동산이나 축제 때 길거리에서 공굴리기 게임 중 몇 가지를 봤을 것이다. 아래쪽에 몇 개의 구멍이 있는 경사면 끝에서 공을 굴려서 최대한 빨리 공이 구멍으로 들어가게 만드는 것인데, 이때 멀리 있는 구멍에 들어갈수록 점수가 높다는 것을 기억할 것이다.

만일 공이 어떤 구멍에도 들어가지 않는 경우, 경사로 끝에 있는 홈통으로 들어가게 되며 이때는 점수를 얻을 수 없다. 그림 30-8에 기본적인 형태가 있다.

그림 30-8 축제에서 사용되는 전형적인 공굴리기 게임.

보통 많은 사람들이 바로 옆에 있는 경사면에서 서로 경쟁하며 가장 먼저 높은 득점을 얻은 사람이 어떤 형태의 상을 받는다.

구슬 모양 자석과 옴니폴라 홀 효과 센서를 이용해서 이 게임을 작게 만들 수 있다. 1인용 게임으로 만들 때는 점수를 표시하기 위한 카운터 외에 시간 제한을 넣어야 한다.

어떻게 하면 1, 2, 3점을 점수에 합산시킬 수 있을까? 공이 구멍에 빠진 다음 돌아오는 부분을 만들 때 높은 점수의 구멍 위치 부분부터 순서대로 여러 개의 센서를 사용하는 것이 가장 간단한 방법이라 생각한다. 공이 굴러 돌아오면서 통로에 설치된 센서를 동작시킨다.

나무로 공이 굴러갈 부분을 작게 만들 수 있지만, 플라스틱 관을 이용하는 것이 좀 더 쉽고 편하다.

플라스틱 구부리기

PETG(폴리에틸렌 테레프타레이트: polyethylene terephthalate) 재질의 관은 인터넷에서 비싸지 않은 가격으로 어렵지 않게 구할 수 있다. 이런 관을 이용하면 누군가 게임판을 확 흔들거나 누르는 경우에도 공을 원하는 대로 돌아오게 만들 수 있다. 한 가지 어려운 부분은 관 안쪽에 주름이 생기지 않도록 관을 부드럽게 휘는 것인데, 관 안쪽에 스프링을 넣고 히트건으로 가열하면서 휘면 된다.

이 책은 전자회로를 만드는 내용을 담은 책이지만 지금은 센서를 다루고 있기 때문에 물질 세계와 상호작용하는 방법에 대해서도 생각해 볼 필요가 있다.

그림 30-9 폴리에틸렌 관을 가열하기 전에 안에 스프링을 넣어두면 부드럽게 구부릴 수 있다.

더 얇은 관도 같은 방법으로 모양을 낼 수 있다. 공굴리기 게임에서는 직경 1/2″, 두께 1/16″짜리

관 안에 3/8″ 공 모양 자석을 사용하면 된다. 하지만, 어디서 얇은 관과 그 안에 넣을 스프링을 찾을 수 있을까?

인터넷에서 찾는 것이 가장 좋다. 인터넷에서는 다양한 길이의 PETG 관을 길이 단위로 판매하며, 스프링 역시 길이 단위 판매하는데, 필요한 경우 원하는 길이로 잘라서 구입할 수 있다. 따라서 원하는 길이로 잘라진 관을 구입할 수 있지만 관을 구부리기 위해서 따로 작게 자를 필요는 없다.

물론, 나무로 작업을 하거나 더 적은 물품을 구매하고 다른 것을 이용해서 만들 수도 있다. 모든 사람들이 플라스틱 관을 구부리고, 거기에 공을 넣는 것 같은 필자의 독특한 취향을 공유하지는 않는다는 것을 잘 알고 있다. 그럼에도 이미 상당히 많은 부분을 설명했으니 일단 이 프로젝트에 대해서는 끝까지 설명하도록 하겠다.

공굴리기 게임의 전자회로

1점짜리 구멍에서 돌아오는 관에는 1개의 센서가 있으며, 2점짜리 구멍에는 2개의 센서, 3점짜리 구멍에서 돌아오는 길에는 3개의 센서가 있으므로 모두 8개의 센서가 사용된다. 그림 30-10에 있는 경사면 밑에 있는 공이 되돌아오는 관의 배치에서처럼 8입력 NAND 게이트를 이용해서 8개 센서의 출력을 카운터로 보낼 수 있다.

그림 30-7에서 NAND 게이트와 홀 효과 센서를 같이 쓸 때, 센서가 게이트의 입력 중 하나를 낮은 전압 상태로 바꿀 때마다, 게이트의 출력이 높은 상태 전압을 가졌던 것을 기억할 것이다.

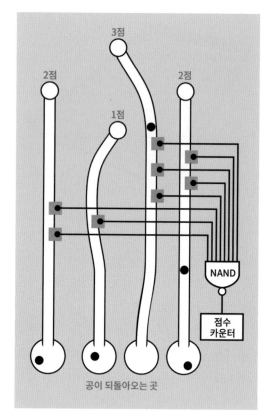

그림 30-10 공굴리기 게임에서 녹색 사각형으로 표시된 홀 효과 센서들을 이용해서 점수를 세는 방법.

옴니폴라 센서의 경우 공이 굴러가면서 극성이 변하는 것에 관계없이 반응할 수 있기 때문에 여기서 사용하기에 적당하다. 리드 스위치 대신 센서를 사용하는 가장 큰 이유가 잡음이 적다는 점이므로, 센서에서 별다른 잡음을 발생시키지 않기를 기대할 수 있다. 센서를 쓰는 경우 바운싱 현상이 일어나지 않기 때문에 리드 스위치를 사용했을 때처럼 바운싱을 없애는 처리를 할 필요가 없다. (바운싱을 없애는 기법들은 『짜릿짜릿 전자회로 DIY』에 설명돼 있다.)

NAND 칩의 출력은 4026B 십진 카운터와 연

결할 수 있다. 이 칩은 7 세그먼트 LED 숫자 표시 장치에 전원을 공급할 수 있도록 설계되어 있다. 이 칩의 자리올림수(carry)는 두 번째 숫자 표시장치에 연결된 두 번째 4026B칩으로 입력시켜서 99까지의 숫자를 표현할 수 있다. 4026B 역시 『짜릿짜릿 전자회로 DIY』에서 반응 속도 게임을 진행하면서 사용한 적이 있다.

리셋 버튼을 추가해서 카운터 값을 0으로 만들고, 카운터가 한 주기의 끝에서 정지할 수 있도록 555 타이머에서 30초짜리 펄스 하나를 만들 수 있도록 한다. 이제 끝났다. 여러분도 초창기 핀볼 게임기처럼 굴러가는 자석공을 이용하는 여러분의 아케이드 게임기를 가지게 되었다.

잠깐, 네오디늄 자석공으로 핀볼 게임기를 만들 수 있을까?

만들 수 있겠지만 훨씬 더 복잡하며, 특히 자석공들이 접점 근처로 끌려가지 않도록 해야 한다. 공굴리기 게임에서 공이 우연히 접점쪽으로 끌려가는 것은 높은 점수를 내기 조금 더 어렵게 만들 뿐이다.

빛에 의해서 동작하는 센서에는 능동형과 수동형 두 가지 형태가 있다.

실험 7에서 설명했던 '시간과 빛으로 제어되는 전등'에서 사용했던 광트랜지스터는 수동형 센서라 할 수 있다. 이 형태의 센서는 설치하고 기다리면 외부 조명에서 들어오는 빛의 밝기에 따라 내부 유효 저항값이 바뀐다.

자주 사용되는 다른 형태의 수동식 광감지 부품으로는 PIR 동작 센서가 있으며 약자 부분에서 P는 수동형(passive)을, IR은 적외선(infrared)을 의미한다. 이 센서는 주변에 사람이 움직일 때 몸에서 나오는 열을 감지해서 전등을 켜거나 경보 장치를 동작시키기 위해 이용된다.

PIR 동작 센서는 상당히 유용한 부품이지만 부품점에서 판매하는 일반적인 PIR 동작 센서는 하나의 유닛으로 판매되기 때문에 실험에서 연결할 수 있는 공간이 없다. 따라서, 이 형태의 센서를 이용해 보려면 그림 31-1에 있는 것 같은 모양의 연결용 보드를 같이 사는 것이 좋다. 마이크로컨트롤러에 직접 연결할 수 있는 연결용 보드는 스파크펀(Sparkfun) 같이 취미로 전자회로를 다루는 사람들이 자주 찾는 사이트에서는

만원 정도면 살 수 있다. http://www.ladyada.net에서 이 센서의 사용법을 아주 친절하게 설명하고 있다. 능동형 센서가 좀 더 재미있을 것이라 생각되기 때문에 여기서는 PIR 센서를 다루지 않을 것이다.

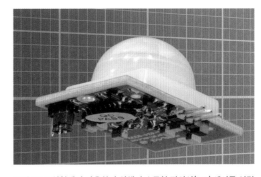

그림 31-1 실험에서 사용하기 위해서 수동형 적외선(PIR) 센서를 연결용 보드에 붙여둔 것

능동형 광 센서

능동형 센서는 단순하게 설치된 상태에서 주변의 빛을 살펴보는 대신 직접 빛(보통은 적외선이지만 자외선을 사용하는 것도 가끔 있다)을 방출한다. 능동형 센서는 복사기에서 종이 걸림을 감지하기 위해서 사용될 뿐 아니라 공장 자동화 과정에서 각 생산 공정이 얼만큼 진행됐는지 확인

하기 위해서 혹은 로봇에서 움직이는 부분의 위치를 확인하기 위해서도 사용된다.

센서의 빛은 보통 적외선 LED에서 만들어지는데, 이 LED는 좁은 주파수 대역에서 동작하며 주변의 광원에 의한 영향을 받지 않고 구분되도록 변조 과정을 거치는 것이 일반적이며, 근처에 있는 감지기(보통 광트랜지스터)에 있는 회로 역시 이 주파수에 맞춰져 있다.

광 출력과 광 센서부의 조합을 지칭하는 일반적인 용어는 '방출기-수신기(emitter-receiver)[1]' 조합이라 하는데, 2가지 형태가 있다.

반사형 방출기-수신기

- LED와 광트랜지스터를 나란히 붙여서 같은 방향을 보게 만든다. 그림 31-2에서 예를 찾을 수 있다.

그림 31-2 여기 있는 반사형 방출기-수신기는 적외선 광트랜지스터 옆에 같은 파장을 출력하는 적외선 방출기가 나란히 붙은 형태이다. 방출기에서 출력된 빛은 가까운 거리에 있는 반사체에 반사되어 돌아오는데, 이때 움직이는 물체가 광선의 경로에 끼어들면서 변화가 만들어지며 광트랜지스터에서 이 변화를 측정한다.

1 (옮긴이) '송신기-수신기'라는 용어를 사용하기도 한다.

- LED에서 방출되는 빛을 광트랜지스터로 반사시키기 위해서는 은박조각이나 흰색 물체처럼 반사면을 가진 물체가 있어야 한다.
- 반사 거리는 매우 제한적이다. 대부분의 반사형 센서에서는 반사면이 1/2인치 이내에 있어야 한다. 그렇지 않은 센서도 있지만 비싸다.

전송형 방출기-수신기

- 그림 31-3에 있는 것처럼 U자 모양의 양쪽 끝부분에 LED가 광트랜지스터가 각각 서로 마주보고 붙어 있다.
- 만일 물체가 광선을 가리면 광트랜지스터의 출력이 변한다.

그림 31-3 에버라이트(Everlight)의 ITR9606-F 전송형 센서는 맞은편에 어느 정도 간격을 두고 있는 광트랜지스터로 빛을 전송한다. 사진에서 플라스틱 오른쪽 부분에 있는 다이오드 회로도 기호는 단순히 다이오드가 들어 있다는 것을 나타내는 것으로 적외선 LED가 이 부분에 붙어 있다.

- 이 종류의 부품에는 대부분 1/4인치 정도의 틈이 있다.
- 전송형 방출기-수신기는 반사형보다 용도가 제한적이지만 사용하기 쉽고 설치하기도 편하다.
- 이런 센서는 광스위치 혹은 광단속기(opto-interrupter)라고 부르기도 한다.

이후 실험에서 에버라이트 ITR9606-F와 같은 전송형 센서를 어떻게 사용할 수 있는지 보여줄 것이다. 이 실험을 한 후에 응용 방법을 몇 가지 소개할 것이다. 하지만 그보다 먼저 아랫부분을 확인하자.

경고: 센서는 서서히 죽는다

능동형 IR 센서는 항상 켜져 있는 장치다. 즉 전원이 들어와 있으면 적외선 LED는 빛을 발산한다.

이로 인해 항상 약간의 전력을 소모(대략 10mA에서 20mA)하지만 이 부분은 큰 문제가 아니다. 슬픈 사실은 적외선 LED의 경우 사용함에 따라서 성능이 떨어진다는 것이다. 일부 데이터시트에서는 5년에 걸쳐 빛의 세기가 약 50% 정도 감소한다고 경고하고 있다.

다른 데이터시트의 경우 이 부분을 언급하고 있지 않은 경우도 있지만 이 현상은 일어나고 있다. 성능 저하는 열에 관련된 경우도 있으며, 제조 과정에서 사용된 화학 약품과 연관성이 있기도 하다. 성능 열화에 대한 책들을 읽었지만 아직 완전히 이해했다고 할 수는 없다. 하지만 어떤 책에서나 이 현상이 일어난다는 것에 대해서는 의견을 같이했다.

따라서 능동형 적외선 센서를 사용할 때는 시간이 지남에 따라 LED의 성능이 떨어지더라도 최대한 오랫동안 동작할 수 있도록 에러의 허용 폭을 되도록 많이 조정할 수 있는 회로를 만드는 것이 좋다. 또한, LED로 흐르는 전류를 최소화시킬 수 있도록 만들자.

숫자들

전송형 센서에 들어 있는 적외선 방출기는 대략 1.2V 정도(높아도 1.5V를 넘지 않는)의 비교적 낮은 정방향 전압이 필요한 LED가 사용된다. 내부에 LED를 보호할 수 있는 저항이 없기 때문에 외부에 직렬 저항을 추가해야 한다. 이 저항의 값은 전원의 전압에 따라 선택해야 한다.

정방향 전압과 더불어 적외선 LED의 전류 소모도 확인하자. 데이터시트에서 '평상시(typical)' 전류 소모라 표시된 값에 해당하는 전류가 흐르도록 직렬 저항의 값을 조정해야 한다. 데이터시트에서 '절대 최댓값(absolute maximum)'으로 표시된 정도의 전류가 흐르도록 만들 필요는 없으며 원하지도 않을 것이다.

적외선 수신기는 광트랜지스터로 홀효과 센서처럼 보통 오픈 컬렉터 형태이다. 이전처럼 오픈 컬렉터 부분에 풀업 저항을 사용할 것이라는 점을 예상할 수 있을 것이다. 어떤 값의 저항을 붙여야 할 것인지만 궁금할 것이다. 데이터시트에 이 값이 항상 있는 것은 아니지만 오픈 컬렉터에서 받아들일 수 있는 최대 전류가 있을 것이다. "최대" 전류는 20mA 정도이지만 '평상시' 전류는 이보다 훨씬 낮을 것이다. 결과적으로 이 센서에 가시광선을 출력하는 일반적인 LED를 바로 붙여서 동작시킬 수 있을 것이라 생각할 수 없다.

적외선 센서 실험

센서의 경우 방향성을 가지고 있으므로 이제 이 부분을 확인해 보자. ITR9606-F의 핀배치는 그림 31-4에 있다. 하지만 센서의 방향은 어떻게 알아내야 할까? 에버라이트 ITR9606-F의 경우에는 플라스틱 부분에 다이오드 기호를 양각으로 새겨 놨기 때문에 방향을 알아내기 쉽다. 그림 31-3을 유심히 살펴보면 이 기호를 오른쪽에서 찾을 수 있을 것이다.

다른 센서들도 많은 경우 비슷한 사양을 가지고 있으며 데이터시트에서 각 단자의 기능을 볼 수 있을 것이다. 일부 센서들은 ITR9606-F와 같은 위치에 단자가 있지만 한 쌍의 단자가 거꾸로 된 것도 있다.

이 실험에서 사용하는 전송형 광 센서가 어떤 형태든 제대로 된 순서로 동작시켜야 하고 각 핀의 기능에 맞게 사용해야 하며 부품에 너무 많은 전류가 흐르지 않도록 해야 한다.

그림 31-5에 쿼드 2입력 OR 논리 게이트를 사

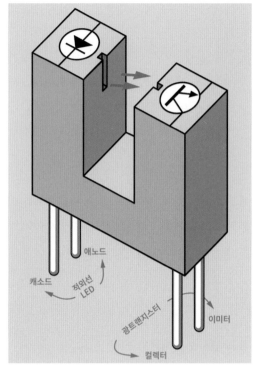

그림 31-4 에버라이트 ITR9606-F의 핀 기능. 비슷한 사양을 가진 다른 센서들은 같은 핀 기능을 가졌을 수도 있지만 핀이 반대로 배치된 경우도 있다. 반드시 데이터시트에서 이 부분을 찾아보자.

용해서 센서의 동작을 확인하는 방법이 있다. 이런 방식을 사용하는 이유는 실험을 진행하면서 점차 더 명확해 질 것이다. 그림 31-6은 회로가 브레드보드에 연결된 사진이다.

OR 칩이 필요하기 때문에 정류된 5VDC전원을 이용한다는 점에 주목하자.

회로를 배선할 때 일부러 전원의 양극을 연결하지 않고 놔두었으며, 광트랜지스터의 컬렉터 부분 역시 연결하지 않고 남겨두었다. 첫 번째 단계는 적외선 LED에 전력을 공급하는 것이다.

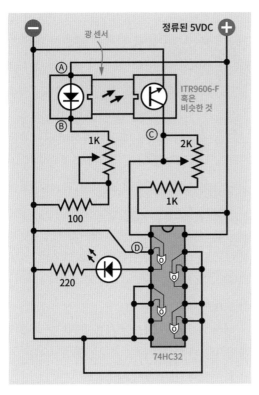

그림 31-5 전송형 광 센서를 OR 논리칩과 연결해서 확인하는 회로.

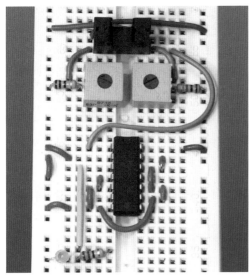

그림 31-6 브레드보드에 구현한 전송형 광 센서를 점검하기 위한 회로.
U자 형태의 센서는 가장 위쪽에 미세조정 가변저항 바로 위에 있다.

적외선 LED 확인하기

센서 안에 있는 LED에서는 가시 광선 파장 바깥에 있는 빛을 방출하기 때문에 그 빛을 볼 수 없다는 것을 기억해야 한다. 따라서, 동작하는지 확인하려면 계측기에 의존해야 한다.

그림 31-5에서 1K 미세조정 가변저항을 최대 저항값으로 조정한다. (확실치 않은 경우에는 보드에 끼우기 전에 계측기로 확인해야 한다.) 이제 A와 B 지점 사이의 전압을 측정하면 대략 1VDC에서 1.2VDC 사이의 값이 측정될 것이다.

적외선 LED가 소모하는 전류도 측정할 필요가 있다. 회로의 A 지점과 양극 전원 부분을 연결하는 연결선을 제거한다. 전류(mA)를 측정할 수 있게 계측기를 조정한 후, A 지점과 양극 전원 사이에 연결한다. 미세조정 가변저항을 돌림에 따라 계측기에서 읽히는 값도 바뀔 것이다. 대략 10mA 정도의 전류값이 읽히도록 조정한다. 사용된 LED에서 더 많은 전류를 소모하도록 만들 수도 있지만 이후에 만들려고 염두에 두고 있는 응용을 위해서 여기서는 너무 많은 전류가 소모되지 않도록 만드는 것이다.

미세조정 가변저항을 회로에서 떼어서 저항값을 측정해 보자. 필자의 경우는 대략 350Ω의 값을 얻었다. 따라서, 적외선 LED에 걸리는 직렬 저항값의 합은 100＋350＝450Ω이 되는데, 이 값이 5VDC를 사용하는 LED에 있어서는 비교적 높다고 볼 수 있지만 필자의 회로에서는 이 값을 이용해서 잘 동작했다.

이제 1K 미세조정 가변저항과 100Ω 저항을 제거하고 450Ω짜리 혹은 전류 값을 10mA로 만드는 어떤 값의 직렬 저항 하나로 바꿀 수 있다.

광트랜지스터 점검

이제 조심스럽게 LED를 광트랜지스터의 컬렉터에 연결하고 C 지점과 음극 접지 간의 전압을 측정한다. 이 전압은 오픈 컬렉터를 위한 풀업 저항의 형태를 가지는 1K 저항과 2K 미세조정 가변저항을 통해서 공급된다.

이 값을 측정하는 동안 적외선이 막히도록 센서로 카드 한 장을 밀어 넣은 후 카드를 제거한다. 미세조정 가변저항의 값을 조절해서, 카드를 끼웠을 때 4.5VDC 이상의 전압이 나타나고 카드를 뺐을 때는 0.5VDC 이하의 전압이 나타나도록 해야 한다. 대략 2K 정도의 저항값이 적절할 것이라 생각한다.

이제 2K 미세조정 가변저항과 1K 저항 대신 회로의 C 지점에서 원하는 전압을 만들 수 있는 적당한 값의 풀업 저항으로 바꾼다.

논리 실험

74HC00의 경우 3.5VDC보다 높은 전압을 높은 상태 전압으로 인식하며 1VDC보다 낮은 전압을 낮은 상태 전압으로 인식하기 때문에, 센서의 출력도 정상적으로 인식할 수 있다.

광트랜지스터의 풀업 저항을 100Ω 정도로 낮게 권장하는 전송형 광 센서 몇 개를 본 적이 있다. 만일 이 중 하나를 사용하게 된다면, 센서로 들어가는 전류를 확인해 볼 필요가 있다. 이를 위해서는 트랜지스터의 이미터 단자를 회로에서 뗀 다음에 이미터와 음극 접지 사이에 전류 측정 상태로 설정된 계측기를 넣어서 측정해야 한다. 이때 4mA 이상의 전류가 흐르지 않도록 만들어야 한다.

그림처럼 논리칩의 왼쪽 윗부분에 있는 OR 게이트를 C 지점에 연결한다. D 지점에 있는 OR 게이트의 다른 입력은 이후에 음극 접지와 연결할 것이다.

센서 안에 있는 카드 조각을 움직이면 지연이 생기거나 깜빡이지 않고 즉시 LED가 켜지는 것을 확인할 수 있을 것이다.

74HC00 계통 논리칩의 입력 임피던스가 아주 크기 때문에 오픈 컬렉터 전압을 별로 떨어뜨리지 않는다는 것을 확인할 수 있을 것이다.

회로를 점검할 때 여러 가지 물체를 이용해서 센서에 달려있는 적외선 센서를 가리면서 실험해 보자. 두꺼운 골판지 조각을 이용하는 경우에는 백지를 이용해서 적외선을 차단할 때보다 더 높은 오픈 컬렉터 전압이 발생한다. 실제 응용 분야에 센서를 사용할 생각이 있다면 이 부분을 잘 기억하고 있어야 한다.

옵션들

이 실험에서 광 센서를 추가해서 한 단계 더 나갈 수 있다. OR 게이트로 들어가는 D 지점의 두 번째 입력 부분과 접지와의 연결을 끊은 다음에 두 번째 센서의 출력 부분과 연결한다. 이제 두 센서에 있는 적외선 중에 하나라도 막으면 OR 게이트에서 높은 상태 전압을 얻게 된다. 당연히 일련의 센서 중 어떤 것이든 동작했을 때를 확인하고 싶은 경우에는 더 많은 입력 핀을 가진 OR 게이트를 사용하면 된다.

OR 게이트 대신 XOR 게이트를 이용할 수도 있다. 이 경우 여러 센서 중 오직 하나의 센서가 동작했을 때 결과를 얻을 수 있다. 여러분이 원하는 대로 논리 게이트를 바꿔 볼 수 있다.

다른 방식으로는 이전에 실험 7에서 시간과 빛으로 켜지는 전등에서 광트랜지스터와 비교기를 같이 사용했던 것처럼 전송형 광 센서는 비교기를 동작시키기에도 적합하다. 이 비교기는 논리칩에 비해 전압 변화를 견딜 수 있는 범위가 비교적 넓기 때문에 오류에 조금 더 버틸 수 있도록 여유 있게 문턱전압을 설정할 수 있다.

홀효과 센서를 이용해서 실험을 할 때는 NAND 게이트를 사용해서 여러 센서들의 출력을 묶어야 한다. 홀 센서의 출력은 오픈 컬렉터를 통해서 나오기 때문에, 센서가 동작할 때 낮은 수준 전압이 되기 때문이다. 광 센서는 그 반대로 동작한다. 적외선이 차단된 경우 광트랜지스터의 유효 저항값이 증가하기 때문에, 센서가 동작할 때 오픈 컬렉터의 출력이 높은 상태 전압으로 바뀐다.

만일 광 센서의 동작을 반대로 만들고 싶은 경우에는 이미터 폴로어(emitter follower) 출력을 사용하도록 바꾸면 된다.

1. 광트랜지스터의 컬렉터에 있는 풀업 저항을 떼고, 광트랜지스터의 이미터와 접지 사이의 연결을 끊은 다음, 이미터와 접지 사이에 저항을 추가한다.
2. 광트랜지스터의 컬렉터를 전원의 양극 부분과 직접 연결한다.
3. C 지점에 있는 OR 칩으로 가는 연결선을 광트랜지스터의 이미터 부분으로 옮긴다.

이제 센서의 출력은 평상시에 높은 상태 전압을 가지고 적외선이 차단된 경우에는 낮은 상태 전압으로 바뀐다.

전송형 광 센서에 대한 몇 가지 사실

- 보통 내부에 있는 적외선 LED로 1.5V보다 높지 않은 전압(1.2V 정도가 선호됨)이 들어가야 하며, 대략 10mA에서 20mA의 전류를 소모한다.
- 오픈 컬렉터 회로에서 광트랜지스터의 경우 컬렉터 단자와 전원의 양극 사이에 풀업 저항이 있어야 한다. 저항의 값은 광 센서의 종류에 따라 아주 많이 달라진다. 센서가 막혀있지 않은 상태에서는 컬렉터에서 낮은 상태 전압이 출력되며, 센서가 막혔을 때는 높은 상태 전압이 된다.
- 이미터 폴로어 회로는 센서와 반대로 동작한다. 광트랜지스터의 이미터와 전원의 음극 접지 사이에 저항이 위치하게 되며, 이미터 연결 부분의 전압은 센서가 막히지 않을 때 높은 상태 전압을, 막혔을 때 낮은 상태 전압

을 가진다.

- 전송형 광 센서는 많은 부하를 구동시킬 수 있도록 설계된 것이 아니다. 따라서, 출력은 논리 게이트의 비교기처럼 높은 임피던스를 가진 부품으로 들어가야 한다.
- 적외선 LED의 출력은 시간이 지나면서 점점 출력이 줄어들어 흐려지기 때문에 적외선의 밝기가 줄어든 상태에서도 동작할 수 있도록 회로를 설계해야 한다. 비교기는 논리 게이트보다 넓은 범위의 입력 전압을 받을 수 있다.
- 적외선은 보이지 않기 때문에 부품이 동작하고 있더라도 아무것도 볼 수 없다. 실수로 켜두는 경우가 없도록 주의하자.

더 좋은 슬롯

이 센서를 어디에 써야 할까? 앞에서 봤던 핫슬롯(Hot Slot) 게임에서 동전을 감지하는 데 사용하면 어떨까? 16개의 센서가 필요하지만 센서는 비교적 저렴하고 여러분이 이 책을 읽고 있을 때면 조금 더 저렴해지지 않았을까 생각된다.

이 작업을 위해서는 2가지 문제를 이야기해야 한다. 센서들을 어떻게 연결할 것이며, 어떤 방식으로 상자에 붙여야 동전을 넣기에 적절할 것인지 하는 문제다. 일단 배선 문제부터 살펴보자.

개념의 증명

멀티플렉서가 16개의 출력 중 하나로 전력을 공급하는 형식이었던 원래 버전의 게임을 기억할 것이다(실험 21을 참조하자). 만일 기억을 되살릴 필요가 있다면 그림 21-7과 21-8을 확인하자.

광 센서는 많은 전류를 소모하지 않기 때문에 멀티플렉서에서 적외선 LED와 광트랜지스터 모두에 전력을 공급할 수 있다고 생각한다. 이런 형태가 되면 다른 센서들은 '꺼짐' 상태를 유지할 것이므로 전력을 소모하지 않으며, 적외선 LED도 보존할 수 있기 때문에 상당히 좋다고 생각한다.

이런 형태의 배치를 좋아하는 다른 이유는 누군가 이겼을 때 하나의 LED만 켜지는 것이 아니라 (몇 개의 증폭기를 더 추가해야 하지만) 각각의 센서를 이용해서 별도의 '승리 알림' LED를 켤 수도 있기 때문이다. 즉, 누군가 핫슬롯을 선택하면 슬롯 바로 옆에 있는 '승리 알림' LED가 켜지는 것이다.

여기서 궁금한 부분은 각각 동작의 정확한 순서다. 약간 복잡하다고 생각할 수 있는 부분이 있기 때문에 어떤 일이 일어나는지 하나의 센서를 기준으로 보여줄 것이다.

그림 31-7에서 센서가 멀티플렉서를 통해서 전력을 공급받고 있지 않기 때문에 센서는 아직 아무런 동작도 하고 있지 않다. 적외선 LED는 꺼져 있으며 광트랜지스터 역시 전력을 받지 못하고 있다.

증폭기에 연결된 전원은 승리 표시용 LED를 위해서 사용된다. 증폭기로는 그동안 많이 사용했던 ULN2003 달링턴 어레이를 사용하며, 동전 센서가 달링턴 어레이로 신호를 보냈을 때 승리 표시용 LED로 전류를 보내주는 형태로 동작한다. 여기서는 센서에 전력이 공급되지 않았으므로 이 신호 역시 전달되고 있지 않다. 결과적으로 승리 표시용 LED는 꺼져 있다.

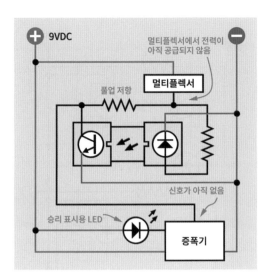

그림 31-7 동전 센서에 전원을 공급하는 첫 단계. 자세한 것은 본문을 참조.

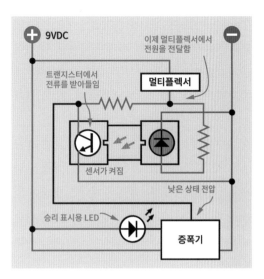

그림 31-8 동전 센서에 전원을 공급하는 두 번째 단계. 자세한 것은 본문을 참조.

이제 그림 31-8을 살펴보자. 멀티플렉서에서 이 센서를 핫슬롯으로 선택한 경우로, 센서의 적외선 LED와 광트랜지스터에 전원이 공급된다. 적외선 LED는 바로 광트랜지스터의 유효 내부 저항을 낮추기 때문에 풀업 저항을 통해서 전류를 받아들이게 된다. 광트랜지스터에서 전류를 받아들이면서 전류가 증폭기 쪽으로 갈 수 없게 되며, 결과적으로 증폭기의 입력으로 가는 신호가 낮은 상태 전압이 되면서 승리 표시용 LED는 꺼진 상태가 유지된다.

마지막으로 그림 31-9에서는 누군가 센서에 동전을 집어넣은 것이다. 광트랜지스터에서 더 이상 적외선을 받지 못하면서 유효 내부 저항이 증가한다. 이제 증폭기 입력으로 가는 신호의 전압이 높아지면서 승리 표시용 LED의 증폭기 스위치가 켜진다.

이제 동작할 것처럼 보이나? 이 회로를 처음

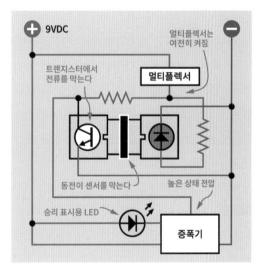

그림 31-9 동전 센서에 전원을 공급하는 세 번째 단계. 자세한 것은 본문을 참조.

그렸을 때는 완전히 확신할 수 없었다. 멀티플렉서에 전원이 가해졌을 때 센서에서 잠시 반응을 기다리고 그동안 광트랜지스터는 전류를 받아들이지 못하면서 증폭기쪽으로 전류가 흘러 들어가며, 승리 표시용 LED가 켜지면서 어떤 것이 핫슬롯인지 알려줘버리는 결과가 나타날 수 있다고 생각했었다.

하지만 회로를 연결하고 살펴본 결과, 생각보다 센서의 반응이 빨라서 증폭기로 가는 전류가 아주 짧게 생성되었으며, 결과적으로 승리 표시용 LED에서 눈으로 확인할 수 있는 반응은 나타나지 않았다. 맞다. 회로가 제대로 동작한 것이다. 하지만 가끔은 이런 부분이 확실한지 한번 시도해 봐야 한다. 적어도 필자의 경우에는 한번 해봤다.

이런 작업은 개념을 검증하는 것이다. 이제 올바른 값의 저항을 선택하고 모든 것을 브레드보드에 끼우는 일만 남았다.

사실 모든 부품을 브레드보드에 끼울 수는 없었다. 하지만 대부분의 달링턴 어레이에서 처리할 수 있는 8개의 센서를 끼울 수 있었다. 브레드보드 배치 형태를 유지하면서 다른 브레드보드에도 배치해서 16개 슬롯을 가진 완전한 핫슬롯 게임을 만들 수 있다.

회로도

그림 31-10은 달링턴 어레이와 같이 사용된 3개의 센서를 보여준다. 공간이 무한하지 않으며 각 센서로의 연결은 같기 때문에 나머지 다섯 개의 센서를 추가하는 것은 여러분의 몫으로 두겠다. 그림에 있는 것 중 하나의 연결과 완전하게 똑같게 연결하면 된다.

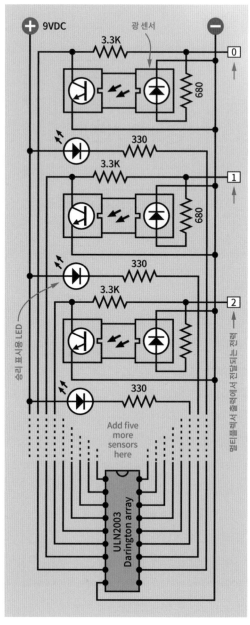

그림 31-10 핫슬롯 게임에서 빛으로 동전을 인식하도록 만들기 위해서 필요한 16개의 센서 중 3개, 2개의 달링턴 어레이 중 1개.

여기에 5개의 센서를 더 붙인다.

- 오른쪽에 0, 1, 2번으로 숫자가 붙어있는 입력들은 핫슬롯 게임의 원래 회로도에 있는 멀티플렉서의 출력에 해당한다. 그림 21-7을 보자.
- 각각의 센서는 앞의 그림 31-5에서 살펴본 센서 점검용 회로와 비교하면 180도 반대로 뒤집힌 상태다. 센서를 구동시키기 위해 사용되는 달링턴 어레이와 연결할 때 전선이 꼬이는 것을 막기 위해서 반대로 뒤집은 것이다. 센서를 끼울 때는 센서에 있는 적외선 LED 부분이 왼쪽이 아닌 오른쪽에 가도록 한다.
- 각 센서에 있는 적외선 LED를 위한 직렬 저항의 값을 680Ω으로 높였으며, 오픈 컬렉터 출력을 위한 풀업 저항의 값은 이제 3.3K이 된다. 회로가 9VDC 전원을 이용하는 멀티플렉서를 이용해서 구동될 것이기 때문에 거기에 맞게 바꾼 것이다. 여기서는 74HC00 논리칩을 사용할 것이 아니기 때문에 5VDC가 필요하지 않으며, 멀티플렉서가 가지고 있는 내부 저항으로 인해서 전압 강하가 발생하기 때문에 적합하지도 않다.
- 달링턴 칩은 전류를 공급할 수 없고 전류를 받을 수만 있으므로, 승리 표시용 LED는 각각 전원의 양극 부분에 연결되어 달링턴 쪽으로 전류를 흘려보내야 한다.
- 각 센서의 전력은 그림 21-7에 있는 멀티플렉서를 통해서 공급받지만, 달링턴 어레이의 경우에는 전원에서 직접 전력을 공급받는다. 이

런 방식을 이용하면 멀티플렉서에 추가적인 부하를 가하지 않을 수 있다.

- 각각의 달링턴 쌍은 앞의 검사에서 사용했던 OR 칩보다 낮은 입력 임피던스를 가지고 있기 때문에, 결과적으로 달링턴은 동작하는 센서의 출력 전압을 약간 떨어트릴 수 있다. 센서에 다양한 값의 풀업 저항을 이용해봤는데, 3.3K 정도가 가장 적절했던 것 같다. 승리 표시용 LED의 꺼짐/켜짐 동작이 정확하지 않은 경우에는 좀 더 큰 값으로 조정하면 된다.
- 각각의 승리 표시용 LED에는 330Ω짜리 직렬 저항을 사용하자. 여기서 사용한 LED는 2VDC의 순방향 전압을 가지도록 설계한 것이며 만일 다른 종류의 LED를 사용하면 거기에 맞게 직렬 저항의 값도 바꾸어야 한다. 켜졌을 때 LED에 걸리는 전압과 소모되는 전류를 확인하자.
- 달링턴 쌍의 경우 별다른 문제없이 전류를 100mA까지 받을 수 있기 때문에 과부하 상황에 대해서 걱정할 필요는 없다.

브레드보드에 끼우기

그림 31-11에 각 센서의 브레드보드 배치가 있는데, 센서와 옆의 승리 표시용 LED를 포함하는 한 세트마다 브레드보드 4줄을 이용한다. 회색 선은 브레드보드 안에 있는 도체를 나타낸다. 센서 핀들은 가운데가 하얀색으로 되어 있는 검정색 원으로 표시했다.

- 두 센서 핀들을 대각으로 연결할 연결선 위로 센서를 끼워야 하기 때문에 센서를 끼우기 전에 미리 브레드보드에 끼워야 한다.

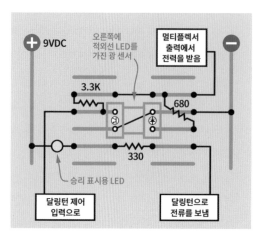

그림 31-11 하나의 센서가 브레드보드에서 가장 적은 줄을 차지하도록 만들 수 있는 배치.

각각의 부품들을 아주 빽빽하게 끼워야 하기 때문에 위치를 잡을 때는 주의해야 한다. 만일 저항이나 연결선을 정확한 위치에서 한 칸 옆에 끼우는 경우, 센서로 가는 전압이 뒤바뀌면서 부품을 태울 수 있다. 필자의 회로에서는 동작을 점검하는 동안에 2개의 센서를 태워 먹었다. 필자의 경우에는 항상 조바심이 문제다.

그림 31-12에서 필자가 브레드보드에 8개의 센서를 배치한 사진을 볼 수 있을 것이다. 남아있는 8개의 센서를 다루기 위해서 이 회로와 같은 회로를 하나 더 만들 수 있다.

오른쪽에서 오는 하얀색 연결선은 그림 21-7

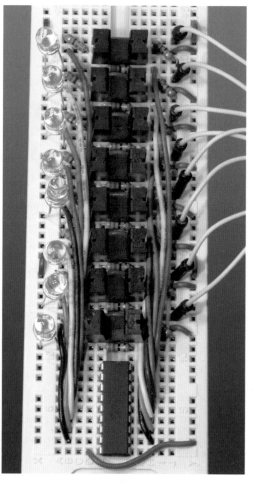

그림 31-12 핫슬롯 게임에 필요한 16개의 동전 감지 센서 중 8개의 센서를 위한 브레드보드 회로.

에서 찾을 수 있는 원래 핫슬롯 회로에서 나오는 멀티플렉서의 출력이다. 이 회로에서는 밝은 LED를 이용하기 위해 직경 5mm짜리 투명한 LED를 사용했다. 왼쪽에서 이 LED들이 일렬로 있는 것을 볼 수 있을 것이다.

어떻게 생각되나? 빡빡한 금속 접점 사이에 동전을 끼우기 위해서 힘을 줘야 하는 형태에서, 아무런 힘도 들이지 않고 슬롯에 동전을 끼울 수 있는 형태로 사용자 인터페이스를 약간 더 개선하기 위해서 더 많은 고생을 감수하는 것이 가치가 있을까? 개인적으로는 가치가 있다고 생각하고, 특히 저자가 생각하는 아주 멋진 상자(이제 설명할 것이다)를 같이 사용하면 여러분도 동의할 수 있을 것이라 생각한다.

슬롯 상자

이 회로를 영구적으로 만드는 가장 명확한 방법은 모든 부품들을 만능 기판에 납땜하고 얇은 틈을 낸 상자의 슬롯 밑에 기판을 두는 것이다. 이 경우 동전을 정확히 제어할 수 없을 수 있기 때문에 필자에게는 이 생각이 그렇게까지 흥미로운 것은 아니다.

나무 또는 불투명 플라스틱을 풀로 붙여서 수직으로 세우고 그 사이에 센서를 붙여 두는 것이 더 좋을 것 같다.

그림 31-13은 전체 제작 과정 중 첫 번째 단계이며 이 과정에서는 4개의 센서와 동전을 끼울 수 있게 반원 모양을 낸 1/4인치 두께의 나무 조각 혹은 플라스틱을 이용한다.

그림 31-14는 반원형 슬롯의 아랫부분에 있는 홈 부분에 센서가 어떻게 놓이는지 보여준다.

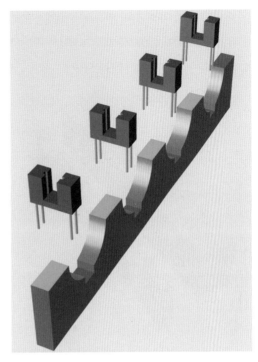

그림 31-13 센서를 둘러쌀 외관을 만들어 나가는 첫 번째 단계.

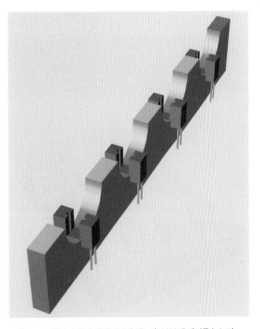

그림 31-14 동전 슬롯의 아랫부분에 있는 홈 부분에 센서를 놓는다.

이제 그림 31-15와 같이 위쪽에서 아래쪽으로 수직 구멍을 뚫어서 LED를 끼울 3/4인치 정도의 공간을 남겨주는 부품을 추가한다.

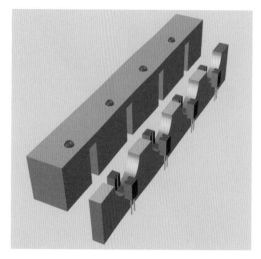

그림 31-15 공간을 남겨주는 부품이 센서를 잡아주며 센서의 한 쪽에서 다른 쪽으로 적외선이 새나가지 않도록 막아준다.

공간을 남겨주는 부품 4개와 동전을 끼우는 부분 4개를 추가하고 맨 앞 부분에 간격을 주는 부품을 하나 더 끼운 다음에 맨 아래쪽에 전자회로를 두고 모든 부분을 하나의 상자 안에 조립해서 넣는 것이다.

그림 31-16 맨 앞에 간격을 두는 것을 하나 더 넣어야 하고, 이걸 조립한 다음에 상자에 넣을 수 있다.

상자의 일부를 잘라내는 것은 아주 어려운 작업이 아니다. 어떤 방식으로 작업해야 하는지는 그림 31-17에 있다. 그림에 있는 색은 특별한 의미를 가지는 것이 아니라 각각의 부분을 명확하게 구분하기 위해서 추가된 것이다.

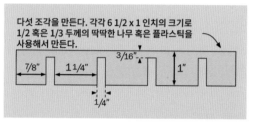

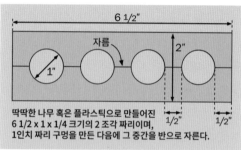

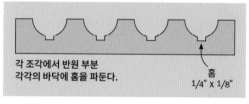

그림 31-17 16개의 센서, 동전, 승리 표시 LED를 덮을 부분을 자르는 방법.

간격을 만들어주는 부품은 3/4인치 두께의 나무나 플라스틱을 사용한다. 나무를 사용할 때는 바닥에 있는 홈 부분이 3/16인치밖에 안 돼서 부드러운 나무로는 충분한 강성이 나올 수 없으므로 딱딱한 나무를 사용해야 한다.

동전을 넣는 부분은 두 조각의 6-1/2″×2″×1/4″짜리 나무 혹은 플라스틱에 1인치짜리 구멍을 4개 뚫은 다음에 잘라서 사용한다. 두께는 센서 부분에 있는 홈의 두께와 맞춰야 하기 때문에 반드시 1/4인치여야 한다. 이 두께를 가진 딱딱한 나무를 찾기는 쉽지 않지만 괜찮은 합판은 구할 수 있을 것이다. 필자는 원형 구멍을 뚫을 때는 포스트너(Forstner) 비트를 이용하지만, 여러분이 조심해서 사용한다면 원형 톱을 사용해도 된다.

만일 ABS 수지와 같은 플라스틱을 사용하는 경우 원형 톱이 더 좋다.

원형으로 구멍을 낸 다음에는 긴 쪽을 따라 원의 가운데를 자른다. 반원형 부분에 있는 홈은 평평한 금속 줄(file)로 연마시켜 만들거나 작은 사각 금속 줄을 사용해도 된다.

조립을 시작하기 전에 간격을 주는 부품에 LED를 끼울 수 있는 구멍을 수직으로 뚫어야 한다. LED의 단자를 24게이지 전선으로 길게 늘려서 각 구멍의 끝까지 도달할 수 있도록 만들자. 만일 5mm LED의 바닥 부분에 튀어나온 테두리가 없다면, 직경 13/64″짜리 구멍에 깔끔하게 끼울 수 있다. 각 구멍에 에폭시 접착제를 약간 묻혀 두도록 한다.

홈 부분에 센서를 안정적으로 붙여 두기 위해서, 센서에도 에폭시 접착제를 약간씩 쓰도록 한다. 단, 에폭시 접착제가 센서의 단자에 묻지 않도록 주의해야 한다. 모든 센서를 같은 방향으로 두어야 한다는 것에도 매우 주의를 기울여야 한다. 상자의 조립이 끝난 다음에는 어떤 방향으로 되어 있는지 확인할 수 없으므로 어떤 방향으로 끼워져 있는지 작은 그림을 그려서 기억해 두는 것이 좋다,

슬롯은 100원, 50월, 10원짜리 동전이 끼워져서 각 센서의 적외선을 차단시킬 수 있는 정도의 크기이다. 100원짜리 동전이 대략 1″보다 약간 작은 직경을 가지고 있으므로 50원보다 큰 동전은 슬롯에 끼워지지 않을 것이다. 만일 좀 더 큰 동전을 사용하는 나라에 살고 있다면 그 동전 크기에 맞도록 구멍을 만들어야 할 것이다.

조립한 것을 뒤집어보면 센서에서 나온 단자들에 여전히 접근할 수 있기 때문에 배선을 끝내기 전에 슬롯과 간격을 두는 부품들을 미리 조립해도 된다.

회로에 있는 칩들은 별도의 만능 기판에 끼워져 있으며, 리본 케이블을 이용해서 센서와 연결한다. 연결 이후에 상자의 4면에 얇은 합판 혹은 플라스틱을 붙여서 회로 기판과 16개 슬롯을 포함하는 상자를 만들어 낼 수 있다.

이 프로젝트는 필자가 생각하는 '반드시 만들어야 하는 것'의 목록에서 상위에 있는 것이다. 여기서 최종 결과물에 대한 사진을 가지고 있지 않은 점은 미안하게 생각한다. 당장 다시 한 번 만들고

싫었지만 이 책을 쓰는 것이 좀 더 중요한 일이었기 때문에 만드는 것은 여러분의 몫으로 두었다.

방식으로만 생각해 보았을 때는 필자가 만든 외관을 보여주지 않는 것이 더 좋다. 다른 사람이 만든 작품이 좋든 나쁘든 자신의 작품에 영향을 주는 것은 별로 반가운 일이 아닐 테니까.

오비드 게임을 더 좋게 만들기 **32**

앞의 실험 23에서 두 명이 오비드 게임을 진행할 때 한 참가자와 다른 참가자의 말을 구분할 수 있는 더 좋은 방법이 있었으면 좋겠다고 이야기했던 내용을 기억할 것이다. 당시에 필자가 제시할 수 있었던 가장 좋은 방법은 각 참가자가 버튼을 눌러서 누군지를 구분하도록 하는 것이었다.

센서를 이용하면 이런 작업은 더 이상 필요하지 않다.

한 참가자는 자력을 가진 말을 사용하며 다른 참가자는 자력이 없는 말을 사용하고, 두 가지 말도 말판의 구멍에 끼울 수 있는 형태를 가졌다고 가정해 보자. 만일 구멍마다 자력이 있는 말에는 반응하지만, 자력이 없는 경우에는 반응하지 않는 홀효과 센서와 모든 말에 대해서 반응할 수 있는 전송형 IR 센서가 달려 있다면 자동적으로 어떤 형태의 말이 끼워져 있는지 구분할 수 있을 것이다.

위의 이야기는 마치 논리 문제처럼 보이기 때문에 첫 번째로 해야 할 일은 이를 문장으로 표현하는 것이다.

논리

어떻게 동작하는지 설명해 보자.

- 만일 IR 센서가 켜지고(AND), 홀 센서는 켜지지 않았으면 구멍에는 자력이 없는 말이 끼워진 것이다.
- 만일 IR 센서가 켜지고(AND), 홀 센서도 켜졌으면 구멍에 자력이 있는 말이 끼워진 것이다.

이 내용은 그림 32-1에 있는 형태로 논리도를 이용해서 표현할 수 있다. 아래쪽에 있는 역삼각형 끝에 작은 원이 달려 있는 모양을 가진 것은 인버터(inverter)를 나타내는데 이 소자는 높은 상태 입력이 들어오면 낮은 상태를 출력하며, 낮은 상태 입력이 들어오면 높은 상태를 출력한다. 『짜릿짜릿 전자회로 DIY』에서 인버터를 다룬 적이 있지만, 아직까지는 사용할 필요가 없었다.

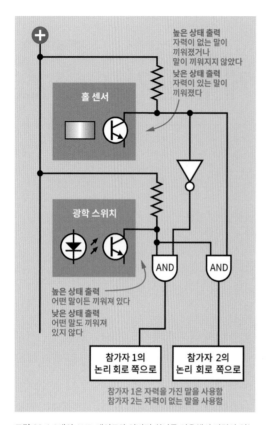

높은 상태 출력
자력이 없는 말이
끼워졌거나
말이 끼워지지 않았다

낮은 상태 출력
자력이 있는 말이
끼워졌다

홀 센서

광학 스위치

AND

AND

높은 상태 출력
어떤 말이든 끼워져 있다

낮은 상태 출력
어떤 말도 끼워져
있지 않다

참가자 1의
논리 회로 쪽으로

참가자 2의
논리 회로 쪽으로

참가자 1은 자력을 가진 말을 사용함
참가자 2는 자력이 없는 말을 사용함

그림 32-1 2개의 AND 게이트와 인버터 하나를 이용해서 자력이 있는
말(참가자 1) 혹은 자력이 없는 말(참가자 2)이 말판에 끼워진 상태에
따라 오비드 게임에서 "누가 이겼는가?"를 찾아낼 수 있는 논리 회로
를 동작시킬 수 있다.

오른쪽 AND 게이트의 출력은 자력이 없는 말을
사용하는 참가자의 말이 끼워진 경우로써, 3개
의 말이 일렬로 나열돼서 게임에서 이기게 된 경
우를 감지할 수 있는 논리 회로로 전달된다. 왼
쪽 AND 게이트의 출력은 자력이 있는 말을 사용
하는 참가자가 이기는 경우를 감지하는 논리 회
로 쪽으로 전달된다. 그림 23-4는 이런 논리 회
로 중 하나를 보여준다. 이 그림에 있는 스위치
들은 위의 그림에 있는 AND 회로와 연결된 센
서로 대체할 수 있다.

이 센서를 이용할 때 한 가지 장애물이 되는
것은 두 센서가 동시에 활성화되지는 않는다는
점이다. 자력을 가진 말이 구멍에 접근할 때 이
미 홀 센서를 동작시키기 때문에 홀 센서가 먼저
켜진다.

하지만 광 센서의 출력에 나올 때까지는 별 일
이 벌어지지 않기 때문에 큰 문제가 될 것이라 생
각하지는 않는다. 두 AND 게이트를 동작시키기
위해서는 이 출력이 필요하기 때문이다.

사실 여기서 조금 더 신경 쓰이는 부분은 센
서 시스템이 너무 복잡하다는 것이다. 게임의 말
판에서 말을 둘 수 있는 부분은 9곳이다. 이 회
로를 구현하려면 5개의 쿼드 2입력 AND칩과 2
개의 헥스(hex) 인버터(인버터가 6개 들어 있다)
칩이 있어야 한다. 이 경우 전선을 상당히 많이
연결해야 한다. 좀 간단하게 만들 수 있는 방법
이 있을까?

스위치로 바꾸기

대부분이 그렇듯이 최적화를 도와줄 수 있는 잘
짜인 절차는 없다. 약간의 창의적인 생각이 필요
한 것이다. 첫 단계는 센서의 역할에 대해서 다
시 한 번 생각해 보는 것이다. 사실, 각 센서는
서로 다른 기능을 하고 있다.

- 광 스위치는 '말이 끼워져 있나?'를 나타낸다.
- 홀효과 센서는 '자력을 가진 말인지 자력을
  가지지 않은 말인지?'를 나타낸다.

이런 과정은 두 단계의 동작이라 할 수 있다. 첫

번째 단계는 맞다-틀리다 출력을 가지며, 논리 게이트의 출력처럼 보인다. 하지만 두 번째 단계는 "어떤 것 혹은 다른 것"을 나타내는 출력이다. 이 부분은 논리 게이트의 출력 같지 않다. 이 부분은 왠지 쌍투(doble throw) 스위치에 대한 표현처럼 들린다! 따라서 홀효과 센서는 이런 동작을 수행하기에 가장 좋은 장치가 아닐 수 있다. 어떻게 하면 이 부분을 단극 쌍투 리드 스위치로 바꿀 수 있을까?

앞에서 쌍투 리드 스위치가 있다고 이야기했다. 또한, 리드 스위치는 접점에서 바운싱이 일어나기 때문에 논리 게이트에 사용할 때는 문제가 있다는 이야기도 했다. 물론 접점의 위치가 비교적 아주 빠르게 안정되기는 한다. 그럼에도 사용자가 말을 놓아서 리드 스위치가 먼저 동작하게 되면, 말이 밀려 들어가서 광학 스위치를 동작시키기 전까지는 접점이 안정돼야 한다. 즉, 스위치가 "말이 들어왔다"는 것을 나타낼 수 있는 시점에는, 리드 스위치가 어떤 종류의 말인지 지체하지 않고 바로 알려줄 수 있어야 한다.

이런 방식을 이용하면 센서 회로를 간단하게 만들어서 논리 게이트를 완전하게 없앨 수도 있다. 광 센서는 높은 상태 혹은 낮은 상태 전압을 출력하고 리드 스위치는 그 값을 참가자 A 혹은 참가자 B의 AND 게이트 쪽으로 신호를 보내준다. 그림 32-2는 이 부분을 보여 준다.

한 가지 번거로운 것은 스위치로 인해서 한쪽 회로가 열린 상태로 남게 되며, 논리 게이트는 입력 부분에 열린 회로를 입력으로 받을 수 없다는 점이다. 따라서 풀업 저항을 붙여야 한다. 이

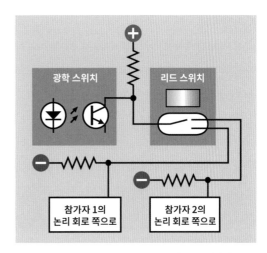

그림 32-2 홀효과 센서 대신 SPDT 리드 스위치를 사용하면 이전의 회로에서 말이 끼워져 있는 확인하기 위한 회로를 없앨 수 있다.

저항들은 광 센서 신호에서 나오는 신호가 풀업 저항을 타고 들어오는 입력 전압을 이겨내고 그 값을 바꿀 수 있어야 하기 때문에, 저항값이 비교적 커야 한다.

그림 32-2에는 광 센서를 위한 풀업 저항으로 대략 2K 정도를 사용했다. 논리 회로망을 위해서 사용된 각각의 풀다운 저항은 대략 10K 정도가 된다.

이 값은 괜찮아 보인다. 하지만 오비드 게임에서 참가자가 말을 떼어서 다른 위치로 옮길 수도 있다. 이 경우에도 자기장이 발생하면서 다시한 번 바운싱이 일어날까?

그렇다. 하지만, 말을 뽑아내는 시간 동안에는 반드시 리드 스위치가 반대쪽 위치로 변할 것이며, 광 스위치에서 나오는 출력 또한 높은 상태 전압에서 낮은 상태 전압으로 바뀔 것이다. 또한 광 센서는 내부의 이력 현상으로 인해서 깔끔한 출력이 보장된다.

자기장 문제

여기서 해결해야 하는 다른 문제는 리드 스위치에 맞는 자석을 사용하는 것이다. 자석은 스위치를 안정적으로 동작시킬 수 있을 정도로 강력하면서도, 옆에 있는 스위치를 동작시킬 정도까지 강력하면 안 된다. 게임 판에 있는 구멍들은 적어도 1인치 이상 떨어져 있어야 하며, 그 밑에 있는 리드 스위치들은 참가자가 실수로 말을 말판에 떨어트려도 동작하지 않을 정도로 안전한 거리를 두고 있어야 한다.

말은 끝부분에 자석이 있는 말뚝 같은 모양을 가진다. 1/4″×1/2″ 크기와 1/16″짜리 두께를 가진 작은 사각형 자석을 사용한다고 가정하자. 나무 혹은 플라스틱 말뚝의 끝부분을 약간 판 다음에 본드를 이용해서 자석을 파여진 부분에 붙이면 된다.

리드 스위치와 자석이 정확한 방향으로 배치되어 있어야 한다. SPST 리드 스위치는 자기장에 비해서 배치가 복잡하지 않지만, DPDT 리드 스위치의 경우에는 리드 스위치가 둘 중 한 접점에 대해서 '눌려있는 상태'이거나 '눌리지 않은 상태'를 가지고 있어야 한다. 따라서, 게임에 사용하는 말은 구멍에 끼울 때 다른 방향으로 들어가지 않는 형태를 가지고 있어야 한다. 이를 위해서 끼우는 부분을 T 형태로 만들고, 말판에도 T 자형 구멍을 만들면 된다.

이 부분으로 인해 다른 가능성이 생긴다. 만일 말뚝 모양의 말이 충분히 넓다면, 자석을 한쪽에만 붙일 수 있을 것이다. 예를 들어, 참가자 1은 말의 왼쪽 부분에 자석을 붙이고 참가지 2는

말의 오른쪽 부분에 자석을 붙일 수도 있다. 이 경우에는 광 센서 없애고 각각의 구멍 양쪽에 리드 스위치를 달아서 사용할 수 있다. 리드 스위치 하나는 참가자 1의 말에 의해서 동작하고, 다른 쪽은 참가자 2번의 말에 의해서 동작하도록 만드는 것이다. 그림 32-3은 이 부분이 어떻게 동작하는지 보여준다.

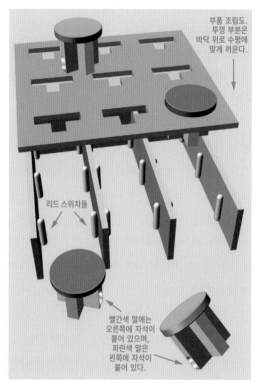

그림 32-3 리드 스위치 한 개는 1번 참가자의 말에 붙은 자석에 반응하며, 다른 한 개는 2번 참가자의 말에 붙은 자석에 반응하도록 되어 있는 형태의 게임을 간략하게 그린 것이다. 나무 칸막이가 반대편에 있는 2개의 리드 스위치가 한꺼번에 동작하는 일이 없도록 작동하는 게임의 경우에는 충분히 두꺼운 나무 칸막이를 사용해야 할 것이다.

이런 형태로 만들었을 때의 장점은 SPST 리드 스위치로 만든 오비드 게임의 원래 회로도에서 수동 푸시 버튼만 바꾸면 모든 작업이 끝난다는 점이다.

신뢰성 있는 시스템을 만들려면 조심스럽게 점검하는 것이 필요하다. 이 부분이 센서를 가지고 작업할 때의 단점이라 할 수 있다. 즉 실제로 있는 기계적인 속성들을 다뤄야 하는 것이다.

조금 더 만들어 보자: 마이크로컨트롤러로 제어하기

오비드 게임은 말판에 9개의 위치가 있으며 각 위치에 대해서 '비었음' '1번 참가자의 말이 있음' '2번 참가자의 말이 있음'의 3가지 상태를 가지기 때문에 수많은 입력을 나타내야 해서 마이크로컨트롤러로 제어하기 쉽지 않다.

하지만 키패드에서 어떤 키가 눌렸는지 확인할 때 사용하는 것과 같은 매트릭스 인코딩을 사용하면 입력의 수를 크게 줄일 수 있다. 3×3 매트릭스에서 마이크로컨트롤러는 한 번에 한 행씩 순서대로 어떤 열과 만나는 부분에서 연결이 있는지 확인해 나간다. 그림 32-4는 기본적인 생각들을 보여준다. 이 시스템을 이용하면, 마이크로컨트롤러에서 9개의 입력 대신 3개의 입력과 3개의 출력만 사용한다. 여러 개의 스위치가 동시에 닫히는 경우에도 전류가 잘못된 방향으로 흐르는 것을 막기 위해서 다이오드가 필요하다는 점을 잊지 말자.

만일 오비드 게임에서 각 참가자를 위해서 리드 스위치를 사용한다면, 매트릭스 인코딩은 다음 그림 32-5와 같은 형태로 바뀌어야 한다. 그림에서 스위치들은 각 참가자의 말에 대해서 동작하는 것을 나타내기 위해서 각각 연한 빨간색과 연한 푸른색으로 표시했다.

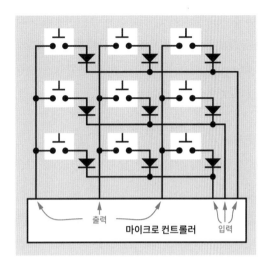

그림 32-4 매트릭스 인코딩의 기본 개념.

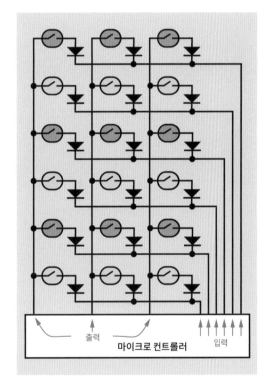

그림 32-5 두 참가자가 각각 별도의 리드 스위치들을 동작시키는 형태로 만들어진 오비드 게임의 매트릭스 인코딩으로, 연한 빨간색과 연한 푸른색으로 각 참가자를 위한 리드 스위치들이 구분되어 있다.

한쪽은 광택이 없는 검정색 말을 사용하고 다른 쪽은 광택 있는 흰색 말을 사용하는 경우에는 위의 방법 대신 각 참가자의 말 색깔을 구분할 수 있는 광트랜지스터를 사용해도 된다.

서로 다른 색을 가진 LED을 켜면, 광트랜지스터를 사용해서 녹색과 적색 두 색을 가진 말을 구분할 수 있을까? 녹색 말은 녹색 LED를 켰을 때 밝게 보일 것이고 적색 LED를 켰을 때는 어둡게 보일 것이며, 적색 말은 반대로 적색 LED를 켰을 때는 밝게 보이고 녹색 LED를 켰을 때 어둡게 보일 것이다. 슬롯에 끼워진 말이 녹색 말인지 적색 말인지를 판단할 때는 비교기를 사용하면 된다.

아마도 말을 구분하는 다른 방법도 생각해 볼 수 있을 것이다. 신뢰성 있고 싸고 사용하기 쉬우며 보기에도 좋고, 만들기도 상당히 편한 방식이 있다면 가장 좋은 방식이다. 여러분이 좋은 방법을 찾았다면 알려주면 좋겠다.

일단 지금은 오비드 게임에서 사용자 입력을 향상시킬 수 있는 방법을 제시하겠다고 한 말을 지키기 위해서 다른 형태의 센서들을 살펴보겠다.

회전 읽어내기 33

모두들 예전부터 사용했던 가변저항은 익숙할 것이다. 이 책으로만 따져도 다양한 회로에서 대략 20개 정도의 미세조정 가변저항을 사용했다.

가전 부분에서는 약간 이야기가 달라진다. 자동차 오디오에는 아직 음량 제어용 다이얼이 달려 있는 경우가 많은데, 이 장치는 360도를 돌려도 계속 돌릴 수 있도록 되어 있다. 이 사실에서 이 장치 뒤에는 가변저항이 아닌 다른 뭔가가 있다는 것을 짐작할 수 있다.

어떤 부품이 들어 있을까? 그 답은 로터리 인코더(rotary encoder), 증분식 인코더(incremental encoder) 또는 인코더 내부에 기계식 접점이 있으므로 전자기계식 인코더(electromechanical encoder) 등으로 불리는 회전식 인코더(rotational encoder)가 들어 있는 것이다. 이 부분은 그림 33-1에 있다. 이 장치는 가변저항과 외관상 아주 흡사한 모양을 가지고 있으며 심지어 대부분 단자가 3개 있다. 하지만 그 동작은 아주 많이 다르다.

그림 33-1 보통 사용되는 저렴한 회전식 인코더들.

회전식 인코더 정의하기

우선 서로 다른 형태의 인코더들을 명확하게 구분할 수 있어야 한다. 반도체 인코더를 이야기하는 것은 당연히 아니다. 이 부분에 대해서는 이미 설명한 적이 있기 때문에 칩들에 다이얼이 달려 있지 않다는 점은 이미 알 것이다.

회전식 인코더는 막대기와 2개 이상의 단자가 있어서 막대를 돌리는 동안 안쪽에 있는 접점에서 일련의 펄스를 만들어낸다. 또 다른 부품(보통은 마이크로컨트롤러)을 이용해서 일련의 펄스를 받아서 해석한 다음 어떤 반응을 보일지 결정하는 것이다. 이 장치를 통해서 음향 장치의 소리를 조정할 수도 있고 화면의 자막이 돌아가게 할 수도 있으며 프로그래밍을 통해 지정된 어떤 일을 할 수도 있다.

원래 회전식 인코더는 고급 부품이었기 때문에 회전량을 정확히 측정하기 위해서(360도를 100개 이상의 구간으로 나눠서 측정) 광학 방식을 사용했었다. 하지만 그 정의는 바뀌게 되었다. 내부에 접점을 가지고 있어서 다이얼 형태의 손잡이를 돌렸을 때 일련의 펄스가 만들어지는 부품을 통칭해서 부르는 말로 바뀐 것이다.

사양

실험을 위해서는 다음과 같은 속성을 가진 회전식 인코더가 필요하다.

- 네 가지 상태를 가진(Quadrature) 출력을 나타낸다. (이 의미에 대해서는 밑에서 설명하겠다.)
- '해상도(resolution)'가 적어도 360도 회전할 때 24개의 상태가 변할 정도는 되야 한다. 이 값을 회전당 펄스의 수(Pulse per revolution; PPR)라 표현한다.
- 해상도와 같은 수의 '톱니(detents)'가 있다. 톱니는 다이얼을 올릴 때 잠깐 버티는 효과를 만들어줄 수 있는 작은 틈들을 의미한다.

예제로 번스(Bourns)에서 만든 ECW1J-B24-BC0024L를 살펴볼 것이지만 24 PPR과 24개의 톱니를 가진 것들은 이외에도 엄청나게 많다. 이 분야도 급격하게 발전하고 있기 때문에 오늘은

어떤 사양을 가진 것이 내일에는 약간 다른 형태로 바뀌어 있을 수도 있다. 사양만 제대로 읽으면 부품을 바꾸는 것을 두려워할 필요가 없다.

- 네 가지 상태의 출력을 가지지 않는 디코더는 3개보다 많은 혹은 적은 단자를 가진다. 이런 형태는 여기서 다루지 않을 것이다.

펄스열

인코더의 동작을 보여주는 것은 아주 쉽다. 내부에 있는 접점들이 많은 전류를 버틸 수 있는 것은 아니지만 LED에 불을 밝힐 수 있는 수 밀리암페어 정도는 처리할 수 있다.

그림 33-2에 있는 형태로 인코더 회로를 구성하자. 많은 인코더에서 핀 혹은 단자의 간격은 보통 0.1″ 정도이기 때문에 그림 33-3처럼 브레드보드에 직접 끼울 수 있다.

막대를 아주 천천히 돌리면 그림 33-2에 있는 출력 순서에 따라 LED가 켜지는 것을 볼 수 있을 것이다. 이제 막대를 반대 방향으로 돌리면 출력 순서가 그 반대로 이루어짐을 알 수 있다. 이것이 앞에서 이야기한 펄스열(pulse train)이다.

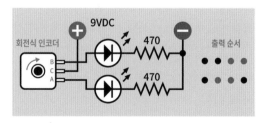

그림 33-2 위의 형태로 회전식 인코더를 연결한 경우 두 출력 단자에서는 여기 표시된 순서대로 출력을 나타낸다.

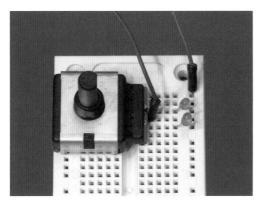

그림 33-3 여기 있는 것처럼 많은 디코더는 점검을 위해 브레드보드에 바로 끼울 수 있다.

그림에서 검정색 점은 논리적으로 낮은 상태를 나타내는 것이 아니라는 점에 주의하자. 인코더는 내부에 작은 스위치를 가지고 있으므로, '높은 상태' 혹은 '꺼짐' 상태 중 하나의 출력을 가진다. '꺼짐' 상태가 되는 경우에는 회로가 열린 상태로 어떤 것에도 연결되지 않은 상태다.

인코더의 경우 가운데 단자를 원래 사용하려고 했던 전원의 양극 부분 대신 음극 접지와 연결할 수도 있다. 이 경우에는 출력으로 양극과 꺼짐 상태를 가지는 펄스 대신, 음극과 꺼짐 상태를 가지는 일련의 펄스를 만들어 낼 수 있다.

주의: 질이 좋지 않은 인코더

만일 여러분이 가진 인코더에서 그림 33-2에 있는 검정색과 빨간색 점의 출력 순서와 다르게 출력이 만들어지거나, 출력이 느리게 나오거나 깜빡거리는 경우가 있을 수 있는데, 보통은 너무 저렴한 인코더를 이용했기 때문일 수 있다. 약간 돈을 더 주면 깨끗하고 이후의 실험에서 필요한 좀 더 정상적인 출력 결과를 얻을 수 있을 것이다.

디코더의 안쪽

앞에서 본 펄스는 인코더 안쪽에 있는 두 개의 접점에 의해서 만들어지는 것으로, 두 접점은 서로 약간 틀어져 있는 형태(위상이 약간 벗어남)를 가지고 있다. 그림 33-4는 그 개념을 보여준다.

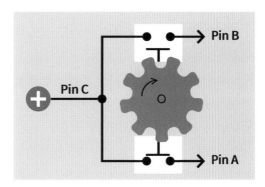

그림 33-4 그림에서 푸시 버튼들은 사각형 인코더 안에 있는 접점들을 나타낸다.

그림 33-5는 출력을 그림으로 나타낸 것이다. 그림에서 하얀색 점선은 톱니 위치를 나타내고 출력 A와 B의 조합은 한 톱니에서 다음 톱니로의 변화를 나타낸다.

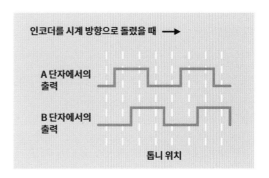

그림 33-5 인코더의 출력. 톱니의 수는 해상도와 같다.

인코더에 대한 설명이 약간 혼동될 수도 있으니, 여기서는 몇 가지 규칙을 다뤄보자.

- 위에서 설명한 형태의 인코더는 두 개의 단자가 있고 4가지 켜짐/꺼짐 상태 조합을 가지기 때문에 4상 인코더(quadrature encoder)라 부른다.
- 해상도는 360도 한 바퀴를 돌리는 동안 각 단자에서 신호가 위나 아래로 변하는 횟수를 의미하며, 단자의 수(4상 인코더의 경우 2개)에 곱해서 얻어진다.
- 따라서 해상도는 인코더를 한 번 돌리는 동안에 상태가 변하는 횟수를 의미한다.
- 'PPR'이란 용어는 두 단자에서 나오는 '켜짐' 펄스뿐 아니라 '꺼짐' 펄스의 수도 같이 센다. 따라서, PPR이란 용어는 결국 해상도와 같은 의미를 지닌다.

인코더의 사용

인코더는 아주 간단한 동작을 하는 수동적인 장치라 할 수 있다. 내부에 있는 스위치들을 누르는 동작만 하고 여기서 출력되는 펄스열을 해석하는 것과 같이 복잡한 작업은 다른 장치에 맡기기 때문이다.

논리칩들이 그 다른 장치가 될 수 있지만 어떤 형태의 논리칩이든 회전식 인코더와 연결하려면 반드시 기억해야 할 부분이 있다.

인코더 내부에 있는 스위치가 열렸을 때도 논리칩이 받을 수 있는 전압이 나와야 하기 때문에, 인코더의 출력에는 반드시 풀업 혹은 풀다운 저항을 붙여야 한다.

이 규칙은 가장 널리 사용되는 응용 장치인 마이크로컨트롤러와 회전식 인코더를 연결할 때도 똑같이 적용된다.

인코더가 음량 조절기처럼 동작한다고 가정해 보자. 손잡이를 돌리면 마이크로컨트롤러가 두 출력단자에서 나오는 펄스열을 비교해서 어떤 방향으로 돌리고 있는지 해석한다. 예를 들어, 스위치 A가 스위치 B보다 약간 먼저 닫히는 경우는 시계 방향으로 돌고 있다는 것을 의미한다. 만일 스위치 A가 스위치 B보다 약간 먼저 닫히면 반시계 방향이다.

이 부분을 판단한 다음에 마이크로컨트롤러는 펄스의 수를 세서 얼마나 많은 음량을 높이거나 줄일지 결정한다.

마이크로컨트롤러가 위 형태의 펄스에 반응하도록 프로그래밍하는 것은 회전식 인코더에서 만들어지는 접점의 바운싱 문제도 처리하는 등의 귀찮은 일들도 처리해줘야 하기 때문에 생각보다 복잡하다. 다행히도 여기서는 회전식 인코더를 해석하기 위해 마이크로컨트롤러를 사용하지 않을 것이므로 걱정하지 않아도 된다. 필자만의 독특한 계획이 있다.

말이 나온 김에 센서만 다루고 있는 부분에서 갑자기 회전식 인코더를 이야기 하는 이유가 궁금할 수 있다. 센서가 아니라 입력 장치 아닌가?

맞다. 센서가 아니라 입력 장치이지만 관련해서 유용한 요소가 있기 때문에 센서로 취급할 것이다.

임의의 값이 될 수 있다

인코더가 대칭적으로 설계된 경우에는 누군가 손잡이를 잡고 임의의 위치로 돌리는 경우, 같은 확률로 A와 B 출력이 모두 높은 상태, 혹은 모두 낮은 상태, 출력 A만 높은 상태, 출력 B만 높은 상태의 네 가지 상태 중 한 가지 상태의 출력을 가진다.

음. 이건 두 이진수가 나타낼 수 있는 모든 상태 조합을 나타낸 것 같은데, 실제로 이렇게 사용된다.

이 부분에 대한 내용을 오래된 행운의 공 (Magic 8 box)[1] 장난감과 비슷한 동작을 하는 'Magic 8 Box'에 대한 『Make』 잡지의 컬럼에서 다룬 적이 있다. 이 책에 나온 기본적인 아이디어는 그림 33-6에 있는 것처럼 인코더 손잡이 부분에 납으로 된 추를 다는 것이다.

그림 33-6 보통 낚시에 사용하는 납 추를 인코더에 아연도금 선의 딱딱한 끝부분과 연결해서 붙인다.

인코더의 플라스틱 손잡이를 통과하는 구멍을 하나 뚫고 작은 납추에도 구멍을 하나 뚫은 다음 #14 아연 도금 막대를 양쪽 구멍으로 통과시키고 에폭시 본드를 이용해서 고정시킨다.

1 (옮긴이) 상자 혹은 공을 흔들고 기다리면, 행운의 문구가 나타나는 장난감.

막대는 공구상이나 철물점에서 쉽게 구입할 수 있으며, 30g짜리 납추는 낚시 용품점이나 마트에서 구입할 수 있다. 필자는 낚시를 다니지 않기 때문에 납추가 어떤 목적으로 사용되는지 알지 못하지만, 다른 목적으로 쓸 것이므로 굳이 원래 사용 방식을 알 필요가 없다. 추를 낚시용 품 매장에서 살 수 있다는 점만 알면 된다.

이제 회전식 인코더가 이전에 만든 회로가 들어간 상자 안에 단단하게 고정되어 들어가 있다고 가정해 보자. 누군가 상자를 임의의 방향으로 굴리면 어떻게 될까? 왜 사람들이 이런 일을 할까? 회로의 전원 스위치를 상자 아래쪽에 달아두면 사람들이 사용하기 위해 스위치를 찾을 때 상자를 뒤집을 수밖에 없을 것이다. 인코더 손잡이에 달린 납추의 관성에 의해서 손잡이가 돌아가게 되는데, 이후 멈추는 곳은 아무도 알 수 없다.

조금 더 흥미진진하게 만들기 위해서 상자 안에 두 번째 회전식 인코더를 첫 번째 것과 90도 각도가 되도록 붙인다. 이런 방식을 사용하면 서로 다른 두 개의 축을 이용해서 상자의 동작을 확인한다. 각각의 인코더가 00, 01, 10, 11범위를 가지는 2비트짜리 이진수를 출력하기 때문에 두 인코더에서 나오는 값을 합쳐서 0000에서 1111까지 4비트 이진수를 얻을 수 있으며, 이 값은 전혀 예측할 수 없다. 이 값은 0에서 15까지의 숫자를 임의로 선택하기 위해서 디코더 칩의 입력 또는 멀티플렉서의 제어 입력으로 들어갈 수 있다.

물론 다른 방식도 가능하다. 한 가지를 바로 보여주겠다.

회전식 결정 판단 장치

4개의 인코더 출력을 낮은 상태 혹은 높은 상태 전압을 나타내는 하나의 출력으로 줄일 수도 있다. 이 장치의 동작은 앞에서 살펴본 주역으로 점을 보는 장치를 아주 간단하게 만든 형태의 '결정 판단' 장난감과 같은 동작을 한다. 어떤 문제를 생각하고 상자를 집어 들어 흔든 다음에 내려놓고 버튼을 누르면 '그렇다' LED와 '아니다' LED 중 하나가 켜지는 것이다.

이 장난감에서 흥미로운 부분은 상자를 움직였을 때, 톱니가 딸깍거리는 것과 추가 움직이는 것을 느낄 수 있다는 점이다. 이 점이 뭔가 복잡하고 신비로운 것이 있다는 느낌이 들게 만든다. (누군가 여기에 대해서 물어보면 설명하기에는 너무 복잡하고 신비로운 것이라고만 하자.)

아마도 '그렇다' 혹은 '아니다'라는 답만 주면 되는데, 굳이 2개의 인코더마다 4개의 상태를 가지는 출력을 만든 이유가 궁금할 것이다. 이렇게 만들면 좀 더 많은 입력을 넣을 수 있기 때문에 그 결과를 예측하기가 더 어려워지며 결과적으로 장치의 동작을 되도록 예측 불가능하게 만들 수 있다.

하지만 어떻게 4개의 결과를 1개로 줄일 수 있을까? XOR 게이트를 이용하면 된다. 그림 33-7은 이 부분을 보여준다. 인코더의 출력에서 항상 정의된 출력이 발생하도록 4개의 풀다운 저항을 사용한 것에도 주목하자.

이 회로에 있는 논리 회로를 따라가보면, 회전식 인코더가 같은 확률로 출력을 하는 한 밑부분에 있는 XOR의 출력이 높은 상태 혹은 낮은 상태 전압을 가질 확률이 같다는 점을 알 수 있다.

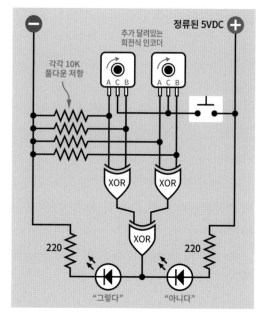

그림 33-7 이 회로는 추가 달린 한 쌍의 회전식 인코더를 이용해서 임의로 '그렇다' 혹은 '아니다'라는 결과를 만들어낸다.

이 간단한 회로의 장점 중 하나는 별도의 전원 스위치가 없어도 된다는 점이다. 인코더는 전원을 소모하지 않기 때문에 버튼을 누르기 전에 상자를 흔든 다음에 자리에 놓으면 된다. 맨 아랫부분에 있는 XOR 게이트의 출력이 높은 상태인지 낮은 상태인지에 따라 버튼이 '그렇다' LED로 전원을 공급할 수도 있고, '아니다' LED에서 전류를 받을 수도 있다. 74HC00 계통의 논리 게이트는 공급할 수 있는 만큼의 전류만 받을 수 있다는 점을 기억하자.

이 회로에서는 HC 계통의 칩을 사용해야 한다. 출력 전력이 부족한 오래된 칩들이나 받을 수 있는 정도의 전류를 전달할 수 없는 칩들을 사용하면 동작하지 않는다.

그림 33-8에 이 회로의 회로도가 있다.

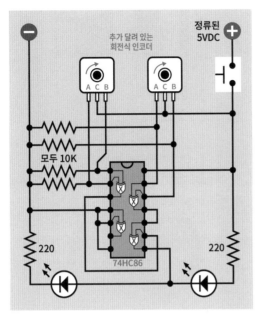

그림 33-8 인코더를 이용해서 '그렇다-아니다'를 결정하는 장난감의 회로도.

회전식 애매모호 장치

애매모호한 상태는 여러분이 뭔가 결정해야 할 생각을 가지고 있지 않은 상태를 의미한다. 국회의원들은 항상 이런 상태를 유지하고 있다. 만일 국회의원에게 "회전식 판단 장치를 회전식 애매모호 장치로 바꿀 수 있나요?"라고 물어보면, 국회의원은 "글쎄요. 거기에는 두 가지 측면의 문제가 있고, 두 방면 모두 이야기를 들어봐야 하니 나중에 좀 더 살펴봅시다."라고 대답할 것이다.

필자는 국회의원이 아니기 때문에 같은 질문을 받는다면 그렇게 답하지 않고 "그럼요. 만들 수 있습니다."라고 이야기 할 것이다.

그림 33-9는 이 장치를 위한 논리도이다. 왼쪽의 "그럴 것 같다" LED는 왼쪽의 XOR이 높은 상태 전압을 가지고 오른쪽 XOR이 낮은 상태 전압을 가질 때 켜진다. 반대 상태가 되면 "아닐 것 같다" LED가 켜진다.

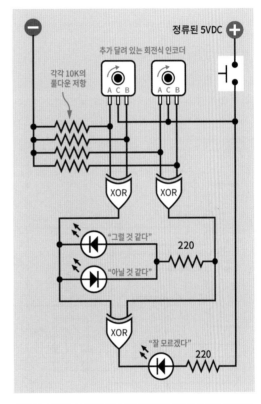

그림 33-9 앞에서 그렇다-아니다를 알려주던 회로를 바꿔서 애매모호한 답이 나오도록 만들었다.

두 XOR가 둘 다 높은 상태 혹은 낮은 상태로 같은 상태를 가지면 어떻게 될까? 이 경우는 세 번째 XOR가 낮은 상태 출력을 가지면서 '잘 모르겠다'로 이름이 붙어 있는 세 번째 LED를 통해 전류를 받아들인다.

그림 33-10은 회로도를 보여주며, 그림 33-11

은 회로의 사진을 보여준다. 사진에서는 내부 저
항을 가진 LED를 사용했다. 회전식 인코더의 경
우 연결된 납추가 다른 부품을 건드리지 않도록
다른 부품과 거리를 두고 배치했다.

그림 33-9의 논리를 따라가면 '잘 모르겠다' 출력
이 다른 출력보다 두 배 많이 나온다는 것을 알
수 있다. 이 부분으로 인해 장난감이 최대한 도
움이 되지 않도록 만들 수 있다.

정치를 하는 친구가 있다면 이 장난감을 줘서
선거운동에 도움을 줄 수도 있을 것이다.

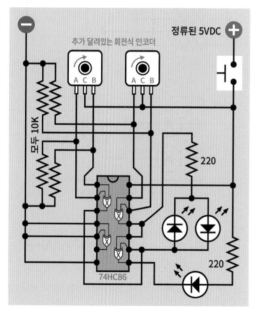

그림 33-10 앞에서 만든 그렇다-아니다 회로도를 약간만 바꾸면 회전
식 애매모호 장치를 만들 수 있다.

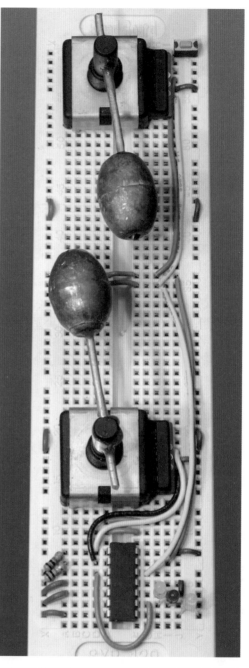

그림 33-11 회전식 애매모호 장치를 브레드보드에서 구현한 것. 내부 저
항을 가지고 있는 LED를 사용했기 때문에 직렬 저항을 가지지 않는다.

완전한 난수

어려운 프로젝트들 사이에 쉬운 것을 하나 포함시키는 것이 좋겠다고 생각했고, 이 부품을 이용해서 의도하지 않은 곳에서도 재미있게 사용할 수 있기 때문에 회전식 인코더 프로젝트 안에 약간 주제에서 벗어나는 이야기를 포함시켰다. 필자는 하나의 논리칩과 한 쌍의 LED, 푸시 버튼 정도로 만들 수 있는 간단한 장난감을 만드는 것

을 좋아한다. 5VDC 정류기를 하나 붙여두면 9V 전지 하나로 몇 년 동안 전력을 공급 받을 수도 있다.

무작위성을 만들기 위해서는 다른 형식의 센서들이 더욱 적합하다. 다음 장에서는 몇 가지 방법을 제시할 것이고, 그 다음에 완전한 무작위성을 만들어내는 방법을 설명한 다음에, 완전한 무작위성의 실제 의미도 이야기해 볼 것이다.

여기서는 앞에서 다뤘던 빠른 타이머를 임의의 시점에 정지시켜서 임의의 숫자를 얻는 것에 대한 기본적인 개념 부분으로 돌아가 보겠다.

　이 방식은 실험 21의 핫슬롯 게임과 실험 28의 '꽤 표시기'에서 사용했던 기법이다. 하지만 두 게임 모두 타이머를 정지시키기 위해서는 참가자가 뭔가를 해야 한다. 여기서는 사용자의 입력없이 센서를 이용해서 임의의 요소를 집어넣는 방법을 알아볼 것이다.

　일단 카운터를 동작시키는 데 사용되는 빠른 비동기 타이머의 시작과 정지를 결정하는, 느리게 동작하는 단안정 타이머의 기본적인 배치부터 바꿔보자. 이 장치는 아래에서 나오는 모든 센서를 이용해서 임의의 값을 만드는 응용 부분에서 사용할 것이다.

　이후에 타이머에서 임의의 숫자열을 제한하기 위해서 어떤 방식으로 선을 연결해야 하는지 잠시 살펴보겠다. 0에서 15까지 혹은 0에서 9까지 숫자를 세는 대신 낮은 숫자만 셀 수 있으며 심지어 0에서 1까지만 세도록 해도 된다.

　마지막으로 센서를 덧붙일 것이다.

하나의 타이머로 다른 타이머를 제어하기

그림 34-1의 회로에서 위쪽에 있는 타이머는 DPDT 푸시 버튼이 눌렸을 때 깔끔한 펄스 하나를 만들도록 그림 27-1에 있는 타이머와 같은 방식으로 연결되어 있다. 첫 번째 타이머에서 나오는 출력은 동작 중임을 알려주기 위해서 LED(작은 노란색 원으로 표시)를 켠다. 이 출력은 두 번째 타이머의 4번 리셋 핀과도 연결되어 있다. 리셋 핀에 높은 상태 전압이 들어가면 타이머가 동작하기 때문에, 첫 번째 타이머에서 나오는 높은 상태 출력은 두 번째 타이머를 일정시간 동안 동작시킨다.

　두 번째 타이머는 링카운터로 펄스열을 전달하기 때문에, 0에서 9까지 이름이 붙어 있는 LED들이 순서대로 켜지는 것을 볼 수 있을 것이다.

　첫 번째 타이머에서 한 주기가 끝나면서 두 번째 타이머의 리셋 핀의 전압을 끌어내려서 동작을 정지시키고 하나의 LED만 켜진 상태를 유지하도록 만든다.

　카운터의 리셋 버튼을 누른 다음, 디바운싱 처리가 되어 있지 않은 재실행(Rerun) 버튼을 눌러주면 된다. 이 부분은 동작 확인을 위해서 간

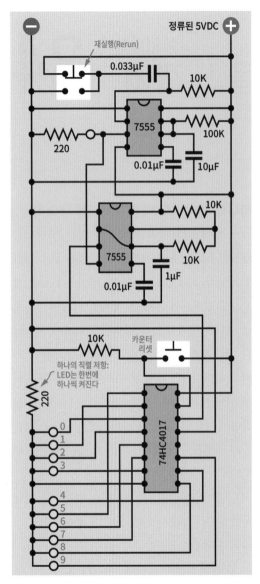

그림 34-1 이 간단한 회로는 느린 타이머가 빠른 타이머를 일정 시간 동안 동작시키는 개념을 보여준다. 빠른 타이머에 의해 제어되는 링 카운터는 매번 동작하기 전에 카운터 리셋 버튼을 누른다면 항상 같은 상태에서 멈춘다.

략하게 만든 것이며, 느린 카운터에서 나오는 펄스가 끝나기 전에 버튼에서 손을 뗄거라 생각하기 때문에 이렇게 만든 것이다.

각 주기의 끝부분에서 같은 LED가 매번 켜진다는 것을 확인할 수 있을 것이다. 부품들이 어떤 동작을 할 것인지 추측할 수 있기 때문에 무작위성이 없다. 즉 일관되게 행동한다.

온도 제어

이제 저항과 비슷하지만 온도에 따라 저항이 바뀌는 속성을 가지고 있는 온도 센서(thermistor)를 이용해서 좀 더 흥미로운 것을 만들어 볼 예정이다. 그림 34-2는 온도 센서의 사진이다. 온도 센서는 작을수록 온도 변화에 좀 더 민감하게 반응하기 때문에 아주 얇으며, 단자가 길수록 회로에서 온도 센서로 전달되는 열이 적기 때문에 아주 긴 단자를 가지고 있다.

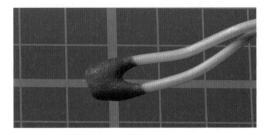

그림 34-2 고급 온도 센서. 온도 변화에 빠르게 반응하기 위해서 크기가 작다.

여기서 사용할 온도 센서는 100K급인데, 이 값은 섭씨 25도에서 가지는 기본 저항값을 의미한다. 온도 센서는 극성을 가지지 않기 때문에 거꾸로 끼우는 것에 대한 걱정은 하지 않아도 된다.

회로에 넣기 위해서는 간단하게 첫 번째 타이머에 있는 100K 저항 대신 온도 센서로 바꾸면 된다.

이제 위의 단계를 반복한다. 온도 센서의 온

도가 일정하게 유지되는 경우에는 첫 번째 타이머가 두 번째 타이머에서 숫자를 세는 동작을 하도록 허용하고 있는 기간이 일정하게 유지되기 때문에 항상 같은 LED가 켜지면서 끝난다.

몇 번 더 시도한다. 각 테스트를 진행하는 사이에 카운터 리셋 버튼을 누르는 것을 잊지 말아야 한다. 이제 검지와 엄지 손가락으로 온도 센서를 잡아서 온도를 올린 후 다시 한 번 동작시킨다. 결과가 바뀌었나?

무작위 요소
온도 센서의 저항을 바꾸는 것 말고도 다양한 요소가 영향을 줄 수 있다.

- 타이머가 동작하면서 약간 열이 오르면 그 성능이 약간 바뀐다.
- 재실행 버튼이 항상 정확히 같은 방법으로 동작하지 않을 수 있다.
- 전원 부분에서 변화가 있을 수 있다.
- 브레드보드의 연결 부분에도 일부 저항이 있으며, 이 값은 어떤 전선이나 부품 부분을 건드리는 경우에 바뀔 수 있다.
- 필자가 생각하지 못한 환경적인 요인도 있을 수 있다.

무작위 회로를 자동화시키기
사용자의 입력을 받지 않을 수 있도록 바꿈으로써 검사 속도를 높일 수 있다.

첫 번째 타이머를 바꾸는 첫 번째 단계는 한 번만 동작하는 방식에서 비안정 방식으로 바꾸

는 것이다. 1초 동안 동작한 다음에, 1초간 정지하고, 다시 1초간 동작하는 식으로 만들 수 있다. 이런 방식을 사용하면 반복해서 재실행 버튼을 누를 필요 없이 편안하게 결과를 볼 수 있다. 그림 34-3은 다시 배선된 회로다.

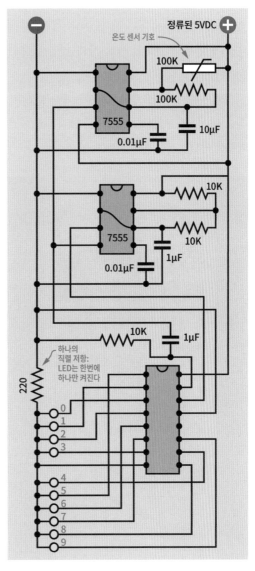

그림 34-3 앞에 있던 무작위성 점검 회로를 사용자의 입력 없이 자동적으로 동작하게 배선을 다시 연결했다.

두 번째 단계는 카운터 리셋 버튼을 없애고 자체적으로 리셋이 걸리도록 카운터를 수정하는 것이다. 74HC4017 카운터의 리셋 핀은 낮은 상태 전압에서 높은 상태 전압으로 바뀌는 상승 엣지에 반응한다. 첫 번째 타이머에서 나오는 출력은 매 주기마다 낮은 상태 전압에서 높은 상태 전압으로 바뀌기 때문에, 이 신호를 커패시터를 통해서 리셋 핀에 연결해서 높은 상태 전압이 잠깐 동안만 전달되도록 만드는 것이다.

그림 34-3에 바뀐 부분을 같이 그려 놓았다. 그림 34-4에서 브레드보드에 적합하게 만들어진 회로를 확인할 수 있다.

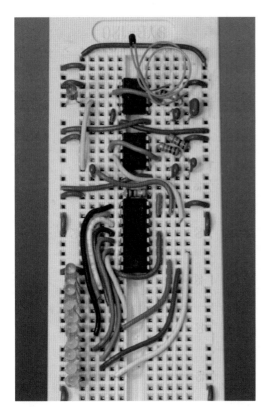

그림 34-4 본문에서 설명된 원래의 온도 센서 점검 회로를 사용자 입력이 없이 독자적으로 동작할 수 있도록 바꾼 것이다.

이제 시스템은 독자적으로 동작할 수 있다.

배경지식: 수의 일부만 세기

링카운터 부분을 설명하기 전에 중요한 세부 사항에 대해서 언급할 예정이다.

> 대부분의 카운터는 쉽게 낮은 숫자까지만 셀 수 있도록 바꿀 수 있다. 링카운터도 마찬가지다.

74HC4017 타이머의 1번 핀은 5번 LED를 켜기 위해서 평상시에 높은 상태 전압을 출력한다. 만일 1번핀과 15번 리셋 핀을 연결선으로 연결하면 어떤 일이 발생할까?

카운터는 보통 때와 다름없이 0, 1, 2, 3, 4번 LED를 켤 것이다. 그 다음으로 평상시에 LED 5번핀을 켜기 위해서 1번 핀의 순서가 되면 그 출력이 리셋 핀으로도 전달된다. 이에 따라 카운터가 자체적으로 리셋되어 0을 출력하기 때문에 1번 핀의 출력이 중단된다. 결과적으로 LED 5이 빛을 방출하는 경우가 없게 된다.

이후에 카운터는 클럭 펄스가 계속 전달됨에 따라서, 다시 0에서부터 값을 증가시키면서 카운팅을 시작한다. 0에서 4까지의 순서로 끝까지 반복하기 때문에, 10진 카운터를 5진 카운터로 바꾼 것이라 할 수 있다.

> 출력 핀을 리셋 핀으로 연결하는 것은 카운터의 주기를 변경하기 위해 일반적으로 사용하는 방법이다.

카운터가 디코드된 출력을 가지고 있는 경우에는 어떤 숫자에서든 주기를 중단할 수 있도록 만들 수 있기 때문에 아주 간단하다. 카운터가 이진 가중 출력(binary weighted outputs)을 가지고 있는 경우에는 할 수 있는 것이 훨씬 적다. 예를 들어, 이진 출력 핀의 세 번째 출력 핀을 리셋 핀에 연결한 경우를 생각해보자. 세 번째 핀은 4의 값을 가지고 있기 때문에 카운터는 0에서 3까지 숫자를 센 다음에 다시 시작하게 된다. 카운터를 6에서 다시 시작하게 만들고 싶은 경우에는 어떻게 될 것인가? 이 경우는 조금 더 어려워진다.

논리 게이트로 원하는 주기의 길이를 나타내는 핀의 조합을 선택할 수 있도록 해서 이 문제를 해결할 수 있다. 두 번째와 세 번째 출력 핀 사이에 AND 게이트를 사용하면 카운터가 이진수로 110, 십진수 6에 도달할 때 높은 상태 출력을 만들 수 있다. AND 게이트의 출력을 리셋 핀에 연결하면 반복하기 전에 이진 카운터가 000에서 101(십진으로 0에서 5)까지 동작할 것이다.

- 카운터를 제한하는 것은 게임을 위해서 일반적인 범위를 벗어나는 임의의 숫자가 선택되도록 만들 때 유용한 기법이다.
- 반복하기 전에 0과 1만 반복하려면 연결선으로 74HC4017 카운터의 4번(2의 값을 가짐) 핀과 리셋 핀을 연결하면 된다.

이제 센서와 무작위성에 대한 내용으로 돌아가자.

속도 조정

만일 자동화된 임의의 카운터의 출력이 충분히 변하지 않는다면 두 번째 타이머의 동작 속도를 높여야 한다. 50Hz는 아주 느린 값이며, 단지 LED가 순서대로 켜진다는 것을 보여주기 위해서 선택한 값일 뿐이다. 1μF 타이밍 커패시터를 제거하고 대신 0.1μF 커패시터를 사용하면 500Hz이 되며, 0.01μF 커패시터를 사용하면 5,000Hz가 된다.

그림의 윗부분을 보면 느리게 동작하는 타이머의 보라색 펄스 길이는 타이밍 회로의 센서 변화에 의해서 진한 파란색 사각형으로 표시된 정도만큼 변하게 된다. 두 번째 타이머(오렌지색)

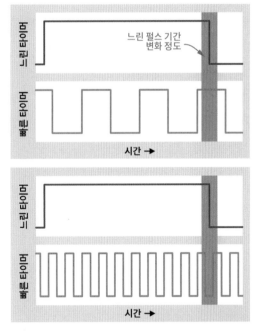

그림 34-5 느린 타이머가 두 번째 타이머를 제어할 때, 느린 타이머의 속도가 진한 파란색 사각형으로 표시된 부분만큼 변하면서 두 번째 타이머를 정지시키는데, 이 타이머가 빠를수록 타이머가 정지되는 범위가 더 넓어진다.

가 빠르게 동작하지 않는 경우, 느리게 동작하는 타이머가 가장 빠르거나 가장 느리거나 항상 같은 펄스에서 정지한다.

그림의 아래쪽에서는 두 번째 타이머가 빠르게 동작한다. 결과적으로 느린 타이머가 가장 빠르게 혹은 가장 느리게 동작할 때에 따라 서로 다른 펄스에서 정지할 확률이 생긴다.

만일 1nF 커패시터를 사용해서 50,000Hz를 만드는 경우, 적어도 두 번째 카운터는 대부분의 경우에 매번 다른 위치에 정지하게 될 것이라 이야기할 수 있을 것 같다.

그럼 이제 임의의 동작을 자동적으로 만들어 게임의 동작을 예측할 수 없도록 만드는 문제가 해결되었다고 볼 수 있을까? 음… 아마도 그럴 것이다. 일단, 온도 센서에 대해서 조금 더 알아보자.

온도 센서에 대한 몇 가지 사실

온도 센서는 온도에 따라 그 저항값이 바뀐다. NTC 형식의 경우는 온도가 올라가면 저항이 떨어지며, 상당히 넓은 범위(보통 섭씨 -40도에서 +125 정도의 범위)에서 선형적인 반응성을 보인다. PTC 형식의 경우는 온도가 올라가면, 아주 갑작스럽게 저항이 증가하는 형태이다.

NTC는 부온도 계수(Negative Temperature Coefficient)를 의미하는 반면, PTC는 정온도 계수(Positive Temperature Coefficient)를 의미한다. PTC 형식의 경우 퓨즈 대신 사용돼서 전원에서 최대값을 초과하는 전류가 흐를 때 전류를 차단하는 동작을 한다.

여기서는 NTC 형식을 사용할 것이다.

온도 센서는 저렴하다. 대부분 500원을 넘지 않으며, 보통 섭씨 25도에서 측정하는 기본 저항값을 다양하게 가지고 있다.

온도 센서를 점검하기 위해서 계측기로 킬로옴 단위를 측정할 수 있도록 설정한 후, 부품의 단자에 탐침을 단단하게 접촉시켜 둔다. 접점 부분에 손을 대면 온도 센서의 온도에 영향을 줄 뿐 아니라 측정하는 저항에도 영향을 줄 수 있기 때문에 손이 닿지 않도록 주의해야 한다. 단단하고 절연되는 표면 위에서 탐침을 온도 센서의 단자에 단단히 누르고, 계측기의 값이 안정화될 때까지 기다린다.

이제 온도 센서 근처로 다른 손을 가져가는데, 건드리게 되면 계측기의 탐침이 있는 접점 부분에 영향을 줄 수 있기 때문에 실제로 건드리지는 말아야 한다. 피부에서 나오는 복사열을 받아서 온도 센서의 저항이 서서히 변하는 것을 볼 수 있을 것이다. 작은 온도 센서는 큰 온도 센서보다 물리적으로 더워지거나 차가워져야 하는 질량이 적기 때문에 조금 더 빠르게 반응한다.

온도 센서로 좀 더 무작위하게 만들기

많은 부분이 회로 주변의 온도에 영향을 주지만 회로 자체에서도 열이 만들어 진다. 온도 센서를 회로와 같이 상자 안에 넣을 수 있다. 온도 센서가 좀 더 잘 반응하게 만들려면 22옴 저항을 테이프로 붙인 다음에 전원에 직접 연결해서 바로 가로질러 가도록 연결한다. 저항은 5VDC에서 대략 100mW 정도를 소모하게 되는데, 이는

250mW의 정격 용량 안에 있는 값이지만 약간의 열을 만들기에 충분한 값이다. 당연히 전지로 구동되는 장치에서는 별로 좋은 생각이 아니다. 또한 별로 일어나지는 않겠지만 온도 센서가 동작할 수 있는 범위를 벗어나면 더 이상 반응하지 않기 때문에 이 정도로 극단적인 환경을 만들지 않아야 한다.

대신 온도 센서를 상자의 뒷부분에 두어서 외부 공기에 노출되도록 만들어서 기온의 변화에 따라 반응하도록 할 수 있다. 더욱 좋게 만들려면 두 개의 온도 센서를 하나는 상자 안에, 또 하나는 상자 밖에 두고 이것을 직렬 혹은 병렬로 연결할 수도 있다.

만일 이걸로도 충분한 무작위성을 얻을 수 없다면 좀 더 매력적인 작업을 해 볼 수 있다.

습도 센서

욕실이나 부엌과 붙어 있는 경우가 아니라면 방안의 습도는 아주 천천히 변한다. 하지만 이런 요소도 타이머 제어 회로를 천천히 변하게 만드는데 사용할 수 있다.

휴미넬(Humirel) HS1011 습도 센서는 다양한 부품점에서 1만원 이하로 구입할 수 있다. 이 부품은 2개의 단자를 가지고 있으며 습도가 변함에 따라 두 단자 간의 정전용량이 변한다.

제대로 적은 게 맞다. 정전 용량이 변한다. 기발한 개념이긴 한데, 타이머를 제어하는 회로에서 이것을 어떻게 사용할 수 있을까?

간단하다! 그림 34-4에 있는 첫 번째 타이머의 타이밍 커패시터 대신 습도 센서를 사용하면

된다. 휴미넬의 데이터시트를 보면 센서의 정전 용량은 177pF to 183pF까지의 값으로 변한다. 이 값은 아주 작은 값이기 때문에 타이밍 저항으로 좀 더 낮은 값을 사용해야 한다.

습도 제어

만일 습도를 제어하는 환경에서는 습도 센서는 가습기를 켜고 끄기 위해서 사용될 가능성이 높다. 책, 종이, 오디오 테이프나 비염의 경우에는 공기 중의 습도를 적절히 조절하면 더 좋아지는 경향이 있다.

습도를 조절하는 방법 중 하나는 가변 커패시터를 이용해서 빠르게 동작하는 비안정 타이머의 동작 속도를 조정하고, 두 번째 타이머로 이 타이머를 잠깐 동안 동작시키는 것이다. 비안정 타이머의 출력은 4비트 이진 카운터에 연결되어 있다. 카운터는 16개의 입력/출력 핀을 직렬로 연결한 긴 전압 분배기 형태인 4비트 멀티플렉서에 연결된다. 멀티플렉서에 의해서 선택된 전압은 비교기의 가변 전압 입력으로 들어간다. 비교기로 들어가는 참조 입력 전압은 습도 제어기에 붙어 있는 가변 저항에 의해서 설정된다. 비교기에서 나오는 출력은 가습기를 켜거나 끄는 반도체 릴레이로 들어간다.

복잡하다고 생각되는가? 제대로 동작시키려면 하루 종일 작업해야 할 것처럼 들릴 수 있다. 또한 온도 조절기처럼 만들어 파는 습도 조절식 가습기를 사용하는 것이 좋다고 느낄 수 있다. 하지만 이건 너무 지루하다! 좀 더 적극적으로 자신의 것을 만들어 보지 않으면 동작하는 것을

만들었을 때의 통쾌한 기분과 별로 필요하지 않은 장치들을 만드는 것이 어떤 재미인지 이해하지 못하는 친구들의 의아한 시선을 어떻게 얻을 수 있을까?

필자는 시간이 있을 때마다 '적극적으로 만들기' - '통쾌함' - '의아하게 보는 시선 즐기기'의 과정을 아주 좋아한다. 이제 다른 센서를 살펴볼 차례다.

가속도계

예전에 『Make』 잡지에 가속도계에 대한 칼럼을 쓴 적이 있다. 이 센서는 요즘 들어 아주 저렴해졌다. 이 센서는 어떤 방향의 움직임에 대해서도 반응하기 때문에 중력을 측정해서 어떤 방향이 위쪽인지 감지할 수 있다. 만일 휴대용 장치를 가지고 있다면 사람이 장치를 들고 있는 모양을 약간씩 바꿀 때마다 장치 안에 있는 가속도계의 출력 저항 값이 변한다. 따라서 이것도 임의의 저항 값을 가지는 장치가 된다.

실제로 가속도 센서는 얇은 표면 장착형 장치지만 그림 34-6에 있는 것처럼 연결용 보드에 붙어 있는 것도 있다. 이런 형태가 사용하기는 훨씬 편하다.

터치 센서

이 장치가 가장 많이 사용될 장치라고 생각한다. 유연성 있는 얇은 플라스틱 사이에 압력에 민감한 저항이 있는 형태를 가지고 있다. 그림 34-7에서 센서의 모양을 확인할 수 있다. 필자도 정확히 어떻게 동작하는지 알지 못하지만 매우 신

그림 34-6 연결용 보드에 붙어 있는 표면 장착형 가속도 센서. 가속도 센서는 중력을 포함한 어떤 힘이든 측정할 수 있다. 결과적으로 이 장치를 잡고 있는 방향에 따라 다른 출력값이 나타난다. 출력은 보드에 있는 핀 사이의 저항 변화의 형태로 나타난다. 그림의 사각형은 0.1"× 0.1" 크기다.

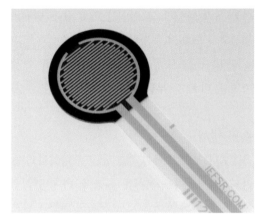

그림 34-7 손가락 끝으로 눌렀을 때 저항이 바뀌는 터치에 반응하는 패드.

뢰성 있어 보이고 상당히 넓은 범위의 저항값을 가진다. 전혀 건드리고 있지 않은 경우에는 저항이 거의 무한에 가까운 값을 가진다. 강하게 누르면 저항은 약 1K 정도까지 떨어진다.

터치 패드를 시작 버튼 대신 타이머를 동작시키기 위해 사용할 수 있다. 다른 말로 터치 센서는 첨단 전원 스위치로의 역할과 무작위성을 만드는 역할 두 가지를 동시에 하고 있다고 할 수

있다. 매우 넓은 범위의 저항 값을 출력하기 때문에 마찬가지로 상당히 넓은 범위를 가지는 임의의 값을 얻을 수 있다.

하지만 이 장치를 살펴보기만 했다는 점을 인정해야 할 것 같다. 이 센서에서 값의 변화가 많이 발생하는지 확인하기 위해서는 수천 번에 걸쳐서 점검해 볼 시간이 필요한데, 그 정도의 시간이 없었다. 사실 그 정도의 시간이 있다고 해도, 건드렸을 때 다른 것보다 더 많은 저항을 만드는 뭔가가 있었을 것이라 생각한다. 또한, 만일 이 센서가 잘 동작했다 하더라도, 누군가 센서를 누르는 방법은 거의 항상 같은 방식이 될 것이기 때문에 그다지 무작위성을 가지지 않을 것이다.

이건 마치 이 부품에 대해서 의심을 풀지 못하면서 이런 경우는 어떻고 저런 경우는 저렇다고 이야기하는 것처럼 들린다.

필자가 회의적인 경향을 가지고 있다는 점도 인정하겠지만 실제 문제는 의심을 가지면서 조심스럽게 실험을 진행해야 한다.

경험적인 문제들

'경험에 의한' 공부는 관찰이나 실험을 바탕으로 결론을 낸다는 것을 의미한다.

음... "뭐가 잘못된 걸까?" 이렇게 생각해보는 것이 아무것도 하지 않고 앉아서 어떤 일이 벌어질지 마냥 궁금해 하는 것보다는 훨씬 좋다.

사실이다. 직접 해보는 것이 막연하게 예측해보는 것보다는 훨씬 가치가 있다. (게다가 이 책 자체가 전부 직접 해보는 과정을 담고 있다.) 대

부분의 연구는 결론을 확고하게 만들기 위해서 관찰을 사용한다. 하지만 연구에는 다른 측면도 있다. 그건 바로 이론에 기반한다는 경우가 많다는 점이다.

예를 들어, 천문학자는 남는 시간이 있기도 하고 장비를 점검해 보기 위해서 수성의 위치가 태양의 뒤로 숨어서 다른 쪽 면으로 다시 나타났을 때 정확한 위치를 아주 주의 깊게 측정한다. 아인슈타인의 상대성 이론은 태양의 중력이 수성으로 반사되는 빛을 휘게 만든다고 예측했다. 과학자는 이 사실이 맞는지 확인해 보고 싶어서 이 부분을 관찰했다. (심지어 아인슈타인 자신도.)

하지만 만일 이론적 배경이 없다면 오늘 관찰한 것이 내일의 것과 별 차이가 없을지 확실히 보장을 할 수 없을 것이며, 특히 사람들마다 센서를 누르는 방법이 서로 다른 것처럼 통제할 수 없는 요소가 많은 경우에는 더욱 그렇다.

온도 센서, 습도 센서, 가속도 센서, 혹은 압력 센서는 서로 다른 사용자에게 비슷한 동작을 하며, 적당히 분산되어 있는 임의의 값을 만들 수 있다고 느끼겠지만 아직 그렇게 확신하지는 못할 수 있다. 만일 누군가 질문한다면 다음과 같이 좀 더 정확하게 이야기할 수 있다.

> 오늘은 무작위 값이 나오고 있는 것처럼 보이며 내일 임의의 값이 나오지 않을 이유도 없어 보이지만 증명할 수는 없다.

만일 몇몇 부품들을 서로 연결해서 외부 요인의 간섭 없이 좀 더 예측할 수 없는 독자적인 숫자

열을 출력할 수도 있다는 것을 이야기한다면? 또한 수학적으로 숫자열이 매번 같을 것이라 알려준다면? 그리고, 다시 반복되기 전까지는 숫자열이 계속해서 나오며 사람의 두뇌로는 다음에 오는 값을 추정할 수 없다고 알려준다면?

매번 같은 위치에서 숫자열이 시작하지만 않는다면 완벽한 의사 난수(pseudo random number) 생성기를 만든 것처럼 들린다. 하지만 이 부분은 아주 복잡하며 이것이 진짜 필요한지도 의문이 든다.

이 부분은 아주 복잡하지 않다. 이 부분이 필요한지는 이 부분을 어디에 사용하려고 하는지에 달려있다.

난수기는 어떻게 임의의 수를 만들어 내는 걸까?
일반적인 전자 게임에서는 난수에 아주 가까운 입력이 필요하다. 0에서 15까지의 범위에서 임의의 값을 만들어보면 수백 번의 게임을 진행하는 동안에 13이 다른 것보다 조금 더 나온다 하더라도 별 문제가 안될 것이다.

핫슬롯 게임에서는 두 번째로 게임을 하는 사람이 12.5%의 이익을 기대할 수 있다. 이 게임에서 임의의 수를 만들 때 특정 슬롯이 선택될 확률이 다른 슬롯이 선택될 확률보다 0.5% 높다고 해도 별 문제가 안된다.

하지만 몇몇 실험에서는 정확히 균등한 확률로 나오는 숫자가 필요하다. 만일 오랫동안 임의의 0과 1의 숫자열을 만들어낼 필요가 있다면 이 숫자열에 50.1%에서 49.9%의 확률이 아닌 50%의 0과 50%의 1이 존재하기를 절대적으로 원할 것이다.

이 정도의 정밀도는 필요하지 않다고 생각할지 모르겠다. 하지만 실험 15에서 봤던 텔레파시 검사를 생각해 보자. 이 실험을 두 사람이 참가하는 실험에서 한 사람이 참가하는 실험으로 바꾸는 경우를 가정해 보자.

누군가 초자연적인 힘(정말 있다면)을 사용한다고 가정하고 LED가 켜질 것인지 꺼질 것인지 확인하는 것이다. 회로에서는 임의의 순서로 보이도록 LED를 켜거나 끌 것이지만 254번 점검하는 동안에 LED는 반드시 127번 켜지고 127번 꺼져야 한다. 그렇지 않은 경우, 참가자가 맞는 추측을 절반 이상하게 되면서 이 사람의 초자연적인 능력을 평가할 수 없게 된다.

초자연적인 부분을 연구하는 경우에는 평균보다 아주 작은 변화가 있는 경우에도 아주 중요하게 다뤄질 수 있기 때문에 한 숫자가 다른 숫자보다 더 많이 만들어지는 것이 중요한 문제가 되는 것이다.

정말 충실한 결과를 만들 수 있는 텔레파시 검사 회로를 1인용으로 다시 만들 수 있을까? 사실 이 부분이 아주 어렵다고 생각하지 않기 때문에 한번 시도해 볼 것이다.

이 부분의 작업은 두 단계로 접근하도록 한다. 우선 완전한 의사 난수 생성기를 만드는 법을 보여 준 다음에 이걸 검사에서 사용할 것이다.

환경에 영향을 받지않고 숫자열을 만들어내는 어떤 종류의 회로가 들어 있는 블랙박스가 있다고 가정해 보자. 임의의 숫자열이 나오는지 어떻게 판단할 수 있을까? 다음 두 조건을 만족해야 한다고 생각한다.

- 만들어지는 숫자열은 상대적으로 반복에 대해서 자유로워야 한다. '상대적'이라고 이야기한 이유는 독립적으로 동작하는 숫자 생성기들은 모두 충분히 오랫동안 동작시켜보면 생성한 숫자열을 반복하기 때문이다. 따라서, 숫자열을 만들 때의 목표는 인간이 기억하거나 주의를 기울일 수 없는 정도로 충분한 길이와 복잡성을 가지는 숫자열을 만드는 것이다. (그렇다고 숫자 생성기가 물리학의 양자 효과를 잴 수 있는 정도로 커지는 것은 의미가 없다고 본다.)
- 거의 균등하게 발생하는 숫자 값의 범위를 지정할 수 있다면 숫자열에서 값이 발생할 수 있는 확률이 같으며, 빠지는 값이 없다는 의미이다.

두 가지 요구를 거의 만족시키는 회로가 있다. 이 회로가 선형 피드백 시프트 레지스터(LFSR; linear feedback shift register)이다. 어떤 길이의 숫자열이라도 '거의' 완전하게 출력할 수 있으며 대부분의 숫자가 '거의' 완전히 같은 확률로 출력된다. LFSR을 만든 후에 위에서 '거의'라고 적은 부분을 무시할 정도로 만들 수 있는 방법을 보여 줄 것이다.

LFSR에 대해서 알아보자

그림 35-1에 있는 간단한 점검 회로부터 시작하자. 이 회로는 그림 27-2에 있던 시프트 레지스터 점검 회로와 아주 비슷하다. 하지만, 이 회로는 자체적으로 데이터를 재사용해서 데이터를 만들어내기 때문에 데이터 입력 스위치가 없다.

저장 공간 A, B, C, D만 사용하는 것이 회로의 동작을 이해하기에 좀 더 쉽기 때문에, 저장 공간 E, F, G, H에서 나오는 출력은 연결하지 않은 상태로 두었다. 만일 전선 중간에 LED를 두면 (그림의 왼쪽 아래에 있는 노란색 작은 원), 결과를 확인할 수 있으므로 조금 더 명확해 진다. 물론 입력핀은 별도로 사용될 것이므로 브레드보드에서 같은 줄에 있으면 안 된다. 하지만, LED를 예쁘게 한 줄로 배치되도록 전선을 구부려서 사용하는 것은 가능하다.

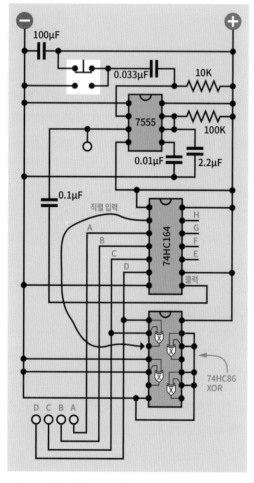

그림 35-1 선형 피드백 시프트 레지스터의 동작을 확인할 수 있는 가장 간단한 회로. LED는 음극접지에 연결해야 하지만 따로 표시하지 않았으며 각 LED는 자체 저항을 가지지 않은 형태인 경우 반드시 직렬 저항을 붙여야 한다.

그림 35-2는 브레드보드 회로의 사진이다.

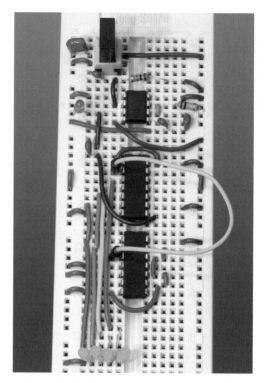

그림 35-2 선형 피드백 시프트 레지스터의 점검.

데이터를 직접 넣어주는 대신 저장 공간 C와 D에 연결된 XOR 게이트의 출력이 직렬 데이터 입력으로 들어간다. 이 부분은 양쪽 끝부분에 플러그가 있는 유연한 연결선(jumper)으로 연결했다는 것을 보여주기 위해서 구불거리는 선으로 연결을 나타냈다. 초기에는 점퍼의 양쪽 끝을 모두 그림처럼 연결하자.

이렇게 하면 저장 공간 C와 D의 상태는 연결선을 거쳐 다시 입력으로 돌아온다. 한 가지 문제는 처음 시프트 레지스터에 전원을 공급했을 때는 모든 저장 공간의 값이 낮은 전압 상태일 것이라는 점이다. 또한 XOR 게이트의 두 입력이 모두 낮은 상태이면 출력 역시 낮은 상태가 된다. 결과적으로 피드백이 어떤 일도 하지 못한다. 낮은 상태가 계속 순환되는 것이므로 LED가 계속해서 꺼져 있게 된다.

회로에 전원을 공급할 때, 초기에 전압이 변하거나 전원의 잡음으로 인해서 시프트 레지스터로 임의의 값이 들어가는 경우들이 있다. 회로도에 있는 100μF는 아주 효과적이지는 않더라도 이런 현상이 발생하지 않도록 하기 위해서 사용되는 것이다.

만일 초기에 임의의 값을 가지게 되는 경우에는 일부 LED가 켜진다.

이런 일이 벌어졌든 벌어지지 않았든, 모든 시프트 레지스터에 높은 상태의 데이터를 올리고 싶다. 이런 작업을 하려면 XOR 칩에서 나오는 연결선의 아랫부분을 빼서 전원의 양극 부분에 연결해서 시프트 레지스터의 직렬 입력이 높은 상태 전압을 가지도록 만든다. 이제 A, B, C, D의 저장 공간에 데이터를 올리기 위해서 푸시 버튼을 네 번 누른다.

4개의 LED가 모두 켜지면 점퍼를 XOR 칩의 3번 핀에 다시 연결한다. 이제 버튼을 16번 누르면, 그림 35-3에 있는 것과 같은 형태의 숫자열을 볼 수 있다. 이 숫자열은 15 단계를 거친 다음에 다시 반복되며, 타이머를 한 번 동작하는 형식에서 비안정 형태로 바꾸면 이 숫자열은 자체적으로 생성된다.

LFSR에 대한 몇 가지 사실

조금 전에 배운 것을 요약하면 다음과 같다.

- 만일 LED에서 이진수 0000에 해당하는 낮은 상태를 나타내는 경우, LFSR에서 0이 계속 공급되기 때문에 이 상태를 유지하게 된다.
- 만일 LED에서 0000이 아닌 다른 값을 표시하고 있는 경우에는 이 숫자열이 다시 반복되기 전에 다른 패턴이 15번 발생한다. 0001에서 1111까지의 모든 값이 나타나지만 숫자 순서대로 나오는 것은 아니다. 0000을 제외하고 빠진 숫자는 없으며 전체 숫자열이 반복되기 전에 다시 나오는 숫자도 없다.

여기서의 문제는 숫자열의 길이가 너무 짧아서 사람의 눈과 머리가 반복되고 있다는 것을 금방 알아챌 수 있다는 점이다.

만일 시프트 레지스터에 있는 8개의 저장 공간을 모두 사용하고 LED의 수를 4개에서 8개로 증가시키면 패턴이 상당히 다양해지고 반복하기 전까지 상당히 오래 걸릴 것이다. 이렇게 만들면 그럴 듯 하겠지만 바꾸기 전에 여기서 어떤 일이 벌어지는지 정확히 보여 주겠다.

비트 시프트 동작을 자세히 보기

그림 35-3에서 위쪽에 있는 빨간색 상자는 시프트 레지스터의 저장 공간을 나타낸다. 그림에서는 오른쪽에서 왼쪽으로 시프트가 일어나며, 각각의 저장 공간은 A, B, C, D라는 글자로 구분할

수 있다. 만일 이 주제를 다룬 다른 곳에서는 비트가 왼쪽에서 오른쪽으로 움직이도록 표현한 것도 있지만, 여기서는 시프트 레지스터의 출력으로 이진수를 표시할 것이므로 이런 형식으로 움직이도록 하지 않을 것이다. 이 목적에는 비트

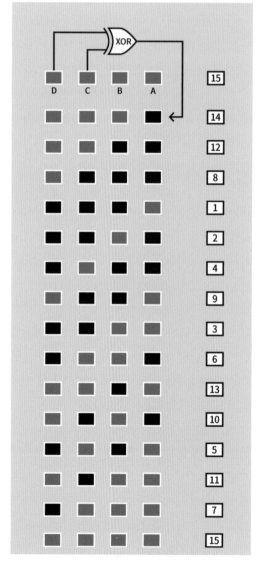

그림 35-3 4비트 선형 피드백 시프트 레지스터의 동작.

를 오른쪽에서 왼쪽으로 움직이는 것이 좀 더 직관적이기 때문이다.

시프트 레지스터의 동작 방식을 기억해 보자. 데이터 입력은 입력 버퍼에 저장되어 있다가 클럭 펄스가 발생할 때 공간을 만들기 위해서 움직이게 된다. 따라서 C와 D 위치의 현재 상태를 XOR 시켜서 입력으로 보내면, 다음 클럭 신호에서 클럭이 움직일 때까지 이 데이터가 입력 버퍼에서 기다린다. 이 시점에서 C와 D의 새로운 상태를 XOR시킨 값은 입력 버퍼로 전달되어 다음 클럭 주기 때 복사되며, 이런 동작이 반복된다.

만일 저장 공간이 일반적인 이진수의 자릿수인 8, 4, 2, 1(왼쪽에서 오른쪽으로 순서로)의 값을 가진다면, 초기의 십진 값은 8+4+2+1=15가 될 것이다. 하지만 XOR는 높은 상태 입력 2개를 받으면 낮은 상태 출력을 만들기 때문에 XOR 게이트에서 나오는 피드백으로 인해서 이제 가장 오른쪽 비트는 0이 된다. 따라서 두번째 줄로 가면 메모리 위치 값을 더해서 8+4+2=14의 값을 가지게 된다. 그림에서 각 줄에 있는 상자에 검정색으로 적혀있는 숫자는 이진수 값의 합을 십진수로 나타낸 것이다.

0의 문제

LFSR에 전원이 공급된 후 모든 저장 공간의 값이 낮은 상태가 되었을 때, 아무 반응도 보이지 않는 문제를 해결하기 위해서 대부분의 책에서는 0 이외의 값을 미리 레지스터에 올리는 방법을 제시하고 있다. 이 방법은 시프트 레지스터가 값을 읽을 때까지 데이터 입력을 높은 상태로 유

지하면서 클럭을 동작시킬 수 있는 부품인 경우에는 가능하다. 하지만 이런 요구 사항을 피하고 싶은 경우에는 어떻게 해야 할까?

좀 더 쉬운 답이 있다. XOR 대신 XNOR를 사용하는 회로로 바꾸자. XNOR는 그렇게 자주 사용되는 것이 아니지만 여전히 74HC00 시리즈나 4000B에서 찾을 수 있다. (다른 방법으로는 XOR 게이트 출력에 인버터를 붙이는 것도 가능하지만 당연히 인버터를 위해서 추가적인 논리 게이트가 있어야 한다.)

실험 15로 돌아가서 그림 15-5를 보면, XNOR 게이트 출력은 XOR 게이트의 출력을 거꾸로 뒤집은 것이다. 즉, 두 개의 낮은 상태 입력에 반응해서 높은 상태 출력을 전달하기 때문에 레지스터가 0000인 상태에서 출발하더라도 선형 피드백 시프트 레지스터가 동작하게 만든다.

그림 35-4에서는 XOR 대신 XNOR 게이트를 사용했을 때의 숫자열을 보여준다. 여기서는 0000부터 1110까지(십진수로 0에서 14)의 모든 값을 포함하고 있다. 약간만 생각해보면 XOR회로에서 0000인 경우 멈춘 것처럼, XNOR 회로 역시 1111인 경우에 멈춘다는 것을 알 수 있다. 하지만 처음에 전원을 넣었을 때 자동적으로 동작을 시작할 것이다.

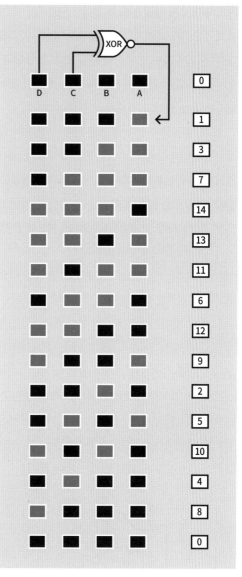

그림 35-4 선형 피드백 시프트 레지스터가 4비트 값이 0000인 경우에도 시작할 수 있도록 XNOR 게이트를 사용한다.

반복하지 않게 만들 필요가 있다

쿼드 2입력 XNOR 칩을 이용해서 검사 회로를 다시 만들기 전에 반복이라는 문제로 돌아갈 필요가 있다. 숫자열을 다시 반복하기 전에 15단계보다는 많은 단계가 필요하기 때문이다.

음, 만일 8개의 저장 공간을 모두 사용하면 출력 가능한 값의 범위는 이진수로 00000000에서 11111110(십진수로 0에서 254)가 되며 반복하기 전에 255단계를 가지게 된다.

이 방식이 좀 더 좋아 보이지만 피드백을 만들기 위해서 어디에 XNOR를 넣어서 할 것인가? G와 H 위치를 입력으로 연결하고 출력을 입력 버퍼의 피드백으로 만들면 동작할까?

그렇지 않다. 만일 한 번 시도해 보면 그렇지 않다는 것을 알 수 있을 것이다. 이제 8비트를 시프트하려면 그림 35-5에 있는 것처럼 3개의 XNOR가 필요하다. (XNOR 대신 XOR을 넣는 경우에도 게이트의 위치는 같다. 유일한 차이점은 시프트 레지스터의 값이 모두 0을 가지고 있는 경우에는 시작할 수 없다는 점이다.)

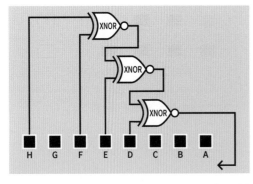

그림 35-5 8비트 선형 피드백 시프트 레지스터를 만들려면 3개의 XNOR 게이트가 필요하다.

왜 이번에는 3개의 XNOR 게이트를 써야 하며, 왜 이 위치에 써야 할까?

만일 이것보다 적거나 많이 사용하거나, 다른 위치에 있는 경우에는 숫자가 빠지거나 반복되는 것 없이 0에서 254까지의 모든 값을 포함하는 숫자열을 만들지 못할 수 있다.

하지만, 어떻게 알 수 있을까?

이 부분은 증명이 아주 쉬운 건 아니지만 수학적으로 증명할 수 있다. 이 부분을 위해서는 '원시 다항식(primitive polynomials)'과 '유한체 연산(finite field arithmetic)' 부분으로 들어가야 하는데, 이 부분은 아무리 필자가 이 부분을 설명하는데 재능이 있다고 하더라도 이해시키기도 어려울 뿐 아니라 설명하려면 많은 페이지가 필요하다.

그렇다면 증명해서 보여주지 않는다면 정확한지 여러분이 어떻게 알 수 있을까?

답은 이론에 대해 실험을 하고 결과를 살펴보는 방법을 사용할 수 있다는 것이다. 그림 35-6은 그림 35-5의 논리 회로를 복제한 선형 피드백 회로를 보여준다. 이 부분은 아주 쉽게 따라갈 수 있을 것이다.

시프트 레지스터 출력 H와 F는 XNOR 칩에서 오른쪽 윗부분에 있는 XNOR 게이트의 입력으로 들어간다. 이 게이트의 출력은 그 밑에 있는 게이트의 입력으로 들어가고 출력 E 역시 이 게이트의 입력으로 들어간다. XNOR된 출력은 출력 D를 입력으로 받고 있는 칩의 왼쪽 윗부분에 있는 게이트에 입력으로 들어간다.

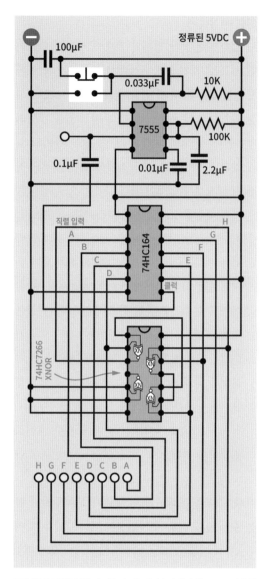

그림 35-6 8비트 선형 피드백 시프트 레지스터 검사 회로. LED의 음극 접지 연결 부분은 따로 표시하지 않았으며, 내부 저항을 가지고 있지 않은 LED라면 LED마다 직렬 저항이 추가되어야 한다.

회로의 윗부분에는 한가할 때 숫자열을 옆으로 한 번 이동시킬 수 있는 디바운스 처리된 푸시 버튼이 있다.

그림 35-7은 이 회로를 브레드보드에서 구현할 수 있도록 만든 것이다.

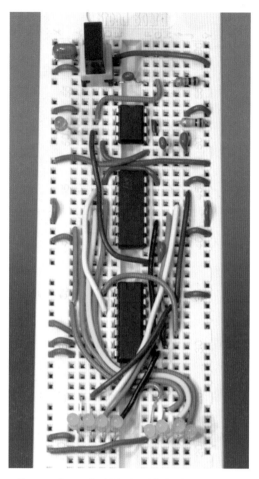

그림 35-7 브레드보드에 구현된 8비트 선형 피드백 시프트 레지스터.

경고: XNOR의 특이한 부분들

XNOR 칩의 배선은 정확해야 한다. 이 칩의 내부 연결은 다른 논리칩과는 완전히 다르다. 정확하게 이야기하기 위해서 그림 35-8에서 핀배치를 확인하자. 만일 OR 게이트나 XOR 게이트처럼 전선을 잘못 연결하는 실수를 하면 칩에 영구적인 손상을 줄 수 있다.

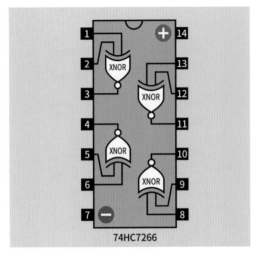

그림 35-8 쿼드 2입력 XNOR 칩의 핀배치. 칩 내부의 연결이 논리 게이트를 포함하고 있는 다른 칩들과는 완전히 다르다.

조심해야 할 다른 부분은 XNOR 칩에는 74HC7266와 숫자 하나가 다른 74HC266이라는 부품 번호를 가지는 변종이 존재한다는 점이다. 74HC266 XNOR 칩은 100mA까지의 부하를 제어하기 위해서 만들어진 오픈 드레인(open drain) 출력을 가지고 있으므로 다른 칩에 직접 연결하면 안된다. 예로써 텍사스 인스투르먼트(Texas Instrument)의 SN74HC266N 같은 칩이 있다. 실수로 이 칩을 사지 않도록 하자.

74HC7266가 필요한 칩이지만, 다른 대부분의 논리칩보다 약간 더 비싸다. 이 칩 대신 1/4 가격인 4077(구식 CMOS 버전)을 사용할 수도 있으며, 이 칩의 핀 배치는 완전히 똑같다.

점검 시작하기

이 실험의 결과가 필자의 결과와 정확히 같으려면 시프트 레지스터의 상태를 필자의 실험에서 사용했던 것과 같게 만들 필요가 있다. 모든 저장 위치에서 낮은 상태 값을 가지고 있을 것이라 확신한다. 전원을 넣었을 때 이 값을 가지고 있지 않다면, 4비트 LFSR 점검에서 했던 것처럼 직접 이 값으로 만들어야 한다.

다음 과정을 조심스럽게 따라하자.

1. 보통 왼쪽 윗부분에 있는 XNOR 게이트의 출력과 연결되어 있는 연결선의 아래쪽을 뺀다. 이 연결선이 "직렬 입력" 연결선이며, 연결선 위쪽의 연결은 그대로 둔다.
2. 연결선의 아래쪽을 음극 부분에 끼운다.
3. 클럭을 따라 8개의 0이 들어가도록 푸시 버튼을 8번 누른다.
4. 점퍼를 XNOR 게이트의 출력에 아주 조심스럽게 연결한다.

이제 LFSR을 동작시키면, 필자가 보여주려고 하는 숫자열과 같은 숫자열을 얻을 수 있을 것이다. 이 숫자열은 그림 35-9에 나열되어 있으며 0은 LED가 꺼진 것을 1은 LED가 켜진 것을 나타낸다. 버튼을 누를 때마다 브레드보드에 있는 LED가 그림의 다음 줄에 있는 결과와 같게 나올 것이다.

00000000	11001000	01111001	10000100
00000001	10010001	11110010	00001000
00000011	00100011	11100100	00010000
00000111	01000110	11001001	00100000
00001111	10001101	10010011	01000000
00011110	00011011	00100111	10000001
00111101	00110111	01001110	00000010
01111010	01101111	10011100	00000101
11110100	11011111	00111000	00001011
11101000	10111110	01110000	00010110
11010000	01111101	11100001	00101100
10100001	11111010	11000011	01011001
01000011	11110101	10000110	10110011
10000111	11101010	00001100	01100110
00001110	11010100	00011000	11001100
00011100	10101001	00110001	10011001
00111001	01010010	01100011	00110010
01110010	10100100	11000110	01100101
11100101	01001001	10001100	11001010
11001011	10010010	00011001	10010101
10010111	00100101	00110011	00101010
00101111	01001010	01100111	01010100
01011111	10010100	11001110	10101000
10111111	00101001	10011101	01010001
01111111	01010011	00111010	10100011
11111110	10100110	01110100	01000110
11111101	01001101	11101001	10001101
11111011	10011010	11010010	00011010
11110111	00110100	10100101	00110101
11101110	01101001	01001011	01101010
11011100	11010011	10010110	11010101
10111000	10100111	00101101	10101011
01110001	01001111	01011011	01010110
11100011	10011110	10110111	10101101
11000111	00111100	01101110	01011010
10001110	01111000	11011101	10110101
00011101	11110000	10111010	01101011
00111011	11100000	01110101	11010110
01110110	11000001	11101011	10101100
11101101	10000010	11010110	01011001
11011010	00000100	10101101	10110011
10110100	00001001	01011010	01100111
01101000	00010010	10110101	11001111
11010001	00100100	01101010	10011110
10100011	01001000	11010101	00111101
01000111	10010000	10101011	01111011
10001111	00100001	01010110	11110110
00011111	01000010	10101100	11101101
00111111	10000101	01011000	11011011
01111110	00001010	10110001	10110110
11111100	00010100	01100010	01101100
11111001	00101000	11000100	11011000
11110011	01010001	10001000	10110000
11100110	10100010	00010001	01100000
11001101	01000101	00100010	11000000
10011011	10001011	01000100	10000000
00110110	00010111	10001001	00000000
01101101	00101110	00010011	
11011011	01011101	00100110	
10110110	10111011	01001100	
01101100	01110111	10011000	
11011001	11101111	00110000	
10110010	11011110	01100001	
01100100	10111100	11000010	

그림 35-9 8비트 선형 피드백 시프트 레지스터에서 출력되는 255 출력값을 가지는 숫자열과 초기 상태의 반복을 보여준다.

이 목록을 어떻게 만들었을지 궁금할 것이다. 필자가 디바운스 처리된 푸시 버튼을 누르면서 다른 한 손으로 그 결과를 적었을 것이라 생각하나? 사실 아니다. 선형 피드백 시프트 레지스터의 동작을 모사하는 간단한 컴퓨터 프로그램을 작성한 다음 출력된 결과를 저장한 것이다. 여하튼 이걸 이용해서 실제 회로의 동작을 확인했기 때문에 여러분 역시 같은 작업을 할 수 있을 것이다.

이진수는 사람의 머리로 이해하기 쉽지 않기 때문에 같은 숫자열을 아래와 같이 십진수로도 적어두었다.

0, 1, 3, 7, 15, 30, 61, 122, 244, 232, 208, 161, 67, 135, 14, 28, 57, 114, 229, 203, 151, 47, 95, 191, 127, 254, 253, 251, 247, 238, 220, 184, 113, 227, 199, 142, 29, 59, 118, 237, 218, 180, 104, 209, 163, 71, 143, 31, 63, 126, 252, 249, 243, 230, 205, 155, 54, 109, 219, 182, 108, 217, 178, 100, 200, 145, 35, 70, 141, 27, 55, 111, 223, 190, 125, 250, 245, 234, 212, 169, 82, 164, 73, 146, 37, 74, 148, 41, 83, 166, 77, 154, 52, 105, 211, 167, 79, 158, 60, 120, 240, 224, 193, 130, 4, 9, 18, 36, 72, 144, 33, 66, 133, 10, 20, 40, 81, 162, 69, 139, 23, 46, 93, 187, 119, 239, 222, 188, 121, 242, 228, 201, 147, 39, 78, 156, 56, 112, 225, 195, 134, 12, 24, 49, 99, 198, 140, 25, 51, 103, 206, 157, 58, 116, 233, 210, 165, 75, 150, 45, 91, 183, 110, 221, 186, 117, 235, 214, 173, 90, 181, 106, 213, 171, 86, 172, 88, 177, 98, 196, 136, 17, 34, 68, 137, 19, 38, 76, 152, 48, 97, 194, 132, 8, 16, 32, 64, 129, 2, 5, 11, 22, 44, 89, 179, 102,

204, 153, 50, 101, 202, 149, 43, 87, 174, 92, 185, 115, 231, 207, 159, 62, 124, 248, 241, 226, 197, 138, 21, 42, 85, 170, 84, 168, 80, 160, 65, 131, 6, 13, 26, 53, 107, 215, 175, 94, 189, 123, 246, 236, 216, 176, 96, 192, 128, 0

이 정도면 필자에게는 충분히 의사 난수처럼 보인다. 필자가 만든 프로그램에서는 각각의 값이 한 번씩만 나왔는지도 확인해 주며 빠지거나 반복된 것이 있는지도 확인해 준다.

1과 0

이미 이야기한 것처럼 그림 35-5의 논리도를 검증했으니 이제 다음 단계는 이 숫자열을 줄여서 매 주기마다 1이나 0을 만드는 방법을 결정할 차례다. 텔레파시 검사 회로에서 LED가 켜거나 끄기 위해서 만든 것이라는 점을 기억해야 한다.

실험 33에서 회전식 인코더의 출력을 이용해서 했던 것처럼 시프트 레지스터에서 나오는 모든 출력들을 XOR 시키는 방식이 있을 수 있다. 즉 XOR 게이트를 3단계로 만들고 앞 단계의 출력들의 평균을 내서 0과 1을 출력하는 방식을 사용하는 것도 제대로 동작할 것이다. 하지만 이렇게까지 할 필요는 없다. 단지 시프트 레지스터의 저장 공간 'A'에 연결해서 사용하기만 하면 된다.

처음에는 말도 안되는 것 같다. 반복되기 전까지 더 많은 상태를 가지는 숫자열을 얻기 위해서 시프트 레지스터의 출력을 더 많이 포함시켰었지만, 이제 그 많은 숫자들을 버리자는 말일까?

그건 아니다. 여전히 8개의 저장 공간들이 모두 피드백 과정에서 사용된다. 8번째, 6번째, 5번째, 4번째 위치가 이전처럼 XNOR되고 있기 때문에 반복되기 전에 여전히 255개의 단계를 거치는 숫자열을 만들게 되며 단지 그 값의 일부를 가져오는 방법을 제시하는 것이다.

1과 0으로 이루어진 전체 패턴은 반복되기 전에 255 단계를 거친다.

아마도 이 부분을 믿기 어려울 것이다. 사실나 자신도 완전히 납득하고 있는 것은 아니다. 이론상으로는 맞는 이야기지만 다른 방식으로 이 부분을 관찰하고 이를 통해서 이 사실을 확인해야 겠다고 결심했다. 앞에서 사용한 컴퓨터 프로그램을 고쳐서 선형 피드백 과정의 255 단계에서 나오는 숫자 중에서 가장 오른쪽 숫자만 가지고 와서 1과 0의 숫자열을 얻을 수 있었다.

```
0111101000011100101111110111000
1110110100011111100110110110100100
0110111110101001001010011010011
1000001001000010100010111011100
1001110000110001100111010010101101
1101011010101100010001001110000110
0000010110011001010111001111111000
1010101000001101011110110000000
```

그 후에 실제 회로를 동작시켜 가장 오른쪽의 LED만 확인했을 때, 완전히 같은 결과라는 것을 알 수 있었다.

이런 내용을 예측하고 이 예측이 정확하다고 판명되면 이 현상이 매번 일어난다는 증명을 할 수 있는 훌륭한 증거가 되는 것이다.

00000000과 11111111 같은 패턴이 있기 때문에 이 숫자열이 완전 무작위하게 보이지 않는다고 이의를 제기할 수 있다. 맞다. 그렇다 하더라도 임의의 숫자열은 실제로 이런 반복 형태를 가지고 있다. 동전을 던졌을 때도, 앞면이나 뒷면이 여러 번에 걸쳐 연속해서 나올 수 있는 확률이 있다는 것을 기억하자. 사실 시도하는 횟수가 증가함에 따라서 여러 번 반복될 확률도 증가한다.

따라서, 위의 숫자열 안에 일부 반복되는 숫자가 존재하는 것은 별로 신경 쓸 부분이 아니다. 물론, 만일 숫자열이 대부분 11111111과 00000000의 조합으로 이루어져 있다면 이건 다른 이야기지만 패턴의 실제 분포는 아주 좋다. 숫자열에서 1이나 0이 반복되는 패턴의 빈도를 세어봤는데, 그 빈도는 다음과 같다.

0 한번 - 33 번

00 - 16 번

000 - 8 번

0000 - 4 번

00000 - 2 번

000000 - 1 번

0000000 - 1 번

총합: 0의 값이 128번 발생

1 한번 - 32 번

11 - 16 번

111 - 8 번

1111 - 4 번

11111 - 2 번

111111 - 1 번

1111111 - 1 번

총합: 1의 값이 127번 발생

가중치 문제

방금 전 살펴본 목록에서 제대로 확인하지 못한 것이 하나 있다. 하나의 0이 나온 것이 33개인데 반해서 하나의 1만 나온 것은 32개다. 뭐라고? 이 숫자열은 완전히 동일한 발생 확률을 가지고 있다고 가정했었다!

사실, 아니다. 앞에서 '거의' 완전하게 같은 발생 확률을 가지고 있다고 이야기했다.

(이로 인해서 해결책을 찾게 되겠지만) 여기에 문제가 있다. 숫자열이 반복되기 전에 전체 숫자열에서 발생 가능한 모든 값은 00000000에서 11111111까지이다. 하지만 피드백에 XNOR를 사용했으며 XNOR 기반의 시프트 레지스터에서는 11111111을 표시할 수 없어서 이 부분을 건너뛰었다는 것을 기억할 것이다. 이 값이 1로 끝나기 때문에 각 숫자의 마지막 자릿수를 모아서 만든 표에서 1이 하나 빠진 것이다.

이런 문제를 피하기 위해서 마지막 자릿수가 아닌 끝에서 두번째 자릿수를 이용하는 방법을 생각해 볼 수 있을까? 안 된다. 숫자열에서 11111111은 여전히 제외되어야 하기 때문에 마지막 표에서 0이 1보다 하나 더 많아지는 문제는 해결할 수 없다.

이 문제를 다뤄보도록 하자.

254를 건너뛰기

한가지 답은 시프트 레지스터를 추가하는 것이다. 시프트 레지스터들 4개를 서로 연결해서 32비트의 이진 숫자열을 저장할 수 있는 충분한 저장 위치를 제공하는 것이다. LFSR에서 나오는 완전한 숫자열은 다시 반복되기 전에 4조개의 값을 가지게 된다. 이 숫자열에서는 32개가 전부 1로 구성된 경우를 제외하면 32개의 1과 0으로 만들 수 있는 모든 패턴들이 나타난다. 값이 하나 빠진 것은 4조개 이상의 값들 속에 파묻히게 되기 때문에, 어떤 종류의 작업에도 사용할 수 있게 된다.

아쉽게도 이 회로를 만들기 위해서는 좀 더 많은 작업이 필요하다. 텔레파시 검사 회로에서 조금 더 완전하게 균형 잡힌 출력을 가진 선형 피드백을 만들도록 하기 위해서 4개의 시프트 레지스터들과 XNOR에서 출력되는 알지 못하는 숫자들과 연결하고 부품을 추가해야 할까? 그렇게까지 한다면 훌륭하다! 이 작업을 했다는 것을 다른 사람에게 보여주고 싶을 것이다. 하지만 개인적으로는 이 책을 끝마쳐야 하기 때문에 이런 작업을 하기에는 시간이 부족했다. 이 부분은 책을 읽는 여러분에게 기회를 주도록 하겠다.

그럼 이것보다 쉬운 대안이 있을까? 마지막에 1을 가지는 11111111를 처리하지 않아서 생긴 문제에 대응하기 위해서 마지막에 0을 만들게 되는 8비트 패턴 하나를 (어떤 방법을 써서라도) 시프트 레지스터에서 건너뛰게 만들 수 있겠다. 그럼 출력 빈도는 같아질 것이다.

11111111은 이미 제외되었으므로, 11111110

(십진수로 254)도 제거할 수 있다. 저장 위치 B에서 H에 있는 1111111을 찾기 위한 7입력 AND를 사용한 후, 이 부분의 모든 출력이 양극 값을 가지는 경우에는 클럭을 증가시켜 다음 값으로 진행하도록 만들면 되기 때문에 비교적 쉽다. 완전한 논리도는 그림 35-10에 있다.

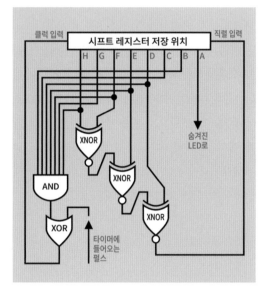

그림 35-10 레지스터가 11111110 상태도 건너뛰게 만듦으로써 이진 출력의 발생 확률이 동일하도록 만들어진 선형 피드백 시프트 레지스터의 논리도.

7입력 AND 게이트가 있을까? 없다. 하지만 8입력 게이트를 구입할 수 있다. 만일 8번째 입력을 전원의 양극 부분과 연결하면 나머지 7개는 AND 처리된다. 이 칩은 74HC00 계열에는 없지만 4000B 계열에 있으며 정상적으로 동작한다.

클럭 입력을 공유하기

7입력 AND 게이트는 시프트 레지스터의 클럭 입력으로 직접 피드백되지 않는다는 것을 알아챘을 것이다. 주기적으로 하나씩 앞으로 이동하는 시프트 레지스터로 타이머에서 클럭 입력(혹은 다른 입력)을 제공해야 하기 때문이다. "AND 입력"과 구분하기 위해서 이 부분을 '규칙적인 클럭'이라 부르겠다.

이런 상황을 다루기 위해서 XOR 게이트를 추가했다. 순서대로 어떤 일들이 일어나는지 상상해보자.

1. XNOR 피드백이 우리가 건너뛰고 싶어하는 11111110 값에 도달한다. 이 부분은 입력 버퍼에 적용된다.
2. 규칙적인 클럭으로 인해 허용되지 않는 11111110 값이 시프트 레지스터로 들어간다.
3. 8입력 AND 게이트에서 이 값을 즉시 감지해서 높은 상태 출력을 전달한다. 이 값이 XOR 게이트로 전달된다.
4. 규칙적인 클럭 펄스가 아직 끝나지 않았기 때문에 XOR 게이트의 두 입력으로 모두 높은 상태가 들어오고, 이로 인해서 낮은 상태 출력이 만들어진다.
5. 규칙적인 클럭 펄스가 끝났다. 하지만 허용되지 않는 11111110 상태로 인해 여전히 AND 게이트에서는 높은 상태 출력이 만들어진다.
6. 이제 XOR 게이트는 AND 게이트로부터 들어오는 높은 상태 입력 하나와 주기적인 클럭에서 들어오는 낮은 상태 입력을 가지게 되므로 XOR에서 높은 상태 출력을 가지게 된다.
7. XOR에서 높은 상태 출력이 만들어지면서 시프트 레지스터가 다음 조합으로 이동하게 만

든다.
8. AND 게이트에서 허용되지 않는 11111110 상태를 더 이상 감지할 수 없으므로 낮은 상태 출력을 만든다.
9. 이제 시프트 레지스터는 주기적인 클럭이 다음 펄스를 만들 때까지 안정된 상태를 가진다.

위에서 볼 수 있듯이 허용되지 않는 11111110 상태가 활성화되는 순간이 있지만 클럭 펄스에서 남은 기간 동안에만 활성화된다. 만일 펄스가 아주 짧다면 11111110 상태를 거의 즉시 건너뛸 수 있다. 텔레파시 검사 동안에는 이 상태가 LED에 불을 켤 정도로 오랫동안 지속되지는 않는다.

적어도 이것이 제대로 동작시키는 방법이라 생각한다. 다음 실험에서는 동작을 확인해 볼 예정이다.

다른 방법은 없을까?

문제를 해결하기 위해서 하나의 입력 패턴을 막는 것은 아주 매력적인 해결 방법은 아니다. 아마도 더 좋은 방법이 있을 수 있겠지만, 만일 있더라도 그것이 어떤 것인지 잘 모르겠다. 의사 난수를 만드는 매우 긴 LFSR을 다루는 암호 관련 작업을 하는 친구에게 물어보기도 했지만 이미 앞에서 문제가 많을 것 같다고 판단했던 시프트 레지스터를 더 많이 사용하는 방법만 이야기했다.

따라서 좋든 나쁘든 필자의 해결 방법은 입력을 건너 뛰는 방법을 사용하는 것이다.

초기값 주기

여전히 주의해야 할 부분 중의 하나는 전압의 급격한 변화가 없는 한 시프트 레지스터는 항상 00000000에서 시작한다는 점이다.

게임을 예측할 수 없는 것처럼 보이게 하는 것이 목표인데, 매번 같은 값에서 시작한다면 원하는 목표를 얻을 수 없을 것이라는 점이 자명하다. 따라서 불특정 지점에서 숫자열이 시작하도록 만들어야 한다. 어떻게 이 문제를 해결할 수 있을까?

그 답은 아주 간단하다. 가장 일반적인 방법은 매번 같은 값에서 시작하지 않도록 난수 생성기에 어떤 초기값(seed: 시드)을 주는 것이다. 컴퓨터 시스템의 시간은 계속 변하기 때문에 컴퓨터 프로그램에서는 컴퓨터 시스템의 내장 시계를 이런 목적으로 사용하는 경우가 많다. 이상적으로는 XNOR 난수 발생기도 일정 클럭 동안 동작시킨 다음에 게임으로 값을 출력하는 방식을 사용해야 한다.

음. 문제 없을 것 같다! 실험 34에서 이야기한 전원이 들어왔을 때 느리게 동작하는 타이머에서 저항과 커패시터의 조합으로 하나의 펄스를 만들어내는 시스템을 이용하면 된다. 이 타이머에서 나오는 펄스의 주기는 몇몇 종류의 센서에 의해서 조정된다. 펄스 기간 동안 느린 타이머는 빠르게 동작하는 비동기 타이머가 동작하도록 만든다. 비동기 타이머의 주기는 LFSR의 클럭 입력으로 들어간다. 느린 타이머의 펄스 끝부분에서 LFSR이 알 수 없는 상태에서 정지하게 되면서

거의 완전하게 균형 잡혀 있는 임의의 값에서 시작할 수 있는 준비가 된 것이다.

조금 더 만들어 보자: 다른 게임들과 다른 숫자들

텔레파시 검사를 하기 전에, LFSR의 출력을 이용하는 방법이 얼마나 많이 있는지 보여주고 싶다. 이 장치를 이제 아래에 있는 응용 분야들에서 사용할 수 있는 범용 8비트 난수 생성기라고 부를 것이다.

LED를 반짝반짝 깜빡이게 만들기:

빨간색 2개, 녹색 2개, 파란색 2개, 노란색 2개씩 총 8개의 LED가 있다고 가정해 보자. 각각 LED들은 선형 피드백 시프트 레지스터의 출력에 각각 연결되어 있다. 두 LED 중 한 LED에 연결된 출력은 330Ω, 다른 LED는 1K 저항을 통해서 연결한다. 각각 색마다 이제 꺼짐, 낮음, 중간, 높음의 4가지 상태를 가질 수 있다. 그림 35-11은 어떤 식으로 작업해야 하는지 보여주며, 고전류 LED에서도 LED를 밝게 켤 수 있도록 달링턴 어레이를 사용했다.

만일 LED를 (형광등에서 사용하는 것 같은 플라스틱 불투명판 등의) 불투명판 뒤에 붙여두면 시프트 레지스터가 높은 클럭 속도로 동작할 때 아주 환상적인 깜빡임 효과를 볼 수 있을 것이다.

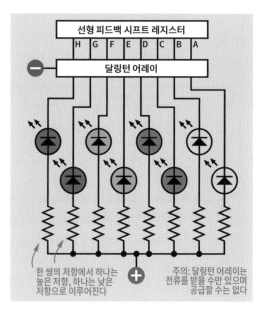

그림 35-11 거의 무작위로 깜빡거리는 LED를 만들기 위해서 선형 피드백 시프트 레지스터를 사용한다.

슬롯 선택기:

선형 피드백 시프트 레지스터는 핫슬롯 게임에서 멀티플렉서를 동작시키기 위해서도 사용할 수 있다. 레지스터 출력 중 네 개만 멀티플렉서의 제어 부분과 연결하면 된다.

링카운터의 변종들:

실험 26에서 링카운터로 16개의 LED를 순서대로 깜빡거리도록 만들어 봤었다. LFSR을 이용해서 멀티플렉서를 통해 전력을 공급함으로써 무작위로 깜빡거리도록 만들 수 있다. 만일 16개의 버튼이 있으며, 각 버튼 옆에 LED가 하나씩 있는 경우, 옆에 있는 LED가 켜져 있는 동안 버튼을 누르는 도전을 하도록 만들 수 있다.

　푸시 버튼의 접점으로도 LED에 공급되는 것

과 같은 전압의 전원이 공급되며 푸시 버튼의 다른 쪽은 경보기에 연결돼서 만일 LED가 켜져 있는 동안 버튼을 누르면 경보음이 들리면서 점수가 증가할 것이다. 그림 35-12을 보자.

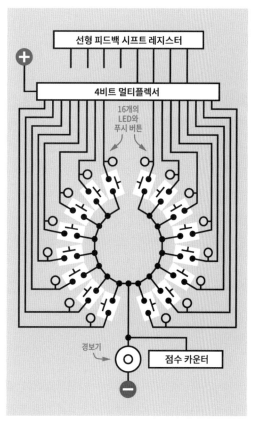

그림 35-12 링카운터를 사용하는 실험 26의 게임에서 선형 피드백 시프트 레지스터를 이용해서 LED가 무작위로 켜지도록 만들 수 있다. 참가자는 LED가 켜져 있는 동안에 그 옆에 있는 버튼을 누르는 방식으로 게임을 진행한다.

만일 푸시 버튼 대신 리드 스위치를 사용한다면, LED와 반투명의 얇은 막을 포함해서 모든 것을 같이 넣을 수 있다. 리드 스위치는 각각의 LED 옆에 숨을 것이며 참가자가 끝부분이 자석으로 되어 있는 스타일러스 펜으로 LED를 가리키면 자석이 그 옆에 있는 리드 스위치를 동작시킨다. 이런 형태는 상당히 멋진 사용자 인터페이스이며, 참가자가 여러 스위치를 동시에 건드리는 방식으로 속임수를 쓰는 것을 막아준다. 물론, 자석의 강도를 주의 깊게 조절해서 다른 쪽에 있는 리드 스위치를 동작시키지 않고 원하는 리드 스위치 한 개만 동작시키도록 만들어야 한다.

임의의 음색:

마찬가지로 4개의 출력을 이용해서 멀티플렉서를 제어하면, 가청 주파수를 만들어내는 타이머와 연결된 16개의 저항 중 1개에 연결할 수 있다. 만일 고정된 값을 가진 저항이 아니라 미세조정 가변저항을 사용한다면, 온음계에 있는 모든 음을 만들도록 조정할 수 있다. (음을 정확하게 조정하기 위해서 건반 악기가 필요할 수도 있다.)

이 결과가 음악은 아니지만 음의 높낮이가 천천히 변하면서 흥미로운 소리가 난다. 그림 35-13을 보자.

다른 방식으로 시프트 레지스터에 있는 8개의 출력 중 4개씩을 이용할 수 있도록 2개의 멀티플렉서를 사용할 수도 있다. 하나의 멀티플렉서는 음의 높낮이를 제어하고, 다른 멀티플렉서는 출력과 음극 접지 사이에 저항과 커패시터를 조합해서 음질을 바꾸는 방식을 사용할 수 있다. 그림 35-14를 보자.

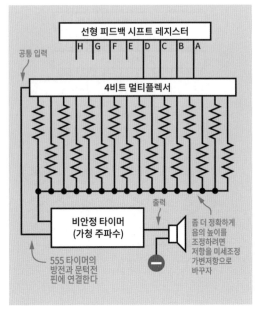

그림 35-13 무작위로 16가지 음색을 만들기 위해 LFSR을 이용한다.

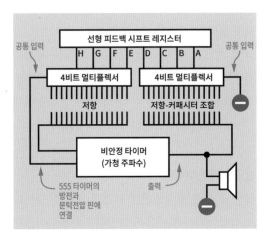

그림 35-14 두 번째 멀티플렉서에서 저항-커패시터 조합을 무작위로 선택해서 임의 음색 생성기에서 음색의 변화를 만들어낸다.

주역 괘 입력기:

실험 27의 괘 생성기에서 제안했던 손가락 끝의 저항으로 무작위 값을 만드는 대신 선형 피드백 시프트 레지스터의 출력을 이용해서 디코더 칩을 제어할 수 있다.

조금 더 만들어 보자: 마이크로컨트롤러로 무작위성 만들기

선형 피드백 시프트 레지스터의 개념은 컴퓨터 언어에서 의사 난수열을 만들기 위해서도 사용된다. 이 내용은 일부 마이크로컨트롤러에 설치된 고수준 언어에도 포함돼 있다. 어떤 마이크로컨트롤러를 사용하는지에 따라서 프로그램에서 필요에 따라 난수처럼 보이는 숫자를 만들 수 있는 문법들이 존재할 것이다.

하지만 값의 분포가 균등하게 분포되었을까? PIC 마이크로컨트롤러에서 구현된 BASIC(보통 PICAXE라고 부름)에 있는 난수 생성 함수를 확인했을 때의 경험을 이야기 해야겠다. 그다지 인상적이지는 않았다. 정의해 둔 범위에 따라서 일부 값이 다른 값보다 훨씬 더 빈번하게 나오는 경우가 있었기 때문이다.

만일 아두이노에서 구현된 C 언어가 무작위성에 있어서 좀 더 좋은 결과를 얻을 수 있는지 궁금하다면 직접 확인해 보길 바란다. 칩에서 연결되지 않은 핀의 값을 읽은 다음, 이 값을 내부에 있는 아날로그-10진수 변환기로 변환해서 사용하면 예측할 수 없는 값에서부터 내부의 난수 발생기를 시작하도록 만들 수 있다.

실험 36

일인용 초능력 검사기

36

계획은 다음과 같다. 가림막 뒤에 LED 하나를 둔다. 전자회로를 이용해서 이 LED를 켜거나 끄고 (만일 다행스럽게 초능력을 가지고 있다면) 참가자에게 초능력을 이용해서 LED의 상태를 맞추라고 하는 것이다.

참가자는 LED가 켜 있다고 생각하면 오른쪽 버튼을, 꺼져 있다고 생각하면 왼쪽 버튼을 누른다. 회로는 그 결과로 맞았는지 틀렸는지를 참가자에게 알려주며 반복적으로 이 과정을 수행한다.

이미 이 회로를 만들기에 충분한 지식을 가지고 있다고 생각한다. 한 가지 가지고 있지 않은 부분은 결과를 산정하는 방법이다. 참가자의 추측이 틀린 것보다 맞은 것이 얼마나 많아야 우연에 의해서 일어난 일이 아니라고 생각할 수 있을까? 결과를 산정하는 부분은 회로를 만든 후에 설명하도록 하겠다.

마지막 논리도

앞의 실험에서 XNOR을 이용해서 0 또는 1을 출력하는 난수기 논리도를 살펴보았다. 그림 36-1은 이 회로를 약간 바꿔서 텔레파시 검사에서 사용할 수 있도록 만든 회로다.

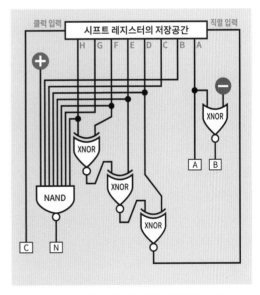

그림 36-1 일인용 텔레파시 검사기의 첫 부분에 해당하는 논리도. A, B, C, N이란 이름이 붙어있는 입력과 출력이 두 번째 부분으로 연결된다.

- 7입력 AND 게이트를 7입력 NAND 게이트로 바꿨다. 평상시에는 낮은 상태 출력이지만 허용되지 않는 상태인 111111111를 감지하는 경우 높은 상태로 바뀌는 대신, 평상시에는 높은 상태 출력을 가지다가 이 상태를 만나면 낮은 상태로 바뀔 것이다. 이렇게 바꾸는 것이 뒷부분의 회로에서 사용하기 더 편리하다.
- 이진 출력 옆 부분에 XNOR 게이트를 추가했다. 높은 상태 출력이 나타나면 XNOR의 출력은 낮은 상태가 되며 그 반대의 경우에는 반대로 동작한다. 즉 인버터처럼 동작한다. 그럼 왜 인버터를 사용하지 않았을까? 시프트 레지스터의 피드백을 처리하기 위해서 이미 XNOR을 사용했는데 쿼드 2입력 칩에서 게이트가 하나 남았기 때문이다. 새로 인버터 칩을 붙이는 것보다 칩에 남는 게이트를 활용한 것이다.

그림 36-2는 회로의 첫 번째 부분에 해당하는 회로도를 보여준다. 이 부분은 앞의 실험에서 회로를 점검했던 것과 아주 비슷하다. 가장 눈에 띄는 변화는 NAND 게이트가 추가된 것이다. A, B, C, N 이라는 이름이 붙어 있는 입력과 출력이 회로의 두 번째 부분과 연결된다.

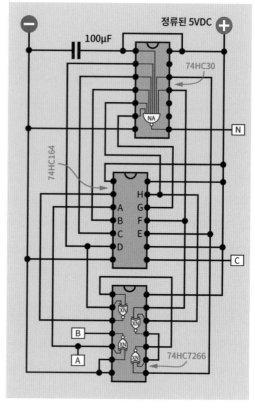

그림 36-2 일인용 텔레파시 검사 회로의 첫 부분.

두 번째 부분을 살펴보자

그림 36-3에 두 번째 부분의 논리도가 있다. 이 논리도에서 타이머는 좀 더 편하게 구분하기 위해 분홍색으로 칠해져 있으며 이름이 붙어 있는 4개의 입출력 부분은 그림 36-1에서 같은 이름을 가지는 부분과 연결된다.

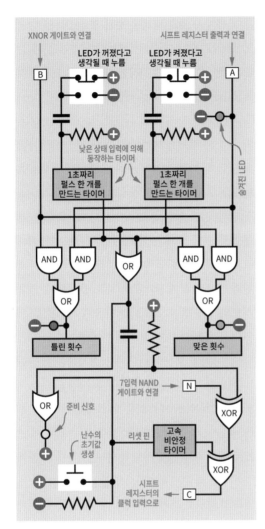

그림 36-3 일인용 텔레파시 검사의 두 번째 부분에 대한 논리도로, 사용자의 입력을 처리하고 피드백을 제공하며 선형 피드백 시프트 레지스터으로 초기값을 전달한다.

두 번째 부분의 기능은 다음과 같이 요약할 수 있다.

1. 참가자가 '준비' 신호를 확인한다.
2. 참가자는 LED가 켜져 있다고 생각하면 A 버튼을, 꺼져 있다고 생각하면 B 버튼을 누른다.

3. '준비' 신호는 약 1초 동안 꺼져있는 상태를 유지한다. 이 기간 동안 회로는 '맞음'과 '틀림'에 대한 결과를 표시하고 맞음 카운터나 틀림 카운터를 증가시킨다.
4. '준비' 신호가 다시 켜지고, 참가자는 2의 단계부터 반복한다.

보이지 않는 이면은 조금 더 복잡할 것이다.

입력 논리

정밀도가 필수적이기 때문에 입력 버튼에서 접점의 바운싱에 의한 위험이 없어야 한다. 따라서, 앞에서 사용했던 것처럼 각각의 입력 버튼은 같은 구성에서 1초짜리 타이머를 통과하게 함으로써 누군가의 손가락이 버튼을 너무 오랫동안 누르고 있는 경우 트리거되지 않는 깨끗한 펄스를 만든다.

1초짜리 타이머에서 나오는 출력들은 반드시 앞의 논리도에서 나온 출력들과 비교돼야 한다. 시프트 레지스터의 출력은 오른쪽에 있으며, 숨겨진 LED가 켜졌을 때 높은 상태를 가진다. XNOR 출력은 왼쪽에 있으며, LED가 꺼졌을 때 높은 상태 전압을 가진다.

제대로 추측하는 경우는 두 가지가 있다.

• 숨겨진 LED가 켜졌고 참가자가 'LED 켜짐' 추측 버튼을 누른 경우
• 숨겨진 LED가 꺼졌고 참가자가 'LED 꺼짐' 추측 버튼을 누른 경우

마찬가지로 틀린 추측을 할 수 있는 경우도 두
가지 있다.

- 숨겨진 LED가 켜졌고 참가자가 'LED 꺼짐' 추
  측 버튼을 누른 경우
- 숨겨진 LED가 꺼졌고 참가자가 'LED 켜짐' 추
  측 버튼을 누른 경우

두 쌍의 AND 게이트들의 출력을 각각 OR 게이
트로 보내는 것인데, 주의 깊게 살펴보면 이 게
임을 두 명의 참가자가 있도록 만든 것에서 사용
했던 두 쌍의 AND게이트를 각각의 OR 게이트
에 연결한 것과 거의 같다.

두 LED(빨간색과 초록색 원)는 참가자의 추
정이 맞았는지 또는 틀렸는지 즉시 알려주며 (부
가적으로) 두 개의 카운터가 맞거나 틀린 횟수를
기록한다. 카운터 부분은 뒤에서 다루도록 한다.

회로에서 남은 부분은 왼쪽에 있는 입력 타이
머나(OR) 오른쪽에 있는 입력 타이머가 켜질 때
까지 기다린다. 따라서, 타이머들은 가운데 있는
OR게이트로 연결된다. OR 게이트의 출력은 몇
가지 일을 한다.

준비 신호

가운데 있는 OR 게이트의 출력에 연결된 전선
은 왼쪽에 있는 OR 게이트와 연결되어 있는데,
이 게이트가 준비 신호를 제어한다. 이게 전부일
까? 준비 신호가 아래 두 경우 이외에는 평상시
에 켜져 있으면 좋겠다.

- 참가자가 추측 버튼을 누른 후 1초 동안
- 혹은 회로가 아직 준비가 되지 않았을 때, 초
  기에 시프트 레지스터를 '임의의 값으로 초기
  화(random seeding)'하는 동안

앞에서 본 것처럼 노란색 준비 표시 LED를 전원
의 양극 부분과 연결하면 이 조건을 만족시킬 수
있다.

남은 시간 동안 왼쪽 OR 게이트의 두 입력에
는 모두 낮은 상태가 입력되기 때문에 AND 게이
트가 전류를 받아들이면서 준비 신호의 불이 켜
진다. 74HC00 계열의 논리칩은 공급할 수 있는
정도의 전류(최대 20mA)만 받을 수 있다는 점을
기억하자. 따라서 칩을 어떤 형태로 써도 된다.

이 위치에 보통의 경우에는 접지되어 있는 준
비 신호용 LED와 NOR 게이트를 사용할 수 있지
만 이때는 NOR 게이트를 위해서 칩을 하나 더
써야 한다. 여분의 OR 게이트가 있는 칩이 있으
므로 일단 이걸 사용하도록 한다.

임의의 값으로 초기화하기

실험 35에서 선형 시프트 레지스터에는 임의의
값으로 초기화하는 것이 필요하다고 이야기 했
었다. 느린 타이머가 빠른 타이머를 동작시키
는 대신 사용자가 임의의 숫자를 직접 설정하도
록 해서 하나의 빠른 타이머만 있어도 되도록 만
들었다. 왼쪽 아래에 있는 '임의 초기화(Random
Seed)' 버튼이 눌리지 않은 경우에는 빠르게 동
작하는 비동기 타이머의 리셋 핀에 낮은 상태 전

압이 공급된다. 타이머의 리셋 핀에 낮은 상태 전압이 들어가면 타이머가 정지한다. 임의 초기화 버튼이 눌리면 리셋 핀으로 높은 상태가 들어가면서 타이머가 자유롭게 동작하게 된다.

빠른 타이머의 출력은 오른쪽 아래에 있는 XOR 게이트를 통과하며 시프트 레지스터의 클럭 입력으로 펄스를 보내게 된다.

새로운 시도를 하기 전에 참가자는 원하는 시간 동안 임의 초기화 버튼을 누르고 있어야 한다는 것을 기억해야 한다. 지금 만든 것이 진지하게 초자연적 연구를 위해 사용하는 도구(!)이기 때문에 참가자가 임의 초기화 버튼을 누르는 작업을 잊지않고 매번 할 것이라는 점을 믿겠다.

XOR 두 개 더

이제 약간 교묘한 부분을 살펴보자. 가운데 부분에 있는 OR 게이트 부분으로 돌아가보면, 이 게이트의 출력이 커패시터를 통해서 그 밑에 있는 XOR 게이트와 연결된다. 논리칩은 아주 입력에 민감하기 때문에 여기서 사용되는 커패시터는 앞에서의 실험들에서 사용했던 것보다 훨씬 작은 값을 사용한다. 필자의 실험에서는 68pF 커패시터를 이용해서 다수의 '잘못된 양극 입력'이 발생하지 않으면서 XOR 게이트를 동작시킬 수 있을 정도로 짧은 펄스를 전달할 수 있었다. 만일 회로를 확인할 때 예측할 수 없는 동작이 발생하면 커패시터의 값을 높이거나 낮춰볼 수 있다. 구매 목록에 47pF와 100pF짜리 커패시터도

포함되어 있으므로, 이런 작업을 할 때 도움이 될 것이다.

1,000pF = 1nF라는 점을 기억하자.

XOR 게이트의 오른쪽 입력은 풀업 저항을 사용하고 있으므로 평상시에 높은 상태 전압을 가지며, AND 게이트의 왼쪽 입력은 회로의 앞부분에 있는 7입력 NAND 게이트에 연결되어 있다. 이 NAND 게이트는 허용되지 않는 11111111 상태를 감지할 때까지는 높은 상태 전압을 출력한다.

XOR 게이트의 두 입력이 높은 상태를 가지면, 낮은 상태 출력을 나타낸다. 따라서, 첫 번째 XOR 게이트의 출력은 평상시에 낮은 상태를 가진다.

이 출력은 두 번째 XOR게이트의 입력으로 들어가는데, 비동기 타이머가 동작하지 않는 동안에는 왼쪽 입력 부분으로 낮은 상태가 입력된다. 따라서, 두 번째 XOR 게이트의 두 입력 모두 낮은 상태를 가지게 되므로 낮은 상태 출력을 만들게 되며, 이 출력은 시프트 레지스터의 클럭 부분과 연결된다.

참가자가 버튼을 누르면 어떤 일이 벌어질까? 1초 타이머의 펄스가 끝날 때까지는 아무 일도 벌어지지 않는다. 펄스가 끝날 때 1초 타이머의 출력이 높은 상태에서 낮은 상태로 변한다. 68pF 커패시터가 이 변화를 짧은 기간 동안 낮은 전압 펄스 형태로 통과시킨다.

짧은 기간 동안 첫 번째 XOR 게이트의 왼쪽 입력은 높은 상태를 유지하는 동안, 오른쪽 입력은 낮은 상태를 가지므로 결과적으로 높은 상태 출력을 가진다. 이로 인해 두 번째 XOR 게이트의 입력 중 하나는 높은 상태, 다른 하나는 낮은 상태를 가지게 되면서 출력이 높은 상태로 바뀌고 시프트 레지스터의 클럭이 진행된다.

커패시터에서 나오는 낮은 전압 펄스는 아주 짧다. 펄스가 끝날 때 풀업 저항이 다시 전압을 공급하면서 두 XOR 게이트는 처음의 상태로 돌아간다. 시프트 레지스터는 새로운 값을 만들 수 있는 클럭을 받았으며 준비 표시등이 켜지면서 참가자가 다른 추측을 할 수 있도록 만든다.

상대적으로 간단한 것 같은데 XOR 게이트가 2개나 사용한 이유는 뭘까? 시프트 레지스터에 클럭이 들어갈 때 실제로는 3가지 상태를 가지기 때문이다.

1. 참가자가 버튼을 누른 경우. 조금 전에 시프트 레지스터에서 어떤 방식으로 다음 값을 만드는지 설명했었다.
2. 빠르게 동작하는 타이머가 시프트 레지스터의 초기 상태를 정하고 있는 경우.
3. 시프트 레지스터가 허용되지 않는 상태인 11111110에 도달하는 경우.

이런 일들이 동시에 벌어지거나 거의 동시에 일어나는 경우에도 2개의 XOR 게이트를 이용하면 이런 모든 상황을 처리할 수 있다. 이 부분이 회로에서 이해하기 가장 어려운 부분이었다.

타이밍이 가장 중요하다

그림 36-4에서는 일상적인 환경에서 참가자가 1초짜리 타이머 중 하나로 펄스를 보내는 버튼이 눌린 경우에 게이트가 어떻게 동작하는지 보여준다. 펄스가 끝났을 때 타이머의 출력이 낮은 상태로 바뀌고 이 변화가 커플링 커패시터를 통해 전달되어 XOR 논리에서 높은 상태 펄스가 만들어지고 이로 인해 시프트 레지스터가 다음 상태를 가지게 된다.

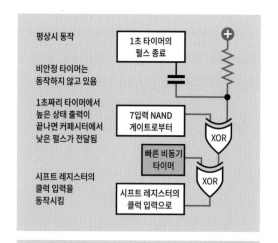

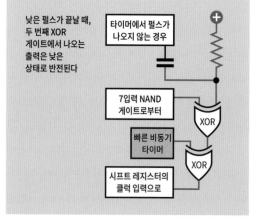

그림 36-4 커플링 커패시터에서 낮은 상태로 변하는 것에 반응해서 두 개의 XOR 게이트는 시프트 레지스터의 클럭 부분으로 높은 상태 펄스를 전달한다.

하지만 허용되지 않는 11111110 상태로 시프트 레지스터가 이동하는 경우는 어떻게 될 것인가? 그림 36-5는 이 경우의 동작 순서를 보여준다. 회로의 첫 번째 부분에 있는 NAND 게이트의 7개 입력에 모두 높은 상태가 들어오면 이에

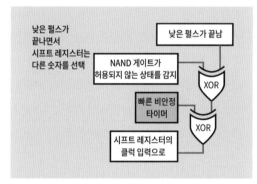

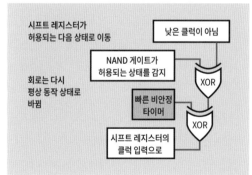

그림 36-5 회로의 첫 번째 부분에 있는 NAND 게이트가 시프트 레지스터에서 허용되지 않는 11111110 상태에 도달했는지 판단하며, 이 출력이 낮은 상태가 되면 두 개의 XOR 게이트가 이 부분을 처리한다.

반응해서 낮은 상태를 출력한다. 하지만 커플링 커패시터에서 발생하는 낮은 펄스가 끝나지 않은 상태이기 때문에 클럭이 낮은 상태가 된다.

낮은 펄스가 끝나면 첫 번째 XOR 게이트의 풀업 저항이 첫 번째 XOR 게이트의 입력을 높은 상태로 바꾼다. 이로 인해 높은 클럭 출력이 만들어져서 시프트 레지스터가 다음 상태로 진행된다.

새로운 상태는 허용되지 않는 상태가 아닐 것이므로 NAND 출력이 높은 상태로 돌아간다. 클럭 출력이 낮은 상태가 되면 회로는 다시 평상 상태로 돌아간다.

시프트 레지스터가 빠른 비안정 타이머에 의해서 초기값(seed)을 받는 경우에도 비슷한 동작이 일어난다. 타이머가 동작하면서 시프트 레지스터가 허용되지 않는 상태가 되면 두 XOR 게이트에서 시프트 레지스터가 이 상태를 지나가도록 만든다. 허용되지 않는 상태에 도달해서 타이머가 중단되는 경우에도 같은 동작이 일어난다. 시프트 레지스터는 이 값을 지나서 계속해서 동작한다.

만일 두 경우가 거의 동시에 발생하는 경우에만 잘못 동작하게 된다. 이 경우에도 발생할 수 있는 가장 최악의 경우는 참가자가 버튼을 누를 때까지 허용되지 않는 상태에 머무르게 되는 것이다. 클럭과 연결된 XOR 게이트의 출력에서 어떤 변화가 있든 시프트 레지스터를 동작시킬 것이다.

- 피드백이 논리 시스템으로 들어가면, 결과가 복잡해질 수 있다. 컴퓨터에서는 시스템 클럭이 모든 칩이 서로 동기화될 수 있도록 만들어서 앞에서 이야기한 문제들을 막는 데 도움을 준다. 이런 컴퓨터 시스템을 '동기적(synchronous)'이라고 이야기한다.
- 일인용 텔레파시 검사는 완전히 흥미로운 결과를 만들어내는 비동기(asynchronous) 회로다.

모든 추정의 수를 셀 수 있게 만들기

이 실험에서 성공 확률을 어떻게 평가할 것인가? 직접 결과를 세나갈 것이 아니고 마이크로컨트롤러를 가지고 있다면 추측이 성공한 경우와 실패한 경우를 각 마이크로컨트롤러의 입력으로 하나씩 보낸 다음, 입력 횟수를 각각 세서 LCD 화면에 전체 횟수를 표시하는 간단한 프로그램을 동작시킬 수 있다.

마이크로컨트롤러가 없지만, 자동으로 추정에 대한 합계를 내고 싶은 경우는 어떻게 해야 할 것인가? '이벤트 카운터(event counter)'를 2개 구입해서 사용할 수 있을 것이다. 인터넷에서 디지털 카운터(digital counter)나 디지털 합산기(digital totalizer)를 검색하면 된다. 이 작고 유용한 장치들은 중국산인 경우 대략 8000원 정도면 살 수 있으며 폭넓은 전원과 입력에 대응할 수 있도록 되어 있는 것도 찾을 수 있을 것이다. 공통 접지로 카운터를 회로에 연결한 다음에 회로의 출력을 커패시터(DC 전류의 흐름을 막기 위해서)를 통해 카운터의 입력으로 연결하기만 하면 된다.

직접 손으로 종이에 표시해가는 것도 그렇게 나쁜 방법은 아니다. 다만 책상에 앉아서 버튼을 눌러가면서 다른 손으로 펜을 이용하는 것이 그렇게 쉽지는 않다.

두 번째 부분의 회로도

그림 36-6은 그림 36-3에 있는 논리 동작을 수행할 수 있도록 모든 부품을 합친 것이다. 가능한 공간 내에 모든 부품을 배치하기 위해서 부품들을 아주 빽빽하게 배치한 것을 볼 수 있을 것이다. 그렇다 하더라도 여전히 6개의 칩만 사용하고 있으므로 브레드보드에 쉽게 배치할 수 있으며 연결도 상대적으로 간단하다.

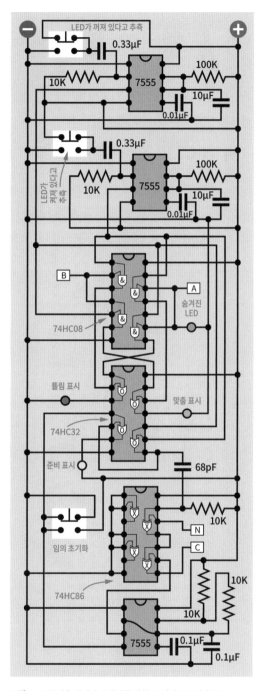

그림 36-6 일인용 텔레파시 검사를 위한 두 번째 부분의 회로도.

빨간색, 노란색, 녹색, 파란색 원은 LED를 나타낸다. 준비 표시를 나타내는 노란색 LED의 경우 OR 게이트 출력과 전원의 음극이 아닌 양극 사이에 있다는 점에 주의해야 한다. 다른 3개의 LED는 보통 때와 마찬가지로 접지에 연결된다. LED에 직렬 저항이 필요한 경우에는 당연히 저항을 추가해야 한다.

A, B, C, N 지점들은 옆에 있는 브레드보드에 구현된 첫 부분의 회로에 있는 A, B, C, N 지점과 연결된다.

그림 36-7과 36-8은 이 회로를 브레드보드에 구현한 모습니다. 점검을 위해서 LED 몇 개가 추가되어 있다.

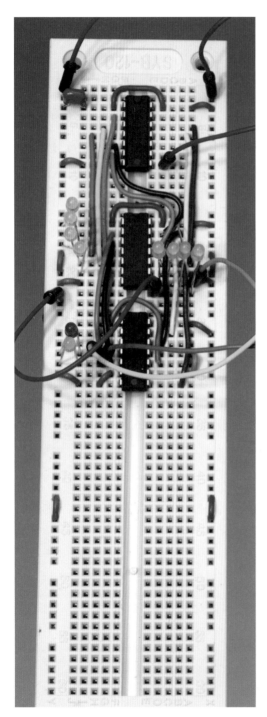

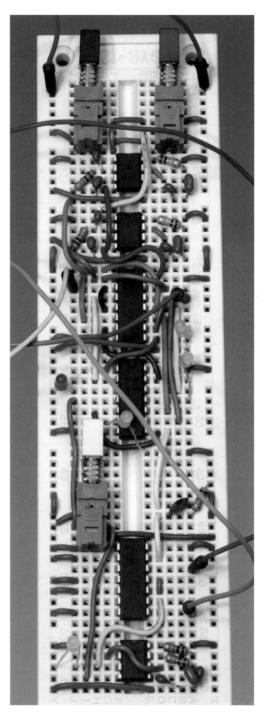

그림 36-7 브레드보드로 구현된 일인용 텔레파시 검사의 첫 번째 부분.

그림 36-8 브레드보드로 구현된 일인용 텔레파시 검사의 두 번째 부분.

검사기를 검사하기

실험 초기에는 두 번째 브레드보드 아래쪽에 있는, 빠르게 동작하는 비동기 타이머 6번 핀에 10μF 커패시터를 사용해서 속도를 느리게 만들자. 또한, 첫 번째 브레드보드의 시프트 레지스터 출력 부분에 저전류 LED도 붙여준다. 만일 12VDC 공급 전압을 사용하며 내부 저항을 가지고 있는 LED를 사용하는 경우에는 아주 적은 전류만을 소모하기 때문에 시프트 레지스터가 NAND와 XNOR 칩에 정상적으로 신호를 보낼 수 있다.

임의 초기화 버튼을 누르고 있으면 시프트 레지스터에 붙어있는 LED를 통해서 익숙한 선형 피드백 순서가 반복되는 것을 확인할 수 있을 것이다. 만일 이런 일이 벌어지지 않는다면 배선에 어딘가 문제가 있는 것이다.

'LED가 꺼져 있다고 추측'과 'LED가 켜져 있다고 추측'하는 푸시 버튼을 점검하고 이 버튼에서 만들어내는 펄스가 1초 정도 지속시키는지 확인하고 나면, 이제 회로에서 점검할 부분 중에 가장 흥미로운 부분인 회로가 정상적으로 허용되지 않는 상태를 건너뛰는지 볼 차례다.

첫 번째 브레드보드에 있는 100μF 커패시터는 처음 전원을 인가했을 때 임의의 값이 시프트 레지스터에 적재되는 것을 막기 위해서 사용된다. 유일한 문제는 전원을 끊었다가 금방 다시 연결하면 칩의 이전 상태를 유지시키고 있을 정도로 커패시터가 충분히 충전되어 있을 수 있다는 것이다. 결과적으로 저장된 전하들은 어쨌든 흘러나갈 것이지만 시간이 좀 걸린다. 이 과정을 빠르게 하기 위해 100μF 커패시터를 쇼트시킬 수도

있다. (하지만 쇼트시키기 전에 반드시 전원이 완전히 끊겨 있는지 확실하게 확인해야 한다.)

시프트 레지스터의 8개 저장공간이 모두 낮은 상태에서 시작하는 경우에는 (10μF 커패시터가 여전히 느리게 동작하게 만들고 있을 것이므로) 임의 초기화 버튼을 24번 빠르게 눌러서 허용되지 않는 상태에서 바로 시작하도록 만들 수 있다고 가정하자.

이제 임의 초기화 버튼 혹은 추측 버튼을 누르면 시프트 레지스터가 (허용되지 않는 상태인) 26번째 상태를 건너뛰고 바로 27번째 상태로 가는 것을 확인할 수 있다. 필자가 만든 회로에서는 이 작업이 신뢰할 수 있게 동작했다. 만일 문제가 있다면 첫 번째로 확인해야 할 부분은 68pF 커패시터 대신 다른 값을 사용해보는 것이다.

일단 회로가 동작하면, 좀 더 흥미로운 부분이 기다리고 있다. 바로 결과를 해석하는 부분이다.

ESP 같지 않을 수 있을까?

한번의 실험할 때마다 천 번의 추측을 해야 한다고 가정해 보자. 평균적으로 500번 정도 맞췄을 것이다. 하지만, 510번 맞거나 혹은 520, 530번 맞은 경우를 가정해 보자. 평균에서 어느 정도 떨어져 있어야지 우연에 의한 결과가 아닌 것처럼 보인다고 생각할 수 있을까?

상당히 복잡한 질문이기 때문에 일단 간단하게 해보는 것부터 시작하겠다. 만일 연속해서 4개의 추측을 하며 맞는 추측을 했을 때 Y, 틀린 추측을 한 경우 N으로 표시하면, 다음의 16개의 경우가 같은 비율로 발생할 수 있다.

NNNN, NNNY, NNYN, NNYY, NYNN, NYNY, NYYN, NYYY, YNNN, YNNY, YNYN, YNYY, YYNN, YYNY, YYYN, YYYY.

추측의 순서가 어떻게 되는지는 별로 중요하지 않다. 추측을 맞춘 전체 횟수에 대해서만 신경 쓰면 된다. 이 이야기는 다음과 같이 맞은 추측과 틀린 추측을 순서에 관계없이 따로 구분해야 한다는 의미다.

- NNNN : 맞는 추측이 하나도 없는 1가지 숫자열
- NNNY, NNYN, NYNN, YNNN : 맞는 추측이 1개인 4가지 숫자열
- NNYY, NYYN, YYNN, NYNY, YNYN, YNNY : 맞는 추측이 2개인 6가지 숫자열
- YYYN, YYNY, YNYY, NYYY : 맞는 추측이 3개인 4가지 숫자열
- YYYY : 모두 맞는 추측일 1가지 숫자열

3개의 추측이 맞을 수 있는 숫자열은 4가지지만 전체 추측의 조합은 모두 16가지가 가능하기 때문에 4번의 추측 중 3개가 (어떤 순서로든) 맞을 확률은 4/16, 즉 25%이다.

잠깐. 4개의 추측이 모두 맞는 경우? 이건 더 쉽다. 이제 문제를 다시 적어봐야 할 것 같다. 3개 이상의 추측이 맞을 확률이 어떻게 될까?

다른 경우도 추가했기 때문에 확률은 실제 5/16, 즉 31%로 약간 더 높아졌다.

이 시스템을 확장해서 5개, 6개, 혹은 그 이상의 추측이 맞을 확률도 계산할 수 있도록 만들려면 Y/N의 숫자 조합이 금방 아주 큰 값이 되는

것을 알 수 있을 것이다. 그럼에도 숫자 조합을 찾는 방법은 있다. 그림 36-9를 보자. 여기 이 숫자 배열을 사용하는 방법이 있다.

								1									1
							1		1								2
						1		2		1							4
					1		3		3		1						8
				1		4		6		4		1					16
			1		5		10		10		5		1				32
		1		6		15		20		15		6		1			64
	1		7		21		35		35		21		7		1		128
1		8		28		56		70		56		28		8		1	256

그림 36-9 맞는 추측과 틀린 추측이 균등하게 있는 숫자에서 맞는 추측의 수가 있을 확률을 찾아내기 위해서 파스칼의 삼각형(Pascal's Triangle)을 이용할 수 있다.

각 줄에 있는 두 번째 숫자는 한 번의 시도에서 추측한 수를 의미한다. 예를 들어, 가장 아래쪽에 있는 줄은 한 번 시도에서 8번 추측했을 때를 나타낸다.

각 줄에 있는 숫자들은 제대로 된 추정이 없는 경우(한 가지 경우만 존재하기 때문에 1로 표시되며, 각 줄의 왼쪽 끝에 있음)부터 시작해서 모든 추정이 맞는 경우(한 가지 경우만 존재하기 때문에 1로 표시되며, 각 줄의 오른쪽 끝에 있음)까지, 제대로 된 추정을 하는 경우들이 얼마나 존재하는지(가능한 숫자로 표시) 나타낸다. 삼각형의 각 줄에서 양극단 사이에 있는 숫자들은 1, 2, 3,… n 개의 맞는 추정을 만들 수 있는 방법이 얼마나 있는지 알려주며, 여기서 n은 추정의 횟수(맞거나 틀리거나)를 의미한다. 예를 들어, 가장 아래쪽 줄에서는 8개의 추정을 하는 경

우를 보여주며, 그 중 4번의 추정이 맞는 경우는 70가지 경우가 있다. 가장 아랫줄을 따라 0, 1, 2, 3, 4라고 세면서 그 위치에 있는 숫자인 70을 가져오는 것이다.

- 모든 줄에서 첫 번째 숫자(항상 1)는 맞는 추정이 없는 경우다. 두 번째 숫자부터는 1번의 추정이 맞을 확률이며, 마지막에는 모든 추정이 맞을 확률(항상 1)로 끝난다.
- 오른쪽 열에 있는 하얀색의 숫자는 삼각형에 있는 각 줄의 검정색 숫자를 더한 값이다. 다른 말로 맞은 추정과 틀린 추정을 조합해서 가질 수 있는 모든 경우의 수를 나타낸다. 이 숫자가 삼각형의 각 줄마다 2배씩 증가한다는 것에 주목하자.

이제 확률을 계산할 수 있다. 앞의 예에서처럼 8개 중에 4개의 맞는 추정을 하는 확률을 계산하고 싶다면, 어떤 순서든 4개의 추정이 맞는 경우인 70을 취하고, 전체 경우인 256을 가지고 올 수 있으므로, 정확히 4개의 추정이 맞을 확률은 70/256이 된다.

하지만 추정 범위에 대한 확률을 구하면 어떻게 될까? 가장 밑의 줄에 있는 8개를 추정하는 경우에서 6개 이상의 추정이 맞을 확률은 어떻게 될까? 28+8+1을 더해서 37/256, 14%를 얻을 수 있다. 순전히 확률에 의해서만 일어날 기대치를 1/7 정도로 추정할 수 있다.

삼각형의 힘

수학을 조금 더 많이 공부했다면 그림 36-9가 파스칼의 삼각형이란 것을 알아챘을 것이다. 자세한 부분까지 설명할 공간은 없지만 삼각형에 있는 모든 숫자들(1을 제외한)이 바로 위에 있는 두 숫자를 더해서 찾을 수 있다는 흥미로운 측면이 있다.

이론적으로 만일 한번의 시도에서 1000번의 추정을 하는 경우 두 번째 숫자가 1000이 될 때까지 파스칼의 삼각형을 확장시켜 나가야 한다. 이후에는 1000번의 추정 중 0에서 1000까지의 맞는 추정을 이뤄지는 어떤 숫자에 대해서도 확률을 찾을 수 있다.

한 가지 문제는 파스칼의 삼각형에 있는 숫자가 아주 빠르게 엄청나게 커진다는 점이다. 일반적인 컴퓨터 언어에서도 이 정도를 다루기는 쉽지 않다. 컴퓨터 언어에서 32비트 이진수의 범위를 표현할 수 있는 정수(integer)를 처리할 수 있다고 가정해 보자. 32비트 정수를 십진수로 표현하면 음수와 양수로 약 2조 이상의 수를 표현할 수 있는 것이지만, 파스칼의 삼각형에서 32번째 줄까지만 연산할 수 있다. 삼각형에 있는 숫자의 크기가 1000줄에 도달하도록 만드는 것은 대단히 어렵다.

존 워커의 확률

다행히 이런 작업을 미리 준비해 둔 존 워커(John Walker)라는 똑똑한 사람이 있었기 때문에 여기서 이런 삼각형을 상상할 필요는 없다.

게다가 이 결과를 인터넷에 공개했다.

워커는 MS-DOS에서 동작하는 제대로 된 최초의 컴퓨터 지원 설계(computer-aided design; CAD) 소프트웨어를 판매한 오토데스크(Autodesk)사의 설립자이기도 하다. 그는 초자연적인 현상에도 흥미를 가지고 있었으므로 남는 시간에 이런 흥밋거리를 찾아다녔다.

그가 만든 https://www.fourmilab.ch/rpkp/experiments/bincentre.html 페이지에서 1024번의 추정 중에 맞는 추정을 하는 다양한 횟수를 구할 수 있는 확률표를 찾을 수 있다. 예를 들어 정확히 절반 정도의 추정이 맞을 확률(즉, 1024번 중에 512번이 맞는 경우)은 대략 2.5%이다.

왜 이 숫자가 높지 않을까? 대부분 511번이나 513번 맞는 추정을 하는 경우가 있을 수 있기 때문이다. 다시 한 번 이야기하지만 여기서 중요한 부분은 범위를 잡는 것이다.

예를 들어, 562번 이상 맞는 추정을 하는 확률은 어떻게 될까? 이 숫자는 중간 값보다 50 이상 더 큰 값들이다. 워커는 이런 종류의 질문에 답변을 예상해서 해당 숫자보다 더 많은 숫자를 맞게 추정할 확률, 즉 누적 확률을 표에 같이 적어 두었다. 추정이 맞는 횟수가 562보다 많을 수 있는 확률은 표에서 0.000981032라고 표시해 두었다. 퍼센트로 바꾸려면 이 값에 100을 곱하면 되기 때문에 그 확률은 0.098%가 된다. 이 의미는 (표에 따르면) 1019번의 시도에서 1번 정도밖에 나오지 않는다는 말이다.

실제로 이렇게 일어난다고 가정해 보자. 일종의 초자연적인 힘을 가지고 있다고 가정해 볼 수 있을까? 음... 필자도 잘 모르겠다. 1/1000 정도의 성공 확률이 일반적인 건 아니지만, 정의 그대로 우연히 1000번 중에 한 번 일어날 수도 있는 것이다! 같은 논리라면 카지노에서 이겨서 누군가 많은 돈을 딴 경우에도 그 사람을 초능력자라고 생각해야 하는 것이다.

여하튼 워커가 만든 표에서는 맞는 추정의 수가 늘어남에 따라 확률이 급격하게 감소한다. 예를 들어, 1024번 중에 600번 이상 맞는 추정을 할 확률은 1/47,491,007가 된다. 바꿔 말하면 추정을 600번 이상 맞출 확률은 대략 5000만번 시도해야 1번 정도 일어날 만한 확률이기 때문에 온전하게 우연에 가깝다. 여러분도 알다시피 5000만번 중 1번의 확률은 로또에 당첨되는 확률과 거의 같기 때문에 만일 이 정도의 추정을 맞춘다면 정말 인상 깊을 것이다. 이 이야기는 로또에 맞는 사람들이 모두 초능력자라고 결론 내릴 수 있다는 의미가 될까?

문제를 확인할 수 있을 것이다. 발생 확률이 균등한 난수 발생기를 만들 때의 모든 문제를 해결하더라도, 어느 정도까지 표준에 대한 편차가 벌어진 것을 취할 것인지가 역시 어려운 부분이다. 1024번의 추정이 모두 옳다고 하더라도, 아주 적은 확률이긴 하지만 여전히 확률의 문제라 할 수 있다.

그렇다 해도 직접 검사를 해보는 것이 재미는 있을 것이다. 1024번이 아주 큰 숫자로 생각될 것이지만, 3~4초마다 한 번씩 추정을 한다고 했을 때 전체 과정은 대략 1시간 정도가 걸릴 것이다. 초능력이 있는지에 대한 의문 이상의 것을 증명할 수는 없지만 다른 측면으로 성적이 평균 정도라면 어떤 결론을 내릴 수 있을까? 이것은 여러분이 초자연적인 능력이 없다는 것에 대한 강력한 지표가 되기 때문에 여전히 중요한 결과가 될 것이다.

여기서 흥미로운 의문 하나가 생긴다. 여러분은 초능력자인 것이 좋은가 혹은 초능력자가 아닌 것이 좋은가?

이 부분에 대해서 생각해 본 다음에, 초자연적인 힘이 존재하지 않는 세상에서 사는 것이 좋겠다는 결론에 도달했다. 모든 것에 대해서 합리적으로 설명할 수 있다는 것을 믿는 것이 더 좋기 때문이다.

필자는 합리적인 것을 상당히 좋아한다. 어쨌든 과학의 역사에 있는 대부분의 유효한 이론들 뒤에는 합리적으로 생각하는 과정이 존재했다. 합리적인 탐구는 이런 이론들을 확실하게 증명해주며, 수학이라는 궁극의 합리성을 가진 학문은 엔지니어가 이를 사용할 수 있도록 만들었다. 현재 역사상에 두루 존재하는 모든 다리, 건물, 차, 비행기, 우주선, 컴퓨터 등을 만들기 위해서 수학에 의존했다.

두뇌의 합리적인 능력을 통해서 현실화된 놀랍고 환상적인 성과를 보면 초능력이 존재하더라도 합리적인 사고보다 인상적이지는 않을 것이라 생각한다.

이게 끝인가 37

드디어 필자에게 주어진 시간과 필요한 지면을 모두 채웠다. 분명 여러분은 포함되었어야 할 다른 주제들을 생각하고 있겠지만, 여기서는 하나로 묶을 수 있는 것들만 추려서 모은 것이다. 광 트랜지스터, 전압 분배기, 비교기, 카운터, 멀티플렉서, 이력 현상, 논리 게이트, 무작위성, 타이머, 센서같은 기본적인 부품과 개념들은 이런저런 프로젝트에서 반복되어 사용되었다. 조금만 상상력을 발휘하면 여기 나온 도구들과 기법들을 여러분이 만들려고 하는 것을 만드는 과정에서 사용할 수 있을 것이다.

필자는 별다른 학위를 가지고 있지 않으므로 이 책의 모든 내용은 상당한 학위를 가진 분들이 정확성을 확인해 주었다. 필자가 이야기할 수 있는 것은 이 책을 적을 때 사용한 모든 지식은 정규 수업 과정에서 배우지 않은 것들이라는 점이다.

여기서 사용한 학습법이 모두에게 적합하지는 않다는 것은 알고 있다. 또한 자습으로는 특정 분야를 불완전하게 이해하게 되는 결과가 나올 수 있다는 점도 알고있다. 하지만, 필자가 이야기하는 "발견에 의한 학습(Learning by Discovery)"이라는 방법을 통해서 어떤 주제에 대해서 책을 쓸 정도로 충분한 지식을 필자가 습득한 것처럼 여러분에게도 효과가 있을 것이라 생각한다.

누구든지 교과서를 읽은 후에(특히 시험이 코앞이라면 더더욱), 불과 몇 주 만에 많은 부분을 잊어버린 경험이 있을 것이다. 정보를 파고들어서 자신의 것으로 만들고, 실험을 통해서 어떤 일이 벌어지는지 확인하는 방법을 통해서 배우는 경험은 완전히 다를 것이다. 지식이 여러분의 기억 속에 포함될 것이다.

게다가 여러분은 문제를 해결하기 위해 외부의 도움없이 여러분의 직관을 사용해야만 하므로 혁신할 수 있는 능력도 키울 수 있다.

기술의 오랜 역사에 있어서 하드웨어를 만지작거리는 것(tinkering)은 엄청난 전통을 가지고 있다. 여러분이 어떤 제품을 뜯어서 어떻게 동작하는지 알아보고 고치고 다른 목적으로 사용해 보거나 바꾸고 개선하는 작업들을 할 수 있다는 느낌을 가지는 데 이 책이 조금이라도 도움을 주었다면 여러분이 이미 유용한 기술들과 긍정적인 사고 방식을 가지게 되었을 것이기 때문에 필자가 바라던 목표를 이루었다고 생각한다.

나에게는 여기가 마지막 부분이지만 여러분에게는 시작이길 바란다.

- 찰스 플랫

인터넷에서 어떤 것이든 배울 수 있지만 종이로 인쇄된 책은 정보를 얻는 데 여전히 아주 효과적인 방법이다. 아래 책들은 『짜릿짜릿 전자회로 DIY 플러스』를 편찬하는 동안 사용된 모든 책들이다.[1]

제목이 진하게 표시되어 있는 책은 특별히 유용했던 책들을 나타낸다.

- 『123 Robotics Experiments for the Evil Genius*』 (Myke Predko, McGraw-Hill, 2004)
- 『50 Electronics Projects』 (A. K. Maini. Pustak Mahal, 2013)
- 『The Art of Electronics』 (Paul Horowitz and Winfield Hill. Cambridge University Press, 1989)
- 『Basic Electronics Theory』 (Delton T. Horn. TAB Books, 1994)
- 『Beginning Analog Electronics through Projects』 (Andrew Singmin. Newnes, 2001)
- 『The Circuit Designer's Companion』 (Tim Williams. Newnes, 2005)
- 『CMOS Sourcebook』 (Newton C. Braga. Prompt Publications, 2001)
- 『Complete Electronics Self-Teaching Guide』 (Earl Boysen and Harry Kybett. John Wiley and Sons, Inc., 2012)
- 『Electronic Components』 (Delton T. Horn. TAB Books, 1992)
- 『**Electronic Devices and Circuit Theory**』 (Robert L. Boylestad and Louis Nashelsky. Pearson Education, Inc., 2012)
  - 번역서: 『전자회로 (11판)』 (홍릉과학출판사, 2012)
- 『Electronics Explained』 (Louis E. Frenzel, Jr. Newnes, 2010)
- 『Fundamentals of Digital Circuits』 (A. Anand Kumar. PHI Learning, 2009)
- 『**Getting Started in Electronics**』 (Forrest M. Mims III. Master Publishing, Inc., 2000)
- 『**Practical Electronics for Inventors**(third edition)』 (Paul Scherz and Simon Monk. McGraw-Hill, 2013)
- 『**TTL Cookbook**』 (Don Lancaster. Howard W. Sams & Co, Inc., 1974)

---

1 (옮긴이) 책의 제목들은 검색의 용이성을 위해서 원문을 그대로 실었으며 국내 번역서가 있는 경우 같이 표기했다.

이 책에 있는 실험에서 사용할 부품을 구하는 방법은 예산과 선호도에 따라 4가지 방법 중 하나를 선택할 수 있다.

1. 최소 구입. 각 프로젝트가 끝날 때마다 분해해서 부품을 재활용하면 부품 비용을 최소화할 수 있다. 최소 구입 목록은 매번 대부분의 부품을 재활용한다고 가정하고 작성된 것이다. 380페이지의 "최소 구입 목록: 실험 1에서 14까지" 부분을 확인하자.

2. 일반적인 구입. 프로젝트에서 실험용으로 만든 회로는 유지하지 않지만, 사용할 수 있는 최종 회로는 유지하는 경우에 필요한 부품들을 포함한 목록. 383 페이지의 "일반적인 구입 목록: 실험 1에서 14까지" 부분을 확인하자.

3. 최대 구입 목록. 책에 있는 36개의 모든 실험에서 필요한 모든 부품을 포함하는 목록. 목록에 쉽게 망가지는 부품은 여분으로 몇 개 더 들어가 있다. 387 페이지의 "최대 구입 목록: 실험 1에서 14까지" 부분을 확인하자.

4. 필요에 따른 구입. 부품을 약간씩 구입하는 것을 선호하거나, 특정 프로젝트에서 어떤 부품들이 필요한지 확인한 후 필요할 때마다 구입하면 된다. 각각의 실험마다 필요한 부품이 요약되어 있다. 392 페이지의 "필요할 때마다 구입하기 목록" 부분을 확인하자.

앞부분의 세 가지 선택사항(최소, 일반적, 최대)의 목록들은 실험 1에서 14, 실험 15에서 25, 실험 26에서 36으로 나누어 요약했다.

부품 키트

이 책을 위한 부품 키트를 구입할 수도 있다.

부품 키트를 판매하는 곳이 종종 바뀌기 때문에 구입할 수 있는 곳을 http://www.plattkits.com에 정리해 두었다. 문제가 있는 경우에는 make.electronics@gmail.com로 이메일을 보내주길 바란다.

구입처

키트가 아닌 직접 부품을 구입하려는 경우 크게 두 가지 방법으로 부품을 구입할 수 있다.

인터넷 판매점

가장 중요한 것은 여러 곳을 확인해 보라는 것이다. 필자가 개인적으로 사용하는 곳은 다음과 같다.

- http://www.mouser.com
- http://www.radioshack.com
- http://www.jameco.com
- http://www.newark.com
- http://www.digikey.com
- http://www.alliedelec.com
- http://www.allelectronics.com
- http://www.sparkfun.com

위의 상점 중의 하나에 부품이 없는 경우에도, 다른 상점에는 부품이 있는 경우가 자주 있다[1].

http://www.allelectronics.com는 남는 부품들에 대해서 할인을 하는 경우가 많지만, 재고가 많거나 다양하지는 않다는 점을 기억해야 한다. RadioShack, Jameco, Sparkfun은 취미로 전자회로를 만드는 사람들을 위한 곳이므로, 우리가 흥미를 가질만한 것들을 보유하고 있는 경우가 많다. 물론 Mouser, Newark, Digikey처럼 다양한 부품을 가진 것은 아니다.

인터넷에서 검색하는 것은 검색 필터를 사용하더라도 시간이 좀 걸린다. 그래서 필자는 책 형태의 카탈로그를 적어도 하나 가지고 있다. 특히 Mouser의 카탈로그는 색인이 아주 잘 되어 있어서 인터넷 웹 사이트를 뒤적이는 것보다 더 빠르다. Jameco 카탈로그는 훨씬 작지만, 자주 생각하지 않았던 부품을 제안하기 때문에 많은 도움이 된다.

Mouser와 Jameco는 구매량이 많은 구매자들에게 카탈로그를 무료로 보내준다.[2]

구입해 보자

요즘에는 약간 애매하거나 일반 상점에서 더 이상 구할 수 없는 부품들을 찾아내기에 이베이가 아주 좋다. 또한 LED 발광 모듈과 같은 최첨단 물품을 구입하기에도 좋다. 물론 LED와 저항 등과 같은 일반적인 부품들도 대량으로 판매한다.

국제 항공 우편으로 물품을 보내주는 아시아 판매상에서 물건을 사는 것을 두려워할 필요가 없다.

필자의 경우 중국, 캄보디아, 태국 등지로부터 구입을 했었지만 아무런 문제가 없었다. 설명도 정확하고, 가격은 저렴하며, 비록 2주 정도 기다려야 하지만 항공 우편은 보통 믿을 만하다.

일반적인 부품들

구매 목록을 보면 특정한 LED를 정확히 지정하거나, 저항의 상표를 지정해서 여러분을 귀찮게 하지 않은 것을 볼 수 있는데, 이 부품들은 일반적인 부품들이기 때문이다. 책에서 16VDC 이상의 커패시터를 사용할 필요가 없기 때문에, 따로

---

1 (옮긴이) 상점의 이름은 되도록 검색 편의를 위해서 원문 그대로 써 두었다.

2 (옮긴이) 국내에서는 따로 보내주는 곳이 Mouser나 Digikey 정도이며, 인터넷을 통해 신청할 수 있다. 요즘에는 대부분 온라인 카탈로그가 더 많이 사용된다.

커패시터의 동작 전압을 지정하지 않았다.

여기서는 직접 구입하려고 할 때 알아야 되는 것들을 적어두었다.

저항

어떤 제조사라도 관계없다. 단자의 길이 역시 중요한 것이 아니다. 가장 일반적으로 사용되는 1/4와트 전력 수준이면 된다. 1/8와트 전력 수준의 부품은 약간 더 작지만, 사용 목적에 따라 저항에 과부하가 걸리지 않는지 확인해야 한다. 일부 사람들은 1/8와트 부품의 경우 일반적인 작업에 적합하지 않으며, 1/2와트 부품은 브레드보드에서 많은 공간을 차지하기 때문에 불편하다는 걸 알게 될 것이다.

10% 정도의 오차율은 괜찮으며, 10%짜리 저항에 있는 색 띠가 5%나 1% 저항에 있는 것보다 읽기 쉽다. 물론 원한다면 오차율 1%짜리 저항을 구입해도 된다.

그림 B-1은 커패시터와 저항 등의 전자부품에서 일반적으로 곱해지는 값들을 보여주고 있다. 예를 들어, 1K, 1.5K 저항이나, 10K, 15K, 혹은 100Ω, 150Ω은 일반적인 값이다. 아래 표에서 검정색 글자로 표시된 숫자들은 조금 덜 사용되는 값들이다.

1.0	1.5	2.2	3.3	4.7	6.8
1.1	1.6	2.4	3.6	5.1	7.5
1.2	1.8	2.7	3.9	5.6	8.2
1.3	2.0	3.0	4.3	6.2	9.1

그림 B-1 저항과 커패시터에서 전통적으로 곱하는 수는 맨 윗줄에 하얀색으로 표시했다. 그 밑의 부분에 검정색으로 추가되어 있는 숫자들은 오차율 5% 저항에서 포함된 모든 범위의 값들이다.

예전에는 많은 저항들과 대부분의 커패시터들이 20% 정도의 오차율을 가졌기 때문에, 1K 저항은 실제로 높은 경우에는 1 + 0.2 = 1.2K값까지 가질 수 있었으며, 1.5K 저항의 경우 낮은 경우 1.5 - 0.3 = 1.2K 저항값을 가질 수 있었다. 따라서, 오차율 20%의 저항을 사용하는 경우에 1.4K 정도의 중간값을 가진 저항은 실제 저항값의 범위가 1K 저항의 실제값과 겹쳐버리기 때문에 큰 의미가 없었다. 반대로 1.5K 대신 1.7K 값을 가지는 경우에는 값이 존재하지 않는 범위가 생길 수 있다.

그림 B-1 표의 맨 윗줄에 있는 하얀 색 글자로 적혀 있는 6가지는 값은 20% 오차를 가진 부품들이 가졌던 원래 값이다. 이 값들은 5% 정도의 오차율이 일반화된 요즘에도 가장 많이 사용되는 값들이다. 5% 오차율에서 추가된 곱하는 값들은 검정색으로 표시되어 있다.

대부분의 프로젝트에서는 5% 오차에서 추가된 값을 사용할 필요가 없이 하얀 글씨로 표시된 6개의 값들만 사용해도 문제가 없다. 이 책에서는 이 값의 저항들만 사용했으므로, 너무 다양한 값의 저항을 살 필요는 없다.

그림 B-2는 저항을 비축해 두기 위해서 구입할 때 저항값과 수량을 보여준다. 이 표에 있는 수량이면 이 책에 있는 모든 프로젝트를 진행하기에 충분하고, 50% 정도가 남는다. 220Ω과 10K짜리가 다른 것보다 훨씬 많은 이유가 궁금할 수 있는데, 220Ω의 경우 LED의 직렬 저항으로 많이 사용되며, 10K의 경우 보통 논리칩 입출력의 풀업 혹은 풀다운 저항으로 사용하기 때문이다.

다양한 저항을 묶어서 파는 패키지를 사고, 특정 값을 가진 부품들을 추가로 구입해서 돈을 약간 아낄 수 있다. 저항의 가격은 많이 구입할수록 급격하게 떨어진다.

저항값	수량	저항값	수량	저항값	수량	저항값	수량
22	10	1K	40	10K	150	100K	60
47	10	1.5K	10	15K	10	150K	10
100	60	2.2K	20	22K	10	220K	10
220	150	3.3K	50	33K	10	330K	10
330	50	4.7K	30	47K	10	470K	10
470	60	6.8K	10	68K	20	680K	10
680	40					1M	10

그림 B-2 이 표는 이 책에 있는 모든 프로젝트에서 사용하고 50% 정도의 여분을 남길 수 있는 수량의 저항들을 보여주는 것이다. K(킬로 옴), M(메가 옴)등이 표기되지 않은 경우에는 옴 단위의 값을 사용했다.

당연히 표에 있는 그대로의 수량을 구입할 필요는 없다. 이 표에 있는 값과 같은 저항값을 가진 다양한 저항들을 10개씩 묶어서 파는 패키지를 찾을 수 있을 것이다. 이걸 구입한 다음에 많이 필요한 것들은 따로 사면 된다.

커패시터

어떤 제조사의 것을 사용해도 좋다. 래디얼 단자(Radial leads[3])를 가진 것이 더 좋다. 전압 등급은 최소한 16VDC가 되어야 한다. 더 높은 전압에서도 동작할 수 있는 것을 사용해도 무방하며, 다층 세라믹 커패시터를 사용하는 것이 더 좋다. 10μF보다 큰 값을 가진 커패시터의 경우에는 세라믹 커패시터가 비교적 비싸기 때문에, 전해 커패시터를 사용해도 된다.

가지고 있어야 하는 다양한 커패시터들은 그림 B-3에 나열되어 있으며, 이 정도 분량이면 이 책에 있는 모든 프로젝트를 수행하고도 50% 정도의 여분이 남는다. 표에서 첫 번째 3열에 있는 것들은 세라믹 커패시터를 사용하도록 하자. 예산을 절약하기 위해서 10μF보다 큰 값에 대해서 전해형 커패시터를 사용해도 된다.

커패시터값(μF)	수량	커패시터값(μF)	수량	커패시터값(μF)	수량	커패시터값(μF)	수량
0.001	20	0.1	30	1	20	10	30
0.01	50	0.15	5	1.5	5	15	10
0.022	10	0.22	5	2.2	10	47	10
0.033	20	0.33	20	3.3	5	68	10
0.047	10	0.47	5	4.7	5	100	10
0.068	10	0.68	20	6.8	5	330	10

그림 B-3 가지고 있어야 할 커패시터의 값과 이 책에 있는 모든 프로젝트를 수행하고 여분으로 50%를 남길 수 정도로 충분한 수량.

0.001μF＝1nF라는 점을 기억하자. 이 책의 회로도에서는 되도록 nF(나노 패럿) 단위를 사용하지 않았는데, 이 단위가 유럽에서는 흔히 사용되지만 미국에서는 아주 널리 사용되지 않기 때문이다.[4]

다층 세라믹 커패시터는 1990년대 이후로 급

---

3 (옮긴이) 부품의 한면에 두 단자가 모두 있는 형태. 부품의 축방향 양쪽으로 단자가 있는 형태의 것은 axial leads라 부른다.

4 (옮긴이) 국내에서는 많이 사용한다.

격하게 작아지고 가격도 저렴해 졌으며, 내구도가 좋기 때문에 매력적이다. 전해형 커패시터(Electrolytic capacitors)는 같은 용량의 세라믹 커패시터보다 크고, 논란의 여지는 있지만 비교적 보존기한도 짧다.

많은 권위자들은 전해형 커패시터의 경우 주기적으로 전원에 연결시켜 내부 화학 물질을 활성화시켜야 하기 때문에 시간이 지남에 따라 품질이 저하된다고 경고하고 있다. 필자의 경우 15년 동안 보관했던 전해형 커패시터가 있는데, 이걸 사용했을 때 동작에 문제가 없었다. 전문가의 말을 믿어야 할까 혹은 개인적인 경험을 믿어야 할까? 확실하지는 않지만, 세라믹 커패시터에는 이런 문제가 발생하지 않는다.

세라믹 커패시터를 사용했을 때 한 가지 문제는 간혹 표면에 어떤 정보도 인쇄되어 있지 않는 경우가 있다는 점이다. 이 경우에는 계측기를 이용해서 정전용량을 확인할 수 있기는 하지만, 계측기에서 이런 기능을 제공하는 경우에만 확인할 수 있을 뿐 아니라, 계측기에서 $20\mu F$ 이상의 정전 용량은 대부분 측정할 수 없으며 동작 전압을 어느 정도까지 허용하는지 확인할 수 없다.

이런 부품들을 보관할 때는 주의깊게 이름표를 붙여둬야 하며, 꺼내서 프로젝트에서 사용한 이후에는 전압 등급을 기억하기 쉽지 않을 것이다. 따라서, 커패시터를 구입할 때는 모두 같은 전압 등급을 가진 것으로 구입하는 것이 좋다. 최소 16VDC의 동작 전압을 가지는 것이면 충분하며, 커패시터의 경우 전압 등급의 3/4를 넘는 전압에서 보통 사용하지 않는 다는 점도 명심하자.

LED

제조사는 크게 관계없다. LED는 다양한 모양과 크기를 가지고 있지만, 우리가 사용할 것은 일반적으로 "표준형 쓰루홀" 형태라 부르는 것이다.

이 책에서는 회로를 점검하고, 출력을 확인하기 위해서 자주 LED를 사용한다. 직경 3mm짜리 LED가 이런 목적으로 사용하기에 적합한데, 이 크기의 것이 브레드보드에서 직렬로 바로 옆에 끼우기 적당하기 때문이다.

> T-1 크기라고 부르는 3mm LED가 좋다.

색, 밝기, 보여지는 각도, 투명 혹은 반투명 여부는 여러분이 선택하면 된다. 74HC00 계열의 칩에서 LED를 직접 구동시킬 수 있도록 최대 순방향 전류가 10mA를 넘지 않는 것이 좋다. 순방향 전압은 2VDC가 일반적이다.

킹브라이트(Kingbright)사의 WP132X*D이 이런 사양에 맞는 LED 중의 하나이며, 부품 번호에서 별표로 나타나 있는 부분이 색을 나타낸다. 예를 들어 WP132XGD는 녹색을 나타낸다. 비샤이(Vishay)사의 TLHK4200 역시 비슷하다. 일반적인 형태의 LED들은 200원 이하의 가격으로 살 수 있으며, 한꺼번에 많은 수량을 사면 조금 더 싸게 구입할 수 있다.

점검용 표시 장치로 사용하는 2mA 정도의 순방향 전류를 가지는 저전력 LED를 사용하면 전지의 수명을 늘릴 수 있다. 어떤 것이 동작하는지 확인하려 하는 경우에는 불빛이 비교적 약하더라도 크게 문제가 되지 않는다.

내부저항을 가진 LED

이런 형태의 부품들은 공급 전압에 알맞는 내부저항을 가지고 있기 때문에 외부저항이 필요하지 않다. 따라서, 브레드보드에서 작업을 할 때 상당히 편리하기 때문에 일반적인 LED보다 2배 정도 비용을 지불할 수 있다면 강력하게 추천한다. 비샤이(Vishay) TLR*4420CU는 12VDC급이지만, 9VDC나 5VDC에서도 사용할 수 있다. 부품 번호에 있는 별표 대신 색을 지정하는 글자로 바꾼다. 시카고(Chicago)사의 4302F1-12V, 4302F3-12V, 4302F5-12V (빨간색, 호박색, 녹색 등)도 있지만 약간 더 비싸다.

아바고(Avago)의 HLMP-1620와 HLMP-1640는 5VDC급 부품이다. 개인적으로는 12VDC급 LED를 사용하는데, 검사할 때는 밝기가 별로 중요하지 않으며 12VDC급은 9VDC나 5VDC에서도 사용할 수 있기 때문이다.

> 구매목록에서 "일반적인" LED라 지정된 것들은 주변에서 흔히 볼 수 있는 내부저항이 없는 형태의 LED를 의미하기 때문에 외부저항을 이용해서 보호해야 할 필요가 있다.

경고: 직렬 저항

이 책에 있는 대부분의 브레드보드 회로 사진에 있는 LED들은 내부저항을 가진 형태이기 때문에 외부 직렬 저항이 필요하지 않다. 만일 일반적인 LED를 이용하는 경우에는 직렬 저항을 직접 붙여야 한다는 점을 기억해야 한다.

만일 LED가 내부저항을 가지지 않은 경우에는 9VDC 회로에서는 470Ω, 5VDC 회로에서는 220Ω 저항을 이용하는 것이 적당할 것이다. 1/4 와트급의 저항은 9VDC 회로에서 15mA 정도의 전류가 흐르는 경우 최대 7V까지 전압이 떨어질 수 있다. 이 정도면 전력 소모는 대략 100mW가 되는데, 이 값은 저항 등급의 절반보다 작다.

만일 완성시켜 보관하고 싶은 회로를 만들 때는, 더 크고 밝은 LED를 사용하고 싶을 수 있다. 사양이 바뀜에 따라 LED에 흐르는 최대 전류가 데이터시트에 지정된 값이 되도록 적당한 직렬 저항을 찾아서 사용하는 것은 여러분의 몫이다.

칩 패밀리의 기초 사항들

제조사는 상관없다. 칩의 패키지(package)는 실제 칩의 크기에 영향을 주기 때문에, 주문할 때 이 속성을 주의깊게 확인해야 한다. 모든 논리 회로는 DIP(dual inline package: 0.1″ 간격의 단자들이 두 줄로 배치된 형태) 패키지 형태를 가져야 한다. 이런 형태는 PDIP(plastic dual inline package)이라고도 한다. 칩에는 "쓰루홀(through hole)" 형태라고 적혀 있어야 한다. DIP

이나 PDIP 뒤에는 DIP-14나 PDIP-16 같은 형태로 핀의 숫자가 뒤에 붙는데, 이 숫자는 무시해도 된다.

표면 증착형 칩(Surface-mount chips)의 경우에는 패키지 설명이 SOT, SSOP처럼 S로 시작한다.

"S"형 패키지를 가진 칩들은 사용할 수 없기 때문에 구입하면 안 된다.

권장하는 칩 패밀리는 74HC00, 74HC08 혹은 비슷한 일반적인 표시를 가진 HC(High-speed CMOS: 고속 CMOS) 패밀리다. 각각의 제조사에 따라 이 숫자의 앞이나 뒷쪽으로 SN74HC00DBR(Texas Instruments의 칩)이나 MC74HC00ADG(On Semiconductor의 칩)처럼 추가적인 문자나 숫자가 붙을 수 있다. 여기서 사용하는 데는, 각 버전 간의 기능적인 차이가 없다고 생각해도 된다. 주의 깊게 살펴보면, 특유의 번호 안에 들어있는 74HC00와 같은 형식의 일반적인 숫자를 찾을 수 있을 것이다.

판매상들에서 보통 HC 칩의 경우 최대 4mA에서 6mA까지의 전류를 공급하거나 받을 수 있다고 이야기하지만, 제조사의 정보(페어차일드 세미컨덕터(Fairchild Semiconductor)에서 나온 응용 노트 313같은 것들)를 보면 HC 계열의 칩은 최대 25mA 정도의 전류까지 손상없이 공급할 수 있다고 명확하게 언급되어 있다.

하지만, 논리칩의 출력으로 LED뿐 아니라 다른 칩의 입력을 구동시키는 경우에는 논리칩의 출력 전압이 높은 전류로 인해서 떨어질 수 있기 때문에, 10mA 전류값을 사용하는 것이 더 안전하다. 만일 전압이 3.5VDC 밑으로 떨어지게 되면, 다른 논리칩이 높은 상태인지 인식하는 데 실패할 수 있기 때문에, 최소한 4VDC 정도는 되어야 한다.

논리칩은 제조사에서 일반적인 부품번호(예를 들어 쿼드 2입력 XOR 칩은 74HC86)만으로 검색해도 찾을 수 있다. 보통 5VDC 전원에서 동작하도록 만들어진 칩들의 경우, 제조사가 추가한 문자들은 무시한다. 사양(specification)을 보면 보통 HC 계열의 칩들은 2V에서 6V까지의 전압을 가질 수 있다.

간혹 74HC00 패밀리에는 없는 기능을 가진 논리칩이 구식 4000B 시리즈에 있는 경우도 있다. 예를 들어, HC 시리즈에는 4 입력 OR 게이트가 없지만, 4072B는 2개의 4입력 OR 게이트를 가지고 있다.

4000B 계열 논리칩의 출력에서 흘려보내거나 받아들이는 전류가 비교적 적지만, 감당할 정도라면 74HC00 대신 사용할 수 있다. 대부분의 4000B 계열 칩은 다른 칩과 연결하기 위한 것이며, LED에 연결하기 위해서 만들어진 것이 아니다.

그림 B-4는 4000B 계열의 칩과 74HC00 계열의 칩에서 낮은 상태 혹은 높은 상태로 해석되는 입력과 출력 전압의 범위를 보여준다. 이런 계열의 칩들이 서로의 신호를 이해하는데 문제가 없다는 것을 확인할 수 있을 것이다.

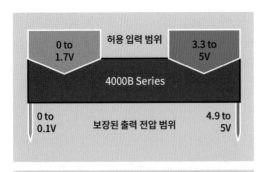

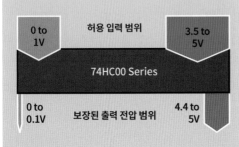

그림 B-4 4000B와 74HC00 계열 논리칩의 허용 입력 전압과 공급하거나 받아들일 때 보장된 출력 전압 범위. 74HC00 칩에서는 출력 전류가 4mA인 경우를, 4000B 칩에서는 0.5mA인 경우를 가정하고 출력 전압이 지정되어 있다. 이보다 더 높은 전류를 사용하면 전압이 떨어진다.

74LS00 시리즈와 같은 TTL 논리칩은 호환성에 많은 문제가 있다. 이 책에 있는 모든 프로젝트에서 이 계열의 칩을 사용하지 않는 것이 좋다.

트랜지스터

편의를 위해서 이 책에서는 2N2222의 한 가지 트랜지스터만 사용할 것이다. 이 트랜지스터의 부품 번호는 일반적으로 제조사에 따라 PN2222, PN2222A, PN2222ATFR처럼 앞부분에 P를 더 붙이는 경우가 있다. 부품 번호 맨 앞에 있는 문자에 따라서 달라지는 것은 없다.

한 가지 주의해야 할 것은 인터넷 부품점의 검색에서 P2N2222를 제시하더라도 이걸 사면 안된다는 점이다. 이 부품에 있는 P2라는 문자와 숫자 하나로 인해서 많은 차이가 있다. P2N2222의 경우는 핀의 기능이 다른 형태와는 완전히 거꾸로 되어 있다. 이로 인해 혼동, 좌절, 엄청난 시간 낭비를 초래할 수 있다.

스위치

이 책에서는 텍타일 스위치, 푸시 버튼 스위치, 딥 스위치, 토글 스위치의 4가지 형태 스위치가 자주 사용된다.

텍타일(Tactile) 스위치는 아주 작은 크기의 푸시 버튼 스위치로 브레드보드(혹은 원한다면 만능 기판에도)에 끼워서 사용할 수 있다. 표면 증착형이 아닌 쓰루홀 형태의 것이기만 하면 제조사나 제품 번호는 별로 중요하지 않다. 핀은 브레드보드에 맞도록 0.1″ 간격을 가지고 있어야 한다.

가장 일반적인 텍타일 스위치는 6mm×6mm 크기를 가지기 때문에 카탈로그에서 6×6이라는 이름으로 표시하는 경우도 있다. 4개의 핀을 가지고 있지만 한 쌍의 핀들은 각각 내부에서 같이 연결되어 있으므로, 극이 2개인것처럼 보이지만 SPST 스위치다.

이 책의 프로젝트에서는 브레드보드의 한 줄만 사용할 수 있는 2핀만 있는 절반 크기인 3.5mm×6mm 크기 텍타일 스위치의 사용을 선호한다. 이 예로는 마운틴 스위치(Mountain Switch)의 TS4311T 시리즈가 있는데, 실제 부품 번호는 TS4311T5201나 TS4311T1601 등이며, 이들 간의 차이는 버튼의 색깔과 스위치 접점이 달히는 압력밖에 없다.

여기의 몇몇 프로젝트에서는 응용에 따라 DPDT, 4PDT, 6PDT 형태의 푸시 버튼 스위치도 사용할 것이다. 이런 스위치들은 버튼을 눌렀을 때만 일시적으로 초기 상태와 상반된 상태를 출력하는 스위치(momentary switches)인 경우도 있고, 한 번 누른 다음에 초기 상태로 돌아가려면 다시 한번 버튼을 눌러줘야 하는 래칭 스위치(latching switches)인 경우도 있다.

이 부분은 사실 전적으로 개인적인 선호의 문제이기 때문에 프로젝트의 설명을 확인한 다음에 어떤 것을 사용할지 결정하면 된다. 어떤 상표의 푸시 버튼 스위치든 상관없지만, 쓰루홀 형태 납땜용 단자가 있어야 하며, 핀의 간격은 0.1″(보통 2.54mm라고 표시되지만, 2.5mm라고 되어 있는 것도 괜찮다)여야 한다. 알프스(Alps) SPUJ 시리즈들이 일반적이다. PBH4UOANAGX와 같은 E-Switch PBH 시리즈도 사용할 수 있으며, 부품 번호에 있는 4는 극이 4개임을 나타낸다.

대부분의 푸시 버튼 스위치는 버튼이나 덮개가 없는 상태로 판매된다는 점을 기억해야 한다.

즉, 이런 것들은 따로 구입해야 하며, 다양한 색, 모양, 크기가 있다.

딥 스위치는 브레드보드의 가운데 있는 홈을 걸쳐서 끼울 수 있는 듀얼 인라인(dual in-line) 형태를 가지고 있다. 위치의 수(number of positions)라는 표현이 있는 경우 부품 안에 들어있는 스위치의 숫자를 의미하며, 내장된 각각의 스위치는 SPST 형태를 가진다. 이 부품은 반드시 핀의 간격이 0.1″(즉, 2.54mm)인 것을 구입해야

하며, 쓰루홀, PCB용, 또는 납땜용 단자 등의 표현이 있어야 한다.

C&K의 BD 시리즈의 스위치들이 일반적이며, 부품 번호를 통해 각 부품에 얼마나 많은 위치가 있는지 확인할 수 있다. 따라서, BD02는 두 개의 위치가 있고, BD04는 4개의 위치가 있다.

이 책의 토글(toggle) 스위치들은 5VDC나 9VDC 전원을 켜거나 끌 때만 사용된다. 쓰루홀 형태, 납땜용 단자, 또는 PCB에 붙일 수 있는 형태라고 표현되어 있으며, 핀의 간격이 0.1″(2.54mm) 혹은 0.2″(5.08mm)인 SPST 혹은 SPDT가 필요하다. 마운팅 스위치의 108-2MS1T-2B3M2QE-EVX 정도가 예가 될 수 있다. 이 프로젝트에서 설명한 토글 스위치들은 그렇게 많이 사용될 것이 아니기 때문에, 찾을 수 있는 가장 작고 저렴한 것을 구입하면 된다.

전원, 브레드보드, 전선

각 프로젝트는 (9V 전지로 공급하는) 9VDC 전원과 정류된 5VDC 전원이 필요하다. 자세한 것을 확인하고 싶다면 28페이지를 확인하자.

책에 있는 프로젝트 중에 몇 개를 완성시켜서 보관할지에 따라 필요한 전원의 수를 결정하면 된다. 9V 전지마다 연결용 커넥터를 하나씩 사야 한다는 것도 잊으면 안 된다.

브레드보드로 만든 프로젝트 중 얼마나 많은 프로젝트를 보관할지에 따라서 2개에서 30개의 브레드보드가 필요하다. (몇몇 프로젝트들은 브레드보드 하나에 구현하기에는 너무 커서 2개를 같이 사용해야 하기 때문에, 필요한 브레드보드

의 최소 숫자는 2개다.) 필요한 브레드보드는 이
베이에서 아시아 판매상에서 구입하는 경우 아
주 저렴하게 구할 수 있다. 무료 배송으로 5개
$10짜리인 것도 본 적이 있다.

설치 부분에서 연결용 전선에 대해서도 이야
기했으며, 이제 구하는 방법에 대해서도 상당 부
분 이야기했다. 이제 목록을 살펴보자.

최소 구매 목록: 실험 1에서 14까지

저항, 커패시터, LED, 논리칩, 트랜지스터, 스위
치 등의 일반적인 부품을 구입하는 방법에 대한
안내는 372페이지의 "일반적인 부품들" 부분을
살펴보자. 아래 목록에서 괄호 안에 있는 숫자가
수량을 표시하고, 표시되어 있지 않은 경우에는
1개를 의미하는 것이다.

전원

- 1.5V 전지 (2)
- 9V 전지와 커넥터
- 하나의 5VDC 전원: 이때 필요한 LM7805 전
  압 조정기 1개와 2개의 커패시터, 저항 1개,
  LED 1개 등은 아래 목록에 포함되어 있다.
- 10VDC에서 12VDCAC 범위를 가진 AC어댑
  터: 실험 7을 오랫동안 설치해 두기 위해서는
  필요하다.

저항

- 22Ω, 47Ω, 100Ω, 220Ω (2), 470Ω (5), 1K (3),
  1.5K, 2.2K (10), 3.3K, 4.7K (2), 10K (4), 33K,
  68K (2), 100K (10), 150K (2), 220K (2), 1M (2)

커패시터

- 0.01μF (2), 0.047μF, 0.068μF, 0.1μF (3),
  0.33μF (3), 0.68μF (2), 1μF (5), 10μF (3),
  15μF, 47μF, 100μF, 220μF, 330μF

스위치

- 토글 (SPST 혹은 SPDT)
- 텍타일

LED

- 3mm 일반형 (4)

미세조정 가변저항

- 5K, 10K, 500K (2), 1M

트랜지스터

- 2N2222 혹은 PN2222 (3)

집적회로 칩

- 555 타이머: 구식 쌍극성 형식 (2)
- LM339 비교기
- LM741 OP 앰프
- LM386 파워 앰프

센서

- 광트랜지스터: 백색광에 반응하는 PT334-6C
  혹은 비슷한 것으로
- 마이크: 2개의 단자를 가진 일반적인 일렉트
  릿(electret) 형식

음향 출력

- 스피커: 직경 2″, 50Ω 이상
- 경보기: 9VDC 혹은 12VDC, 최대 100mA급

기타

- 악어 클립 (2)
- 양쪽 끝에 악어 클립이 있는 전선 (3)
- 골판지. 최소 15cm×30cm (1 장)
- 목공용 본드 혹은 비슷한 백색 본드[5] (최소 분량)
- LM7805 전압 조정기
- LM7806 전압 조정기
- UA78M33 전압 조정기
- 1N4001 소형 정류 다이오드 (2)
- 래칭 릴레이: 3VDC 코일을 가지고 2A까지를 제어할 수 있는 SPDT 혹은 DPDT 형태로 DS1E-SL2-DC3V 혹은 비슷한 것
- 2개의 1.5V 전지로 동작하는 디지털 알람 시계

최소 구매 목록: 실험 15에서 25까지

저항, 커패시터, LED, 논리칩, 트랜지스터, 스위치 등의 일반적인 부품을 구입하는 방법에 대한 안내는 372페이지의 "일반적인 부품들" 부분을 살펴보자. 아래 목록에서 괄호 안의 숫자가 수량을 표시하고, 표시되어 있지 않은 경우에는 1개를 의미하는 것이다.

앞의 "최소 구매 목록: 실험 1에서 14까지"에서 구입한 부품들을 실험 15에서 25까지에서도 다시 사용한다고 가정했다. 따라서, 아래 목록에 있는 수량은 이미 가지고 있는 것에 추가로 구입해야 하는 것들만 표시한 것이다.

저항

- 100Ω (9), 220Ω (8), 330Ω (6), 470Ω (2), 3.3K, 10K (15)

커패시터

- 0.001μF (2)

스위치

- 텍타일 (5)
- SPDT형 푸시 버튼
- DPDT형 푸시 버튼 (3)
- 4PDT형 푸시 버튼 (6)
- 6PDT형 푸시 버튼 (2)
- 푸시 버튼용 덮개 (9)
- 4개의 위치를 가지는 DIP (2)
- 8개의 위치를 가지는 DIP (2)

LED

- 3mm 일반형 (16)

미세조정 가변저항

- 1K, 50K

집적회로 칩

- 74HC08 쿼드 2입력 AND (2)
- 74HC32 쿼드 2입력 OR
- 74HC02 쿼드 2입력 NOR
- 74HC86 쿼드 2입력 XOR (2)
- 74HC4075 트리플 3입력 OR
- 74HC4002 듀얼 4입력 NOR
- 74HC4514 디코더 혹은 4514B 디코더

---

5 (옮긴이) PVA 계통의 접착제로 구입해야 한다.

- 74HC237 디코더 (2)
- 4067B 멀티플렉서
- 4520B 카운터
- 74HC148 인코더 (2)
- 74HC11 트리플 3입력 AND

센서
- 광트랜지스터: 백색광에 반응하는 PT334-6C 혹은 비슷한 것

음향 출력
- 부저 혹은 경보기: 9VDC 혹은 12VDC (2)
- 스피커: 직경 2″, 50Ω 이상

기타
- 구리 패턴이 연결되지 않은 만능 기판: 최소 15cm×15cm 크기

선택적으로 구매할 수 있는 것
- 여러 색을 가진 리본 케이블 (60cm)
- 3PDT 푸시 버튼
- DPDT 푸시 버튼 (3)
- SPDT 푸시 버튼 (3)
- 푸시 버튼을 위한 덮개 (7)

최소 구매 목록: 실험 26에서 36까지

저항, 커패시터, LED, 논리칩, 트랜지스터, 스위치 등의 일반적인 부품을 구입하는 방법에 대한 안내는 372페이지의 "일반적인 부품들" 부분을 살펴보자. 아래 목록에서 괄호의 숫자는 수량을 표시하고, 표시되어 있지 않은 경우에는 1개를

의미하는 것이다.

> 앞의 "최소 구매 목록: 실험 1에서 14까지"와 "최소 구매 목록: 실험 15에서 25까지"에서 구입한 부품들을 실험 26에서 36까지에서도 다시 사용한다고 가정했다. 따라서, 아래 목록에 있는 수량은 이미 가지고 있는 것에 추가로 구입해야 하는 것만 표시한 것이다.

저항
- 220Ω (14), 100K (2)

커패시터
- 47pF, 68pF, 100pF, 0.0001μF, 0.01μF (2), 0.033μF, 2.2μF

LED
- 3mm 일반형 (25), 혹은 실험 28에서 라이트 바(36)을 이용하는 경우 (10)
- 5mm 일반형 (16)

미세조정 가변저항
- 1K, 2K, 100K

집적회로 칩
- 7555 타이머 (3)
- 74HC4017 카운터 (3)
- 74HC164 시프트 레지스터 (3)
- 4078B 싱글 8입력 OR/NOR
- 74HC7266 쿼드 2입력 XNOR
- 74HC30 싱글 8입력 NAND

센서

- SPST 리드 스위치: 어떤 형태든 관계없음
- 쌍극성 홀효과 센서: ATS177 혹은 유사한 것.
- 단극성 혹은 선형, 무극성 홀효과 센서 (선택적)
- 전송형 적외선 센서: 에버라이트(Everlight)사의 ITR9606 혹은 유사한 것
- 온도 센서: 100K짜리
- 회전식 인코더: Bourns ECW1J-B24-BC0024L 혹은 유사한 것으로 24PPR과 톱니 24개짜리로 네 가지 상태를 가진 형태 (2)

기타

- 유연한 연결용 전선 (35)
- 소형 막대 자석: 7mm×7mm×38mm 정도 크기, 혹은 7mm×2mm×15mm 정도의 매우 작은 네오디뮴 막대 자석
- 납 추(2)와 아연 도금선(30cm). 실험 33에 설명되어 있음

선택적으로 구매할 수 있는 것

- 헤더 핀 (33)
- 헤더 소켓 (33)
- 실험 28을 최종적으로 사용하려고 하는 경우: 라이트 바 (36), ULN2003 달링턴 어레이 (3)
- 공 형태의 자석과 알루미늄 관, 고리형 자석 (4): 실험 29에서 설명됨.
- 실험 31을 최종적으로 사용하려고 하는 경우: 330Ω (16), 680Ω (16), 3.3K (16), 5mm LED (16), 전송형 적외선 센서: ITR9606 혹은 유사한 것 (16), ULN2003 달링턴 어레이 (3)

일반적인 구매 목록: 실험 1에서 14까지

저항, 커패시터, LED, 논리칩, 트랜지스터, 스위치 등의 일반적인 부품을 구입하는 방법에 대한 안내는 372페이지의 "일반적인 부품들" 부분을 살펴보자. 아래 목록에서 괄호 안의 숫자는 수량을 표시하고, 표시되어 있지 않은 경우에는 1개를 의미한다.

전원

- 1.5V 전지 (2)
- 9V 전지와 커넥터 (최대 5개)
- 10VDC에서 12VDCAC 범위의 고정 출력을 가진 AC어댑터. 최소 1A
- 각각의 5VDC 전원마다 필요한 부분 (별도의 전원을 사용하고자 하는 프로젝트의 수만큼)
  - LM7805 전압 조정기
  - 2.2K 저항
  - 0.33μF, 0.1μF 커패시터
  - SPST 혹은 SPDT 토글 스위치
  - 일반적인 3mm LED

저항

- 22Ω (5), 47Ω (5), 100Ω (5), 220Ω (5), 470Ω (10), 1K (10), 1.5K (5), 2.2K (10), 3.3K (5), 4.7K (5), 10K (15), 33K (5), 68K (5), 100K (20), 150K (5), 220K (5), 1M (5)

저항은 저렴하기 때문에 이 목록에서는 최소한 5개이상 가지고 있도록 했다.

커패시터

- 0.01μF (10), 0.047μF (5), 0.068μF (5), 0.1μF

(5), 0.33μF (5), 0.68μF (5), 1μF (5), 10μF (10), 15μF, 47μF, 100μF (2), 220μF, 330μF 10μF보다 작은 정전용량의 세라믹 커패시터는 저렴하기 때문에, 이 목록에서는 최소한 5개이상 가지고 있도록 했다.

스위치

- 토글 (SPST 혹은 SPDT)
- 텍타일

LED

- 3mm 일반형 (10)

미세조정 가변저항

- 5K, 10K, 500K (4), 1M (3)

트랜지스터

- 2N2222 혹은 PN2222 (7)

집적회로 칩

- 555 타이머: 구식 쌍극성 형식으로 (7)
- LM339 비교기 (3)
- LM741 OP 앰프 (3)
- LM386 파워 앰프

센서

- 광트랜지스터: 백색광에 반응하는 PT334-6C 혹은 비슷한 것 (3)
- 마이크: 2개의 단자를 가진 일반적인 일렉트릿 형식 (4)

음향 출력

- 스피커: 직경 2″, 50Ω 이상 (3)

- 경보기: 9VDC 혹은 12VDC, 최대 100mA급

기타

- 악어 클립 (2)
- 양쪽 끝에 악어 클립이 있는 전선들 (3)
- 골판지. 최소 15cm×30cm (1 장)
- 목공용 본드 혹은 비슷한 백색 본드[6] (최소 분량)
- LM7805 전압 조정기
- LM7806 전압 조정기
- UA78M33 전압 조정기
- 1N4001 소형 정류 다이오드 (2)
- 래칭 릴레이: 3VDC 코일을 가지고 2A까지를 제어할 수 있는 SPDT 혹은 DPDT 형태를 가지는 DS1E-SL2-DC3V 혹은 비슷한 것
- 2개의 1.5V 전지로 동작하는 디지털 알람 시계

선택적으로 구매할 수 있는 것

- 정수된 물 혹은 탈이온화된 물
- 소금

일반적인 구매 목록: 실험 15에서 25까지

저항, 커패시터, LED, 논리칩, 트랜지스터, 스위치 등의 일반적인 부품을 구입하는 방법에 대한 안내는 372페이지의 "일반적인 부품들" 부분을 살펴보자. 아래 목록에서 괄호의 숫자가 수량을 표시하고, 표시되어 있지 않은 경우에는 1개를 의미한다. 이 목록은 필요한 부품을 모두 포함한 것으로, 실험 1에서 14까지의 실험을 위해 구입한 것이 다시 필요하지 않다.

---

6 (옮긴이) PVA 계통의 접착제로 구입해야 한다.

전원

- 9V 전지와 커넥터
- 하나의 5VDC 전원 (별도의 전원을 사용하고 자 하는 프로젝트의 수만큼)
- LM7805 전압 조정기
- 2.2K 저항
- 0.33μF, 0.1μF 커패시터
- SPST 혹은 SPDT 토글 스위치
- 일반적인 3mm LED

저항

- 100Ω (15), 220Ω (15), 330Ω (10), 470Ω (15), 1K (5), 3.3K, 4.7K, 10K (20), 33K (5) 저항은 저렴하기 때문에 이 목록에서는 최소한 5개 이상 보유하도록 했다.

커패시터

- 0.001μF (5), 0.01μF (5), 0.1μF (5), 100μF 10μF보다 작은 정전용량의 세라믹 커패시터는 저렴하기 때문에 이 목록에서는 최소한 5개 이상 보유하도록 했다.

스위치

- 텍타일 (10)
- SPDT형 푸시 버튼
- DPDT형 푸시 버튼 (4)
- 4PDT형 푸시 버튼 (12)
- 6PDT형 푸시 버튼 (16)
- 푸시 버튼용 덮개 (16)
- 4개의 위치를 가지는 DIP (2)
- 8개의 위치를 가지는 DIP (2)

LED

- 내부 저항이 있는 3mm (35)
- 5mm 일반형 (10)

미세조정 가변저항

- 50K

트랜지스터

- 2N2222 혹은 PN2222

집적회로 칩

- 555 타이머: 구식 쌍극성 형식으로 (2)
- 74HC08 쿼드 2입력 AND (4)
- 74HC32 쿼드 2입력 OR (2)
- 74HC02 쿼드 2입력 NOR
- 74HC86 쿼드 2입력 XOR (4)
- 74HC4075 트리플 3입력 OR (2)
- 74HC4002 듀얼 4입력 NOR
- 74HC11 트리플 3입력 AND
- 74HC4514 디코더 혹은 4514B 디코더 (2)
- 74HC237 디코더 (2)
- 4067B 멀티플렉서
- 4520B 카운터
- 74HC148 인코더 (2)

센서

- 광트랜지스터: 백색광에 반응하는 PT334-6C 혹은 비슷한 것

음향 출력

- 스피커: 직경 2″, 50Ω 이상
- 경보기: 9VDC 혹은 12VDC, 최대 100mA급

기타

- 구리 패턴이 연결이 없는 만능기판: 최소 15cm×15cm 크기

선택적으로 구매할 수 있는 것

- 여러 색을 가진 리본 케이블 (60cm)
- 3PDT 푸시 버튼
- DPDT 푸시 버튼 (3)
- SPDT 푸시 버튼 (3)
- 푸시 버튼을 위한 덮개 (7)

일반적인 구매 목록: 실험 26에서 36까지

저항, 커패시터, LED, 논리칩, 트랜지스터, 스위치 등의 일반적인 부품을 구입하는 방법에 대한 안내는 372페이지의 "일반적인 부품들" 부분을 살펴보자. 아래 목록에서 괄호의 숫자는 수량을 표시하고, 표시되지 않은 경우에는 1개를 의미한다. 이 목록은 필요한 부품 모두를 포함하고 있으므로, 실험 1에서 25까지의 실험을 위해서 구입한 것들이 필요하지 않다.

전원

- 9V 전지와 커넥터
- 하나의 5VDC 전원 (별도의 전원을 사용하고자 하는 프로젝트의 수만큼)
  - LM7805 전압 조정기
  - 2.2K 저항
  - 0.33μF, 0.1μF 커패시터
  - SPST 혹은 SPDT 토글 스위치
  - 일반적인 3mm LED

저항

- 100Ω (5), 220Ω (50), 330Ω (20), 470Ω (5), 680Ω (20), 1K (5), 3.3K (20), 4.7K (5), 10K (20), 100K (5), 1M (5)
  저항은 저렴하기 때문에 이 목록에서는 5개를 최소 수량으로 했다

커패시터

- 47pF (5), 68pF (5), 0.0001μF (5), 0.001μF (5), 0.01μF (10), 0.033μF (5), 0.1μF (5), 0.33μF (5), 1μF (5), 2.2μF (5), 10μF (5), 100μF
  10μF보다 작은 정전용량의 세라믹 커패시터는 저렴하기 때문에 이 목록에서는 5개를 최소 수량으로 했다

스위치

- 텍타일 (2)
- DPDT 푸시 버튼 (4)
- 푸시 버튼용 덮개 (4)

LED

- 3mm 일반형 (40) 혹은 실험 28에서 라이트 바(36)를 이용하는 경우에는 (4)
- 내부 저항이 있는 3mm (40)
- 5mm 일반형 (20)

미세조정 가변저항

- 1K, 2K, 100K

트랜지스터

- 2N2222 혹은 PN2222 (2)

집적회로 칩

- 7555 타이머 (8)
- 74HC4017 카운터 (4)
- 74HC08 쿼드 2입력 AND (2)
- 74HC32 쿼드 2입력 OR (2)
- 74HC86 쿼드 2입력 XOR (2)
- 74HC7266 쿼드 2입력 XNOR (2)
- 4078B 싱글 8입력 OR/NOR
- 4520B 이진 카운터
- 74HC30 싱글 8입력 NAND
- 74HC164 시프트 레지스터 (5)
- 74HC4514 디코더 혹은 4514B 디코더
- 74HC4017 카운터
- ULN2003 달링턴 어레이 (2), 실험 28에서 라이트바를 사용한 경우에는 (5)

센서

- SPST 리드 스위치: 어떤 형태든 관계없음
- 쌍극성 홀효과 센서: ATS177 혹은 유사한 것.
- 단극성 혹은 선형, 무극성 홀효과 센서(선택적)
- 전송형 적외선 센서: 에버라이트(Everlight)사의 ITR9606 혹은 유사한 것
- 온도 센서: 100K짜리
- 회전식 인코더: Bourns ECW1J-B24-BC0024L 혹은 유사한 것으로 24PPR과 톱니 24개짜리로 네 가지 상태를 가진 형태 (2)

기타

- 유연한 연결용 전선 (50)
- 소형 막대 자석: 7mm×7mm×38mm 정도 크기, 혹은 7mm×2mm×15mm 정도의 매우 작은 네오디늄 막대 자석
- 납 추(2)와 아연 도금선(30cm). 실험 33에 설명되어 있음

선택적으로 구매할 수 있는 것

- 헤더 핀 (33)
- 헤더 소켓 (33)
- 실험 28을 최종적으로 사용하려고 하는 경우: 라이트 바 (36), ULN2003 달링턴 어레이 (3)
- 실험 31을 최종적으로 사용하려고 하는 경우: 330Ω (16), 680Ω (16), 3.3K (16), 5mm LED (16), 전송형 적외선 센서: ITR9606 혹은 유사한 것 (16), ULN2003 달링턴 어레이 (3)
- 공 형태의 자석과 알루미늄 관, 고리형 자석 (4): 실험 29에서 설명됨.

최대 구매 목록: 실험 1에서 14까지

저항, 커패시터, LED, 논리칩, 트랜지스터, 스위치 등의 일반적인 부품을 구입하는 방법에 대한 안내는 372페이지의 "일반적인 부품들" 부분을 살펴보자. 아래 목록에서 괄호의 숫자는 수량을 표시하고, 표시되지 않은 경우에는 1개를 의미한다.

전원

- 9V 전지와 커넥터 (최대 5개)
- 10VDC에서 12VDCAC 범위의 고정 출력을 가진 AC어댑터. 최소 1A
- 하나의 5VDC 전원 (별도의 전원을 사용하고자 하는 프로젝트의 수만큼)
  ◦ LM7805 전압 조정기

- 2.2K 저항
- 0.33μF, 0.1μF 커패시터
- SPST 혹은 SPDT 토글 스위치
- 일반적인 3mm LED

저항

- 22Ω (5), 47Ω (5), 100Ω (5), 220Ω (5), 470Ω (10), 1K (15), 1.5K (5), 2.2K (10), 3.3K (10), 4.7K (10), 10K (20), 33K (5), 68K (10), 100K (40), 150K (5), 220K (5), 1M (5)

저항은 저렴하기 때문에 이 목록에서는 최소한 5개 이상 보유하도록 했다.

커패시터

- 0.01μF (10), 0.047μF (5), 0.068μF (5), 0.1μF (5), 0.33μF (5), 0.68μF (10), 1μF (10), 10μF (15), 15μF (2), 47μF (3), 100μF (4), 220μF (2), 330μF (3)

10μF보다 작은 정전용량의 세라믹 커패시터는 저렴하기 때문에 이 목록에서는 5개를 최소 수량으로 했다

스위치

- 토글 (SPST 혹은 SPDT)
- 텍타일

LED

- 3mm 일반형 (10)

미세조정 가변저항

- 5K, 10K, 500K (4), 1M (3)

트랜지스터

- 2N2222 혹은 PN2222 (10)

집적회로 칩

- 555 타이머: 구식 쌍극성 형식으로 (10)
- LM339 비교기 (5)
- LM741 OP 앰프 (7)
- LM386 파워 앰프

센서

- 광트랜지스터: 백색광에 반응하는 PT334-6C 혹은 비슷한 것 (5)
- 마이크: 2개의 단자를 가진 일반적인 일렉트릿 형식 (5)

음향 출력

- 스피커: 직경 2″, 50Ω 이상 (5)
- 경보기: 9VDC 혹은 12VDC, 최대 100mA급

기타

- 악어 클립 (2)
- 양쪽 끝에 악어 클립이 있는 전선들 (3)
- 골판지. 최소 15cm×30cm (1 장)
- 목공용 본드 혹은 비슷한 백색 본드[7] (최소 분량)
- LM7805 전압 조정기
- LM7806 전압 조정기
- UA78M33 전압 조정기
- 1N4001 소형 정류 다이오드 (2)
- 래칭 릴레이: 3VDC 코일을 가지고 2A까지를 제어할 수 있는 SPDT 혹은 DPDT 형태를 가지는 DS1E-SL2-DC3V 혹은 비슷한 것

---

7 (옮긴이) PVA 계통의 접착제로 구입해야 한다.

- 2개의 1.5V 전지로 동작하는 디지털 알람 시계

선택적으로 구매할 수 있는 것
- 정수된 물 혹은 탈이온화된 물
- 소금과 추가적인 트랜지스터
- 전류계 (50 마이크로 암페어)
- 전류계 (10 마이크로 암페어)

최대 구매 목록: 실험 15에서 25
저항, 커패시터, LED, 논리칩, 트랜지스터, 스위치 등의 일반적인 부품을 구입하는 방법에 대한 안내는 372페이지의 "일반적인 부품들" 부분을 살펴보자. 아래 목록에서 괄호의 숫자는 수량을 표시하고, 표시되지 않은 경우에는 1개를 의미한다. 이 목록은 필요한 것을 모두 포함한 것으로, 실험 1에서 14까지를 위해서 구매한 것들이 필요하지 않다.

전원
- 9V 전지와 커넥터
- 하나의 5VDC 전원 (별도의 전원을 사용하고자 하는 프로젝트의 수만큼)
  - LM7805 전압 조정기
  - 2.2K 저항
  - 0.33μF, 0.1μF 커패시터
  - SPST 혹은 SPDT 토글 스위치
  - 일반적인 3mm LED

저항
- 100Ω (20), 220Ω (40), 330Ω (10), 470Ω (15), 1K (5), 3.3K (5), 4.7K (5), 10K (60), 33K (5)

저항은 저렴하기 때문에 이 목록에서는 최소한 5개 이상 보유하도록 했다.

커패시터
- 0.001μF (5), 0.01μF (5), 0.1μF (5), 100μF (2) 10μF보다 작은 정전용량의 세라믹 커패시터는 저렴하기 때문에 이 목록에서는 5개를 최소 수량으로 했다

스위치
- 텍타일 (16)
- SPDT형푸시 버튼
- DPDT형 푸시 버튼 (4)
- 4PDT형 푸시 버튼 (18)
- 6PDT형 푸시 버튼 (2)
- 푸시 버튼용 덮개 (25)
- 4개의 위치를 가지는 DIP (3)
- 8개의 위치를 가지는 DIP (4)

LEDs
- 3mm 일반형 (10)
- 내부 저항이 있는 3mm (50)
- 5mm 일반형 (15)

미세조정 가변저항
- 50K

트랜지스터
- 2N2222 혹은 PN2222

집적회로 칩
- 555 타이머: 구식 쌍극성 형식으로 (3)

- 74HC08 쿼드 2입력 AND (8)
- 74HC32 쿼드 2입력 OR (4)
- 74HC02 쿼드 2입력 NOR (2)
- 74HC86 쿼드 2입력 XOR (6)
- 74HC4075 트리플 3입력 OR (3)
- 74HC4002 듀얼 4입력 NOR (2)
- 74HC11 트리플 3입력 AND (2)
- 74HC4514 디코더 혹은 4514B 디코더 (3)
- 74HC237 디코더 (3)
- 4067B 멀티플렉서 (2)
- 4520B 카운터 (2)
- 74HC148 인코더 (3)

센서

- 광트랜지스터: 백색광에 반응하는 PT334-6C 혹은 비슷한 것

음향 출력

- 스피커: 직경 2″, 50Ω 이상
- 경보기: 9VDC 혹은 12VDC (3)

기타

- 구리 패턴이 연결이 없는 만능기판: 최소 15cm×15cm 크기

선택적으로 구매할 수 있는 것

- 여러 색을 가진 리본 케이블 (60cm)
- 3PDT 푸시 버튼
- DPDT 푸시 버튼 (3)
- SPDT 푸시 버튼 (3)
- 푸시 버튼을 위한 덮개 (7)

최대 구매 목록: 실험 26에서 36

저항, 커패시터, LED, 논리칩, 트랜지스터, 스위치 등의 일반적인 부품을 구입하는 방법에 대한 안내는 372페이지의 "일반적인 부품들" 부분을 살펴보자. 아래 목록에서 괄호의 숫자는 수량을 표시하고, 표시되지 않은 경우에는 1개를 의미한다. 이 목록은 필요한 것을 모두 포함한 것으로, 실험 1에서 25까지를 위해서 구매한 것들이 필요하지 않다.

전원

- 9V 전지와 커넥터
- 하나의 5VDC 전원 (별도의 전원을 사용하고 자 하는 프로젝트의 수만큼)
  - LM7805 전압 조정기
  - 2.2K 저항
  - 0.33μF, 0.1μF 커패시터
  - SPST 혹은 SPDT 토글 스위치
  - 일반적인 3mm LED

저항

- 100Ω (5), 220Ω (70), 330Ω (20), 470Ω (5), 680Ω (20), 1K (5), 3.3K (20), 4.7K (5), 10K (25), 100K (10), 1M (5)
  저항은 저렴하기 때문에 이 목록에서는 5개를 최소 수량으로 했다

커패시터

- 47pF (5), 68pF (5), 0.0001μF (5), 0.001μF (5), 0.01μF (15), 0.033μF (10), 0.1μF (5), 0.33μF (5), 1μF (5), 2.2μF (5), 10μF (5), 100μF (3)

10μF보다 작은 정전용량의 세라믹 커패시터는 저렴하기 때문에 이 목록에서는 5개를 최소 수량으로 했다

스위치

- 택타일 (4)
- DPDT 푸시 버튼 (7)
- 푸시 버튼용 덮개 (7)

LED

- 3mm 일반형 (40) 혹은 실험 28에서 라이트바(36)를 이용하는 경우에는 (4)
- 내부 저항이 있는 3mm (60)
- 5mm 일반형 (20)

미세조정 가변저항

- 1K, 2K, 100K

트랜지스터

- 2N2222 혹은 PN2222 (2)

집적회로 칩

- 7555 타이머 (11)
- 74HC4017 카운터 (4)
- 74HC08 쿼드 2입력 AND (2)
- 74HC32 쿼드 2입력 OR (2)
- 74HC86 쿼드 2입력 XOR (3)
- 74HC7266 쿼드 2입력 XNOR (2)
- 74HC30 싱글 8입력 NAND
- 4078B 싱글 8입력 OR/NOR
- 4520B 이진 카운터 (2)
- 74HC164 시프트 레지스터 (6)

- 74HC4514 디코더 혹은 4514B 디코더
- 74HC4017 카운터
- ULN2003 달링턴 어레이 (2), 실험 28에서 라이트바를 사용한 경우에는 (5)

센서

- SPST 리드 스위치: 어떤 형태든 관계없음 (2)
- 쌍극성 홀효과 센서: ATS177 혹은 유사한 것. (2)
- 단극성 혹은 선형, 무극성 홀효과 센서 (선택적)
- 전송형 적외선 센서: Everlight ITR9606 혹은 유사한 것 (20)
- 온도 센서: 100K짜리
- 회전식 인코더: Bourns ECW1J-B24-BC0024L 혹은 유사한 것으로 24PPR과 톱니 24개짜리로 네 가지 상태를 가진 형태 (3)

기타

- 유연한 연결용 전선 (50)
- 소형 막대 자석: 7mm×7mm×38mm 정도 크기, 혹은 7mm×2mm×15mm 정도의 매우 작은 네오디뮴 막대 자석 (2)
- 납 추(2)와 아연 도금선(30cm). 실험 33에 설명되어 있음

선택적으로 구매할 수 있는 것

- 실험 31을 최종적으로 사용하려고 하는 경우: 330Ω (16), 680Ω (16), 3.3K (16), 5mm LED (16), 전송형 적외선 센서: ITR9606 혹은 유사한 것 (16), ULN2003 달링턴 어레이 (3)

- Multicolor ribbon cable (2 feet)
- 헤더 핀(40)과 헤더 소켓 (40)
- 실험 28을 최종적으로 사용하려고 하는 경우: 라이트 바 (36), ULN2003 달링턴 어레이 (3)
- 공 형태의 자석과 알루미늄 관, 고리형 자석 (4): 실험 29에서 설명됨.

필요할 때마다 구입하기 목록

저항, 커패시터, LED, 논리칩, 트랜지스터, 스위치 등의 일반적인 부품을 구입하는 방법에 대한 안내는 372페이지의 "일반적인 부품들" 부분을 살펴보자. 아래 목록에서 괄호에 있는 숫자는 수량을 표시하고, 표시되어 있지 않은 경우에는 1개를 의미한다.

실험 1

전원
- 9V 전지와 커넥터

저항
- 470Ω

트랜지스터
- 2N2222 혹은 PN2222

LED
- 어떤 형태든 관계없음

기타
- 악어 클립 (2), 양쪽 끝에 악어 클립이 있는 전

선들 (3), 골판지. 최소 15cm×30cm (1 장), 목공용 본드 혹은 비슷한 백색 본드[8] (최소 분량)

선택적으로 구매할 수 있는 것
- 정수된 물 혹은 탈이온화된 물, 소금, 추가적인 트랜지스터

실험 2

전원
- 정류된 5VDC

저항
- 220Ω, 470Ω(5), 1K, 1.5K

미세조정 가변저항
- 1M

트랜지스터
- 2N2222 혹은 PN2222

실험 3

전원
- 정류된 5VDC

저항
- 100Ω, 3.3K, 10K, 33K

커패시터
- 0.01μF, 10μF

---

8 (옮긴이) PVA 계통의 접착제로 구입해야 한다.

집적회로 칩

- 555 타이머: 구식 쌍극성 형식으로

센서

- 광트랜지스터: 백색광에 반응하는 PT334-6C
  혹은 비슷한 것

음향 출력

- 스피커: 직경 2″, 50Ω 이상

실험 4

전원

- 정류된 5VDC

저항

- 3.3K

센서

- 광트랜지스터: 백색광에 반응하는 PT334-6C
  혹은 비슷한 것

실험 5

전원

- 정류된 5VDC

저항

- 100Ω, 3.3K, 10K (2), 33K, 150K

커패시터

- 0.01μF, 1μF, 10μF (2), 47μF

집적회로 칩

- 555 타이머: 구식 쌍극성 형식으로 (2)

센서

- 광트랜지스터: 백색광에 반응하는 PT334-6C
  혹은 비슷한 것

음향 출력

- 스피커: 직경 2″, 50Ω 이상

실험 6

전원

- 정류된 5VDC

저항

- 470Ω, 3.3K, 100K

LED

- 일반적인 3mm

미세조정 가변저항

- 500K (2)

집적회로 칩

- LM339 비교기

센서

- 광트랜지스터: 백색광에 반응하는 PT334-6C
  혹은 비슷한 것

실험 7

전원

- 9V 전지와 회로 점검을 위한 커넥터
- 시계에 넣기 위한 1.5V 전지 (2)
- 오랫동안 설치하기 위해 10VDC에서 12VD-

CAC 범위의 고정 출력을 가진 AC어댑터.

저항

- 47Ω, 220Ω (2), 1K (2), 3.3K, 10K (4), 100K (2), 220K (2), 1M (2)

커패시터

- 0.01µF (2), 0.1µF (2), 0.33µF (2), 1µF (5), 100µF

스위치

- 텍타일

LED

- 일반형 3mm (2)

미세조정 가변저항

- 500K (2)

트랜지스터

- 2N2222 혹은 PN2222 (2)

집적회로 칩

- 555 타이머: 구식 쌍극성 형식으로 (2)
- LM339 비교기

센서

- 광트랜지스터: 백색광에 반응하는 PT334-6C 혹은 비슷한 것

기타

- LM7806 전압 조정기
- UA78M33 전압 조정기
- 1N4001 소형 정류 다이오드 (2)

- 래칭 릴레이: 3VDC 코일을 가지고 2A까지를 제어할 수 있는 SPDT 혹은 DPDT 형태를 가지는 DS1E-SL2-DC3V 혹은 비슷한 것
- 2개의 1.5V 전지로 동작하는 디지털 알람 시계

실험 8

전원

- 9V 전지와 커넥터

저항

- 4.7K

센서

- 마이크: 2개의 단자를 가진 일반적인 일렉트 릿 형식

실험 9

전원

- 9V 전지와 커넥터

저항

- 4.7K, 100K (10)

커패시터

- 0.68µF (2)

집적회로 칩

- LM741 OP 앰프

센서

- 마이크: 2개의 단자를 가진 일반적인 일렉트 릿 형식

실험 10

전원

- 9V 전지와 커넥터

저항

- 470Ω, 1K (2), 4.7K, 10K, 100K (10)

커패시터

- 0.68μF (2)

LED

- 일반형 3mm

트랜지스터

- 2N2222 혹은 PN2222

집적회로 칩

- LM741 OP 앰프

센서

- 마이크: 2개의 단자를 가진 일반적인 일렉트릿 형식

실험 11

전원

- 9V 전지와 커넥터

저항

- 2.2K (10), 68K (2), 10K, 100K (10), 220K, 1M

커패시터

- 1μF, 10μF (2)

미세조정 가변저항

- 5K

집적회로 칩

- LM741 OP 앰프

실험 12

전원

- 9V 전지와 커넥터

저항

- 22Ω, 100Ω, 1K, 3.3K, 4.7K, 10K, 68K (2), 100K, 150K

커패시터

- 0.047μF, 0.1μF, 0.68μF, 10μF (2), 330μF

미세조정 가변저항

- 10K

집적회로 칩

- LM741 OP 앰프
- LM386 파워 앰프

센서

- 마이크: 2개의 단자를 가진 일반적인 일렉트릿 형식

음향 출력

- 스피커: 직경 2″, 50Ω 이상

실험 13

전원

- 9V 전지와 커넥터

저항

- 100Ω, 1K (2), 3.3K, 4.7K, 10K (4), 33K, 68K (2)

커패시터

- 0.01μF, 0.068μF, 0.68μF, 10μF (3), 47μF, 100μF, 330μF

미세조정 가변저항

- 1M

트랜지스터

- 2N2222 혹은 PN2222

집적회로 칩

- LM741 OP 앰프
- 555 타이머: 구식 쌍극성 형식으로

센서

- 마이크: 2개의 단자를 가진 일반적인 일렉트릿 형식

음향 출력

- 스피커: 직경 2″, 50Ω 이상

실험 14

전원

- 9V 전지와 커넥터

저항

- 220Ω (2), 470Ω, 1K (3), 3.3K, 4.7K (2), 10K (4), 68K (2), 100K, 150K (2)

커패시터

- 0.01μF (2), 0.1μF, 0.68μF, 10μF (3), 15μF, 100μF, 220μF

LED

- 일반형 3mm (2)

미세조정 가변저항

- 1M

트랜지스터

- 2N2222 혹은 PN2222

집적회로 칩

- LM741 OP 앰프
- 555 타이머: 구식 쌍극성 형식으로 (2)

센서

- 마이크: 2개의 단자를 가진 일반적인 일렉트릿 형식

음향 출력

- 경보기: 9VDC 혹은 12VDC, 최대 100mA급

실험 15

전원

- 정류된 5VDC

저항

- 220Ω, 10K (4)

스위치

- 텍타일 (4)

LED

- 일반형 3mm

집적회로 칩

- 74HC08 쿼드 2입력 AND
- 74HC32 쿼드 2입력 OR

실험 16

전원

- 정류된 5VDC

저항

- 10K (4), 만일 LED에서 필요한 경우 220Ω (6)

LED

- 점검을 위해서 내부 저항이 있는 3mm(6) 또는 위의 저항을 추가 혹은
- 최종 결과물을 위한 5mm (6)

집적회로 칩

- 74HC08 쿼드 2입력 AND
- 74HC86 쿼드 2입력 XOR (2)
- 74HC11 트리플 3입력 AND
- 74HC02 쿼드 2입력 NOR

스위치

- 텍타일 (4)

실험 17

- 부품이 필요하지 않음

실험 18

전원

- 9V 전지와 커넥터

저항

- 100Ω (6), 220Ω (6), 470Ω (2), 330Ω (6)

스위치

- 4PDT형 푸시 버튼(6)과 푸시 버튼 덮개 (6)

LED

- 내부저항이 있는 5mm (8) 혹은 위에서처럼 저항을 추가

음향 출력

- 경보기: 9VDC 혹은 12VDC, 최대 100mA급

기타

- 구리 패턴이 연결이 없는 만능기판: 최소 15cm×15cm 크기

추가적으로

- 여러 색을 가진 리본 케이블 (60cm)

실험 19

전원

- 정류된 5VDC

저항

- 10K (4)

- LED에 필요한 경우 220Ω (7)

스위치

- 텍타일 (4)
- 4개의 위치를 가지는 DIP

LED

- 내부 저항이 있는 3mm (7), 혹은 위에 있는 저항을 추가

집적회로 칩

- 74HC4514 디코더 혹은 4514B 디코더
- 74HC32 쿼드 2입력 OR
- 74HC4075 트리플 3입력 OR

실험 20

전원

- 정류된 5VDC

저항

- 10K (6)
- LED에 필요한 경우 220Ω (10)

스위치

- 4PDT형 푸시 버튼 (6)
- 푸시 버튼용 덮개 (6)

LED

- 내부 저항이 있는 3mm (10), 혹은 일반형에 위의 저항을 추가

집적회로 칩

- 74HC237 디코더 (2)

- 74HC08 쿼드 2입력 AND (2)
- 74HC4075 트리플 3입력 OR
- 74HC4002 듀얼 4입력 NOR

실험 21

전원

- 9V 전지와 커넥터

저항

- 470Ω, 1K, 10K (8)

커패시터

- 0.001μF, 0.01μF, 0.1μF, 100μF

미세조정 가변저항

- 1K

스위치

- 텍타일 (4)
- DPDT 푸시 버튼
- 토글
- 8개의 위치를 가지는 DIP (2)

LED

- 내부 저항을 가진 3mm 혹은 위에 있는 저항을 추가

집적회로 칩

- 4067B 멀티플렉서
- 4520B 카운터
- 555 타이머: 구식 쌍극성 형식으로

실험 22

전원
- 정류된 5VDC

저항
- 100, 1K, 3.3K (2), 4.7K, 10K (4), 33K

커패시터
- 0.01μF (2)

미세조정 가변저항
- 50K

트랜지스터
- 2N2222 혹은 PN2222

집적회로 칩
- 555 타이머: 구식 쌍극성 형식으로 (2)
- 74HC86 쿼드 2입력 XOR

센서
- 광트랜지스터: 백색광에 반응하는 PT334-6C 혹은 비슷한 것 (2)

음향 출력
- 스피커: 직경 2″, 50Ω 이상

실험 23

전원
- 9VDC 전지와 커넥터

저항
- LED에서 필요한 경우 470Ω (7)

스위치
- 4PDT 푸시 버튼 (9)

LED
- 내부 저항이 있는 3mm (7), 혹은 위의 저항을 추가

실험 24

전원
- 정류된 5VDC

저항
- 10K (6)
- LED에서 필요한 경우 220Ω (4)

스위치
- 4개의 위치를 가지는 DIP (2)

LED
- 내부 저항이 있는 3mm (4), 혹은 위의 저항을 추가

집적회로 칩
- 74HC86 쿼드 2입력 XOR (2)
- 74HC08 쿼드 2입력 AND (2)
- 74HC32 쿼드 2입력 OR

실험 25

전원
- 정류된 5VDC

저항

- 10K (19)
- LED에서 필요한 경우 220Ω (4)

스위치

- 6PDT형 푸시 버튼 (2)
- 8개의 위치를 가지는 DIP (2)

LED

- 내부 저항이 있는 3mm (18), 혹은 위의 저항을 추가

집적회로 칩

- 74HC4514 디코더 혹은 4514B 디코더 (2)

선택 사항

- 3PDT 푸시 버튼
- DPDT 푸시 버튼 (3)
- SPDT 푸시 버튼 (3)

실험 26

전원

- 정류된 5VDC

저항

- 10K (4), 100K
- LED에서 필요한 경우 220Ω (3)

커패시터

- 0.01μF (2), 0.033μF, 0.1μF (2), 1μF (2)

스위치

- DPDT 푸시 버튼

- 텍타일

LED

- 내부 저항이 있는 3mm (30), 혹은 위의 저항을 추가

미세조정 가변저항

- 100K

집적회로 칩

- 7555 타이머 (2)
- 74HC4017 카운터 (3)
- 74HC08 쿼드 2입력 AND

기타 선택 사항

- 여러 색을 가진 리본 케이블 (60cm)
- 헤더 핀 (33)과 헤더 소켓 (33) 혹은 유연한 연결선 (33)

실험 27

전원

- 정류된 5VDC

저항

- 10K (2), 100K,
- LED에서 필요한 경우 220Ω (9)

커패시터

- 0.01μF, 0.033μF, 0.1μF, 2.2μF

스위치

- DPDT 푸시 버튼
- 텍타일

LED

- 내부 저항이 있는 3mm (9), 혹은 위의 저항을 추가

집적회로 칩

- 7555 타이머
- 74HC164 시프트 레지스터

실험 28

전원

- 정류된 5VDC

저항

- 220Ω (24), 3.3K, 4.7K, 10K (3), 1M

커패시터

- 0.001μF, 0.033μF, 0.01μF (2), 0.1μF (2), 0.33μF, 33μF, 100μF

스위치

- 텍타일

LED

- 표시용으로 3mm 일반형 (36), 혹은 본문에 설명된 라이트 바 (36)

트랜지스터

- 2N2222 혹은 PN2222

집적회로 칩

- 7555 타이머 (2)
- 74HC164 시프트 레지스터 (3)

- 74HC4514 디코더 혹은 4514B 디코더
- 4078B 싱글 8입력 OR/NOR
- 4520B 이진 카운터
- 만일 라이트 바를 사용하는 경우 선택적으로 ULN2003 달링턴 어레이 (3)

실험 29

전원

- 9V 전지와 커넥터

저항

- 470Ω

LED

- 3mm 일반형

센서

- SPST 리드 스위치 어떤 형태든 관계없음

기타

- 소형 막대 자석: 7mm×7mm×38mm 정도 크기, 혹은 7mm×2mm×15mm 정도의 매우 작은 네오디늄 막대 자석

선택적

- 본문에서 설명된 고리형 자석, 공 형태의 자석과 알루미늄 관

실험 30

전원

- 9V 전지와 커넥터

저항

- 1K

LED

- 일반형 3mm

센서

- 쌍극성 홀효과 센서: ATS177 혹은 유사한 것.
- 단극성 혹은 선형,무극성 홀효과 센서 (선택적)

기타

- 소형 막대 자석: 7mm×7mm×38mm 정도 크기, 혹은 7mm×2mm×15mm 정도의 매우 작은 네오디늄 막대 자석

실험 31

전원

- 정류된 5VDC

저항

- 보여주기 위한 경우: 100Ω, 220Ω, 1K
- 최종 프로젝트 형태인 경우: 330Ω (16), 680Ω (16), 3.3K (16)

LED

- 보여주기 위한 경우: 일반형 5mm
- 최종 프로젝트 형태인 경우: 일반형 5mm (16)

미세조정 가변저항

- 1K, 2K

집적회로 칩

- 74HC32 쿼드 2입력 OR
- 최종 프로젝트 형태인 경우: ULN2003 달링턴 어레이 (2)

센서

- 전송형 적외선 센서: Everlight ITR9606 혹은 유사한 것. 보여주기 위한 회로인 경우 1개, 최종 프로젝트 형태인 경우 16개
기타
- 양쪽 끝에 플러그가 달린 유연한 연결선 (9)

실험 32

- 별다른 부품이 필요치 않음
- 선택적으로 추가되는 것: SPST형태 리드 스위치(18)와 이 스위치를 활성화 시키기 위해 사용할 적당한 자석

실험 33

전원

- 정류된 5VDC

저항

- 220Ω (2), 470Ω (2), 10K (4)

스위치

- 텍타일

LED

- 3mm 일반형 (3)

논리회로 칩

- 74HC86 쿼드 2입력 XOR

센서

- 회전식 인코더: Bourns ECW1J-B24-BC0024L 혹은 유사한 것으로 24PPR과 톱니 24개짜리로 네 가지 상태를 가진 형태 (2)

기타

- 납 추(2)와 아연 도금선 (30cm). 본문에 설명되어 있음

실험 34

전원

- 정류된 5VDC

저항

- 10K (4), 100K (2)
- LED에서 필요한 경우 220Ω (9)

커패시터

- 0.0001μF, 0.01μF (2), 0.033μF, 1μF, 10μF

스위치

- DPDT 푸시 버튼

LED

- 내부 저항이 있는 3mm (9), 혹은 일반형에 위의 저항을 추가함

집적회로 칩

- 7555 타이머 (2)
- 74HC4017 카운터

센서

- 온도센서 100K

실험 35

전원

- 정류된 5VDC

저항

- 10K, 100K
- LED에서 필요한 경우 220Ω (9)

커패시터

- 0.01μF, 0.033μF, 0.1μF, 2.2μF, 100μF

스위치

- DPDT 푸시 버튼

LED

- 내부 저항이 있는 3mm (9), 혹은 일반형에 위의 저항을 추가함

집적회로 칩

- 7555 타이머
- 74HC164 시프트 레지스터
- 74HC86 쿼드 2입력 XOR
- 74HC7266 쿼드 2입력 XNOR

실험 36

전원

- 정류된 5VDC

저항

- 10K (5), 100K (2),
- LED에서 필요한 경우 220Ω (8)

커패시터

- 47pF, 68pF, 100pF, 0.01μF (4), 10μF (2), 100μF

스위치

- DPDT 푸시 버튼 (3)

LED

- 내부 저항이 있는 3mm (4), 혹은 일반형에 위의 저항을 추가함

집적회로 칩

- 7555 타이머 (3)
- 74HC164 시프트 레지스터
- 74HC86 쿼드 2입력 XOR
- 74HC7266 쿼드 2입력 XNOR
- 74HC30 싱글 8입력 NAND
- 74HC08 쿼드 2입력 AND
- 74HC32 쿼드 2입력 OR

찾아보기